Le droit de l'informatique

Yves BISMUTH

Le droit de l'informatique

4e édition (2017)

L'Harmattan

1re édition : L'Harmattan, 2011

5-7, rue de l'École-Polytechnique, 75005 Paris
http://www.editions-harmattan.fr
ISBN : 978-2-343-11527-6
EAN : 9782343115276

SOMMAIRE

AVANT-PROPOS

§ 1. Sans doute n'explique-t-on pas grand-chose en posant dès l'abord que le droit de l'informatique est l'ensemble des règles de droit applicables à l'informatique. Au moins ce truisme a-t-il le mérite de dégager les deux termes de la relation : la règle de droit et son objet, l'informatique. Il est cependant inexact en réalité et cela pour deux raisons. D'une part, le droit de l'informatique n'est pas une simple branche du droit (à l'image de ce que peuvent être le droit du travail ou le droit pénal). L'objet de cet ouvrage n'est donc pas de démontrer l'existence d'un droit autonome de l'informatique, mais bien d'étudier les règles issues de chaque branche du droit telles qu'appliquées à l'informatique.

§ 2. D'autre part, le mot « informatique » vient en réalité de la contraction de deux termes : « information » et « automatique ». Le droit de l'informatique au sens large n'englobe donc pas uniquement les règles régissant les outils informatiques. Il serait en effet obsolète de ne considérer que le droit s'appliquant aux choses, tant notre société croît sans cesse vers une immatérialité presque absolue. Il faut donc aussi comprendre toutes les règles relatives au traitement automatisé de l'information, l'immatériel, le numérique, le nébuleux. Au sens de cet ouvrage, le terme « informatique » sera alors considéré comme englobant aussi toutes les « nouvelles » technologies de l'information et de la communication (NTIC).

§ 3. Or, comme souvent, la sémantique est bonne conseillère ; elle nous permet ici de cerner les problématiques de l'informatique, au sens large donc. L'informatique sert l'acheteur. Il facilite sa diffusion, sa collecte, et accroît ainsi la rapidité de traitement et la diversité des objets de cette information. Mais l'informatique est **automatique**, et l'intervention purement humaine est fortement exclue. Il est donc nécessaire que cet outil soit maîtrisé, aussi bien humainement que juridiquement.

§ 4. La maîtrise technique de l'informatique est évidemment une chose primordiale. Mais cette maîtrise n'a pas de sens si l'on occulte les règles de droit qui s'y rapportent. Savoir mettre en vente un objet sur internet ne garantit en aucun cas la bonne marche de la transaction, il faut pour cela être conscient des règles régissant le contrat de vente. L'entreprise doit être consciente du risque lié à l'informatique pour pouvoir l'évaluer, le prendre en compte, et y pallier. L'interdépendance entre règles et outils est si forte qu'il paraît essentiel de maîtriser presque également les deux matières pour être un bon informaticien. **En somme, l'utilisation de l'informatique en méconnaissance des règles de droit est une mauvaise utilisation de l'informatique**.

§ 5. L'objet de cet ouvrage sera donc d'appréhender l'informatique et les technologies de l'information et de la communication sous l'angle de leur encadrement par le droit. Il est plus que nécessaire, dans la société d'information qui est la nôtre, d'utiliser l'informatique dans un respect profond des règles juridiques qui l'encadrent. Tout informaticien doit donc prendre connaissance, sinon maîtriser les règles de droit applicables à sa pratique quotidienne.

§ 6. L'informaticien doit considérer le droit comme un corollaire de sa matière. L'informatique est en mouvement perpétuel, l'innovation est incessante et surtout infiniment rapide. À grande échelle, nous pouvons dire avec certitude que l'informatique, et surtout les technologies de l'immatériel, n'en sont qu'à leur commencement. Or il faut donc être conscient que le juriste, tout comme l'informaticien, ne peut pas prédire l'avenir ; il ne peut que prendre connaissance de l'existant, apprendre à le maîtriser et parfois en appréhender les conséquences et les évolutions plausibles. Le droit, bien qu'ayant une vocation universelle, ne peut que prétendre régler une situation juridique à un instant *t*. Nul ne peut savoir si les règles d'aujourd'hui pourront appréhender les situations de demain, ou si elles devront être adaptées, modifiées, ou profondément repensées.

§ 7. La règle de droit, souvent perçue comme étant rigide, d'adaptation lente et de compromis, doit alors se confronter à un outil qui en est *a priori* tout le contraire. C'est toute la difficulté de l'application et de l'élaboration des règles applicables à l'informatique. Nous essayerons par le biais de cet ouvrage de présenter le droit tel qu'il est, pour que l'informaticien adapte sa pratique en conséquence. Nous essayerons aussi, avec toute la modestie et la réserve qui s'imposent, de présenter les débats non encore résolus, et d'amorcer une réflexion sur ce que nous pensons être l'avenir de l'informatique. Sans jamais perdre de vue que l'analyse d'une situation existante nous condamne à l'obsolescence.

§7.1 Cet ouvrage présentera également, dans une volonté de se conformer à l'évolution rapide de la pratique, les dispositions du Règlement Européen du 27 avril 2016 relatif à la protection des personnes physiques à l'égard du traitement des données à caractère personnel[1] qui ne seront applicables qu'à partir du 25 mai 2018 mais dont l'appréhension et la mise en conformité doit se faire le plus tôt possible par les informaticiens.

---

[1] Règlement 2016/679

INTRODUCTION GÉNÉRALE

§ 8. L'adaptation du droit à l'informatique est le terreau d'une large réflexion quant à l'étendue de ce droit (Section II), mais tout d'abord, c'est le concept de « règle de droit » qui mérite quelques précisions techniques préalables, bien qu'il paraisse familier et intuitif (Section I).

SECTION I. LA RÈGLE DE DROIT

§ 9. Il n'est pas d'exercice plus périlleux que de définir une notion apparemment aussi simple que celle de règle de droit. On peut néanmoins relever deux caractéristiques principales :

- la règle de droit est un modèle de jugement dont le respect s'impose à toute personne désireuse de tenir un raisonnement juridiquement correct ;
- la règle de droit échappe à la volonté de celui qui y est soumis.

§ 10. Il faut préciser comment la règle de droit est créée (Sous-section I) et appliquée (Sous-section II).

SOUS-SECTION I. LA CRÉATION DE LA RÈGLE DE DROIT

§ 11. C'est la question dite des « sources du droit ». En pratique, on appelle « source du droit » les sources d'information juridique, c'est-à-dire, en général, les documents à partir desquels on peut dégager le contenu de la règle de droit. Si elle est généralement écrite, la source d'information juridique peut éventuellement se présenter sous forme orale, ainsi la coutume ou les usages (qui font souvent d'ailleurs l'objet d'une rédaction officielle).

§ 12. De ce point de vue, les sources du droit sont nombreuses et variées. On les regroupe souvent en deux catégories, par ordre de perfection technique et non de valeur juridique : les sources principales (I) et les sources secondaires (II).

I. Les sources principales

§ 13. Les sources principales du droit sont les textes qui édictent directement des règles de droit. La qualification de « principales » s'explique par le fait qu'elles ont une valeur juridique déterminée précisément, ce qui se traduit par l'existence d'une hiérarchie des normes qu'il faudra décrire (B) après les avoir présentées (A).

A. Les différentes sortes de textes

§ 14. Les textes dont émane la règle de droit sont de quatre ordres : les sources internationales (1), les textes constitutionnels (2), la loi (3) et les sources réglementaires (4).

1. Sources internationales

§ 15. Principalement sous l'impulsion de l'Union européenne, la France est aujourd'hui soumise à un grand nombre de textes internationaux ; cependant tous n'ont pas force obligatoire (c'est le cas par exemple de l'Organisation des Nations Unies, qui a le pouvoir de prendre des recommandations envers les Etats, sans pour autant bénéficier d'un moyen de coercition).

§ 16. Le principe général est la souveraineté de l'État, un État ne peut donc être obligé de se soumettre à une règle quelle qu'elle soit. Il doit y avoir consenti, et ce consentement peut se faire soit au cas par cas (ratification d'un traité, comme la Convention Européenne de Sauvegarde des Droits de l'Homme CESDH), soit globalement et *a priori*, en adhérant à une institution internationale qui aura le pouvoir d'édicter des règles contraignantes. Ainsi, en adhérant au traité fondateur de l'Union européenne, la France a admis que celle-ci puisse édicter dans le futur des règles qui auront une force obligatoire en France.

§ 17. Le cas particulier de l'Union Européenne doit être ici expliqué : par le biais de ses organes, l'Union édicte majoritairement deux types d'actes : les règlements qui imposent des règles matérielles et sont d'application directe en droit français ; les directives, imposant un objectif que les normes juridiques nationales doivent atteindre, et qui doivent donc être transposées en droit interne au moyen d'une loi. Le domaine de ces normes s'est progressivement étendu, jusqu'à concerner aujourd'hui une multitude de domaines, dont bien évidemment l'informatique. L'Union Européenne, par le biais notamment de la Cour de Justice de l'Union européenne (CJUE), contrôle l'application des règlements et la bonne transposition des directives.

§ 18. Le texte international ou les statuts de l'institution en cause peuvent prévoir des sanctions à l'encontre des États en cas d'inexécution des obligations découlant de ces textes. Les particuliers peuvent par ailleurs exercer dans certaines conditions et devant certaines juridictions un recours en conventionalité d'un texte de droit interne.

2. Les textes constitutionnels

§ 19. Ce que l'on appelle fréquemment le « **bloc de constitutionnalité** » est constitué de l'ensemble des textes qui ont une valeur constitutionnelle, c'est-à-dire une valeur supérieure à tout texte de droit interne. Toute loi, tout décret, tout règlement, doivent en réalité se conformer à ces textes.

§ 20. Ce bloc recouvre la Constitution de 1958, son préambule, le préambule de la Constitution de 1946, la Déclaration des droits de l'homme et du citoyen de 1789, les principes particulièrement nécessaires à notre temps, les principes fondamentaux pour les lois de la République et la Charte de l'environnement. Ces textes renferment à la fois l'ensemble des droits et libertés fondamentaux et le fonctionnement général de l'État. Leur modification ne peut être effectuée que via un processus lourd, censé protéger les valeurs républicaines qu'ils contiennent.

§ 21. La conformité des lois à ce bloc de constitutionnalité est donc primordiale. Un contrôle de cette constitutionnalité peut donc être effectué soit par le biais d'un **contrôle *a priori*** avant la promulgation de la loi (par un groupe de parlementaires, le Président de chaque chambre du Parlement, le Président de la République ou le Premier ministre), soit *a posteriori* par le biais d'une **question prioritaire de constitutionnalité** lors d'une action en Justice. Cette dernière, posée par le justiciable au cours d'une action en justice, est relayée par le biais de la Cour de Cassation ou du Conseil d'État, suivant l'intérêt ou la nouveauté de la question.

§ 22. Lors de ce contrôle de constitutionnalité, le juge constitutionnel est amené à interpréter la Constitution à la lumière des questions qui lui sont posées par les Parlementaires ou les Hautes juridictions, et ainsi à préciser le contenu de ses dispositions. Il a récemment été rappelé que le contenu des libertés telles qu'énoncées au sein du bloc de constitutionnalité s'apprécie à un moment donné et peut être étendu selon l'époque. Ainsi, la liberté de pensée et d'opinions est rappelée à l'article 11 de la Déclaration des droits de l'homme et du citoyen de 1789, et selon les termes du Conseil constitutionnel :

> *« En l'état actuel des moyens de communication et eu égard au développement généralisé des services de communication au public en ligne ainsi qu'à l'importance prise par ces services pour la participation à la vie démocratique et l'expression des idées et des opinions, ce droit implique la liberté d'accéder à ces services. »*

L'accès à internet a donc été érigé en principe constitutionnel. A l'origine une initiative privée, voire un privilège, il prend désormais la forme d'une liberté que le législateur se devra de protéger lors de l'édiction de toute norme en la matière (cf. *infra* sur ce sujet le débat sur la loi HADOPI § 203).

3. La loi

§ 23. Dans son acception stricte, la **loi** est un texte voté par le Parlement. Le Parlement est l'ensemble de l'Assemblée Nationale et du Sénat. L'initiative des lois appartient concurremment au gouvernement (projet de loi) et aux membres du Parlement (proposition de loi)[2]. Le texte doit, en principe, être adopté en termes identiques par l'Assemblée nationale et le Sénat[3]. Il s'instaure donc une « navette » entre les deux Assemblées jusqu'à ce qu'un accord se fasse. Cependant, après deux « lectures » par chaque assemblée, le Premier ministre peut provoquer la réunion d'une commission mixte paritaire (réunissant autant de députés que de sénateurs). Le texte élaboré par la commission mixte doit être approuvé par les deux assemblées.

§ 24. Une fois votée, la loi peut faire l'objet d'une demande de contrôle du Conseil Constitutionnel (cf. *supra* § 21s.). En l'absence d'un tel contrôle ou s'il s'avère positif, la loi est promulguée par décret du Président de la République et publiée au Journal Officiel.

§ 25. Depuis la Constitution du 4 octobre 1958, le domaine de la loi s'est considérablement restreint : en effet, l'article 34 de la Constitution énumère les domaines réservés au pouvoir législatif, tandis que le premier alinéa de l'article 37 dispose que *« les matières autres que celles qui sont du domaine de la loi ont un caractère réglementaire »* (ce qui signifie qu'elles ressortissent à la compétence du pouvoir exécutif).

4. Sources réglementaires

§ 26. Littéralement un « **règlement** » est un acte qui règle une série de situations semblables. En droit, l'expression « acte réglementaire » est employée pour désigner une partie des actes administratifs, c'est-à-dire des actes du pouvoir exécutif (par opposition aux actes individuels, tels que les nominations de fonctionnaires).

§ 27. Le « pouvoir exécutif » s'identifie pratiquement à l'administration. Les administrateurs investis d'un pouvoir réglementaire sont fort nombreux et vont du Président de la République aux maires, en passant par le Premier Ministre, les ministres, les recteurs, les présidents d'Universités…

§ 28. Par application stricte du principe de la « séparation des pouvoirs », l'exécutif devrait se limiter à mettre en œuvre les lois par une série d'actes individuels (juridiques ou matériels) et être donc démuni de pouvoir réglementaire. Or, pour un ensemble de bonnes ou mauvaises raisons, l'évolution du droit constitutionnel s'est faite dans le sens d'un développement toujours croissant du pouvoir réglementaire de l'exécutif.

§ 29. La production de règles de droit par le pouvoir exécutif se manifeste aujourd'hui de deux manières : soit indirectement, par délégation

---

[2] Art. 39 al. 1er de la Constitution de 1958

[3] Art. 45 de la Constitution de 1958

du pouvoir législatif (ce sont les ordonnances), soit directement par l'édiction de règlements au sens strict.

§ 30. Les **ordonnances** sont des actes pris par l'exécutif dans le domaine réservé au pouvoir législatif par l'article 34 de la Constitution de 1958. Le Parlement peut autoriser le gouvernement à prendre, par ordonnances, pendant un délai limité, des mesures qui sont normalement du domaine de la loi. Elles doivent être ratifiées par une loi dont le projet doit être déposé avant la date fixée par la loi d'habilitation.

§ 31. Les autres actes de l'exécutif sont, selon les cas, des **décrets** (qui ne peuvent être pris que par le Président de la République ou le Premier Ministre) ou des **arrêtés** (qui peuvent être pris par toute autorité administrative :

- Traditionnellement, le pouvoir exécutif peut prendre des règlements d'application qui précisent les modalités concrètes d'une loi ;
- Mais le pouvoir exécutif peut également prendre des règlements autonomes : ce pouvoir a été officialisé et considérablement étendu par la Constitution de 1958, qui attribue au pouvoir réglementaire tout ce qui n'est pas expressément du domaine de la loi.

B. La hiérarchie des textes

§ 32. Les actes des pouvoirs publics sont ordonnés selon une hiérarchie principalement formelle, subsidiairement matérielle, fondée sur la valeur juridique qui leur est attribuée.

En principe :

- les actes de l'exécutif sont ordonnés selon la hiérarchie des autorités administratives qui les ont pris ;
- les actes de l'exécutif doivent être conformes aux actes du pouvoir législatif ;
- les lois doivent être conformes à la Constitution et aux actes internationaux.
- Il existe un débat quant à la hiérarchie entre la Constitution et les actes internationaux, l'Union Européenne affirmant que tout l'ordre interne doit être conforme au droit européen, tandis que la Constitution prévoyant uniquement une obligation de conformité pour les lois et actes réglementaires.

L'existence d'une hiérarchie fonde la possibilité d'un contrôle de conformité du texte inférieur par rapport aux règles supérieures.

§ 33. Les actes de l'exécutif font l'objet d'un contrôle de légalité ; par voie d'action directement devant le juge administratif qui a le pouvoir d'annuler l'acte ou par voie d'exception, c'est-à-dire à tout moment comme moyen de défense pour écarter l'acte du procès en cours (le juge n'aura alors pas le pouvoir d'annuler cet acte). Par ailleurs, la loi fait l'objet d'un contrôle de constitutionnalité (cf. *supra* § 21) et de conventionalité.

II. Les sources secondaires

§ 34. Les sources secondaires de droit, ou d'information juridique, sont fort variées ; ce sont essentiellement les interprétations administratives (A), la jurisprudence (B), la coutume (C) et la doctrine (D).

A. Les interprétations administratives

§ 35. L'administration est souvent amenée à donner une interprétation stricte des textes législatifs ou réglementaires que ce soit spontanément par voie de **circulaires**, ou par voie de **réponses ministérielles** qui interviennent consécutivement à des questions posées par certains parlementaires. Les interprétations ont une importance pratique considérable, mais n'ont aucune valeur juridique ; en particulier, elles ne lient pas le juge.

B. La jurisprudence

§ 36. La **jurisprudence** est l'ensemble des informations juridiques contenues dans les décisions des cours (**arrêts**) et des tribunaux (**jugements**).

§ 37. En principe, le rôle des juridictions n'est pas de créer du droit. L'article 5 du Code civil interdit au juge de prononcer par voie de disposition générale et réglementaire sur les causes qui leur sont soumises. Pourtant deux raisons font que les décisions juridictionnelles contiennent au moins de précieuses informations sur le contenu de règles préexistantes, voire des règles entièrement nouvelles :

- d'abord les juges ne peuvent refuser de juger *« sous prétexte du silence, de l'obscurité ou de l'insuffisance de la loi »* (fait constitutif du déni de justice consacré par l'article 4 du Code civil), ce qui les contraint à interpréter les textes et à en combler les lacunes ;
- ensuite, la justice est organisée en France de manière à favoriser l'unité de la jurisprudence : le mécanisme essentiel est celui du pourvoi en cassation qui permet de soumettre une décision juridictionnelle à une juridiction supérieure (Cour de cassation pour les juridictions civiles ou pénales, Conseil d'État pour les juridictions administratives) afin qu'elle vérifie que le droit a été correctement appliqué au fait (il s'agit donc encore d'une forme de contrôle de légalité) : le juge de cassation est ainsi conduit à harmoniser la jurisprudence, donc au moins à établir des interprétations homogènes et, éventuellement à créer des règles nouvelles.

§ 38. Il ne peut être question, dans le cadre de cet ouvrage, de décrire l'organisation juridictionnelle française. Cependant, une connaissance sommaire de la structure de l'organisation judiciaire (ensemble des juridictions civiles et pénales) est indispensable à la compréhension du mécanisme de formation de la jurisprudence. À travers la diversité des juridictions que l'histoire explique sans nécessairement la justifier, on perçoit deux principes directeurs :

- la règle du double degré de juridiction selon laquelle toute personne a, en principe, le droit d'être jugé deux fois (une première fois en première instance et une seconde fois en appel) : s'il y a une multiplicité de tribunaux du premier degré, en revanche il n'y a qu'un seul juge d'appel quelle que soit la nature du litige (mais il y a plusieurs Cours d'appel sur l'ensemble du territoire) ;
- l'existence d'un juge de cassation unique pour l'ensemble de l'organisation judiciaire : la Cour de cassation.

§ 39. Dès lors, un procès pourra se dérouler selon le schéma suivant :

1) Le litige est porté devant une juridiction « civile » du premier degré, par exemple : le tribunal de commerce ;
2) S'il est d'une certaine importance, les parties ont le droit d'interjeter appel du jugement devant la Cour d'appel dans le ressort de laquelle est situé le tribunal : la Cour d'appel a le pouvoir de réexaminer totalement le litige en fait et en droit ;
3) L'arrêt de la Cour d'appel peut être frappé de pourvoi ; le pourvoi pourra être examiné par la Chambre commerciale de la Cour de cassation que ne peut qu'examiner si le droit a été correctement appliqué aux faits tels qu'ils ressortent du dossier ; dans l'affirmative, elle rejette le pourvoi ; dans la négative, elle casse la décision attaquée. Selon les cas, la cassation peut être suivie d'un renvoi devant une autre « juridiction du fond » de même nature et de même degré que celle qui a rendu la décision cassée (en l'espèce, une autre Cour d'appel) qui peut ou non suivre l'opinion de la Cour de Cassation. Si la juridiction de renvoi refuse de s'incliner, un second pourvoi peut être formé pour les mêmes motifs que le premier : il est alors porté devant une formation spéciale de la Cour de cassation qui tranche définitivement sur le point de droit litigieux (quitte à renvoyer l'affaire devant une seconde juridiction de renvoi qui sera obligée de s'incliner).

§ 40. L'importance pratique de la jurisprudence pour la connaissance du droit est aujourd'hui considérable : en effet, quel que soit le parti pris sur le point de savoir si elle crée de nouvelles règles ou si elle se borne à dégager le contenu de normes préexistantes, elle est une irremplaçable source d'information juridique. Elle doit cependant être utilisée avec précaution : en effet, la souplesse de la jurisprudence est en même temps sa principale qualité et son principal défaut. En effet, si elle lui permet de s'adapter aisément à une situation non prévue par le législateur ou rapidement à l'évolution des faits, en revanche, elle lui confère une incertitude nuisible à la sécurité juridique :

- à un instant donné, il peut y avoir des divergences de jurisprudence, soit entre les juridictions du fond, soit entre celles-ci et la Cour de cassation, soit encore entre les différentes formations de la Cour de

cassation ; certes en théorie, le mécanisme du pourvoi en cassation devrait résorber ces divergences à terme, mais justement ce terme peut être plus ou moins éloigné ;
- dans le temps, il peut y avoir des revirements de jurisprudence, qui, s'ils sont généralement fertiles pour la théorie juridique, peuvent surprendre les plaideurs en pratique.

§ 41. L'appréciation de la portée et de la stabilité d'une jurisprudence est affaire d'experts. Elle s'insère dans un diagnostic juridique général de la situation de fait examinée. Le flou est d'autant plus grand que même si une partie non négligeable de la jurisprudence est publiée dans les revues juridiques papier ou en ligne, l'image de la production des juridictions reste très imparfaite.

C. La coutume

§ 42. La **coutume** est une pratique répétée accomplie avec la conscience de son caractère juridique obligatoire. En théorie deux raisons devraient conduire à minimiser son rôle dans le droit contemporain :
- la coutume a d'abord une réputation d'archaïsme : elle ne serait justifiée qu'en cas d'insuffisance des sources textuelles dont la supériorité technique est érigée en postulat ;
- la coutume est une atteinte aux prérogatives de l'État en matière de production des règles de droit.

§ 43. Pourtant, s'il est vrai que l'État a toujours le droit de briser une coutume en lui déniant toute valeur juridique, il n'en reste pas moins que la coutume conserve une relative importance en droit français. D'abord parce qu'elle se révèle souvent plus efficace qu'un texte : créée par ses propres assujettis, elle est mieux adaptée à la diversité de leurs besoins et, surtout, elle rencontre plus facilement leur assentiment. Ensuite parce que la coutume ne heurte généralement pas la loi ni le règlement car elle intervient dans des domaines où l'État ne souhaite pas nécessairement affirmer sa puissance. Il en est ainsi notamment, et peut-être paradoxalement, dans le domaine du droit des affaires ou du droit professionnel ou sous la forme des usages ou de la pratique professionnelle, la coutume contribue fortement à régler les activités, en particulier les contrats.

D. La doctrine

§ 44. Formellement, la **doctrine** est l'ensemble des écrits des juristes. Sans doute peut-il paraître étonnant de la faire figurer au rang des sources du droit : il est vrai que la doctrine n'a aujourd'hui aucune autorité institutionnelle, ce qui veut dire que ses opinions ne sauraient s'imposer aux juges. L'autorité de la doctrine est purement intellectuelle. Cette apparente faiblesse est en réalité une force car la solution proposée s'imposera parce qu'elle est raisonnable et non parce qu'elle a été arrêtée par telle personne ou telle institution. C'est là un fondement que l'on aimerait pouvoir attribuer à toute règle de droit.

SOUS-SECTION II. L'APPLICATION DE LA RÈGLE DE DROIT

§ 45. Le droit positif se présente comme un ensemble de règles. Pour juger d'une situation de fait, il faut d'abord déterminer la règle applicable (I). Il faut ensuite mesurer l'effectivité de la règle considérée (II).

I. Détermination de la règle de droit applicable

§ 46. En principe, une règle de droit est applicable dès que ses conditions d'application sont réunies dans les faits : la règle juridique a force obligatoire (A) ; cependant des difficultés s'élèvent lorsque plusieurs règles peuvent prétendre régir le même fait : il faut alors résoudre un conflit de règles (B).

A. La force obligatoire de la règle de droit

§ 47. Dire que la règle de droit a force obligatoire, c'est seulement affirmer qu'elle s'impose comme modèle de jugement quel que soit son contenu (obligation, interdiction ou autorisation). La force obligatoire n'est certainement pas exclue par l'ignorance de la règle par celui à qui on veut l'appliquer (en vertu de la fiction selon laquelle « nul n'est censé ignorer la loi »). En revanche, il semble que dans certains cas, l'application d'une règle soit soumise à la volonté d'un sujet de droit. Ainsi il existe en matière de contrat une série de règles qui nc s'applique que si les parties ne l'ont pas écartée ; on nomme ces règles les « règles supplétives ou « interprétatives » par opposition aux règles « impératives » que la volonté ne peut pas écarter. Ces dernières sont également appelées règles d' « ordre public » dans l'un des nombreux sens que cette expression est susceptible d'accepter en droit (cf. *infra* **Erreur ! Source du renvoi introuvable.**). Pourtant les règles supplétives ne sont pas d'une nature différente : elles s'appliquent également lorsque leurs conditions sont remplies. Seulement parmi ces conditions figure l'absence de volonté contraire des cocontractants.

B. Les conflits de règles de droit

§ 48. On compte au moins trois sortes de conflits de règles de droit :

- dans le premier cas, deux règles en vigueur dans un même ordre juridique prétendent régler la même situation de fait : il y a **opposition de règles de droit** (1) ;

- dans le deuxième cas, le conflit intervient entre une règle ancienne et une règle nouvelle qui ont le même objet : il y a **conflit de lois** –au sens de règle de droit - **dans le temps** (2);
- enfin, dans le troisième et dernier cas, le conflit est entre des règles appartenant à des ordres juridiques différents (essentiellement entre la loi française et une ou plusieurs lois étrangères) : on parle alors de **conflit de lois dans l'espace** (3).

1. Oppositions de règles de droit

§ 49. Si deux règles simultanément en vigueur dans un même ordre juridique peuvent qualifier un fait identique, alors le conflit doit être réglé par application des deux principes suivants :

- **la règle spéciale prime la règle générale**, ce qui signifie que la règle dont le champ d'application est le plus restreint est analysée comme une exception au principe posé par la loi dont le champ d'application est le plus large ;
- **la règle la plus récente prime la règle la plus ancienne** : en principe, si une règle nouvelle remplace une règle ancienne, il est de bonne technique législative d'abroger expressément cette dernière ; si tel n'est pas le cas, l'opposition entre la nouvelle règle et l'ancienne peut être interprétée comme une abrogation implicite.

2. Conflits de lois dans le temps

§ 50. En principe, il ne devrait jamais y avoir de conflits de lois dans le temps : en effet, l'entrée en vigueur d'une loi nouvelle entraîne l'abrogation de la loi ancienne ayant le même objet. Par conséquent, à un instant *t*, l'une ou l'autre est en vigueur, et non l'une et l'autre.

Pour qu'apparaisse un conflit de lois dans le temps, il faut que la situation juridique considérée s'étale dans le temps et qu'elle commence sous l'empire de la loi ancienne et qu'elle ne soit point achevée lors de l'entrée en vigueur de la loi nouvelle (ce qui veut dire notamment qu'elle n'a pas fait l'objet d'une déclaration de justice irrévocable).

§ 51. Les conflits de lois dans le temps sont souvent réglés par des dispositions transitoires incluses dans la loi nouvelle. À défaut, les principes de solution sont les suivants :

- **la loi nouvelle n'est pas rétroactive** : elle ne s'applique donc pas aux éléments de fait survenus avant son entrée en vigueur (qui doivent donc être jugés selon la loi ancienne) ;

Cependant en droit pénal, pour des raisons humanitaires, les auteurs d'infractions commises sous l'empire de la loi ancienne plus sévère peuvent, en principe, bénéficier immédiatement des dispositions d'une loi nouvelle plus douce (« rétroactivité » de la loi plus favorable dite « rétroactivité *in mitius* »).

- Mais **la loi nouvelle est d'application immédiate**, ce qui signifie qu'elle s'applique non seulement aux situations nouvelles, mais aussi aux effets futurs des situations en cours. Cette règle supporte néanmoins une exception très importante puisque les contrats, quelle qu'en soit la durée, restent en principe soumis à la loi en vigueur au jour où ils ont été conclus. Cependant, les contrats en cours sont régis par la loi nouvelle si elle est d'ordre public.

3. Conflits de lois dans l'espace

§ 52. On est ici en présence d'une situation de fait comprenant au moins deux éléments de rattachement à des ordres juridiques différents : les éléments de rattachement peuvent être la nationalité des personnes en cause, le lieu où les faits se sont produits, ou la nationalité de la juridiction appelée à juger les faits. En raisonnant d'un point de vue français, l'on dit que la situation présente un élément d'extranéité. Cette situation est susceptible de se multiplier dès que l'opération en cause a lieu sur internet.

Par exemple :

- un Français épouse une Japonaise : quelle est la loi applicable au mariage ?
- Ils ont un enfant qui naît en Belgique : quelle loi déterminera sa filiation ? Sa nationalité ?
- Le couple achète une série d'articles pour bébé fabriqué en Chine sur un site internet hongrois, à faire livrer en Belgique : quelle loi appliquer en cas de litige ?
- Le mari est embauché par une entreprise américaine qui l'envoie sur un chantier au Mexique : à quelle loi est soumis son contrat de travail ?
- Là, il est victime d'un accident mortel causé par un Allemand : quelle loi déterminera les conséquences de l'accident ? La dévolution de la succession ?

§ 53. Déterminer la loi applicable est une des questions essentielles du droit international privé. Contrairement à ce que l'appellation pourrait laisser entendre, ce droit n'a pas nécessairement des sources internationales : s'il est vrai que certains conflits sont réglés par des conventions internationales, à défaut la solution doit être recherchée dans le « système de conflits » de la loi du juge qui est saisi du problème. La solution du conflit dépend donc de la nationalité du juge qui statue car tous les systèmes de conflits nationaux ne sont pas identiques.

§ 54. La solution la plus simple consiste pour le juge à appliquer systématiquement sa loi nationale. Tel est le cas en droit pénal français : en revanche, en droit privé (droit civil, droit commercial..) le juge français accepte d'appliquer la loi étrangère. Par exemple, les accidents sont soumis à la loi locale du pays où ils se sont produits, tandis que les contrats sont soumis à la loi que les parties ont entendu lui soumettre.

§ 55. À noter que la clause qui détermine le tribunal territorialement compétent (ou clause de compétence territoriale) est autorisée pour tous les contrats internationaux. Elle est en revanche interdite pour déterminer quel tribunal national français sera compétent lors d'un litige interne, sauf si les deux parties sont commerçantes[4].

II. Effectivité de la règle de droit

§ 56. Parler de l'effectivité de la règle de droit c'est se demander dans quelle mesure elle est réellement appliquée ou, inversement, tenter de cerner les raisons qui font échec à son application. Il est en effet des circonstances de fait qui font qu'une violation du droit n'entraine aucune conséquence à son auteur. Cette situation de pur fait, si elle ne remet pas en cause la force obligatoire de la règle violée, est souvent invoquée pour taxer le droit d'inutilité pratique et les livres de droit de recueils d'hypothèses d'école.

§ 57. C'est que l'effectivité d'une règle n'est perceptible que lors de l'exécution d'une condamnation prononcée par un juge ; dans tous les autres cas, un observateur superficiel pourrait considérer qu'il n'y a pas de droit. Or, toute une série d'obstacles pratiques fait que dans de nombreuses hypothèses de violation du droit, l'on ne parvient pas à la situation achevée évoquée ci-dessus.

- Il y a d'abord les hypothèses dans lesquelles personne ne saisit le juge afin de faire sanctionner la violation de la règle (soit qu'il n'y ait pas de victime, soit que cette dernière hésite devant la perspective d'un procès) ;
- il y a ensuite les cas dans lesquels le demandeur succombe faute d'avoir pu rapporter la preuve de ses allégations ; l'importance pratique de la preuve est telle que l'on a pu dire qu'il était équivalent de ne pas avoir de droit ou de ne pas pouvoir le prouver ;
- il est également possible que la victime, déboutée par une décision mal jugée en droit, renonce à l'exercice des voies de recours et notamment au pourvoi en cassation ;
- enfin, une décision de justice quelle qu'elle soit n'est pas nécessairement exécutée : l'effectivité des règles de droit passe par celle des décisions de justice.

§ 58. Dans toutes ces hypothèses, il y a eu violation de la loi sans conséquences dommageables pour son auteur. Une telle constatation peut donner l'impression fallacieuse qu'il n'y a pas de droit tant qu'il n'y a pas de sanction effective de sa violation (ce qui peut conduire, notamment dans l'entreprise, à gérer le risque juridique comme un autre risque). Sans discuter

[4] Art. 48 du Code de procédure civile

sur la pertinence d'un tel calcul (qui est généralement à courte vue), on constatera simplement qu'il s'agit d'une manœuvre de pur fait qui ne relèvera pas de l'étude du droit. Dans la suite de cet ouvrage, nous ferons abstraction de ces obstacles et l'on supposera que la règle juridique est systématiquement effective.

SECTION II. L'APPLICATION DU DROIT À L'INFORMATIQUE

§ 59. La spécificité d'un droit de l'informatique n'existe que par le biais des objets auxquels le droit est appliqué. Si conceptuellement, le droit de l'informatique a pour objet le traitement de l'information (Sous-section I), son étendue est très vaste (Sous-section II).

SOUS-SECTION I. OBJET DU DROIT DE L'INFORMATIQUE

§ 60. Selon l'arrêté du 22 décembre 1981[5], l'informatique est la *« science de traitement rationnel, notamment par machines automatiques, de l'information considérée comme le support des connaissances humaines et des communications dans les domaines technique, économique et social. »* De façon plus synthétique, l'informatique consiste à appliquer à l'information (I) un certain traitement (II).

I. L'information

§ 61. L'information est définie par l'arrêté du 22 décembre 1981 comme étant un *« élément de connaissance susceptible d'être représenté à l'aide de conventions pour être conservé, traité ou communiqué[6]. »*

L'information est donc un signal porteur d'une signification : un renseignement ou élément de connaissance ne devient une information que lorsqu'il a reçu une forme qui le rend communicable. Or, par le biais de l'informatique, tout signal est systématiquement numérisé et enregistré sur des supports spécifiques qui ne peuvent être lus que par l'intermédiaire d'une interface, qu'il s'agisse d'un ordinateur ou d'une tablette numérique, d'un lecteur mp3 ou d'un DVD. L'information, par nature immatérielle, a donc besoin des outils matériels pour se rendre intelligible à l'être humain.

§ 62. L'information a par ailleurs une diversité infinie de contenus possibles. Ces informations peuvent évidemment concerner des actualités, mais aussi des renseignements, pouvant concerner des personnes physiques

---

[5] Portant enrichissement du vocabulaire informatique, JO 10 nov. 1984

[6] Arrêté du 22 décembre 1981 portant enrichissement du vocabulaire informatique, JO 10 nov. 1984

ou morales, des connaissances scientifiques, juridiques, techniques, économiques, documentaires…

II. Le traitement de l'information

§ 63. Une typologie des traitements appliqués à l'information par l'informatique permet de tracer les grandes lignes du domaine du droit de l'informatique :

- il faut d'abord enregistrer l'information, et, symétriquement, être capable de la relire ;
- il faut ensuite pouvoir stocker l'information en la mémorisant ;
- il est alors possible de transformer ces informations pour obtenir des résultats en appliquant un algorithme aux données ;
- il devient alors possible d'échanger ces informations à travers un réseau fermé (intranet) ou ouvert (internet).

Il appartient au droit de l'informatique de régler chacune de ces opérations.

§ 64. En informatique, toutes ces opérations ont une caractéristique commune qui est d'être effectuée par des procédés automatiques, ce qui entraîne trois conséquences :

- On observe une **augmentation considérable de la puissance de traitement** : en théorie, l'ordinateur ne peut qu'exécuter plus rapidement les tâches qu'il serait possible d'accomplir humainement. Corrélativement, il devient impossible de vérifier un par un les résultats fournis par une machine, mais ce recul du contrôle humain n'affaiblit pas la confiance aveugle de l'homme en l'ordinateur, et surtout en l'internet. Aujourd'hui, le premier résultat d'un moteur de recherche est le plus consulté, il devient pour une grande partie des utilisateurs la seule source d'information, et donc par définition, la vérité.
- On peut craindre un **risque de standardisation** des traitements et des informations.
- Il existe indéniablement une **augmentation significative du rayonnement de l'information**. Son traitement, s'il est mis en ligne, rend l'information potentiellement accessible par tous les internautes de la planète. Cette diffusion en masse, souvent gratuite et sans contrôle *a priori*, est susceptible de concerner aussi bien des données protégées que des données personnelles ou confidentielles, et modifie en profondeur les pratiques et le contenu de l'information.

SOUS-SECTION II. CONTENU DU DROIT DE L'INFORMATIQUE

§ 65. Le contenu du droit de l'informatique touche aujourd'hui bien plus que les problèmes de numérisation de l'information et de nature du matériel informatique. C'est la diffusion de l'information qui pose actuellement le plus de questions.

- on pense évidemment à la question de la **protection des libertés publiques** contre l'informatique et, notamment, de la règlementation des traitements de données personnelles ;
- il y a ensuite la discussion classique de la **protection des œuvres**, qu'elles soient « classiques » ou logicielles, et de leur classement sous forme de bases de données ;
- le **commerce du matériel et du logiciel** se réalise par les contrats informatiques dont les principales figures sont aujourd'hui clairement caractérisées ;
- le **commerce** s'effectue par ailleurs de plus en plus par le biais de l'**informatique**, sur internet, ce qui entraîne une profonde modification des pratiques ;
- **l'informatisation du travail** modifie les conditions de l'emploi et soulève autant de questions de droit du travail, de même qu'un vrai questionnement sur la frontière entre le privé et le professionnel ;
- une **mauvaise utilisation de l'informatique** et d'internet peut être source de responsabilité civile ou pénale, notamment dans le cas des fraudes informatiques ;
- un **mouvement d'informatisation** des actes juridiques, et notamment des contrats et des paiements, appelle à de nouvelles règles juridiques sur ces matières.

§ 66. L'ensemble des réponses juridiques à ces problématiques compose ce que l'on appelle un « **droit applicable à l'informatique** ». L'informatique et internet se sont imposés dans la pratique, mettant à mal une grande partie des règles juridiques applicables auparavant. L'informatique facilite l'exercice des libertés, elle en facilite corrélativement les atteintes. Ceci est d'autant plus vrai que les utilisateurs de l'informatique, particuliers ou professionnels, sont aujourd'hui dépendants de l'informatique et de la facilité qu'il procure au quotidien. Les atteintes aux libertés de chacun peuvent donc se multiplier, en toute conscience : les libertés individuelles perdent du terrain au profit de la liberté d'utiliser les technologies de l'information et de la communication. Certes, c'est à la pratique de permettre autant que faire se peut l'apparition de nouveaux usages privés et professionnels. Mais c'est au droit de protéger ceux qui mettront en œuvre ces usages et d'en poser les limites pour maintenir l'équilibre de tous les acteurs et utilisateurs de l'informatique, avec pour but suprême la protection des libertés fondamentales.

§ 67. Le droit de l'informatique doit donc avant tout s'analyser comme un droit protectionniste. Il protège les acteurs de l'informatique, pour encourager leur activité éminemment lucrative (Titre 1). Il doit cependant protéger les utilisateurs de l'informatique, qui en sont les destinataires, pour les accompagner et garantir le respect d'un grand nombre de libertés sans lequel l'informatique n'a plus d'intérêt (Titre 2). Il a enfin pour but de protéger contre le risque informatique, en l'encadrant et en prévoyant les conséquences de sa réalisation (Titre 3).

TITRE 1

La protection des acteurs de l'informatique

§ 68. Celui que nous appellerons « **acteur de l'informatique** », est celui qui fait vivre l'informatique. Il met l'informatique à la disposition de l'utilisateur final. Informatique et internet sont donc souvent pour lui une source de revenus, parfois même la seule. C'est cet acteur que le droit entend protéger, car il est un des moteurs d'une branche d'activité au poids économique exceptionnel.

L'acteur de l'informatique est donc celui qui crée le contenu ou le contenant de ce qui se trouve sur un ordinateur ou sur internet ; sa création, pour être favorisée, doit être protégée. Il faut donc lui accorder une valeur et attacher des sanctions à la violation de cette création (Chapitre 1). L'acteur de l'informatique est aussi celui qui achète ou commercialise l'informatique, matériel comme immatériel. Il doit être favorisé dans son activité et protégé en cas de trouble (Chapitre 2).

CHAPITRE 1

Protéger le créateur

§ 69. Qu'il s'agisse d'une œuvre, d'une marque ou d'une innovation, il est indispensable que celui qui est à l'origine d'une création soit récompensé. Celui que nous appellerons pour l'instant le « créateur » est protégé par le droit français de la propriété intellectuelle. Cette nomenclature générale (Section I) englobe toute sorte de créations qu'elles soient artistiques ou industrielles et confère un monopole d'exploitation au créateur. Ce dernier peut donc distribuer sa création au public, y compris par le biais de l'informatique. Les règles de la propriété intellectuelle doivent donc être adaptées à ce média, et notamment à l'automaticité des tâches ainsi qu'à la croissante facilité de copie. Il faudra distinguer selon que la création fait l'objet d'une protection par la propriété littéraire et artistique (Section II) ou par la propriété industrielle (Section III).

SECTION I. LES PROPRIÉTÉS INTELLECTUELLES

§ 70. La propriété intellectuelle est une variété de propriété incorporelle (Sous-section II) qui n'est, elle-même, qu'une sorte de droit patrimonial (Sous-section I).

SOUS-SECTION I. PLACE DE LA PROPRIÉTÉ INCORPORELLE PARMI LES DROITS PATRIMONIAUX

§ 71. Les « droits patrimoniaux » sont des « droits subjectifs », évaluables en argent. Ils sont cessibles, transmissibles et peuvent être saisis : ces droits sont l'objet essentiel du commerce juridique, et par là, de la vie économique.

Ils s'opposent aux « droits extrapatrimoniaux » , droits subjectifs non évaluables en argent (et incessibles, intransmissibles, insaisissables) comme les droits des personnes ou de famille : ainsi le droit à l'intégrité physique, le droit au nom, le droit à l'image, le droit à la vie privée...

§ 72. Les droits patrimoniaux peuvent être répartis selon différentes classifications. Ils sont, selon les cas ; réels ou personnels (I), meubles ou immeubles (II), corporels ou incorporels (III).

I. Droits réels et droits personnels

§ 73. Un **droit réel** est un droit qui porte directement sur une chose corporelle. Le plus connu est le droit de propriété qui confère sur la chose un pouvoir absolu.

C'est-à-dire : le droit de se servir de la chose (*usus*), d'en percevoir les « fruits » ou revenus (*fructus*) et d'en disposer, soit en la détruisant, soit en en transmettant la propriété (*abusus*). La combinaison de certaines de ces prérogatives donne des « démembrements » de la propriété dont la figure la plus classique est l'usufruit dont la constitution au profit d'un tiers (*usus* + *fructus*) ne laisse au propriétaire que la « nue-propriété » (*abusus*).

§ 74. Un **droit personnel** est un droit de créance contre une personne appelée débiteur (qui est elle-même tenue d'une dette ou « obligation »). La notion juridique de créance ne se limite pas aux « créances de sommes d'argent » : le créancier peut, selon les cas, exiger de son débiteur une action (obligation de faire) ou une abstention (obligation de ne pas faire).

Ainsi, dans un contrat de travail, le salarié est créancier de son salaire (l'employeur a l'obligation de payer), mais réciproquement l'employeur est créancier du travail de ce dernier (qui a une « dette » de travail à son égard).

§ 75. La distinction entre les droits réels et les droits personnels ne recouvre pas parfaitement l'ensemble des droits patrimoniaux. En particulier, il existe des droits qui, d'une part, n'ont pas de débiteurs (ce qui exclut la qualification de droit personnel) et, d'autre part, ne portent pas sur une chose corporelle (et ne sont donc pas, à proprement parler, des droits « réels »). C'est dans cette troisième catégorie que se placent les propriétés intellectuelles qui sont des droits sur des créations de l'esprit.

II. Meubles et immeubles

§ 76. Les qualifications juridiques de **meubles** et **d'immeubles** qui gouvernent un régime juridique fort différent ne doivent pas être entendues dans le sens que donne à ces termes le langage courant et ceci pour deux raisons:

§ 77. - d'abord parce que si la nature des choses (le meuble est la chose mobile, l'immeuble la chose immobile) est l'un des critères de qualification (« meubles » ou « immeubles par nature »), elle n'est pas le seul et le droit n'hésite pas à qualifier d'immeuble « par destination » certains meubles affectés au service d'un immeuble par nature[7] ou à réputer meubles « par détermination de la loi[8]» tout ce qui n'est pas expressément qualifié immeuble ;

La qualification de « meuble par détermination de la loi », se présente ainsi comme une catégorie résiduelle où l'on range tout ce qui ne trouve pas d'autre place comme les fonds de commerce, les clientèles des professions libérales ou les créances...

§ 78. - Ensuite et surtout parce qu'au fond les termes de meuble et d'immeuble désignent non pas tant les choses que les droits:

- les droits réels sont meubles ou immeubles suivant la nature de la chose corporelle sur laquelle ils portent, c'est-à-dire en fonction de « l'objet auquel ils s'appliquent[9]» ;
  La propriété est donc mobilière si elle porte sur une chose « meuble par nature »; elle est immobilière quand elle s'exerce soit sur un « immeuble par nature », soit sur un « immeuble par destination ».
- les droits personnels (créances) sont meubles « par détermination de la loi ».

Il en va de même des droits patrimoniaux qui n'entrent dans aucune de ces deux catégories, telles les propriétés intellectuelles (cf. *supra* § 75).

On constate que seuls les droits corporels peuvent être immeubles. En revanche tous les droits incorporels sont mobiliers.

III. Biens corporels et incorporels

§ 79. Quoiqu'elle s'approche sensiblement du sens commun, la notion de **bien** n'en a pas moins une signification spécifiquement juridique: elle s'identifie pratiquement à la notion de droit patrimonial :

- un bien corporel est un droit réel (parce qu'il porte nécessairement sur une chose matérielle);
- un bien incorporel est tout autre droit patrimonial, c'est-à-dire une créance (droit personnel) ou un droit qui n'est ni réel, ni personnel (notamment une propriété intellectuelle) ; en effet, ces droits ont en commun de ne pas s'exercer sur une chose matérielle.

SOUS-SECTION II. LA PROPRIÉTÉ INTELLECTUELLE, FORME DE PROPRIÉTÉ INCORPORELLE

I. Les formes de la propriété incorporelle

§ 80. La forme principale de la propriété incorporelle est la « propriété intellectuelle » qui est celle du créateur (auteur, inventeur) sur les créations

---

[7] Art. 524 du Code civil
[8] Art. 529 du Code civil
[9] Cf. Art. 526 du Code civil

de l'esprit. Mais il existe d'autres formes de propriété incorporelle ainsi la propriété de la clientèle (d'une entreprise commerciale, voire d'une profession libérale), la propriété de données immatérielles contenues sur un disque dur ou sur un serveur, qu'il soit interne ou externe (*cloud computing* cf. *infra* § 417 s.), ou la « propriété commerciale » qui est une manière de désigner les droits particuliers que la loi confère au preneur d'un local commercial. Cette liste donne l'impression d'une grande hétérogénéité et il est difficile d'y percevoir un principe unitaire.

II. La notion de propriété incorporelle

§ 81. Négativement, les différentes formes de propriété incorporelle ont en commun de ne pas porter sur une chose matérielle ; positivement, elles se réduisent le plus souvent à un monopole d'exploitation (sur une invention, une œuvre littéraire ou artistique, une clientèle...).

Cette constatation est d'une grande importance si l'on a à l'esprit que la propriété de l'information est nécessairement incorporelle. En effet, le titulaire d'un droit de propriété incorporelle est dans une situation assez différente d'un véritable propriétaire ; de sorte que l'on a pu considérer que le terme de « propriété incorporelle» n'était qu'une expression commode mais inexacte. En particulier s'il est bien possible de céder un droit de propriété incorporelle comme une véritable propriété de sorte que le cédant s'en trouve ainsi personnellement privé, il est également possible d'autoriser un tiers à exploiter également le droit dont on est titulaire en consentant ainsi une brèche dans son propre monopole d'exploitation. Cette possibilité qui est théoriquement forte différente d'une location ou d'un prêt est évidemment inconcevable dans le domaine de la propriété des choses corporelles.

§ 82. De la même manière, le voleur d'un meuble corporel spolie le véritable propriétaire de son droit, tandis que le « pirate » qui « vole » une propriété incorporelle se limite à porter atteinte au monopole d'exploitation du créateur qu'il ne dépossède pas radicalement.

Restent à étudier les deux formes de propriété intellectuelle que sont la propriété littéraire et artistique et les propriétés industrielles.

SECTION II. LA PROPRIÉTÉ LITTÉRAIRE ET ARTISTIQUE

§ 83. La raison d'être de la propriété littéraire et artistique est la protection d'une œuvre par un droit particulier qu'on appelle droit d'auteur. Ce droit est par nature destiné à protéger tous les types d'œuvres, mais les particularités des **œuvres numérisées** (Sous-section I) et de l'**œuvre multimédia** (Sous-section II), ont rendues nécessaires certaines modulations dans l'application de ce droit.

SOUS-SECTION I. LE DROIT D'AUTEUR À L'ÈRE DE L'ŒUVRE NUMÉRISÉE

§ 84. Les développements des technologies de l'information et de la communication ont profondément changé la manière d'appréhender juridiquement la notion d'œuvre. Conceptuellement, l'œuvre au sens du droit d'auteur est strictement indépendante du support, et en particulier la propriété de l'un n'entraine pas de plein droit la propriété de l'autre. Mais depuis que le support est numérique, il serait absurde de nier son incidence sur l'œuvre.

§ 85. Les possibilités de duplication, de modification, d'altération, de diffusion et de visibilité d'une œuvre sont en effet infinies, et à la portée de tout utilisateur. La vision archaïque de l'œuvre rare, unique, presque sacrosainte, est définitivement enterrée. On n'admire plus une œuvre, on la possède. La numérisation du support a changé la signification même du concept d'œuvre et, par conséquent, la manière dont le droit doit la protéger.

Cette réforme est en marche, on en voit déjà poindre les premiers apports. La première partie du code de la propriété intellectuelle (au sein des articles L.111-1 et suivants du Code de la propriété intellectuelle) détermine les conditions dans lesquelles une œuvre peut bénéficier de la protection légale (I). Elle fixe également le régime juridique des droits des auteurs d'œuvres littéraire ou artistique, et met en place les prérogatives particulières de l'auteur d'une œuvre dont un des supports est numérique (II). Enfin, les récentes législations ont aménagé des régimes de sanctions spécifiques, en plus des sanctions classiques de violation du droit d'auteur (III).

I. Les conditions de la protection légale

§ 86. Selon le premier alinéa de l'article L.111-1 du Code de la propriété intellectuelle: *« L'auteur d'une œuvre de l'esprit jouit sur cette œuvre, du seul fait de sa création, d'un droit de propriété incorporelle exclusif et opposable à tous. »* Par conséquent en droit français, l'acquisition des droits d'auteurs n'est point subordonnée à un dépôt, mais naît de la création même de l'œuvre, « même inachevée » (art. L.111-2 du Code de la propriété intellectuelle). L'auteur en est investi dès l'origine de son œuvre, et cela sans formalité.

Aucun formalisme n'est nécessaire, mais il peut cependant être souhaitable, notamment pour des considérations probatoires. Ainsi, de nombreuses sociétés de gestion collective ont mis en place des procédures particulières de dépôt, notamment l'Agence pour la protection des programmes (APP) pour les créations informatiques, ou Interdeposit avec un répertoire d'œuvres accessibles en ligne, ou encore la SACEM pour les œuvres musicales. Le dépôt auprès d'un notaire, l'envoi d'un recommandé à soi-même ou le système de l'enveloppe Soleau auprès de l'INPI sont également envisageables, pour donner date certaine à ladite création.

§ 87. Il suffit donc en principe qu'il y ait une œuvre (A) pour que l'auteur soit investi de droits (B).

A. L'objet de la protection: une œuvre

§ 88. Le législateur a refusé de donner une définition précise et unitaire de l'**œuvre**. Il s'est contenté d'en tracer les contours. Il conviendra de rappeler que la propriété incorporelle porte bien sûr l'œuvre en elle-même, et en aucun cas sur son support. Peu importera donc qu'une œuvre soit reproduite sur papier ou sur un site internet, les droits sur l'œuvre seront les mêmes.

§ 89. L'article L.112-1 du Code de la propriété intellectuelle protège *« les droits des auteurs sur toutes les œuvres de l'esprit, quels qu'en soient le genre, la forme d'expression, le mérite ou la destination. »* Ainsi, aucune catégorie d'œuvre n'est exclue ou au contraire plus protégée qu'une autre, et peu importe la manière dont cette œuvre est communiquée. Cette conception large aux contours incertains permet d'inclure *a priori* certains types d'œuvres que la loi n'a pas pu envisager en son temps, et en particulier l'œuvre qui aurait été créée par ordinateur, fixée numériquement ou diffusée pour la première fois sur internet. Le juge devra par ailleurs se garder de toute appréciation sur le caractère esthétique de la création de même que sur sa destination.

§ 90. Malgré la généralité de cette disposition, il n'en reste pas moins deux conditions inhérentes à la notion d'œuvre:

- d'une part la création intellectuelle doit être matérialisée d'une certaine manière (par des formes, des volumes, des sons...) et formalisée d'une façon précise: **la loi française ne protège pas les idées mais la forme dans laquelle elles sont exprimées**. Ainsi l'œuvre doit être « concrétisée » pour exister, mais pas nécessairement fixée sur un support, elle pourra de la même manière être modifiée par l'auteur sans perdre le bénéfice de la protection.
- d'autre part, la création intellectuelle doit être originale, c'est-à-dire qu'elle doit porter l'empreinte de la personnalité de l'auteur. La conception classique de l'originalité s'apprécie de façon **subjective**, et les juges se doivent de rechercher la personnalité de l'auteur pour déterminer si une création est bel et bien une œuvre.

Dans une approche classique, l'originalité s'entend comme *« le reflet de la personnalité du créateur*[10]*. »*

Mais il n'est pas rare que cette condition soit « **objectivisée** » par le juge. Il va se contenter de rechercher pour certaines créations, en particulier d'art appliqué, si l'œuvre est nouvelle et se distingue du domaine public antérieur - réintroduisant par là même la notion de mérite.

[10]CA Paris, 24 nov. 1988, Cah. Dr. Auteur juin 1989, p.4

« Hors le domaine des belles lettres ou de l'art pur, s'agissant d'œuvres à caractère utilitaire, l'originalité s'entend parfois de manière plus objective comme l'existence d'un apport intellectuel propre à son auteur[11]. »

§ 91. Une énumération d'œuvres protégées est proposée par la loi[12] parmi lesquelles les livres, conférences, chorégraphies, compositions musicales, écrits scientifiques, illustrations, plans, croquis, logiciel etc. Mais cette liste n'est pas exhaustive et il a par exemple été retenu qu'une page de présentation d'un site web pouvait faire l'objet d'une protection par le droit d'auteur à la condition d'être originale[13] (cf. *infra* § 242).

Ces exemples ne sont que l'application du principe de l'indifférence du genre et de la destination, et montrent bien que la loi déborde largement du domaine du pur « littéraire et artistique ». Elle a au contraire vocation à s'appliquer à des œuvres de l'esprit de caractère technique ou scientifique.

§ 92. La circulation des œuvres est grandissante, il est donc nécessaire en France de protéger les œuvres étrangères. La nationalité d'une œuvre est bien souvent déterminée par le lieu de sa première divulgation. Si cette dernière est intervenue dans un pays signataire de la Convention de Berne[14], leur protection en France est automatique au terme de son article 2. En revanche pour une œuvre originaire d'un pays non signataire de la Convention de Berne, le juge national n'accordera la protection du droit d'auteur que si, après recherches, il conclut que l'œuvre est protégée dans son pays d'origine par l'existence d'un droit privatif.

B. Le bénéficiaire de la protection: un auteur

§ 93. L'article L.113-1 du Code de la propriété intellectuelle présume que l'auteur est celui *« sous le nom de qui l'œuvre est divulguée »*. La réalité est cependant plus complexe, tant la variété d'auteurs possibles est vaste. L'œuvre peut en effet être le fruit de la création d'un seul (1) ou de plusieurs (2).

1. L'œuvre d'un seul auteur

§ 94. Sauf le cas de l'œuvre collective (cf. *infra* § 101 s.), la qualité d'**auteur** ne peut être reconnue qu'à une personne physique. En effet, puisque l'œuvre tire son originalité de l'empreinte de la personnalité de l'auteur (cf. *supra § 89* s.), c'est le créateur qui est auteur de l'œuvre, et non l'investisseur. Ainsi au terme de l'article L.111-1 alinéa 3 du Code de la propriété intellectuelle, aucun contrat ne peut déroger à la jouissance du droit de propriété intellectuelle exclusif et opposable à tous de l'auteur. La cession

---

[11] Cass. AP 7 mars 1986 n° 83-10477

[12] Art. L. 112-2 du Code de la propriété intellectuelle

[13] TGI Paris, 13 févr. 2001 : *Propr. intell., oct. 2001, p.66, obs. Sirinelli*

[14] Convention de Berne pour la protection des œuvres littéraires et artistiques du 9 sept. 1886.

de droits ne peut en principe concerner qu'une partie délimitée quant à son étendue et à sa destination des droits de l'auteur, mais en aucun cas la qualité d'auteur en elle-même.

§ 95. Le cas de l'auteur salarié est une forte illustration de ce principe. Même si ce dernier crée sous l'empire d'un contrat de travail, sous les directives de son employeur et à l'aide des moyens mis à sa disposition par lui, il reste cependant titulaire de l'ensemble des droits sur l'œuvre. Une cession formalisée et circonscrite, suivant les règles imposées par l'article L.131-3 du Code de la propriété intellectuelle, devra nécessairement avoir lieu pour que l'employeur puisse avoir quelque droit que ce soit sur l'œuvre.

§ 96. Pour une meilleure compétitivité du droit français face aux autres droits du monde, le législateur a voulu adapter le droit d'auteur sur certains types d'œuvres, et notamment en confier l'exercice aux personnes morales. Mais au lieu d'en organiser clairement les modalités, le législateur, mû par une volonté, pourtant contradictoire, de conserver la conception personnaliste du droit d'auteur à la française, a mis en place une pléiade de régimes spéciaux. Le cas des fonctionnaires est frappant, puisqu'il ressort de l'article L.131-3-1 du Code de la propriété intellectuelle que le droit d'exploitation de l'auteur est de plein droit, et dès sa création, cédé à l'Etat lorsque cette création est nécessaire à l'accomplissement d'un service public. Plus symptomatique encore, le droit d'auteur sur le logiciel bénéficie de règles bien à part (cf. *infra* § 209 s.).

2. L'œuvre de plusieurs auteurs

§ 97. Une œuvre peut résulter de la création de plusieurs auteurs dans différentes hypothèses:

a. L'œuvre dérivée

§ 98. L'**œuvre dérivée** est obtenue par transformation d'une œuvre originaire sans incorporation d'une œuvre nouvelle. Il en est ainsi des traductions, transformations ou arrangements, ainsi que des anthologies et des recueils. Dans la mesure où elles constituent une création intellectuelle originale, ces œuvres sont protégées par la loi mais ceci *« sans préjudice des droits de l'auteur de l'œuvre originale*[15]. »

b. L'œuvre de collaboration

§ 99. L'œuvre de **collaboration** est celle *« à la création de laquelle ont concouru plusieurs personnes physiques*[16] *».*

---

[15] Art. L. 112-3 du Code de la propriété intellectuelle
[16] Art. L. 113-2 alinéa 1 du Code de la propriété intellectuelle

Tel est le cas d'un album de bandes dessinées qui réunit les talents d'un scénariste et d'un dessinateur.

Cette œuvre est la propriété commune des coauteurs qui doivent exercer leurs droits d'un commun accord (ils sont en situation d'indivision). En cas de désaccord, c'est la juridiction civile qui devra statuer.

c. L'œuvre composite

§ 100. L'œuvre **composite** est celle qui résulte de l'incorporation d'une œuvre nouvelle à une œuvre préexistante *« sans la collaboration de l'auteur de cette dernière*[17]. » Elle est la propriété de son auteur *« sous réserve des droits de l'auteur de l'œuvre préexistante*[18]. »

d. L'œuvre collective

§ 101. L'œuvre **collective** est une notion plus complexe. Selon l'article L.113-2 du Code de la propriété intellectuelle :

> *« Est dite collective, l'œuvre créée sur l'initiative d'une personne physique ou morale qui l'édite, la publie ou la divulgue sous sa direction et son nom. »*

§ 102. La qualification d'œuvre collective suppose la réunion de trois conditions:

- la participation de plusieurs auteurs;
- l'impossibilité d'identifier la contribution de chacun;
- l'initiative d'un maître d'œuvre qui *« édite, publie ou divulgue sous sa direction et son nom »*.

Les créateurs personnes physiques sont bel et bien qualifiés d'auteurs, mais les droits d'auteurs naissent directement entre les mains de la personne (physique mais bien souvent morale) qui est à l'origine de l'œuvre.

II. Le contenu des droits d'auteurs

§ 103. Bien qu'elle puisse avoir une valeur patrimoniale, l'œuvre littéraire ou artistique se détache malaisément de la personnalité de son auteur, dont elle est nécessairement l'expression (cf. *supra* § 93). C'est pourquoi le droit d'auteur a une structure complexe: il participe à la fois du « droit patrimonial » (A) et du « droit de la personnalité » (qui est extrapatrimonial cf. *supra* § 71 s.) (B). Ces deux branches du droit d'auteur sont divisibles à terme, mais naissent ensemble entre les mains de l'auteur dès la création, peu importe sa qualité ou la qualité de son œuvre. C'est ce que consacre le deuxième alinéa de l'article L.111-1 du Code de la propriété

[17] Art. L. 113-2 alinéa 2 du Code de la propriété intellectuelle
[18] Art. L. 113-4 du Code de la propriété intellectuelle

intellectuelle. Ce sont ces attributs qu'il convient de présenter successivement.

A. Attributs d'ordre intellectuel et moral

§ 104. Ils sont regroupés sous l'appellation générique de « **droit moral** ». En tant que « droit de la personnalité », le droit moral est *« perpétuel, inaliénable et imprescriptible*[19]*. »*, il est donc extrapatrimonial.

Au décès de l'auteur, le droit moral est transmis à ses héritiers qui peuvent l'exercer sans limitation de durée, à la différence des « attributs d'ordre patrimonial » dont la durée est limitée (cf. *infra* § 121 s.). Cependant, la transmission successorale du droit moral se fait selon des règles de dévolution dérogatoire au droit commun et l'exercice du droit moral par les héritiers peut être soumis à un contrôle judiciaire.

§ 105. Le droit moral comporte les attributs suivant: le droit de divulgation (1), le droit au nom (2), le droit au respect de l'œuvre (3), et le droit de repentir ou de retrait (4).

1. Le droit de divulgation

§ 106. C'est **le droit de livrer l'œuvre au public**. Il appartient à l'auteur seul qui, en principe, *« détermine et fixe les conditions »* de la divulgation[20]. De même, l'auteur décide seul du procédé de ladite divulgation, et en fixe les conditions. Il faut que l'auteur accepte expressément chacun des modes de diffusion de son œuvre ; en particulier, celui qui autorise la publication de celle-ci sur un support physique nommé n'est pas présumé en avoir accepté la diffusion sur un support numérique, sauf clause expresse au contrat.

§ 107. L'auteur est corollairement libre de ne pas divulguer son œuvre. Ainsi, une œuvre qui n'a jamais été divulguée par l'auteur ne pourra pas être rendue disponible sur un site internet sans son autorisation. Ce principe est appliqué sans concession par la jurisprudence, même lorsque l'auteur refuse de divulguer une œuvre qu'il a créée pour honorer un contrat de commande ayant pourtant force obligatoire entre les parties. Ce dernier ne pourra être condamné qu'à verser des dommages et intérêts, et ne saurait jamais être obligé à livrer la création, tant le droit de divulgation est fort en droit français[21].

---

[19] Art. L. 121-1 du Code de la propriété intellectuelle
[20] Art. L. 121-2 du Code de la propriété intellectuelle
[21] Cour de cassation Civ. 14mars 1900, DP 1900. 1. 497note Planiol

2. Le droit à la paternité

§ 108. L'auteur a le droit d'exiger que son **nom** soit cité. Il *« jouit du droit au respect de son nom et de sa qualité »* d'auteur[22]. L'auteur peut agir en justice si aucun élément ne permet de l'identifier directement, même dans le cas où il aurait expressément autorisé la publication de son œuvre.

§ 109. L'auteur peut même aller plus loin et décider de « tatouer » son nom sur l'œuvre.

L'article L.331-11 du Code de la propriété intellectuelle consacre en effet les *« mesures techniques d'information »,* mention accompagnant une œuvre dans le but d'informer sur le régime des droits et en particulier sur leur titulaire. Une œuvre ayant un support numérique pourra donc se voir attacher des mentions a priori indélébiles, concernant notamment l'identification de l'œuvre, son auteur et les modalités qu'il faudra observer lors de son utilisation.

Ces mentions pourront par exemple rappeler l'interdiction de commercialisation d'un film obtenu à partir d'une plateforme de téléchargement ; il pourra s'agir d'une signature automatique accompagnant un document de texte sur ordinateur.

Leur inobservation peut entraîner l'application des sanctions pénales prévues à l'article L.335-3-2 du Code de la propriété intellectuelle, jusqu'à 3 750 euros d'amende en l'espèce.

§ 110. S'il ne peut renoncer conventionnellement à son droit au nom, l'auteur peut en revanche choisir de ne pas l'utiliser: ce sont les œuvres anonymes (pas de nom d'auteur) ou pseudonymes (divulguées sous un nom d'emprunt ou de fantaisie).

3. Le droit au respect de l'œuvre

§ 111. L'auteur jouit du **droit à l'intégrité** de son œuvre[23]. Il peut exiger qu'elle soit respectée, en interdisant toute suppression, adjonction ou modification à son œuvre. La qualité de l'œuvre doit aussi être préservée, et sa reproduction dans une qualité médiocre qui rend très peu compte de son aspect original ne sera pas considérée comme autorisée par l'auteur sans son accord exprès.

Ainsi, les tribunaux ont considéré qu'en l'absence d'accord exprès de la part de l'auteur (et en, l'espèce il s'agissait plutôt d'un réel désaccord), la transformation d'une œuvre musicale en sonnerie téléphonique devait être considérée comme portant atteinte au droit au respect de l'œuvre[24].

§ 112. L'auteur peut également agir si c'est l'esprit de l'œuvre qui n'a pas été respecté, par exemple dans le cas d'un tiers qui, sans altérer la

---

[22] Art. L. 121-1 du Code de la propriété intellectuelle
[23] Art. L. 121-1 du Code de la propriété intellectuelle
[24] TGI Paris, 7 nov. 2003, Légipresse 2004, IIII, p.38, note Hugot

substance de l'œuvre, la placerait dans un contexte dégradant. Le cas d'une œuvre musicale placée dans une compilation au style sensiblement différent a été tranché ; on n'a pas encore envisagé le cas par exemple où une œuvre musicale serait placée au sein d'un site pornographique...

Ce droit connait cependant un certain nombre de limites. Le juge s'efforce de concilier les intérêts de l'auteur avec les autres règles de droit qui pourraient entrer en conflit, notamment les règles d'urbanisme, les droits des tiers coauteurs ou propriétaires du support matériel...

4. Le droit de repentir ou de retrait

§ 113. Lorsqu'une œuvre est divulguée, l'auteur bénéficie d'un **droit de repentir ou de retrait** qui lui permet de reprendre son œuvre à celui à qui il en a cédé les droits d'exploitation, soit pour la modifier, soit pour la retirer du marché (a). Cette prérogative exorbitante est partiellement compensée par la protection des droits du cessionnaire (b).

« Nonobstant la cession de son droit d'exploitation, l'auteur, même postérieurement à la publication de son œuvre, jouit d'un droit de repentir ou de retrait vis-à-vis du cessionnaire. Il ne peut toutefois exercer ce droit qu'à charge d'indemniser préalablement le cessionnaire du préjudice que ce repentir ou ce retrait peut lui causer. Lorsque, postérieurement à l'exercice de son droit de repentir ou de retrait l'auteur décide de faire publier son œuvre, il est tenu d'offrir par priorité ses droits d'exploitation au cessionnaire qu'il avait originalement choisi et aux conditions originairement déterminées[25]*. »*

a. Domaine du droit de repentir ou de retrait

§ 114. Le droit de repentir ou de retrait ne peut s'exercer qu'à l'encontre d'un **cessionnaire du droit d'exploitation** (par exemple : un éditeur – cessionnaire du droit de reproduction – ou d'un entrepreneur de spectacles – cessionnaire du droit de représentation). En particulier, si l'œuvre a été par la suite diffusée sur internet par des tiers ou reste accessible par le biais des mémoires caches des moteurs de recherche, l'auteur ne pourra se fonder sur cette prérogative pour en demander le retrait.

En revanche, le droit de repentir ou de retrait ne permet pas d'exproprier l'acquéreur de l'objet matériel qui concrétise l'œuvre.

§ 115. Le droit de repentir ou de retrait ne peut s'exercer que sur des œuvres déjà divulguées (pour un aperçu du droit de divulgation, cf. *supra* § 106 s.). Les contrats de commande ou de transfert de propriété du support ne sont par nature pas concernés par ce droit.

---

[25] Art. L. 121-4 du Code de la propriété intellectuelle

b. Protection des droits du cessionnaire

§ 116. Le droit de repentir ou de retrait porte directement atteinte à la force obligatoire du contrat ayant pour objet la cession du droit d'exploitation. Le cessionnaire est cependant protégé par deux règles :

- le cessionnaire doit être **indemnisé préalablement** du préjudice causé par le repentir ou le retrait ;
- le cessionnaire a le **droit de bénéficier par priorité** des droits d'exploitation aux conditions originelles si l'auteur se ravise et décide ultérieurement de publier son œuvre, modifiée ou non.

B. Attributs d'ordre patrimonial

§ 117. Il faut préciser leur contenu (1) avant de dire comment ils peuvent être mis en œuvre (2).

1. Contenu

§ 118. Selon le premier alinéa de l'article L.123-1 du Code de la propriété intellectuelle, *« l'auteur jouit, sa vie durant, du droit exclusif d'exploiter son œuvre sous quelque forme que ce soit et d'en tirer un profit pécuniaire »* et l'article L.122-1 du même Code précise que le droit d'exploitation comprend le droit de représentation et le droit de reproduction.

a. Les attributs du droit d'exploitation

§ 119. Le droit de **représentation** consiste pour l'auteur à avoir la faculté de communiquer son œuvre au public, au moment où il le souhaite, de la manière dont il le souhaite, et par quelque procédé que ce soit[26]. L'auteur seul choisit le moment de la première divulgation, mais aussi celui de toutes les communications ultérieures.

Cette communication peut être réelle ou virtuelle, en direct ou en différé, par une fixation ou par une interprétation physique ; bref, il suffit que l'œuvre soit montrée à un public, même potentiel ou virtuel ou encore de manière non simultanée. Cette représentation peut se faire via un support, elle sera dans ce cas empreinte de reproduction.

§ 120. Le droit de **reproduction** est quant à lui circonscrit à la fixation matérielle sur quelque support que ce soit, même numérique[27], qui permet de communiquer indirectement l'œuvre au public. L'auteur jouit de ce droit de reproduction sur toutes les copies qu'il souhaite effectuer. Ainsi, il peut contrôler la fabrication ou la mise en ligne des copies ; mais il a aussi un pouvoir de contrôle quant à la destination ou à l'usage fait des copies de son

[26] Art. L. 122-2 du Code de la propriété intellectuelle
[27] Art. L. 122-3 du Code de la propriété intellectuelle

œuvre. Il peut s'opposer à toute copie non consentie, ou même à la vente desdites copies par un moyen auquel il n'aurait pas consenti (vente d'un livre en supermarché, ou sur un site internet).

Les contrats de cession de droit d'auteur peuvent concerner indifféremment l'un ou l'autre de ces droits, en tout ou en partie. On voit bien les difficultés qui peuvent résulter de l'interprétation de ces contrats, les deux notions étant susceptibles de se recouper. Il faudra donc être vigilant lors de leur rédaction. La jurisprudence nous montre que ces contrats sont majoritairement interprétés en faveur de l'auteur, « partie faible ».

b. La durée du monopole

§ 121. Pour les œuvres publiées pendant la vie de l'auteur, le monopole d'exploitation s'étendra sa vie durant et **soixante-dix ans** après l'année civile qui suit son décès[28].

Auparavant, le délai de protection du monopole de l'auteur était de 50 ans. Ce délai était le minimum imposé par la Convention de Berne pour la protection des œuvres littéraires et artistiques du 9 septembre 1886, dont la France est signataire. Il était assorti de nombreuses exceptions, applicables dans un grand nombre de cas particuliers. La loi n°97-283 du 27 mars 1997 a supprimé ces nombreux cas particuliers, uniformisé le régime juridique et étendu la protection à 70 ans. Seul le point de départ de ce délai peut changer dans un nombre de cas particuliers relativement restreints.

§ 122. Il existe néanmoins un petit nombre d'exceptions : ainsi, pour les œuvres de collaboration (cf. *supra* § 99), ce délai de 70 ans commence à courir à l'année civile suivant la mort du dernier collaborateur[29]. En revanche, on prendra en compte l'année civile suivant la publication pour les œuvres anonymes, pseudonymes ou collectives[30] (cf. *supra* § 101 s.).

Dans le cas où l'œuvre aurait été publiée ou mise en ligne pour la première fois après la mort de l'auteur, le délai court à partir de l'année civile suivant son décès. Si la publication intervient après cette période, la loi prolongera le droit exclusif pendant 25 ans à compter de la première publication[31].

c. Les exceptions au monopole ou la protection de l'utilisateur de l'œuvre

§ 123. Elles sont limitativement énumérées à l'article L.122-5 du Code de la propriété intellectuelle récemment modifié. Cet article expose les cas de reproduction et/ou de représentation que la loi autorise, sans que l'auteur puisse s'y opposer. Elles ont été instaurées pour poser des limites aux droits

[28] Art. L. 123-1 du Code de la propriété intellectuelle
[29] Art. L. 123-2 du Code de la propriété intellectuelle
[30] Art. L. 123-3 du Code de la propriété intellectuelle
[31] Art. L. 123-4 du Code de la propriété intellectuelle

étendus de l'auteur d'une œuvre. Il est évident que, comme toute forme de propriété, le monopole d'exploitation est absolu (cf. *supra* § 73). Mais il faut garder à l'esprit que la création n'est rien sans ses destinataires. Les destinataires de l'œuvre, appelés aussi utilisateurs, doivent donc pouvoir reproduire ou représenter une œuvre dans certaines limites sans que leur pratique ne s'apparente à une atteinte au monopole. L'acte doit donc rester une continuation de leur jouissance de l'œuvre.

À l'origine, ces exceptions permettaient donc d'accorder des droits aux utilisateurs, en atténuant un monopole et donc un droit de propriété. Elles devaient donc être interprétées strictement et le juge appréciait les situations au cas par cas à l'aune de ces exceptions légales.

§ 124. Mais depuis quelques années le fonctionnement de ces exceptions est bouleversé ; notamment depuis la directive communautaire du 22 mai 2001[32] et son article 5.5. Cette disposition autorise évidemment la mise en place d'exceptions au monopole d'exploitation de l'auteur. Mais elle impose aux Etats de mettre en place des exceptions en accord avec ses dispositions. Le législateur, en édictant une mesure mettant en place une exception au droit d'auteur, doit s'assurer qu'elle correspond à un test en trois étapes. Les dispositions déjà existantes pourront être interprétées à sa lumière, et au besoin être écartées par le juge en l'espèce.

§ 125. Ce *« triple test »* se compose comme suit :

- (1) l'exception doit se cantonner à des cas spéciaux ;
- (2) elle ne peut porter atteinte à l'exploitation normale de l'œuvre ;
- (3) ni causer un préjudice injustifié aux intérêts légitimes de l'auteur.

Ce n'est qu'en cas de succès aux différentes étapes de ce test que l'exception pourra être appliquée et jouer en faveur de l'utilisateur. Toutes les exceptions prévues par le droit français n'ont pas encore été soumises à ce test devant les juridictions françaises ou européennes. Il est cependant probable que dans les années à venir, la contrariété des exceptions face à la directive 2001/23/CE sera souvent invoquée en défense devant les tribunaux. Elles pourront alors être écartées en l'espèce par le juge qui n'en retiendra pas la validité, et ainsi bénéficier à l'auteur qui se verra dédommager pour contrefaçon. Elles pourront aussi faire l'objet d'une question prioritaire de constitutionnalité si une des parties le demande (cf. *supra* § 21).

§ 126. Ainsi, et sous réserve de leur adéquation au triple test, les exceptions sont listées par le Code de la propriété intellectuelle et applicables en droit français. En pratique, un utilisateur qui se voit assigné en contrefaçon justifiera de la légalité de ses agissements en les assimilant à une des exceptions légales. Ainsi, lorsque l'œuvre a été divulguée, l'auteur ne peut plus interdire :

---

[32] Directive n°2001/23/CE du 22 mai 2001 transposée en droit positif par la loi n° 2009-669 du 13 juin 2009 à l'article L.122-5, 8° du Code de la propriété intellectuelle

Les représentations privées et gratuites dans le cercle de famille

§ 127. Cette exception concerne la **diffusion gratuite de l'œuvre** par celui qui en a acquis une copie dans un milieu restreint. Il peut s'agir par exemple de la diffusion de morceaux de musique – acquis par le biais d'une plateforme légale de téléchargement - lors d'un repas entre amis. Ainsi, la notion de cercle de famille n'est pas interprétée strictement, elle peut désigner un groupe d'amis proches.

Les copies ou reproductions strictement réservées à l'usage privé du copiste et non destinées à une utilisation collective

§ 128. Cette exception est généralement appelée **l'exception de copie privée**. Elle a pour objet d'autoriser l'utilisateur à fixer une œuvre sans avoir besoin de recourir à l'autorisation expresse de son auteur. Elle est nécessaire à tout utilisateur pour la jouissance de l'œuvre, mais constitue une atteinte certaine au monopole de l'auteur. De ce fait, elle est assortie de nombreuses conditions, et son interprétation est stricte.

§ 129. Le copiste et l'utilisateur doivent tout d'abord être la même personne. Mais la réalité commande une approche quelque peu souple, et sans autoriser les utilisations collectives, on doit pouvoir permettre qu'un cercle de proches puisse jouir aussi de la copie (car le cercle de proches ne pourra pas alors être assimilé à un public).

§ 130. La copie ne devra ni être échangée, ni être vendue, et le nombre d'exemplaires réalisés devra être restreint. Cela implique l'interdiction de son auteur, notamment sur un site internet privé ou un blog (même à titre gratuit) ou par le biais des logiciels de « *peer to peer* » (de pair à pair ou P2P).

Le Conseil d'Etat est venu préciser dans une décision du 11 juillet 2008[33] que la rémunération pour copie privée ne pouvait s'appliquer qu'aux « *copies réalisées à partir d'une source acquise licitement* ». La doctrine étant très partagée sur ce sujet, et les instances judiciaires muettes sur ce point, c'est la loi du 20 décembre 2011[34] qui est venue entériner le fait que l'exception de copie privée ne vise que les copies « *réalisées à partir d'une source licite* ». Ainsi, graver un CD contenant de la musique téléchargée illégalement est un acte de reproduction non autorisé et constitutif d'une contrefaçon, quand bien même le copiste n'aurait pas à son tour partagé ces œuvres sur internet.

§ 131. L'exception de copie privée ne saurait par ailleurs faire obstacle à la mise en place des **mesures techniques de protection** prévues aux articles L.331-5 et suivants du Code de la propriété intellectuelle. Ces mesures techniques sont caractérisées par des procédés mis en place sur le support

[33] N° 298779 Syndicat de l'industrie de matériels audiovisuels électroniques
[34] 2011-1898

d'une œuvre commercialisée, elles ont pour but d'empêcher ou de limiter les utilisations non autorisées de l'œuvre. Elles doivent être efficaces, c'est-à-dire opérer un contrôle par quelque biais que ce soit de l'utilisation de l'œuvre : il pourra s'agir d'un code d'accès, d'un cryptage ou d'une impossibilité de lecture sur un ordinateur. Ces mesures techniques de protection ont pendant un temps été le bouc émissaire des partisans de la liberté de copie des œuvres protégées. En effet, elles ont pour effet direct et incontestable de limiter voire souvent d'anéantir la possibilité pour l'utilisateur de bénéficier de l'exception de copie privée ; toute copie est ainsi rendue impossible et la faculté de jouissance de l'œuvre par l'utilisateur est de fait diminuée. Mais la jurisprudence a considéré que cette limitation est justifiée, d'une part puisque l'exception de copie privée n'est pas un droit mais bien un moyen de défense[35], et d'autre part du fait de l'ampleur des conséquences économiques qu'une copie de certains types d'œuvres pouvait avoir *« dans le contexte de l'environnement numérique »*[36].

§ 132. Pour accroître la justification d'une telle exception dans un environnement où la copie s'était faite plus facile et à la portée de tous, la loi a mis en place dès 1985 une **rémunération pour copie privée**. Cette rémunération est en fait une redevance forfaitaire prélevée directement sur le prix du support d'une œuvre vendu au public ; ce sont les sociétés de gestion collective (cf. *infra* § 147 s.) qui la perçoivent et la reversent aux auteurs. Elle est aussi prélevée sur le prix de vente des appareils servant à effectuer ladite copie, sans que cette formule ne soit précisée outre mesure[37]. Cette forme de licence légale d'exploitation au profit des consommateurs utilisateurs finaux a permis pour les auteurs une certaine compensation financière face à une facilité de copie accrue et surtout une meilleure qualité. Mais aujourd'hui, l'informatique et internet rendent la copie beaucoup plus facile à réaliser, à un moindre coût et surtout avec une qualité égale à celle de l'original. La copie se multiplie donc, et parfois se partage, ce qui rend la rémunération pour copie privée dérisoire face aux pertes que peuvent subir les auteurs. Il faudra à l'avenir choisir entre une augmentation de cette rémunération, ou une refonte profonde du système pour le mettre en adéquation avec les pratiques des utilisateurs.

Les analyses et courtes citations, revues de presse et diffusion des discours officiels

§ 133. Elles sont autorisées sous réserve que soient indiqués le nom de l'auteur et la source. La brièveté de la citation s'apprécie au cas par cas, et n'est pas quantifiée par la jurisprudence. Il est certain en tout cas qu'une

---

[35] Paris, 4 avril 2007, 4e chambre, section A, n° RG 06/07506

[36] Civ. 1ère, 28 février 2006, n°05-15824

[37] CJUE, 21 oct. 2010, n° C-467/08, Padawan SL c/ Sociedad General de Autores y Editores de España pour un éclairage de la notion

reproduction intégrale ne pourra jamais être analysée comme courte, même en cas de reproduction en petit format (La question s'était posée pour le cas de la reproduction d'une peinture en petit format pour un catalogue de vente : la reproduction était illégale car intégrale[38]). Par ailleurs, même si l'utilisateur n'a accès qu'à une courte partie de l'œuvre, la reproduction intégrale d'une œuvre sur un site internet ou un moteur de recherche ne peut jamais être qualifiée de courte citation ; elle sera illégale si le consentement exprès de l'auteur n'a pas été obtenu[39].

Les reproductions destinées à figurer dans le catalogue d'une vente judiciaire

§ 134. Des œuvres en vente lors d'une enchère judiciaire peuvent librement être reproduites intégralement sur le catalogue de la vente, sans qu'une autorisation expresse de l'auteur ne soit requise.

Les parodies, pastiches et caricature

§ 135. Elles sont autorisées sous réserve du respect des lois du genre. Sans rentrer dans le détail, précisons simplement que la parodie *« doit poursuivre une intention humoristique*[40] *»*, mais il faut prendre garde à ce que tout risque de confusion avec l'œuvre originale soit évité[41]. Il va sans dire que toute parodie doit rester dans les limites posées par la loi concernant la diffamation ou l'injure (cf. *infra* § 583).

Le nom de l'auteur et la source doivent être clairement indiqués.

La reproduction et la représentation d'œuvres dans le but de les rendre accessibles aux déficients

§ 136. L'acte de reproduire un ouvrage en très gros caractères ou en braille, dans le but exclusif de le rendre accessible aux déficients, est considéré comme légal même en l'absence d'autorisation exprès de l'auteur. Cette reproduction est assurée à des fins non lucratives, par des personnes morales ou des établissements agréés[42].

Le nom de l'auteur et la source doivent être clairement indiqués.

---

[38] Cass. Com. 10 fév. 1998, n°94-21596, Utrillo

[39] TGI Paris, 18 déc. 2009, Éditions du Seuil SAS et a. c/ Google Inc. et France, www.juriscom.net

[40] T. Com. Seine, 26 juin 1934, Gaz. Pal. 1934.2.594

[41] CA Versailles 17 mars 1994, D. 1995, Somm. 56, obs. Colombet

[42] Nouveaux articles L122-5-1 et -2 créés par la loi 2016-925 du 7 juillet 2016

L'exception pédagogique

§ 137. L'exception pédagogique, établie par la loi DADVSI[43], permet de s'affranchir de toute autorisation exprès de l'auteur lors de l'utilisation de certains documents pour des motifs uniques d'enseignement. Elle s'applique uniquement :

- à la reproduction et à la représentation d'extraits d'œuvres à des fins exclusives d'illustration dans le cadre de l'enseignement et de la recherche, à destination d'un public majoritairement composé d'élèves, d'étudiants, d'enseignants ou de chercheurs directement concernés ;
- sans aucune exploitation commerciale ;
- si elle est compensée par une rémunération négociée ;
- si elle ne concerne pas les œuvres réalisées à des fins pédagogiques, les partitions de musique et les œuvres réalisées pour une édition numérique de l'écrit.

Le nom de l'auteur et la source doivent être clairement indiqués.

La reproduction à des fins de conservation ou de préservation des conditions de la consultation

§ 138. Cette exception s'adresse prioritairement aux bibliothèques nationales. Elles sont fondées à reproduire des ouvrages pour la consultation de chacun, dans un but de préservation de l'original. Il va sans dire que cette reproduction peut être numérique.

La reproduction ou la représentation pour but exclusif d'information immédiate

§ 139. Sous réserve d'indiquer clairement le nom de l'auteur et la source, il est autorisé de reproduire une œuvre dans le but exclusif d'information immédiate. Cette reproduction pourra se faire en tout ou partie, mais l'appréciation qu'aura le juge de ce critère dépendra évidemment du type d'œuvre. La reproduction intégrale d'une peinture dans le but d'informer sur la tenue d'une exposition aura plus de chance d'être considérée comme entrant dans le cadre de cette exception que la reproduction intégrale d'un film, qui lui peut être coupé, pour en faire la promotion. Cette reproduction doit enfin être en relation directe avec l'information dont il est question, et ne doit pas servir d'illustration à un sujet qui n'a que très peu de lien avec l'œuvre elle-même.

La question de la limite de cette exception, déjà épineuse en soi, se complique encore face à internet. La mise en ligne d'un grand nombre de

---

[43] Art. 1er de la loi n° 2006-961 du 1er août 2006 relative aux droits d'auteur et aux droits voisins dans la société de l'information

contenu, facilitée par le numérique, n'entre pas dans le cadre de cette exception, qui ne couvre que les reproductions strictement nécessaires à l'information du public. Par ailleurs, une page d'un site internet n'a pas vocation à être éphémère, il n'est pas rare que les sites d'actualité conservent leurs archives pendant de nombreuses années. A partir de combien de temps la reproduction cesse t'elle d'être au service de l'information immédiate pour devenir de la contrefaçon ? Nul doute que la jurisprudence sera amenée à trancher cette question.

§ 139.1. La loi pour une République Numérique[44] est venue ajouter deux nouvelles exceptions, la fouille de données et la liberté de panorama, aux 10° et 11° de l'article L 122-5. Ainsi, sont autorisées, respectivement, « *les copies ou reproductions numériques réalisées à partir d'une source licite, en vue de l'exploration de textes et de données incluses ou associées aux écrits scientifiques pour les besoins de la recherche publique* », et « *les reproductions et représentations d'œuvres architecturales et de sculptures, placées en permanence sur la voie publique, réalisées par des personnes physiques* ». L'exception de panorama est strictement limitée, et ne couvre pas les interventions artistiques ponctuelles, notamment les expositions temporaires, ou l'éclairage public. Ces exceptions sont toutes deux à l'exclusion de tout usage à caractère commercial.

2. Mise en œuvre

§ 140. Le droit d'exploitation est « dans le commerce ». Il peut donc être valablement cédé (a). Mais cette cession est très encadrée, la loi réglemente par ailleurs deux types de contrats permettant d'assurer l'exploitation de l'œuvre (b). Il est enfin possible d'opter pour un système de gestion collective des droits d'auteur (c).

a. La cession du droit d'exploitation

§ 141. Les deux attributs du droit d'exploitation (droit de représentation et droit de reproduction cf. *supra* § 117 s.) sont *« cessibles à titre gratuit ou à titre onéreux »*[45]. Si la cession se fait à titre onéreux, l'auteur devra recevoir en principe une *« participation proportionnelle aux recettes provenant de la vente ou de l'exploitation*[46]*. »* Cependant, dans certains cas limitativement énumérés, sa rémunération peut être évaluée forfaitairement.

Mais la cession doit être expresse ; en particulier, les droits cédés doivent être limitativement énumérés par écrit[47] et elle ne peut résulter simplement de la conclusion par l'auteur d'un contrat de « louage d'ouvrage » (contrat

[44] 2016-1321 du 7 octobre 2016
[45] Art. L. 122-7 du Code de la propriété intellectuelle
[46] Art. L. 131-4 du Code de la propriété intellectuelle
[47] Art. L. 131-3 du Code de la propriété intellectuelle

d'entreprise) ou de « louage de service » (contrat de travail. La Cour de cassation rappelle à ce titre très régulièrement que tout ce qui n'est pas autorisé par le contrat de cession est interdit[48].

§ 142. Cependant la cession est limitée d'un double point de vue :

- d'une part « la cession globale des œuvres futures est nulle »[49];
- d'autre part la cession peut être limitée à l'un ou l'autre des droits de représentation ou de reproduction[50] ou à certains modes d'exploitation[51].

b. Les contrats permettant l'exploitation

§ 143. Le Code de la propriété intellectuelle règlemente minutieusement deux contrats permettant l'exploitation de l'œuvre : le contrat de représentation et le contrat d'édition

§ 144. Le contrat d'édition. doit obligatoirement être effectué par écrit, et doit prévoir le nombre d'exemplaires minimum constituant le premier tirage ou à défaut le versement d'un minimum garanti, appelé à-valoir, au bénéfice de l'auteur. Chaque type d'utilisation de l'œuvre doit être expressément prévu au contrat, à défaut, il est interdit de reproduire l'œuvre sur quelconque autre support. Ainsi, il a été rappelé que la reproduction sur support numérique devait être consentie expressément, quand bien même ce support n'aurait pas été prévisible au moment du contrat[52].

> *« Le contrat d'édition est le contrat par lequel l'auteur d'une œuvre de l'esprit [cède] à des conditions déterminées à une personne appelée éditeur le droit de fabriquer ou de faire fabriquer en nombre des exemplaires de l'œuvre, à charge pour elle d'en assurer la publication et la diffusion »*[53].

L'article L 132-17 du Code de la propriété intellectuelle prévoit que *« la résiliation a lieu de plein droit lorsque, sur mise en demeure de l'auteur lui impartissant un délai convenable, l'éditeur n'a pas procédé à la publication de l'œuvre.»* L'éditeur a par ailleurs l'obligation d'assurer à l'ouvrage une disponibilité permanente, et donc de procéder à des réimpressions d'office, de procéder ou faire procéder à des éditions populaires[54].

§ 145. Le Code de la propriété intellectuelle prévoit par ailleurs le contrat de représentation :

---

[48] Civ. 1ère, 30 sept. 2010, n°09-15091

[49] Art. L. 131-1 du Code de la propriété intellectuelle

[50] Art. L.122-7 al. 2 et 3 du Code de la propriété intellectuelle

[51] Art. L.122-7 al. 4 du Code de la propriété intellectuelle

[52] TGI Paris, 8 déc. 2009, Éditions du Seuil SAS et a. c/ Google Inc. et France, www.juriscom.net

[53] Art. L. 132-1 du Code de la propriété intellectuelle

[54] Art. L. 132-12 du Code de la propriété intellectuelle

« Le contrat de représentation est celui par lequel l'auteur d'une œuvre de l'esprit [autorise] une personne physique ou morale à représenter ladite œuvre à des conditions qu'ils déterminent »[55].

Il ne prévoit aucun transfert de propriété des droits d'auteurs mais un simple transfert du droit de jouissance précaire. De la même manière, chaque mode de communication au public doit être expressément prévu pour être opposable.

§ 146. D'autres contrats spéciaux sont définis et organisés, notamment le contrat de commande pour la publicité à l'article L.132-31 du Code de la propriété intellectuelle.

c. La gestion collective

§ 147. Ces sociétés sont régies par les articles L. 321-1 et suivants du Code de la propriété intellectuelle ; elles sont chargées de la perception et de la répartition des droits d'auteurs et des droits des artistes-interprètes. Elles sont facultatives : c'est le titulaire des droits d'auteurs qui choisit d'y adhérer ou non ; dans certains domaines elles sont cependant particulièrement omniprésentes (comme le milieu musical où c'est la SACEM qui est le mieux implantée).

Pour un auteur, faire gérer ses droits par une société de gestion collective peut présenter de nombreux avantages. Elles s'occupent en effet de gérer les droits à sa place, ce qui peut être particulièrement attractif pour un auteur aux vues des formalités parfois très lourdes. Concrètement, l'auteur opère une cession de ses droits à la société de gestion collective, et cette dernière versera la rémunération aux ayants droits (les auteurs le cas échéant, ou bien les héritiers ou éditeurs selon la situation).

Cependant, l'essor d'internet permet aux artistes de s'exposer sans forcément passer par le biais des maisons de production ou d'édition et ces derniers peuvent avoir le choix de ne pas adhérer à une société de gestion collective. Il pourrait de cette manière accaparer plus de 50 % du bénéfice de l'exploitation de leur œuvre, contre les 10 à 15 % prévus aujourd'hui dans la plupart des contrats de cession ou d'édition.

III. Le non-respect du droit d'auteur

§ 148. Il est clairement exposé à l'article L. 112-4 du Code de la propriété intellectuelle que *« toute représentation ou reproduction intégrale ou partielle faite sans le consentement de l'auteur ou de ses ayants droit ou ayants cause est illicite. Il en est de même pour la traduction, l'adaptation ou la transformation, l'arrangement ou la reproduction par un art ou un procédé quelconque. »*

---

[55] Art. L. 132-18 du Code de la propriété intellectuelle

§ 149. Une atteinte à l'œuvre peut être considérée comme une atteinte au droit de propriété, susceptible donc de justifier l'engagement de la responsabilité civile et pénale. Cette atteinte est qualifiée, en droit de la propriété intellectuelle, de **contrefaçon**. La violation du droit de propriété intellectuelle (§1) justifie donc l'ouverture d'une action en contrefaçon (§2), mais la contrefaçon numérique est devenue un tel fléau pour les auteurs que le législateur a prévu d'autres sanctions spécifiques, et même une forme de « responsabilité de l'internet » (§3).

§ 1 : La violation des droits de propriété intellectuelle

§ 150. Le code liste expressément les atteintes aux droits de reproduction et de représentation qui sont constitutives d'une contrefaçon.

§ 151. *« Est un délit de contrefaçon toute reproduction (...) par quelque mode que ce soit, d'une œuvre de l'esprit »* sans autorisation[56]. Ce délit est constitué lorsque le contrefacteur reproduit l'œuvre à l'identique (téléchargement intégral de l'œuvre sur internet, diffusion d'une œuvre audiovisuelle à un public par exemple sur une plateforme de vidéos sur internet) mais aussi les reproductions par imitation (reproduction avec des modifications, adaptations, traductions...) sans entrer dans le champ des exceptions prévues par la loi (cf. *supra* § 123 s.). En revanche, la simple inspiration ou la reproduction de l'idée sans celle de la forme ne sont pas répréhensibles. Il convient ici de rappeler que seule la forme est protégée, les idées étant de libre parcours ; sans ce principe, pilier du droit d'auteur, la société serait confrontée à de grands risques de freins à la création. L'exception de parodie ou de pastiche trouve ici toute sa dimension ; une imitation d'une œuvre ayant pour but de la parodier n'étant pas répréhensible (cf. *supra* § 135).

§ 152. Est également un délit de contrefaçon toute représentation non autorisée d'une œuvre de l'esprit en vertu de l'article L.335-3 du Code de la propriété intellectuelle.

§ 153. Il est en revanche plus délicat de positionner les atteintes au droit moral par rapport aux règles de la contrefaçon. Le Code de la propriété intellectuelle précise que toute atteinte à une œuvre est constitutive de contrefaçon, mais en l'absence de mention expresse des atteintes au droit moral, le doute reste permis quant aux sanctions qui peuvent y être attachées. Il est clair que ces atteintes sont visées par le volet civil de la contrefaçon, il est en revanche beaucoup moins évident de savoir si les atteintes au droit moral peuvent tomber sous la coupe du droit pénal de la contrefaçon, qui est par principe d'interprétation très stricte. La Cour de cassation l'a admis dans

---

[56] Art. L. 335-3 du Code de la propriété intellectuelle

plusieurs arrêts successifs[57]. S'agissant respectivement, de la reproduction d'un plan d'aménagement urbain sans l'indication du nom de l'architecte portant atteinte au droit moral de paternité de l'auteur. De sculptures en bronze de Rodin grossièrement patinées, portant atteinte au respect de l'œuvre. Enfin, d'un architecte qui décide de repeindre et recouvrir deux sculptures sans l'autorisation de leur auteur. La chambre criminelle a ainsi dégagé une jurisprudence admettant le principe d'une protection pénale du droit moral de l'auteur.

En pratique, cependant, il est commun d'engager une action en responsabilité civile pour atteinte au droit moral de l'auteur (en suivant les règles de l'engagement de la responsabilité délictuelle) en parallèle de l'action civile en contrefaçon.

§ 2 : La contrefaçon de droit commun

A. L'action en contrefaçon

§ 154. L'action en contrefaçon n'est pas envisagée comme un concept unitaire ; elle se subdivise en deux volets complémentaires quoique pas nécessairement simultanés. Plusieurs possibilités s'offrent en effet à celui qui pense son œuvre contrefaite : il peut engager une action civile en contrefaçon ou une action pénale au cours de laquelle il peut se porter partie civile et demander la réparation de son préjudice.

§ 155. Le délit pénal de contrefaçon est défini strictement aux articles L.335-1 et suivants du Code de la propriété intellectuelle, tandis que les dispositions civiles sont plus générales comme l'indique l'article L.331-1 du même code. Encore faut-il que celui qui s'estime victime de la contrefaçon ait un intérêt à agir (1), s'adresse à la bonne juridiction (2), dans les bons délais (3), et puisse prouver ce qu'il avance (4).

1. L'intérêt à agir

§ 156. Si l'auteur a évidemment intérêt à agir en contrefaçon de son œuvre, sous réserve de pouvoir prouver sa qualité de titulaire des droits, il n'est pas le seul. Le cessionnaire d'un contrat de cession pourra aussi agir en contrefaçon, mais seulement dans les limites des droits qui lui auront été cédés par le biais du contrat de cession (cf. *supra* § 141 s.).

En revanche, le simple distributeur des copies ne pourra pas agir, même s'il s'agit d'un distributeur exclusif. Cependant, si le titulaire des droits ne se manifeste pas, la jurisprudence accepte une présomption d'intérêt à agir pour celui qui procède à l'exploitation de l'œuvre[58].

---

[57] Chambre criminelle 24 septembre 1997 n°95-81954, Chambre criminelle 22 mai 2002 n°01-86156 et Chambre criminelle 3 septembre 2002 n°01-83738

[58] Civ. 1ère, 22 févr. 2000 n° 97-20210

2. Les juridictions compétentes

§ 157. Conformément au droit français –et plus largement au droit européen - les juridictions compétentes en cas de délit sont celles du lieu du dommage. La solution classique de compétence des juridictions en droit français s'appliquait donc aisément aux délits de contrefaçon les plus anciens ; la juridiction compétente en cas de vente d'un livre sans autorisation de son auteur est évidemment celle du lieu où l'on peut se procurer ce livre.

La question devient nettement plus délicate lorsqu'une œuvre a été reproduite sans autorisation sur internet, ou si un support contrefaisant une œuvre a été mis en vente depuis un site étranger. Ce média est par définition accessible partout : un site internet reproduisant ou vendant des œuvres sans l'autorisation de leur auteur se rend clairement coupable de contrefaçon, mais il n'est pas évident de déterminer selon quel critère les juridictions françaises seront compétentes pour en connaître (cf. les conflits de lois dans l'espace *supra* § 52s.).

§ 158. La Cour de cassation est claire : tout site accessible en France est dans le ressort de sa compétence. Les juridictions françaises pourront donc se déclarer compétentes dès que le site présentant l'œuvre ou son support sera accessible depuis la France[59]. En pratique, il est aisé de constater que cela concerne pratiquement tous les sites internet existants. Le juge français s'accorde donc une compétence quasiment universelle en la matière.

Mais une fois que le juge français s'est déclaré compétent, il ne pourra reconnaître la contrefaçon comme caractérisée que si le site est bel et bien **actif** à l'égard des consommateurs français[60]. Etudié au cas par cas, le caractère actif du site sera apprécié par le juge, en vertu d'un faisceau d'indices, comme la langue du site, la possibilité d'achat depuis la France, la possibilité de livraison jusqu'à la France, le type d'œuvre et la notoriété de son auteur en France ou encore la possibilité de téléchargement.

§ 159. La marge de manœuvre des juges français est donc clairement affaiblie par le critère de l'activité du site, et d'aucuns s'interrogent sur l'opportunité d'accorder au juge français une compétence universelle en l'absence de réel pouvoir de règlement du litige dans une grande majorité de cas. Il a donc été proposé de mettre en place un filtre dès la question de la compétence du juge, et c'est la Cour d'appel de Paris qui l'a mis pour la première fois en application[61]. Elle n'accepte de se reconnaitre compétente que dans le cas où le site internet représente une atteinte au droit d'auteur ayant un lien suffisant, substantiel et caractérisé avec le dommage réellement

---

[59] Civ. 1ère, 9 déc. 2003, n°01-03225

[60] Cass. com. 11 janv. 2005, n° 02-18381

[61] PARIS, 26 avr. 2006, *Comm. Com. Electr. 2006*, comm. 106, note Ch. Caron

subi en France. Selon Ch. Caron, c'est aussi la position que retiennent, sans la formuler aussi explicitement, les juridictions pénales[62].

§ 160. La contrefaçon est un délit pénal, qui, selon l'article 381 du Code de procédure pénale, ne pourra être connu que par le tribunal correctionnel. Pour ce qui est du délit civil de contrefaçon, seuls les tribunaux de grande instance sont compétents ; le décret n°2011-1878 du 14 décembre 2011 en donne la liste exhaustive : Bordeaux, Fort-de-France, Lille, Lyon, Marseille, Nanterre, Nancy, Paris et Rennes. Cela donne lieu à des pratiques de *forum shopping*, notamment en matière de contrefaçon sur internet. Ainsi, la partie qui estime son œuvre contrefaite fera constater la contrefaçon alléguée depuis un poste informatique situé dans le ressort du tribunal qu'elle aura choisi en fonction de sa réputation afin de le rendre compétent. Cette pratique est aussi courante à l'international.

3. La prescription de l'action en contrefaçon

§ 161. La prescription de l'action civile en contrefaçon, est celle du droit commun de l'action en responsabilité civile : 5 ans *« à compter du jour où le titulaire d'un droit a connu ou aurait dû connaître les faits lui permettant de l'exercer[63]. »*

§ 162. En matière pénale, le délit de contrefaçon se prescrit sous 3 ans selon l'article 8 du Code de procédure pénale. La contrefaçon étant une infraction instantanée, le délai commence à courir au moment où la diffusion, la reproduction ou la copie non autorisées ont été réalisées. Ainsi le contrefacteur ne pourra se voir condamner que pour les actions ayant eu lieu durant les trois années précédant l'action en justice, et pas pour celles qu'il aurait pu commettre avant.

4. La preuve de la contrefaçon

a. L'objet de la preuve

§ 163. La preuve de l'élément matériel de la contrefaçon est indispensable, que ce soit à l'appui de l'action civile ou de l'action pénale. Cet élément matériel est en réalité le fait de contrefaçon lui-même. La preuve qui doit être rapportée est celle de la titularité des droits de propriété intellectuelle et de l'atteinte portée par le potentiel contrefacteur.

§ 164. L'élément moral de l'acte de contrefaçon est quant à lui quasi inexistant. En droit pénal, il est nécessaire de rapporter la preuve de cet élément moral, autrement dit de l'intention de l'auteur de l'infraction. Mais pour le délit de contrefaçon, il existe une présomption de mauvaise foi de

---

[62] Commentaire en suite de l'arrêt Cass. Com. 9 sept. 2008, comm. Com. Electr. 2008, comm. 126 note Ch. Caron

[63] Art. 2224 du Code civil

son auteur dès que la matérialité des faits est établie[64]. Cette présomption ne joue néanmoins pas pour les « complices » de la contrefaçon: les exploitants et les exécutants bénéficient quant à eux d'une présomption de bonne foi. Il appartiendra alors au Ministère public de prouver qu'ils avaient conscience du caractère contrefaisant de l'œuvre qu'ils ont commercialisé.

Pour le délit civil de contrefaçon, il est constant que la bonne foi est inopérante ; ainsi le contrefacteur pourra être condamné sans qu'il soit nécessaire de prouver son intention.

b. Les modes de preuve

§ 165. En matière de contrefaçon, la preuve est libre[65]. Cependant, certains modes de preuve sont préférables.

Les modes traditionnels de preuve

§ 166. Il est possible d'avoir recours à des **constats d'achat** ou à des **procès-verbaux d'huissiers** pour constater la matérialité de l'infraction, avant d'intenter l'action en justice.

Les modes de preuve spécifiques au droit de la propriété intellectuelle

§ 167. - Il est possible dans un premier temps de demander une **retenue en douane** des marchandises contrefaisantes, aux frontières françaises[66] ou européennes[67]. Le demandeur disposera de dix jours ouvrables après la saisie pour intenter une action en utilisant les éventuelles preuves récoltées.

§ 168. - La **saisie-conservation** de biens mobiliers et immobiliers est elle aussi envisageable si les circonstances sont de nature à compromettre le recouvrement des dommages et intérêts[68]. Elle s'apparente à une sorte de caution.

§ 169. - La **saisie-contrefaçon** est cependant le mode privilégié de preuve de la contrefaçon. Elle est régie par les articles L.332-1 et suivants du Code de la propriété intellectuelle. Elle consiste en une saisie réelle ou une saisie-description des produits contrefaisants ou des matériels et instruments utilisés pour les produire.

On peut ainsi envisager de saisir le disque dur de l'ordinateur depuis lequel la contrefaçon alléguée aurait été mise en ligne. La jurisprudence a cependant précisé plusieurs fois que la preuve d'une infraction ne pouvait

---

[64] Cass. 11 avr. 1889 : *Bull Crim. n° 150*

[65] Art. L.331-2 du Code de la propriété intellectuelle tel interprété par la Cour de cassation dans son arrêt Crim. 5 sept. 1989 : *RIDA, avr. 1990, p. 201*

[66] Art. L.335-10 du Code de la propriété intellectuelle

[67] règlement CE n° 1383/2003 du 22 juillet 2003

[68] art. L.331-1-1 du Code de la propriété intellectuelle

être constituée par la simple présence de fichiers temporaires sur le disque dur.

La saisie-contrefaçon est autorisée par la juridiction civile compétente (plus par le commissaire de police depuis la loi du 11 mars 2014) sur ordonnance. Elle pourra être accompagnée de mesures spéciales si les circonstances de l'espèce l'exigent ; il pourra alors s'agir d'une suspension de fabrication des supports de l'œuvre ou de la saisie des recettes résultant de l'exploitation commerciale de ces contrefaçons.

A l'issue de cette procédure, le titulaire des droits dispose de 31 jours civils pour exercer l'action en justice correspondante, sans quoi les preuves récoltées ne pourront plus être apportées à l'appui de ses prétentions.

§ 170. Enfin, le demandeur dispose du **droit à l'information**, qui lui permet de pouvoir obtenir les informations nécessaires à la lutte contre la contrefaçon, en quelque main qu'elles se trouvent[69]. Sauf empêchement légitime, aucun renseignement demandé ne pourra être refusé au demandeur, une astreinte pourra être ordonnée si nécessaire.

Seul le moment du droit à l'information reste incertain, d'aucuns considérant qu'il ne peut intervenir qu'avant le procès, d'autres qu'il peut être soulevé pendant la mise en état. La loi est encore trop jeune pour pouvoir dégager un mouvement jurisprudentiel déterminant.

Les modes de preuve spécifiques au droit de l'informatique

§ 171. Le **constat d'huissier** est un mode de preuve apprécié, car il constitue une preuve quasiment irréfragable. La saisie réelle de bien au domicile du défendeur est un moyen efficace de recueillir des preuves. L'huissier peut aussi avoir recours à un constat d'achat, par lequel il atteste que le produit qui est argué de contrefaçon a bien été acheté dans un magasin et non produit comme fausse preuve par le requérant.

§ 172. Mais la saisie ou le constat d'achat peuvent néanmoins s'avérer impossibles pour l'huissier, dans le cas notamment où la contrefaçon n'est jamais matérielle mais reste numérique à chacune de ses étapes. L'échange de fichiers sur internet ou la publication d'un article sur un site sans l'autorisation de son auteur ne pourront pas être prouvés par les modes « traditionnels » de recherche de preuve.

Il convient cependant de préciser que le procédé d'aspiration de pages de site web a été assimilé à un procédé de saisie-contrefaçon[70].

Le constat d'huissier sur internet, bien que contraignant, est possible et fortement conseillé puisqu'il apporte une preuve très solide. Il permet, par le biais d'une procédure rigide et fortement réglementée, de prouver avec

---

[69] Art. L. 331-1-2 du Code de la propriété intellectuelle

[70] CA Paris, 4e ch. A., 25 oct. 2006, P.-M. H c/ L. J. et autre ; www.legalis.net

certitude la présence de la contrefaçon alléguée sur le site internet à une date donnée.

§ 173. Pour que le constat soit opposable à l'auteur de l'infraction, l'huissier de justice devra constater l'infraction dans un procès-verbal qui sera dressé comme suit :

- l'huissier doit vider l'historique, les cookies et la mémoire cache de son ordinateur[71] ;
- il doit inscrire l'adresse IP de son ordinateur pour que la procédure puisse être vérifiée ensuite en cas de litige[72] ;
- il doit décrire le cheminement effectué pour accéder à la page contenant l'infraction et établir l'existence des liens hypertextes[73] ;
- il doit constater autant que faire se peut l'identité de l'éditeur du site, son hébergeur et le propriétaire du nom de domaine[74] ;
- il doit imprimer les pages pertinentes et les annexer au procès-verbal, si possible au moyen d'une capture d'écran.

A défaut de respecter ces diligences, le constat de l'huissier pourra être invalidé par les tribunaux et sera alors inutilisable comme preuve au dossier de contrefaçon. C'est la raison pour laquelle il est conseillé que l'huissier se fasse assister, lors de ses constatations, d'un homme de l'art expert techniquement dans la matière informatique concernée.

B. Les sanctions de l'action en contrefaçon

§ 174. Une fois la preuve de la contrefaçon apportée, les juges pourront déterminer souverainement la sanction qui lui est applicable, en fonction de la loi en vigueur. Le régime est bien évidemment différent selon que l'action est portée devant les juridictions pénales (1) ou civiles (2).

1. Les sanctions pénales

§ 175. Dans sa lutte croissante contre la contrefaçon, le législateur français n'a eu de cesse d'accroître la **répression.**

Aujourd'hui, la contrefaçon est punie de 3 ans de prison et de 300 000€ d'amende. Si les actes sont commis en bande organisée, la loi du 3 juin 2016[75] a relevé les sanctions à 7 ans d'emprisonnement et 750 000€ d'amende.

---

[71] CA Paris, 4è ch., B, 17 nov. 2006, SARL Net Ultra c/ AOL, RLDI 2006/22, n° 706, obs. Auroux J.-B

[72] Tribunal de Grande Instance de Paris 3ème chambre, 1ère section Jugement du 4 mars 2003

[73] Même arrêt

[74] Tribunal de Grande Instance de Paris 3ème chambre, 1ère section Jugement du 13 mars 2002

[75] 2016-731 renforçant la lutte contre le crime organisé, le terrorisme et leur financement, et améliorant l'efficacité et les garanties de la procédure pénale

Un certain nombre de peines complémentaires pourront être prononcées par le juge si les circonstances de l'espèce l'exigent. Le juge peut prononcer la dissolution de la personne morale à l'origine de la contrefaçon,[76] la fermeture d'établissement[77], la confiscation et la destruction des marchandises[78] ainsi qu'un certain nombre de peines de publication ou d'affichage ayant pour but d'informer le public sur le caractère contrefaisant des produits et sur la sanction prononcée à l'égard des contrefacteurs[79].

Le choix de la voie pénale ne vaut pas renonciation de la part de l'auteur à la possibilité de demander des dommages et intérêts civils.

2. Les sanctions civiles

§ 176. Contrairement à la sanction pénale, la sanction civile n'a pas un but répressif mais un but **réparatoire** (cf. sur ces questions *infra* § 605 s.). Il s'agit de réparer le préjudice que l'auteur a pu subir du fait de la contrefaçon et de le remettre autant que faire se peut dans l'état où il aurait été si cette atteinte n'avait pas eu lieu. Pour ce faire, certaines règles particulières de réparation du préjudice ont été mises en place.

Le préjudice est constitué par des *« conséquences économiques négatives*[80] *»* (perte de gains, perte de contrats ...) tandis que le préjudice moral est souvent caractérisé par une atteinte à l'image ou à la réputation.

§ 177. Le législateur a là aussi augmenté la sévérité des sanctions dans le but de dissuader plus efficacement la contrefaçon. Ainsi, la loi a mis en place une liste des éléments que le juge doit prendre distinctement en compte pour fixer les dommages et intérêt qui seront alloués : il s'agit des conséquences économiques négatives, qui comprennent le manque à gagner et la perte subis, du préjudice moral mais aussi des bénéfices réalisés par le contrefacteur. Cette disposition s'écarte du droit commun de la réparation qui impose que le préjudice ne dépende ni de la gravité de l'atteinte, ni de la bonne ou mauvaise foi d'une des parties, mais bien uniquement du préjudice tel que la victime l'a subi. En transposant la directive du 29 avril 2004, la loi française a introduit au sein du droit de la réparation un facteur de calcul jusque-là inédit, qui donne selon une partie de la doctrine, un angle presque punitif aux dommages-intérêts en la matière.

Il n'est pas exclu que la réparation puisse être accordée sous la forme d'une somme forfaitaire qui, depuis la réforme du 11 mars 2014, doit être supérieure au montant des licences que le contrefacteur aurait dû payer s'il avait obtenu la concession du droit d'auteur sur les œuvres concernées. »

---

[76] Art. L. 335-8 du Code de la propriété intellectuelle
[77] Art. L. 335-5 du Code de la propriété intellectuelle
[78] Art. L. 335-6 du Code de la propriété intellectuelle
[79] Même article
[80] Art. L. 331-1-3 du Code de la propriété intellectuelle

§ 178. Le juge pourra évidemment ordonner la cessation du dommage (donc souvent la cessation de la commercialisation ou de la mise à disposition de l'œuvre et/ou de son support), au besoin sous astreinte. Là encore, des mesures complémentaires pourront être prononcées par le juge si les faits l'exigent, comme des mesures complémentaires de destruction des contrefaçons ou des moyens de leur fabrication, ainsi que des mesures de publicité ou confiscation des recettes[81].

§ 3 : Responsabilité de l'internet

§ 179. Les violations du droit d'auteur sur internet sont nombreuses, et peuvent entrainer des conséquences économiques désastreuses pour les auteurs et leurs éditeurs. Pallier ces atteintes est devenu difficile au sein de nos sociétés occidentales ; elles font partie des mœurs et de notre quotidien, elles sont même pour certains un mode de vie. Plusieurs lois et décrets sont intervenus pour réglementer ces infractions quotidiennes et privées au droit d'auteur, avec plus ou moins de succès et de retentissement médiatique. Pour endiguer ce que d'aucuns qualifient de fléau, tous les intermédiaires du web ont vu leur cadre de responsabilité défini et dessiné. On peut désormais parler de responsabilité des fournisseurs (A) et de responsabilité des utilisateurs (B).

A. Responsabilité et irresponsabilités des fournisseurs

§ 180. Le terme « fournisseur » désigne une grande pluralité d'acteurs qui ont tous leur rôle à jouer dans l'accessibilité du contenu de l'information sur internet. Ils peuvent tous avoir une part de responsabilité sur le contenu parfois illicite de cette information. On peut distinguer ceux qui fournissent le service technique (1) et ceux qui mettent en ligne le contenu de l'information accessible (2). A noter que ce régime de responsabilité n'est pas circonscrit aux faits de contrefaçon, mais s'applique pour tout contenu illégal, y compris les contenus injurieux ou constituant une atteinte aux droits de la personnalité.

1. Irresponsabilité des intermédiaires techniques

§ 181. La loi française pose un principe d'irresponsabilité des fournisseurs techniques d'internet. Cette irresponsabilité est présumée pour les fournisseurs d'accès à internet (a) tandis qu'elle est assortie de conditions pour les fournisseurs d'hébergement (b).

---

[81] Art. L. 331-1-4 du Code de la propriété intellectuelle

a. L'exonération de responsabilité des fournisseurs d'accès à internet

§ 182. C'est l'article L.32-3-3 du Code des postes et des télécommunications électroniques qui pose ce principe :

> *« Toute personne assurant une activité de transmission de contenu sur un réseau de télécommunication [...] ne peut voir sa responsabilité civile ou pénale engagée à raison de ces contenus*[82]*. »*

§ 183. Les fournisseurs d'accès à internet (FAI) ont cependant une obligation – bien que limitée - de lutter contre certaines infractions, par différents moyens :

- Ils n'ont pas d'obligation générale de surveillance du contenu de ce qui est posté sur internet par le biais de leur service. Ils doivent cependant aider à la lutte contre le racisme et les crimes contre l'humanité. Ils ont donc l'obligation de mettre en place des dispositifs efficaces et accessibles qui doivent permettre à tout utilisateur de signaler de telles infractions.
- Une fois ces infractions signalées, les fournisseurs d'accès doivent en informer les autorités compétentes, sous peine de sanctions pénales d'un an d'emprisonnement et de 75 000 euros d'amende.
- Ils ont par ailleurs l'obligation de fournir un dispositif de filtrage et de restriction de l'accès à certains services.
- Ils ont aussi l'obligation de détenir et de conserver les données permettant d'identifier les personnes ayant contribué à la création du contenu ou de l'un des contenus des services dont ils sont prestataires (LCEN, article 6-II). La nature de ces données est précisée par le décret du 25 février 2011 : identifiant de la connexion (son adresse IP) ; identifiant attribué à l'abonné ; identifiant du terminal utilisé ; date et heure de début et de fin de la connexion ; caractéristiques de la ligne de l'abonné. Mais il s'agit aussi d'informations présentes dans le contrat qui lie le fournisseur d'accès à l'abonné, c'est-à-dire toutes les informations traditionnelles d'identification (nom, adresse, numéro des téléphone, etc.), mais aussi celles liées au paiement de l'abonnement (type de paiement, montant, date, etc.).[83]

§ 184. Les fournisseurs d'accès peuvent également être tenus pour responsables s'ils sont à l'origine de la demande de transmission litigieuse, s'ils ont sélectionné le destinataire de la transmission, ou sélectionné ou modifié les contenus faisant l'objet de la transmission. Le Conseil d'Etat a également reconnu que les fournisseurs d'accès à internet pouvaient voir leur responsabilité engagée s'ils ont refusé d'agir en connaissance de cause et n'ont pas accompli les diligences normales pour faire cesser l'infraction.

---

[82] Directive 2000/31/CE du 8 juin 2000, transposée par la loi n°2004-575 du 21 juin 2004, dite LCEN

[83] Décret n° 2011-219 du 25 février 2011

b. L'irresponsabilité sous conditions des fournisseurs d'hébergement

§ 185. La loi LCEN[84] consacre l'irresponsabilité sous conditions des fournisseurs d'hébergement. Ces fournisseurs d'hébergement sont définis très précisément par la loi comme étant *« les personnes physiques ou morales qui assurent, même à titre gratuit, pour mise à disposition du public par des services de communication au public en ligne, le stockage de signaux, d'écrits, d'images, de sons ou de messages de toute nature fournis par des destinataires de ces services »*[85]. Cette définition n'empêche pas les difficultés d'interprétation, et notamment quant à la qualité de certains sites internet, fournissant des services que le droit n'a pas encore appréhendé.

Ainsi, le site de réseau social Facebook a été qualifié d'hébergeur par la jurisprudence puisqu'il met à la disposition du public le stockage de contenus fourni par des destinataires de ce service[86]. En revanche, le site de vente aux enchères eBay s'est vu refuser cette qualification, alors même qu'il remplit cette condition, puisqu'en assistant les vendeurs dans la définition et la description des objets mis en vente il intervient activement dans le processus. La société eBay a donc été qualifiée de courtier, et s'est donc vu refuser le régime de responsabilité de l'hébergeur[87]. En conséquence, la Cour de Justice est intervenue dans une décision du 23 mars 2010 concernant Google[88], et a dégagé le critère de « *rôle actif* ». Ainsi, l'activité d'hébergement est celle où le prestataire n'a pas joué « *un rôle actif de nature à lui confier une connaissance ou un contrôle des données stockées* ». Ce critère a par la suite été repris par les juges et a permis notamment de réaffirmer le rôle actif d'eBay, car cette plateforme fournissait aux vendeurs des informations afin d'optimiser leurs ventes[89]. Il faut préciser que le « *rôle actif* » ne s'apprécie pas de manière globale, mais peut s'appliquer de manière distributive aux différentes activités du prestataire.

§ 186. Les fournisseurs d'hébergement ont eux aussi à leur charge une obligation d'identification *« de quiconque a contribué à la création du contenu ou de l'un des contenus des services dont [ils] sont prestataires »*. Le décret du 25 février 2011 a précisé, de la même manière que pour le FAI, la nature des données qui doivent être conservées par l'hébergeur[90]. Pour chaque opération de création, il doit conserver : l'identifiant de la connexion (adresse IP) à l'origine de la communication ; l'identifiant attribué par le système d'information au contenu, objet de l'opération ; les types de protocoles utilisés pour la connexion au service et pour le transfert des

---

[84] Loi n°2004-575 du 21 juin 2004

[85] Art. 6-I-2 de la loi n°2004-575 du 21 juin 2004

[86] TGI Paris, réf., 20 avr. 2010, RLDI 2010/61, n°2019

[87] CA Paris, pôle 5, 2ème ch., 3 sept. 2010, Sté eBay Inc et a. c/Sté Dior Couture, Louis Vuitton et a., www.legalis.net

[88] Affaires C236/08 à C238/08 Société Google c/ Société Louis Vuitton Malletier

[89] Chambre commerciale 3 mai 2012 11-10.508 eBay c/ LVMH

[90] Article 1 du décret n° 2011-219 du 25 février 2011

contenus ; la nature de l'opération ; les date et heure de l'opération ; l'identifiant utilisé par l'auteur de l'opération lorsque celui-ci l'a fourni. Il s'agit aussi des données fournies lors de la création du compte (identiques à celles fournies lors de la souscription du contrat).

Selon le décret, on entend par « contribution de création de contenu » les opérations portant sur des créations initiales de contenus, des modifications des contenus et des données liées aux contenus et des suppressions de contenus.[91]

Ces données devront être conservées pendant un an à compter du jour de la création du contenu.[92]

§ 187. Le fournisseur d'hébergement ne peut pas être tenu pour responsable du contenu illicite qui pourrait être présent sur ses serveurs, sous deux conditions alternatives :

- soit il n'avait pas effectivement connaissance de leur caractère illicite ou de faits et circonstances faisant apparaître ces caractères ;
  Cette connaissance n'est présumée que si l'hébergeur a reçu notification de la date, la description des faits, leur localisation…
- soit il a agi promptement dès cette découverte pour retirer ces données ou rendre leur accès impossible.

Il en résulte donc une obligation pour l'hébergeur de retirer tout contenu manifestement illicite - cette appréciation restant néanmoins à sa charge – ou tout ce qui lui aura été ordonné par décision judiciaire. S'il refuse de les retirer, il sera alors assimilé à un éditeur puisque son comportement s'apparentera alors à un choix de publication, sa responsabilité sera alors engagée sur ce fondement.

Dans tous les cas où le contenu n'est pas manifestement illicite, ou si le retrait n'a pas été ordonné judiciairement, le non-retrait ou le retrait tardif ne pourra pas lui être imputable.

Il faut ajouter que la responsabilité de l'hébergeur ne pourra pas être engagée dans le cas où, ayant déjà retiré un contenu qui lui avait été notifié, il n'a pas par la suite empêché toute nouvelle mise en ligne de ce contenu. Il n'y a donc pas d'obligation de retirer automatiquement et sans notification préalable un contenu qui aurait déjà été notifié et retiré une première fois.[93]

Il faut noter que les hébergeurs n'ont aucune obligation générale de surveillance comme édicté par la directive du 8 juin 2000 sur le commerce électronique[94], cette règle est régulièrement réaffirmée par les juges.

---

[91] Article 2 du décret n° 2011-219 du 25 février 2011
[92] Article 3 du décret n° 2011-219 du 25 février 2011
[93] Cass. 1re civ., 12 juill. 2012, n° 11-13.66
[94] 2000/31/CE

2. La responsabilité des fournisseurs de contenu

§ 188. En l'absence de définition légale, le fournisseur de contenu, ou éditeur a été défini par C. Féral-Schuhl comme étant *« toute personne physique ou morale qui, à titre professionnel ou non, édite et met en ligne de l'information, au sens le plus large du terme, à destination des internautes, en la publiant sur son site internet*[95]. »

Il faut donc que celui qui détient le site ait un contrôle sur lui, en particulier, qu'il ait le pouvoir d'en contrôler activement le contenu. Nous pensons évidemment aux éditeurs dans le sens courant du terme, mais la réalité est beaucoup plus complexe.

Le problème s'est notamment posé de savoir si Google état responsable au titre de la fonctionnalité GoogleSuggest. Le principe est de suggérer des expressions en relation avec le mot que l'internaute recherche, ces suggestions étant effectuées automatiquement par rapport aux recherches les plus fréquemment effectuées sur le moteur de recherche. Un arrêt de la cour d'appel de Paris du 14 décembre 2011, confirmant une décision du TGI de Paris du 18 mai 2011, a considéré que l'association par GoogleSuggest du terme « escroc » avec le nom d'une personne ou d'une société dans le cadre d'une requête effectuée dans un moteur de recherche était constitutive d'une injure publique au sens de l'article 29 de la loi du 29 juillet 1881. La société Google ne pouvait pas se dédouaner de sa responsabilité, selon la cour d'appel, puisqu'elle contrôle les suggestions pornographiques, violentes ou haineuses.

Cependant, un arrêt de la Cour de cassation du 19 juin 2013 a cassé cette décision affirmant l'absence de responsabilité de Google. Pour justifier sa position, la Cour de cassation a affirmé que « *la fonctionnalité aboutissant au rapprochement critiqué est le fruit d'un processus purement automatique dans son fonctionnement et aléatoire dans ses résultats, de sorte que l'affichage des « mots clés » qui en résulte est exclusif de toute volonté de l'exploitant du moteur de recherche d'émettre les propos en cause ou de leur conférer une signification autonome au-delà de leur simple juxtaposition et de leur seule fonction d'aide à la recherche* ».[96]

§ 189. En sa qualité d'**éditeur** (ou de « directeur de la publication » par analogie au droit sur la liberté de la presse), le fournisseur de contenu est responsable des infractions commises sur son site, et notamment celles de contrefaçon. La loi fait peser sur l'éditeur une présomption de surveillance : il est présumé contrôler et valider tout ce qui pourra être publié via son site. En tant que directeur de la publication, il est en effet présumé être libre de ses choix de mise en ligne de contenu ; il est donc tout aussi libre d'enlever les contenus litigieux. En d'autres termes, la loi présume que l'éditeur a

---

95 Cyberdroit, le droit à l'épreuve de l'informatique, C. Féral-Schuhl, Praxis Dalloz 2009/2010 5ème éd., n°117.11

96 Cass. Civ., 1ère ch., 19 juin 2013, n°12-17.591

volontairement et physiquement publié l'œuvre contrefaite ou la copie non autorisée de l'œuvre. C'est la raison pour laquelle il pourra être poursuivi non pas comme complice mais bien comme auteur principal de l'infraction pénale de contrefaçon.

Une condition de **fixation préalable** a été posée par le chapitre IV de la loi du 29 juillet 1881 sur la liberté de la presse ; l'éditeur ne pourra être tenu responsable que de la contrefaçon des œuvres qui aura été effectuée au moyen d'une première fixation. Cette condition a été déclarée comme « *nécessairement remplie sur internet*[97]. »

§ 190. Le cas particulier du **blog,** page personnelle – c'est-à-dire éditée par des non-professionnels - a été envisagé par la loi. Une pluralité d'infractions, et notamment de contrefaçons, peut éclore au sein de tels espaces personnels d'expression : photos, musique, reproduction de textes, liens de téléchargement... La liste des atteintes potentielles à un monopole d'exploitation est longue.

La responsabilité de la contrefaçon incombera à celui qui publie les contrefaçons sur son blog, suivant le régime de la responsabilité éditoriale du directeur de publication que nous venons d'étudier. Il a en effet été admis que son activité ne diffère pas nécessairement de celle de l'éditeur professionnel.

§ 191. Par ailleurs, les fournisseurs de contenu doivent pouvoir être identifiés. Cette obligation d'identification a cependant plusieurs volets, selon la qualité même de l'éditeur. Le fournisseur de contenu professionnel n'est soumis qu'à une obligation d'identification préalable, c'est-à-dire qu'il doit permettre à l'utilisateur de l'identifier clairement et facilement, notamment par une page d'informations consultable sur internet[98]. Son nom en particulier doit apparaître effectivement. Si l'obligation d'identification de l'éditeur s'applique tout à fait au blogueur, éditeur amateur, elle a été fortement aménagée. En tant que personne physique, il bénéficie du droit à l'anonymat, puisqu'il était parallèlement nécessaire d'assurer la préservation de la vie privée des personnes physiques éditrices[99]. Le blogueur peut donc tout à fait publier sous un pseudonyme ; il devra cependant communiquer suffisamment d'éléments à son hébergeur pour pouvoir être identifié par celui-ci en cas de litige. A défaut de mettre à la disposition des blogueurs de tels formulaires d'identification, la responsabilité de l'hébergeur peut être retenue en lieu et place de celle de l'éditeur (cf. *supra* § 185 s.).

§ 192. Concernant les **commentaires** ou les liens de téléchargement postés sur des sites, des blogs ou des forums de discussion, plusieurs solutions sont envisageables :

---

[97] Crim.10 mai 2005, n°04-84.705

[98] Art.6-III-1 de la loi n°2004-575 du 21 juin 2004

[99] Art.6-III-2 de la loi n°2004-575 du 21 juin 2004

- Les sites ayant mis en place un système de modulation avant la publication sont évidemment responsables du contenu qu'ils éditent, puisqu'ils l'ont contrôlé et ont pris l'initiative finale de la publication ;
- En l'absence d'un tel système de modulation a priori, il est évident que l'envoi d'un commentaire est immédiatement et automatiquement suivi par sa mise en ligne. Quel que soit le contenu, la suppression d'un commentaire ne peut nécessairement avoir lieu qu'après la mise en ligne et donc la visibilité même temporaire du commentaire litigieux. Il en résulte que l'éditeur ne peut être tenu pour responsable de la publication de ce commentaire, puisqu'en l'absence de contrôle, la condition nécessaire à l'engagement de la responsabilité de l'éditeur n'est pas remplie, en l'absence de fixation préalable[100].

§ 193. La **responsabilité de l'auteur** (ex : celui qui a écrit un article contenant la reproduction non autorisée d'une œuvre) ne pourra être engagée à titre principal que dans le cas où celle de l'éditeur ferait défaut ; elle peut cependant être engagée à titre subsidiaire dans tous les cas.

B. Responsabilité des utilisateurs d'internet

§ 194. L'**utilisateur d'internet** est désormais la cible de toutes les législations récentes destinées à protéger le droit d'auteur . En effet, mettre en place l'engagement de la responsabilité de celui qui rend disponible du contenu illicite n'a pas suffi à faire baisser le téléchargement illégal en France. C'est donc du côté de celui qui télécharge que la loi cherche maintenant une solution. Il semble en effet évident que les atteintes au droit d'auteur par les utilisateurs finaux sont souvent effectuées sans que ceux-ci aient une réelle conscience des conséquences dommageables que leurs actes peuvent avoir sur la création. Les dernières lois en la matière se veulent pédagogiques autant que répressives ; il s'agit d'expliquer aux internautes les droits des auteurs et ce qu'il faut faire pour les respecter, et de ne les sanctionner que dans l'éventualité où ces informations n'auraient pas suffi à modifier les comportements. Car c'est bien de cela qu'il s'agit : éduquer pour endiguer le piratage.

En plus des solutions déjà évoquées, difficiles à mettre en place pour de la contrefaçon à grande échelle, la loi n° 2009-1311 du 28 octobre 2009 (dite HADOPI II) est donc venue finaliser le système de la répression du piratage sur internet. Ce système met en place de nouvelles infractions (1) et les accompagne de sanctions spécifiques (2).

---

[100] TGI Paris, 17ème ch. Corr., 26 juin 2007, www.legalis.net

1. La nature des infractions

§ 195. Le système de la loi HADOPI II vient préciser et affiner le délit de contrefaçon préalablement existant (a) et ajouter le délit de négligence caractérisée (b). Il faudra au surplus considérer le cas de la lecture en ligne, le streaming (c).

a. Délit de contrefaçon

§ 196. Le **téléchargement illégal** étant un délit de contrefaçon, l'ensemble des textes le réglementant sont applicables (cf. § 154 s.). Le téléchargement est l'action d'enregistrer des données par le biais d'internet (ou plus généralement d'un réseau quel qu'il soit) dans la mémoire d'un ordinateur. Il est considéré comme illégal dès qu'il porte sur une œuvre protégée et qu'il n'a pas été autorisé expressément par l'auteur ou ses ayants-droits. Le téléchargement gratuit n'est donc pas illégal s'il résulte de la mise en ligne voulue par l'auteur de l'œuvre en question.

§ 197. L'intervention du législateur fut rendue nécessaire afin de préciser techniquement la consommation du délit de contrefaçon dans la sphère Internet. La loi HADOPI II[101] a donc introduit un article L. 335-7 au sein du Code de la propriété intellectuelle afin de considérer spécifiquement « *les infractions commises au moyen d'un service de communication en ligne* ». Ainsi la contrefaçon en ligne existe en tant qu'infraction autonome.

§ 198. Concrètement, les agents assermentés des ayants-droits de la musique et du cinéma (la SACEM, la SPPF, la SDRM et la SCPP pour la musique ; l'ALPA pour le cinéma) ont reçu l'autorisation par décret[102] de saisir la Commission de protection des droits (CPD). Ainsi, cette Commission, qui fait partie de la Haute Autorité pour la diffusion des œuvres et la protection des droits de l'internet (l'HADOPI), se verra transmettre les adresses IP des contrevenants.

Un mail sera alors adressé par l'HADOPI aux fournisseurs d'accès, qui auront alors l'obligation[103] de les transmettre aux titulaires du compte depuis lequel le téléchargement illégal a été effectué.

b. Négligence caractérisée

§ 199. Le mail de la CPD informe donc l'utilisateur de son obligation de cesser ou de faire cesser les actes de piratage. Pour cela, le décret n° 2010-695 du 25 juin 2010 (modifié par le décret n°2013-596 du 8 juillet 2013) institue une contravention de négligence caractérisée protégeant la propriété

---

[101] Loi n° 2009-1311 du 28 octobre 2009 relative à la protection pénale de la propriété littéraire et artistique sur Internet

[102] Décret n° 2010-872 du 26 juillet 2010

[103] Décret n° 2010-1202 du 12 octobre 2010

littéraire et artistique sur internet, en application de l'article 13 de la loi HADOPI II. Selon l'article R. 335-5 du Code de la propriété intellectuelle :

> *« Constitue une négligence caractérisée, punie de l'amende prévue pour les contraventions de la cinquième classe, le fait, sans motif légitime, pour la personne titulaire d'un accès à des services de communication au public en ligne, lorsque se trouvent réunies les conditions prévues au II :*
>
> *1° Soit de ne pas avoir mis en place un moyen de sécurisation de cet accès ;*
>
> *2° Soit d'avoir manqué de diligence dans la mise en œuvre de ce moyen. »*

Ainsi, celui qui reçoit le mail de l'HADOPI doit non seulement cesser tout acte de contrefaçon s'il en était à l'origine, mais aussi faire cesser ces actes s'ils sont l'œuvre d'un tiers qui utiliserait sa connexion. Dans le cas où l'utilisateur n'est pas à l'origine de ces agissements, il doit mettre en œuvre tous les moyens pour les faire cesser et prévenir le renouvellement d'une utilisation de la connexion à des fins de production, de représentation, de mise à disposition ou de communication au public d'œuvres ou d'objets protégés par un droit d'auteur ou par un droit voisin sans l'autorisation des titulaires des droits lorsqu'elle est requise.

La négligence caractérisée sera alors consommée si l'accès est de nouveau utilisé aux mêmes fins dans l'année suivant la recommandation de la CPD.

En conséquence, le mécanisme de la réponse graduée laisse trois chances à l'utilisateur de changer de comportement et cesser ses agissements[104].

c. Le streaming ou lecture en ligne

§ 200. Au-delà du téléchargement illégal, les internautes sont de plus en plus enclins à ne pas enregistrer les œuvres qu'ils consomment sur leur ordinateur, mais à les lire directement sur internet. La seule trace de leur lecture sera la mémoire cache de leur ordinateur.

§ 201. Il existe un certain nombre de plateformes légales de lecture en ligne (appelée streaming), qui fonctionnent simplement par la mise en ligne d'un certain catalogue d'œuvres dont elles ont acquis les droits, et qu'elles rémunèrent parfois en faisant payer l'accès aux internautes ou par l'insertion de publicités avant, après ou même pendant la diffusion des œuvres.

Mais de nombreuses plateformes de streaming ne sont que des sites de partage de fichiers : des internautes mettent en ligne un certain nombre de contenus, souvent sans autorisation de l'auteur, permettant ainsi leur lecture mais pas leur téléchargement.

§ 202. L'internaute qui met en ligne se rend évidemment coupable de contrefaçon, qu'il permette le téléchargement ou uniquement la lecture ne change rien. Ce n'est cependant pas le cas de l'internaute qui effectue la

[104] Procédure codifiée à l'article L331-25 CPI

lecture de l'œuvre. Le spectateur n'est en effet pas contrefacteur puisqu'il ne détient pas l'œuvre copiée. Il est en revanche considéré comme un receleur au sens de l'article 321-1 du Code pénal. Il peut en effet être considéré comme en train de *« bénéficier en connaissance de cause du produit d'un crime ou d'un délit. »* En revanche, il est plus délicat de déterminer s'il peut être considéré comme *« détenir ou transmettre une chose sachant qu'elle provient d'un crime ou d'un délit »*, d'une part parce qu'il peut être difficile de prouver sa connaissance du caractère illicite de la lecture, et d'autre part parce que le caractère provisoire du stockage du flux dans la mémoire cache fragilise sa qualification de « détention » de la chose. La Cour de cassation a entériné cette qualification[105], mais la Cour d'appel de Paris persiste dans l'affirmation inverse[106].

Enfin, l'hébergeur du contenu illicite peut être tenu responsable au même titre que tout fournisseur d'hébergement (cf. *supra* § 185 s.).

2. Les sanctions

a. Rejet de la sanction administrative

§ 203. La loi HADOPI I[107] avait mis en place un mécanisme de « riposte graduée » dont l'exercice était une prérogative essentielle de la Haute autorité et dont la vocation dissuasive devait permettre de lutter efficacement contre le téléchargement illégal. Le mécanisme prévoyait que soit adressée au titulaire d'un accès à Internet, dont l'accès avait permis de consommer le délit de contrefaçon, une première recommandation lui rappelant son obligation de veille puis une seconde, six mois à compter de l'envoi de la première recommandation, avant que soit prononcée une suspension de l'accès Internet. Cette suspension aurait été prononcée par l'HADOPI elle-même. Ce système était rendu efficace car il instaurait une présomption de culpabilité à l'encontre du titulaire de l'accès à Internet qui aura permis la contrefaçon d'une œuvre.

§ 204. Le Conseil constitutionnel par une décision du 10 juin 2009[108] a censuré le dispositif législatif pour violation du principe de présomption d'innocence et atteinte au principe fondamental de la liberté d'expression (cf. *supra* § 22 pour les autres implications de cette décision). La coupure de l'accès à Internet ne peut être le fait d'une autorité administrative mais uniquement l'œuvre de la justice. La première loi HADOPI a donc été promulguée amputée de tout moyen d'action. C'est pourquoi une deuxième loi est intervenue, moins d'un an après, consacrant un mode judiciaire de sanction.

---

[105] Cass. Crim. 5 janv. 2005, n°04-82524
[106] CA Paris, 24 mars 2005, AJ Pen. 06 p. 39
[107] Loi n° 2009-669 du 12 juin 2009
[108] Décision n° 2009-580 DC du 10 juin 2009

b. Sanction judiciaire

§ 205. Au-delà de la contravention de cinquième classe prévue par l'article R. 335-5 du Code de la propriété intellectuelle, le délit de contrefaçon commis « *au moyen d'un service de communication au public en ligne* », est puni de 3 ans de prison et 300 000 euros d'amende (cf. *supra* § 148 s.). Les personnes coupables de contrefaçon pourront être condamnées par un juge à une peine complémentaire de suspension de l'accès à internet pour une durée maximale d'un an, assortie de l'interdiction de souscrire à un autre fournisseur d'accès[109].

§ 206. Le manquement du titulaire à son obligation de surveillance de son accès internet n'a pas pour effet d'engager sa responsabilité pénale. Néanmoins en cas de négligence caractérisée, le titulaire de l'accès pourra se voir condamné à une amende n'excédant pas 1500€ et 7500€ en cas de personne morale (contravention de cinquième classe).

c. Violation de la suspension

§ 207. L'article 8 de la loi HADOPI II[110] fait de la violation de la peine complémentaire de la suspension de l'accès à internet par l'internaute une infraction nouvelle. De tels agissements sont sanctionnés par une peine d'amende d'un montant maximal de 3 750 euros.

SOUS-SECTION II. LES ŒUVRES BÉNÉFICIANT D'UN RÉGIME DE PROTECTION PARTICULIER

§ 208. La loi a développé très tôt un régime de protection particulier pour certains types d'œuvres, dans le but avoué d'accorder une protection efficace à ces œuvres, mais aussi et surtout de confisquer une grande partie de ses droits à l'auteur et ainsi d'augmenter les possibilités de modification, de concession et de cession desdites œuvres du point de vue de l'employeur. La loi n°85-660 du 3 juillet 1985 relative aux droits d'auteurs et aux droits des artistes interprètes, des producteurs de phonogrammes et de vidéogrammes et des entreprises de communication audiovisuelle a introduit tout d'abord une protection aménagée pour le logiciel (I). Après quelques interrogations légitimes, il a ensuite été décidé que la base de données n'était pas soumise au régime de protection du logiciel, mais que sa particularité nécessitait tout autant un aménagement des modalités de protection du droit d'auteur (II).

---

109 Article L335-7 CPI

110 Codifié à l'article L335-7-1 du Code de la propriété intellectuelle

I. Le logiciel

§ **209.** Les dérogations au droit d'auteur classique concernant la protection du logiciel sont telles (A) qu'il est primordial d'en encadrer l'accès (B).

A. L'objet de la protection

§ **210.** Le caractère technique du logiciel et la complexité des étapes nécessaires à sa réalisation demandent à ce que la loi définisse clairement ce dont elle parle (1) dans le but de pouvoir protéger au mieux l'œuvre (2).

1. La définition de l'œuvre logicielle

§ **211.** Le législateur n'a une fois encore pas souhaité établir une définition légale, le concept même de logiciel étant difficile à appréhender et en perpétuelle évolution. Seul un arrêté du 22 décembre 1981 (relatif à l'enrichissement du vocabulaire informatique) donne une définition de ce terme, et c'est celle-ci qui sert en général de base. Un **logiciel** est constitué de *« l'ensemble des programmes, procédés et règles, et éventuellement de la documentation, relatifs au fonctionnement d'un ensemble de traitement de l'information. »*

En droit français, le logiciel est exclu de la protection par le droit des brevets. L'article L. 611-10, 2, c) du Code de la propriété intellectuelle dispose que ne sont pas brevetables, notamment, les « programmes d'ordinateur ».

L'article L.112-2 13° du Code de la propriété intellectuelle précise que *« sont considérés notamment comme œuvres de l'esprit au sens du présent code : 13° Les logiciels, y compris le matériel de conception préparatoire. »*

§ **212.** Le logiciel est réputé créé, comme toute autre œuvre de l'esprit, *« du seul fait de la réalisation, même inachevée, de la conception de l'auteur*[111] *»*. La technicité requise et le nombre d'étapes nécessaires à la réalisation d'un logiciel rendent plus difficile la détermination du degré de réalisation de la conception de l'auteur que pour d'autres œuvres.

- *Le cahier des charges,* précisant les besoins des utilisateurs et évaluant l'objectif à atteindre, ne pourra pas être protégé en tant que matériel de conception préparatoire. Il pourra cependant être protégé en tant qu'œuvre littéraire sous réserve d'en respecter les conditions (cf. *supra* § **88** s.).
- *Les algorithmes* représentent la succession d'actions nécessaires à la réalisation d'une fonctionnalité. Ils sont composés de formules mathématiques et ne sauraient accéder à la protection, tant ils sont et demeurent du domaine de l'idée.

---

[111] Art. L. 111-1 du Code de la propriété intellectuelle

- *Les interfaces*, espaces d'échanges entre le système et l'utilisateur ou bien entre les systèmes sont protégées au titre du droit d'auteur sous réserve d'en remplir les conditions (cf. *supra* § 88 s.) mais pas au titre du logiciel.
- *L'architecture fonctionnelle*, définissant les propriétés des composants du logiciel, est considérée comme partie du matériel de conception préparatoire.
- *Les spécifications internes* caractérisent les fonctions que doivent remplir le logiciel et font partie du matériel de conception préparatoire.
- *Les spécifications externes,* partie visible du logiciel, sont eux aussi partie intégrante du logiciel.
- *Les codes sources, codes objets et codes exécutables* sont appelés programmes, et sont parties intégrantes du logiciel.
- *L'aspect visuel* du logiciel tel qu'il apparait sur l'écran est protégeable au titre du droit d'auteur .

2. Les conditions de protection

§ 213. Une fois définis les éléments du logiciel assez aboutis pour être protégeables, il convient d'en préciser les modalités de protection.

Le logiciel est considéré comme une œuvre de l'esprit au sens du droit d'auteur, sa protection n'est donc soumise qu'à sa création. Cependant la loi organise dans certains cas une obligation de dépôt légal dans le but de permettre *« a) La collecte et la conservation des documents [...] b) La constitution et la diffusion de bibliographies nationales ; c) La consultation des documents [...], sous réserve des secrets protégés par la loi*[112] *»*.

Notamment, *« Les logiciels et les bases de données sont soumis à l'obligation de dépôt légal dès lors qu'ils sont mis à disposition d'un public par la diffusion d'un support matériel, quelle que soit la nature de ce support*[113] *»*.

Ce dépôt doit être effectué soit à l'Institut National de l'Audiovisuel, soit à la Bibliothèque Nationale de France.

Le logiciel doit, comme toute œuvre de l'esprit, être original pour être protégé (cf. § 90). L'Assemblée Plénière de la Cour de cassation a opté pour une approche objective de la notion d'originalité du logiciel, décidant que celle-ci *« s'entend d'un effort personnalisé allant au-delà de la simple mise en œuvre d'une logique automatique et contraignante et que la matérialisation de cet effort résidait dans une structure individualisée*[114] *»*. Ainsi, il faudra avant tout prouver que le résultat donné a été obtenu selon un

---

[112] Article L.131-1 du Code du Patrimoine
[113] Article L.131-2 du Code du Patrimoine
[114] Cass. Ass. Plén. 7 mars 1986, n°85-91.465

choix opéré par l'auteur, et non seulement par l'exécution logique et automatique d'un programme informatique. Ce n'est pas la personnalité de l'auteur qui rend la création originale dans ce cas, c'est l'intervention de celui-ci.

B. Le contenu de la protection

§ 214. Le régime de protection de l'œuvre logicielle et les prérogatives de l'auteur sont, nous l'avons dit, sous l'empire d'un régime spécial lié à la particularité de l'œuvre elle-même et à la compétitivité du marché (1). Les atteintes à ces droits et les sanctions attachées bénéficient cependant d'exceptions (2).

1. Les prérogatives de l'auteur

a. L'auteur du logiciel

§ 215. L'auteur d'un logiciel est logiquement investi de l'ensemble des droits sur l'œuvre s'il l'a créé en tant que personne physique indépendante (cf. § 94). Cependant, la création d'un logiciel nécessite souvent un apport technique et humain important, ce qui justifie dans la plupart des cas que la création ne puisse intervenir que dans le cadre d'une entreprise.

§ 216. En cas d'auteur unique personne physique employée d'une entreprise, l'article L .113-9 du Code de la propriété intellectuelle est clair :

> *« Les droits patrimoniaux sur les logiciels et leur documentation créés par un ou plusieurs employés dans l'exercice de leurs fonctions ou d'après les instructions de leur employeur sont dévolus à l'employeur qui est seul habilité à les exercer ».*

Après de nombreuses hésitations quant à la notion d'employé, il a été précisé par la jurisprudence que cette notion renvoyait évidemment à celle du lien de subordination, et qu'elle devait être donc assimilée à la notion de salarié[115]. Il faut par ailleurs impérativement que l'auteur soit salarié au moment de la création, le passage de l'idée à sa réalisation doit en effet avoir été effectué à un moment où le lien de subordination était effectif pour que le régime puisse s'appliquer.

Par ailleurs, le logiciel doit nécessairement être créé par un partenaire soumis à un lien de subordination juridique à l'égard de l'employeur. La preuve de cette relation employeur-employé peut être rapportée par tous moyens. Elle sera le plus souvent établie par l'existence d'un contrat de travail écrit mais aussi par mentions dans les registres du personnel.

Enfin, le salarié doit être investi d'une mission créatrice. Cette mission inventive peut être définie dans le contrat de travail ou encore déduite des

---

[115] CA Versailles, 15 juin 1992 n°877/92

fonctions exercées. Mais d'un point de vue matériel, le logiciel dont les droits seront dévolus à l'employeur est :

- celui créé sur le lieu et pendant son temps de travail, même s'il n'entre pas dans la mission visée au contrat de travail ;
- celui créé en dehors de son temps de travail mais avec les connaissances ou les moyens informatiques de l'entreprise.

A ce titre, il a été jugé que les droits sur le logiciel doivent revenir à l'employeur quand le logiciel, même réalisé en dehors des heures de travail du salarié, l'a été à l'aide du matériel de l'entreprise et donc avec son concours.[116]

Il convient de préciser que le droit d'auteur s'interprétant toujours en faveur de l'auteur, le stagiaire reste titulaire des droits sur ses créations, tant qu'il n'a pas expressément autorisé par écrit l'entreprise qui l'accueille à utiliser ses créations sauf, bien sûr, si sa contribution alimente une œuvre collective.

b. Les droits dévolus à l'employeur

§ 217. L'article L.113-9 du Code de la propriété intellectuelle parle de dévolution automatique des droits à l'employeur. Il s'agit en fait d'une cession sans formalité qui s'opère au fur et à mesure de la naissance de chacune des étapes du logiciel, sauf stipulation contractuelle contraire qui pourrait prévoir une cession globale finale. Tous les droits patrimoniaux précités (cf. *supra* § 215 s.) sont concernés, et le salarié qui ne respecterait pas cette dévolution pourra être condamné au titre de la contrefaçon, alors même qu'il en est le créateur.

Notons que la cession est définitive et continue donc de produire ses effets après le départ du salarié.

§ 218. Cependant, l'article L. 121-7 du Code de la propriété intellectuelle dispose que :

> *« Sauf stipulation contraire plus favorable à l'auteur d'un logiciel, celui-ci ne peut : 1° S'opposer à la modification du logiciel par le cessionnaire des droits mentionnés au 2° de l'article L.122-6, lorsqu'elle n'est préjudiciable ni à son honneur ni à sa réputation ; 2° Exercer son droit de repentir ou de retrait. »*

Le législateur maintient donc à l'employé le strict minimum de la convention de Berne (cf. *supra* § 92) à savoir la défense de son honneur et de sa réputation.

§ 219. A l'heure actuelle le créateur de logiciel salarié ne reçoit aucune rémunération légale, qui viendrait s'ajouter au salaire, en contrepartie de la cession des droits patrimoniaux à l'employeur. Cependant, à la différence des créateurs salariés de logiciels exerçant dans le privé, les fonctionnaires et agents de l'Etat reçoivent une rémunération pour les logiciels dont ils auront

[116] CA Nancy, Chambre civile 1, 13 septembre 1994, n°1766/94

été reconnus créateurs. L'article 1 du décret n° 96-858 du 2 octobre 1996, relatif à « *l'intéressement de certains fonctionnaires et agents de l'Etat et de ses établissements publics ayant participé directement à la création d'un logiciel* », prévoit une prime pour les fonctionnaires ou agents publics de l'Etat qui auraient créé un logiciel dans l'exercice de leurs missions. Ce décret vient créer une nouvelle disparité importante, et non justifiée, entre salariés du privé et agents de l'Etat. La rémunération de l'employé du privé dépend du « bon vouloir » de l'employeur, ou d'une négociation consacrée par la relation contractuelle. Toutefois si les « agents » bénéficient d'une rémunération supplémentaire celle-ci n'est accordée qu'à certaines catégories visées à l'annexe du décret.

On observe une forte inégalité de traitements entre créateur du privé et créateurs du public mais également entre les branches du Droit de la propriété intellectuelle. En matière de brevet le salarié a droit à une rémunération (cf. *infra* § 274) et l'on peut s'en féliciter.

c. Cas du logiciel libre

§ 220. Un logiciel « libre » est un logiciel dont l'utilisation, l'étude, la modification, la duplication et la diffusion sont universellement autorisés sans contrepartie. Le logiciel libre s'entend par comparaison aux logiciels propriétaires, il en constitue désormais une véritable alternative pour l'utilisateur, tant son marché est actuellement en expansion.

Le détenteur de la licence d'exploitation se voit remettre, ou peut accéder librement au code source du logiciel. L'utilisateur est donc libre d'étudier le logiciel, de l'utiliser, de le modifier et de l'adapter à ses besoins, de le corriger et de le diffuser.

§ 221. En réalité, c'est donc bien la licence d'exploitation qui est libre, et non le logiciel lui-même. Ainsi, l'appellation ne désigne pas nécessairement un logiciel gratuit, bien que les logiciels libres le soient souvent. De surcroit, cela ne signifie pas non plus qu'aucun droit n'existe sur ledit logiciel. En réalité, il existe trois grands types de licences libres :

- **L'appropriation interdite du logiciel libre, ou licences de *copyleft*** : pour exemple la licence GPL (Licence publique générale GNU), la plus protectrice du système : elle place automatiquement les versions modifiées sous licence GPL ce qui oblige à rendre disponible le code source.
  Elle prévoit les droits suivants : liberté d'utilisation du logiciel, droit de copier l'exécutable du logiciel et son code source, droit de modifier tout ou partie du logiciel et son code source, et droit de créer une œuvre dérivée du logiciel, et enfin droit de distribuer une partie du logiciel, même à titre onéreux.
- L'appropriation partielle du logiciel libre autorisée : pour exemple la licence Mozilla.

- **L'appropriation complète du logiciel libre tolérée** : pour exemple la licence BSD, qui autorise l'intégration du logiciel libre initial dans un produit dérivé soumis à une autre licence, même propriétaire.

§ 222. Si ces différents types de licence ne posent en général pas de problème de compréhension lorsqu'elles sont bien rédigées, la difficulté majeure réside dans le cas où l'utilisateur souhaite licencier à nouveau un logiciel libre qu'il a modifié. La combinaison de programmes (ou de parties substantielles de programmes) dans un programme plus large nécessite d'établir une liste complète des composants, et d'analyser toutes les licences correspondantes. Les différentes licences doivent alors autoriser cette combinaison et se révéler compatibles entre elles. En particulier, c'est la compatibilité à la licence GPL qu'il faudra surveiller, puisque c'est la plus répandue aujourd'hui.

Deux compatibilités existent :

- la **compatibilité expresse** : lorsque le contrat de licence libre mentionne une clause de compatibilité, qui permet de licencier le nouveau logiciel sous plusieurs types de licences limitativement énumérées.
- la **compatibilité logique** : lorsque le contrat ne mentionne rien, l'utilisateur devra se livrer à l'analyse des dispositions de chacune des licences auxquelles les composantes du logiciel sont soumises. La condition de compatibilité est donc atteinte si l'ensemble des droits accordés par une licence est inclus dans l'ensemble des droits conférés par l'autre (et vice-versa pour les obligations).

§ 223. Le logiciel libre est avant tout un logiciel protégé par le droit d'auteur : il est donc soumis à une licence et tout contrat portant sur un logiciel libre doit respecter le Code de la propriété intellectuelle et notamment le droit moral. La licence n'a donc pas pour objet de transférer un droit de propriété, de faire renoncer au droit d'auteur ou de faire tomber le logiciel dans le domaine public.

§ 224. Face aux incertitudes liées à la validité en France de la licence GPL, trois organismes de recherche français ont élaboré un modèle de licence CeCILL présenté comme satisfaisant aux exigences du droit français. La licence GPL a ensuite été déclarée comme valide en France lors de sa troisième version en 2007. Il faut impérativement que les utilisateurs reçoivent ou puissent se procurer le code source.

La licence GPL est assortie d'obligations qui lui sont propres, nous rappellerons que toute mesure technique de protection apposée sur un logiciel soumis à la licence GPL est interdite si elle aboutit à porter atteinte à l'interopérabilité du logiciel. Une restriction à l'exercice des droits par le bénéficiaire de la licence qui ne serait pas prévue par le contrat de licence GPL n'est par ailleurs pas valable.

2. Les exceptions au monopole sur le droit du logiciel.

§ 225. L'article L.122-6-1 du Code de la propriété intellectuelle prévoit un ensemble d'exceptions au monopole du titulaire des droits d'auteur sur le logiciel, sa particularité faisant que les exceptions prévues par l'article L.122-5 du Code de la propriété intellectuelle (cf. *supra* § 123 s.) n'en couvrent pas les besoins.

Le logiciel, puisqu'immatériel par nature, est commercialisé par le biais d'une licence. Cette licence donne des droits à son titulaire, et traduit une entorse tolérée au monopole de l'auteur de logiciel, sous réserve de ne pas causer un préjudice injustifié aux intérêts légitimes de l'auteur.

§ 226. L'utilisateur peut accomplir tous les actes nécessaires à l'utilisation normale du logiciel, il a notamment le droit de le reproduire, le traduire, l'adapter ou de corriger ses erreurs, mais aussi d'effectuer une copie de sauvegarde nécessaire pour en préserver l'utilisation.

§ 227. L'utilisateur peut également observer le fonctionnement du logiciel afin de *« déterminer les idées et principes qui sont à la base de n'importe quel élément du logiciel, lorsqu'il effectue toute opération de chargement, d'affichage, d'exécution, de transmission ou de stockage du logiciel qu'il est en droit d'effectuer*[117]*. »*

§ 228. Le titulaire de la licence peut par ailleurs bénéficier soit de l'exception de décompilation, soit du droit de reproduire le code objet pour remonter vers le code source. Cette exception doit cependant être justifiée :

- soit par un motif d'interopérabilité ; Dans ce cas,
  1° elle doit être effectuée par l'utilisateur légitime ;
  2° ces informations ne doivent pas avoir été rendues disponibles par d'autres moyens et ;
  3° les actes doivent être limités aux parties du logiciel nécessaires pour cette interopérabilité.
- soit pour une maintenance évolutive ou corrective.

II. La base de données

§ 229. La protection juridique de la base de données n'est pas unitaire, et ne va pas de soi. En effet, l'article L.112-3 du Code de la propriété intellectuelle dispose qu'une **base de données** est *« un recueil d'œuvres, de données ou d'autres éléments indépendants, disposés de manière systématique ou méthodique, et individuellement accessibles par des moyens électroniques ou par tout autre moyen. »*

§ 230. Dans sa transposition résultant de la directive du 11 mars 1996 (96/9/CE) par la loi du 1er juillet 1998 (n°98-536), l'article L .112-3 du Code de la propriété intellectuelle établit le régime de protection de tels recueils de données :

---

[117] Art. L. 122-6-1 III du Code de la propriété intellectuelle

« Les auteurs de traductions, adaptations, transformations ou arrangements des œuvres de l'esprit jouissent de la protection instituée par le présent Code sans préjudice des droits de l'auteur de l'œuvre originale. Il en est de même des auteurs d'anthologie ou de recueils d'œuvres ou de données diverses, tels que les bases de données, qui, par le choix ou la disposition des matières, constituent des créations intellectuelles. »

La base de données pourra donc être protégée en tant que telle, sous réserve d'originalité, et sans préjudice des données qu'elle contient. Or, l'originalité de la base de données relève elle aussi d'une acception particulière. La jurisprudence refuse de protéger la simple compilation de données dont la disposition répond uniquement à une logique automatique. L'architecture de la base doit relever d'un choix de l'auteur, et non pas seulement d'une simple liste organisée selon des critères purement objectifs. Il en est de même pour le choix des données présentes, ce choix devra être personnel pour constituer une création intellectuelle.

§ 231. L'auteur de la base sera dévolu de l'ensemble des droits d'auteur sur celle-ci, sous le régime de l'œuvre de collaboration en cas de pluralité d'auteurs[118], à moins que l'ordre n'en soit donné par une personne morale, ce qui est le cas de la majorité des bases de données , compte tenu des coûts devant être avancés et de la technicité de certaines opérations[119]. Dans ce cas c'est la personne morale qui se verra attribuer les droits sur la base.

§ 232. Les atteintes à ces droits seront sanctionnées classiquement par les sanctions de la contrefaçon (cf. *supra* § 154 s.), les exceptions au monopole du droit d'auteur seront néanmoins applicables, et il faut noter que contrairement au logiciel, aucune copie de sauvegarde ne sera autorisée sans l'aval de l'auteur.

Ces droits sont évidemment sans préjudice du droit des producteurs de bases de données, droit *sui generis* (d'un genre propre), qui accorde un monopole à l'investisseur, bien qu'il ne soit pas auteur, pour protéger l'investissement financier et matériel qu'il a pu effectuer (cf. *infra* 0 s.).

§ 233. Cependant le contenu de la base est strictement épargné par cette protection, et en aucun cas l'auteur de la base ne se verra attribuer les droits sur son contenu. Au contraire, il est tenu de les respecter, et d'obtenir les autorisations afférentes le cas échéant. Quelques précisions doivent être apportées selon que les données compilées au sein de la base sont des données libres (A), des données protégées par le droit d'auteur (B) ou des données personnelles (C).

---

[118] Art. L. 113-3 du Code de la propriété intellectuelle

[119] Art. L. 113-5 du Code de la propriété intellectuelle

A. Les compilations de données 'libres'

§ 234. Une base de données peut tout d'abord, et c'est le cas le plus simple, compiler des donnés « libres de droit », c'est-à-dire utilisables librement. Ce sera le cas des données échappant au droit d'auteur par manque d'originalité, des données tombées dans le domaine public, ou tout simplement des données non appropriables (les lois, les travaux parlementaires, données météorologiques etc.). L'auteur de la base de données pourra les compiler sans avoir à obtenir une quelconque autorisation, et sera libre de commercialiser ladite base et d'en tirer profit.

Les données libres posent la question de la réutilisation des données publiques, c'est-à-dire de l'utilisation des « *informations figurant dans des documents produits ou reçus par les administrations, quel que soit le support, par toute personne qui le souhaite à d'autres fins que celles de la mission de service public pour les besoins de laquelle les documents ont été produits ou reçus* »[120].

Le droit à la réutilisation des données publiques a été instauré par la directive européenne concernant la réutilisation des informations du secteur public[121], remplacée par la directive du 26 juin 2013[122]. Ces directives ont été transposées en droit français, et aujourd'hui le droit à la réutilisation des données publiques est codifié dans le Code des relations entre le public et l'administration, et fait l'objet d'une nouvelle modification avec la loi pour une République Numérique du 7 octobre 2016[123] afin de faciliter l'accès aux contenus numériques.

Toute personne peut ainsi avoir accès aux documents administratifs, c'est-à-dire « *les documents produits ou reçus, dans le cadre de leur mission de service public, par l'Etat, les collectivités territoriales ainsi que par les autres personnes de droit public ou les personnes de droit privée chargées d'une telle mission* »[124]. La loi pour une République Numérique précise que la publication de ces données doit se faire de manière automatique par les principales administrations. De plus, cette communication doit se faire « *sous forme électronique, dans un standard ouvert, aisément réutilisable et exploitable par un système de traitement automatisé* »[125]. Sont concernées notamment, les décisions de justice des juridictions administratives et judiciaires, les valeurs foncières, et les données de consommation en matière d'électricité et de gaz. La diffusion de ces données produit un bénéfice commun, notamment pour la recherche, soutenir les politiques publiques, protéger le consommateur, ou développer un marché.

---

[120] Article L 321-1 du Code des relations entre le public et l'administration
[121] 2003/98/CE
[122] 2013/37/UE
[123] 2016-1321
[124] Article L300-2 Code des relations entre le public et l'administration
[125] Nouvel article L300-4 du Code des relations entre le public et l'administration

Ces données sont librement accessibles et réutilisables par tous. Si la réutilisation de ces données publiques est en principe gratuite, elle peut donner lieu au versement d'une redevance sur demande des administrations concernées. C'est le cas notamment des données produites par Météo-France ou l'IGN[126]. L'exercice de ce droit se fait sous l'autorité de la Commission d'accès aux documents administratifs (CADA).

B. Les compilations de données 'protégées'

§ 235. Une base de données peut également avoir pour objet de compiler des données que le droit d'auteur protège par ailleurs. Dans ce cas, l'auteur de la base devra obtenir l'autorisation de l'auteur des données qu'il souhaite utiliser, faute de quoi il pourra être reconnu responsable du délit de contrefaçon.

Il bénéficie cependant, comme tout utilisateur de données protégées, des exceptions posées par l'article L.122-5 du Code de la propriété intellectuelle. Toute donnée entrant dans le champ de ces exceptions pourra donc être utilisée, sous réserve de ne pas porter atteinte au droit moral et notamment en s'assurant de la présence visible du nom de l'auteur de l'œuvre. Par cela, on pense assurément à l'exception de courte citation, qui sera retenue si la citation est brève et justifiée, et si l'auteur est clairement identifiable (cf. *supra* § 139).

C. Les compilations de données 'privatives'

§ 236. L'auteur d'une base de données compilant des renseignements contenant des données personnelles, ou « privatives », sera soumis aux règles de la protection des données privatives et devra les respecter (cf. *infra* § 511 s.).

Les données, quelle que soit leur nature, ont tendance depuis quelques années à grandement s'accumuler. On parle ainsi d'un phénomène de « Big Data », littéralement les « grosses données » ou les « données massives ». Le Big Data désigne la croissance exponentielle du volume des données disponibles sous forme numérique, sur internet et dans les entreprises.

On a tendance à caractériser le Big Data par les « cinq V » pour :

- **volume** : sont produites des quantités très importantes de données et données de plus en plus « lourdes ».
- **variété** : les données sont diverses et variées, leurs sources et natures sont protéiformes.
- **vélocité** : la réception, la collecte et le traitement doivent être rapides.

---

126 Décret du 29 décembre 2016 n°2016-1617 relatif aux catégories d'informations publiques de l'Etat et de ses établissements publics administratifs susceptibles d'être soumises au paiement d'une redevance de réutilisation

- **véracité** : la fiabilité des données est menacée avec la multiplication des données collectées et leurs sources.
- **valeur** : l'entreprise doit avoir la capacité de transformer les données en valeur.

Le Big Data est un objet juridique encore peu identifié. Le droit fixe en effet le régime de certaines catégories de données, la plupart du temps en fonction de leur nature. Ce phénomène d'accumulation des informations va permettre l'anticipation des tendances, la prédiction des comportements et des probabilités futures. De nombreux domaines vont ainsi bénéficier de cette massification des données : santé, distribution assurance, banque, éducation. Mais le Big Data interroge sur les difficultés suscitées du point de vue notamment de la protection des données dont le droit cherche à encadrer l'utilisation, en premier lieu les données à caractère personnel.

SOUS-SECTION III. LES PARTICULARITÉS DE L'ŒUVRE MULTIMÉDIA

§ 237. Il est rare qu'une œuvre numérique soit fixée uniquement sur un seul type de support, ou bien même qu'elle ne soit constituée que d'une seule forme. En théorie, nous l'avons vu (cf. supra § 89), aucune distinction ne doit être faite par les juges quant à la forme ou au support de l'œuvre pour lui accorder la protection du droit d'auteur . Cependant, il est incontestable que ce type d'œuvre « complexe » ne peut bénéficier d'une protection pleine et entière que sous réserve de modulations dans le régime de la protection.

§ 238. En l'absence de terminologie légale, il a fallu désigner ces œuvres. L'œuvre multimédia est alors définie par la doctrine comme une *« réunion sur un même support numérique ou lors de la consultation, d'éléments de genres différents et notamment de sons, de textes, d'images fixes ou animées, de programmes informatiques dont la structure, l'accès sont régis par un logiciel permettant l'interactivité et qui a été conçu pour avoir une identité propre, différente de celle résultant de la simple réunion des éléments qui la composent*[127]. »

§ 239. Tandis que le site internet a été assimilé aux autres œuvres de l'esprit pour ainsi bénéficier d'une protection unitaire (I), le jeu vidéo, quant à lui, a été victime de son caractère hybride et complexe, pour ne bénéficier que d'une protection divisée et incomplète (II).

I. Le site internet

§ 240. Le site internet est assimilé par la jurisprudence à n'importe quelle œuvre de l'esprit, susceptible d'être protégé dès qu'il est original (B),

[127] Me Gilles Vercken et Pr Pierre Sirinelli

sans préjudice de la protection particulière des différents éléments qui le composent (A).

A. La protection du contenu du site

§ 241. Les éléments composant un site web sont protégeables au titre du droit d'auteur sous réserve de leur originalité[128], en application du principe selon lequel les droits sur l'œuvre sont désolidarisés du sort du support.

B. La protection de la page web

§ 242. La page web dans son ensemble peut aussi constituer une œuvre de l'esprit si elle fait ressortir la personnalité de l'auteur au travers des choix arbitraires qu'il a opérés lors de sa réalisation[129].

II. Le cas hybride du jeu vidéo

§ 243. De nombreuses difficultés se sont posées en jurisprudence quant au régime de protection dont devait bénéficier le **jeu vidéo**. Exemple de l'œuvre multimédia par excellence, le jeu vidéo compile sur un même support de nombreuses expressions, chacune susceptible d'un régime de protection différent. Il est en effet composé d'images animées, de sons, d'un scénario, parfois d'un mode d'emploi, et doit impérativement être mis en mouvement par un logiciel.

§ 244. La cour de cassation, dans un arrêt du 25 juin 2009[130], consacre par une double exclusion le régime applicable.

Le jeu vidéo **n'est pas une œuvre audiovisuelle**. Bien que constitué d'images animées et de sons, il est par nature interactif et non linéaire, et ne pourra pas être couvert par la protection que les articles L.112-2 et L.113-7 du Code de la propriété intellectuelle accordent à l'œuvre audiovisuelle.

Le jeu vidéo **n'est pas non plus une œuvre logicielle**, contrairement aux thèses qui ont pu être soutenues par la jurisprudence antérieure, et notamment pour une raison simple : il serait réducteur de qualifier ainsi l'ensemble du jeu vidéo de logiciel, puisque tous les droits seraient dévolus automatiquement à l'employeur (cf. *supra* § 216), y compris les droits sur la musique par exemple.

> *« Attendu qu'un jeu vidéo* ***est une œuvre complexe*** *qui ne saurait être réduite à sa seule dimension logicielle, quelle que soit l'importance de celle-ci, de sorte que chacune de ses composantes est soumise au régime qui lui est applicable en fonction de sa nature. »*

---

[128] T. Com. Paris, 9 février 1998 La société Cybion c/ La société Qualisteam

[129] CA Paris, 4è ch. Sect. A, 12 janv. 2005

[130] Civ. 1ère n°07-20.387

§ 245. Ainsi la dévolution automatique des droits ne concernera que la partie logicielle du jeu vidéo, les autres éléments devront faire l'objet d'une cession particulière par contrat pour être dévolus à l'employeur personne morale. On a donc rejeté la conception d'œuvre collective pour retenir celle d'œuvre de collaboration (cf. *supra* § 99 et § 101).

Il peut cependant être très difficile d'opérer une qualification distributive, notamment dans un domaine aussi technique. L'insécurité et la complexité qui résultent de cette protection à double niveau posent donc la question de l'opportunité d'un régime spécifique au jeu vidéo, qui permettrait de prendre en compte valablement les considérations économiques qui sont en jeu.

Cette qualification distributive est aujourd'hui encore plus difficilement applicable aux œuvres « transmedia », développées en plusieurs versions afin d'être exploitées sur différents médias. La difficulté réside notamment dans la pluralité d'auteurs et de supports dont il est nécessaire de saisir les contours.

SECTION III. LA PROPRIÉTÉ INDUSTRIELLE

§ 246. Il existe une grande variété de droits de propriété industrielle qu'il importe de présenter brièvement, pour l'influence qu'ils peuvent avoir dans le monde de l'informatique. Les signes distinctifs occupent une place grandissante (Sous-section I), mais il ne faut pas négliger les brevets (Sous-section II) et les dessins et modèles (Sous-section III).

SOUS-SECTION I. LES SIGNES DISTINCTIFS

§ 247. Les signes distinctifs identifient selon les cas une entreprise ou un produit. Pour ce faire, le droit des sociétés protège le nom commercial et l'enseigne (I), tandis que le droit de la propriété industrielle protège la marque (II). Le nom de domaine est quant à lui un signe distinctif en ce qu'il permet d'identifier un site internet. Si sa protection passe incidemment par celle de la marque, il répond cependant d'un régime particulier qui va devoir être redéfini sous l'impulsion du juge constitutionnel (III).

I. Le nom commercial et l'enseigne

§ 248. Le **nom commercial** est la désignation du fonds de commerce. C'est le nom sous lequel l'activité de l'entreprise sera connue du public. L'**enseigne**, quant à elle, est le signe visible qui identifie un établissement commercial.

Aucun de ces signes ne fait l'objet d'un droit de propriété industrielle particulier. Leur protection, qui n'est pas conditionnée par un dépôt préalable, est assurée par le jeu de l'action en concurrence déloyale de l'article 1242 du Code civil (cf. *infra* § 619 s.), et sera donc mise en œuvre selon les règles de la responsabilité civile délictuelle.

II. La marque

§ 249. La principale technique d'identification d'un bien ou d'un service est la **marque**. Elle est définie par l'article L.711-1 du Code de la propriété intellectuelle comme étant *« un signe susceptible de représentation graphique servant à distinguer les produits ou services d'une personne physique ou morale »*. La propriété de la marque s'acquiert par l'enregistrement à l'INPI[131] pour une période de 10 ans indéfiniment renouvelable. La marque doit être susceptible de distinguer les produits concernés des autres produits de la même spécialité, et doit être utilisée (son inutilisation pendant 5 ans vaudra renonciation au monopole qu'elle confère).

Le non-respect du droit à la marque d'un titulaire donnera lieu à un délit de contrefaçon sanctionné par la loi civile et pénale.

§ 250. La marque est d'une importance économique sans bornes, puisqu'elle est le principal lien entre le fabricant d'un produit ou le prestataire de service et son consommateur. Si juridiquement elle n'en a pas la fonction, elle est pourtant dans les faits un facteur de confiance pour le consommateur quant à la nature et la qualité du produit ou du service. Elle est donc d'une importance commerciale capitale.

En informatique, la marque est omniprésente. Elle peut d'abord être apposée sur le matériel informatique ou les logiciels. Elle peut alors devenir une manière pour le consommateur de faire son choix, tant au niveau des fonctionnalités, des performances, des modes d'utilisation que d'un point de vue plus personnel, d'aucuns allant même jusqu'à parler d'identitarisme informatique (pour exemple, le duel entre Mac et Windows…).

On retrouve évidemment cette omniprésence des marques sur internet ; on y achète et vend des produits de marques, les prestataires de service font leur publicité par le biais des marques, le commerce entre particuliers est largement influencé par la présence des marques… Il est donc primordial de bien en cerner les enjeux et de protéger correctement sa marque.

La fonctionnalité Google AdWords permet aux annonceurs de payer pour faire référencer certains mots clés par Google, dans le but de faire apparaître ces liens de manière très lisible et d'en faire ainsi la promotion. Il a été constaté cependant que pour certains mots clés, les liens commerciaux affichés étaient ceux de concurrents, cherchant à vendre des produits alternatifs ou contrefaisants. Sur question préjudicielle de la Cour de Cassation, la CJUE a décidé que cet acte était constitutif de contrefaçon

---

[131] Art. L. 712-1 du Code de la propriété intellectuelle

imputable à l'annonceur[132]. Le moteur de recherche ne peut cependant pas être tenu responsable, puisqu'il ne fait que permettre l'utilisation d'un signe pour la promotion d'autrui, et non pour la promotion de ses propres produits.

Dernièrement, la Cour de cassation[133] a appliqué à la lettre la décision rendue par la Cour de Justice, dans le cadre de l'utilisation des marques de la SNCF à l'identique ou par imitation comme mots-clés dans un moteur de recherche, dans le but de diriger les utilisateurs vers des sites concurrents.

Google Adwords est venu préciser les règles d'utilisation de son service avec les marques déposées, comme le moteur de recherche s'y était engagé. Ainsi, l'utilisation des marques est vérifiée dans les annonces textuelles, mais pas pour leur utilisation en tant que mot-clé ou dans les URL. Les titulaires de marque peuvent déposer une réclamation auprès de Google, cela leur permettra d'autoriser uniquement un certain nombre de personnes désignées à utiliser la marque sur Google Adwords dans les annonces textuelles.

Le flou juridique suscité par cette fonctionnalité dépasse les règles de la propriété intellectuelle et pose de vraies questions de fond notamment en matière de droit de la concurrence.

Adwords pose le problème des liens commerciaux, mais à côté de cette question, apparait celle des « liens retour » (*backlinks*). Ce sont des liens hypertextes créés artificiellement, en grand nombre et qui comprennent le nom d'un signe distinctif appartenant à un concurrent. Ces liens pointent tous vers le site de celui qui se sert de ce signe de manière illicite. Ils permettent ainsi de fausser le référencement de son site, plaçant ce dernier en haut des pages de résultats des moteurs de recherche. Un arrêt de la Cour d'appel de Paris du 28 mars 2014 s'est prononcé sur ces *backlinks* en refusant de juger qu'il y avait contrefaçon mais en retenant que cette pratique était constitutive de parasitisme. C'est donc sur la responsabilité civile que les juges se sont basés pour condamner le fait d'avoir « utiliser de façon intensive » des signes appartenant au concurrent dans le but de « *tromper les moteurs de recherche* »[134].

Enfin et c'est souvent le cas, le nom de domaine qui sera choisi par une entreprise pour présenter et promouvoir ses produits ou services sera bien souvent le nom de la marque apposée sur lesdits produits. Sur internet, le droit des marques doit donc être étroitement lié à celui des noms de domaines.

---

[132] CJUE, 23 mars 2010, Google France et Inc. c/ Louis Vuitton Malletier SA, Viaticum SA, Luteciel SARL, CNRRH, C-236/08, C-237/08, C-238/08

[133] Chambre commerciale 20 janvier 2015 n°11-28567

[134] CA Paris, pôle 5, ch. 2, 28 mars 2014, n°13/07517

III. Les noms de domaine

§ 251. Le nom de domaine désigne en effet *« l'enseigne sous laquelle une entreprise exploite, sur le réseau de l'internet, un établissement virtuel auquel une clientèle peut s'adresser pour obtenir des biens ou des services ou s'informer de l'activité commerciale qu'elle exerce*[135]. » Cette conception commercialiste du nom de domaine doit toutefois être atténuée, il est évident qu'un particulier, un organisme de service public, une organisation à but non lucratif, peuvent tout autant acquérir un nom de domaine.

Il est composé de trois parties :

- le préfixe : www.
- le radical : la partie choisie par le titulaire du nom de domaine ;
- le suffixe : .fr, .com, .net etc. Ce suffixe, ou extension, correspond en fait à un « domaine ».

§ 252. Chaque domaine est géré par un organisme (appelé office d'enregistrement) et chaque organisme est chargé d'allouer les noms de domaine.

En France, l'AFNIC est l'office d'enregistrement compétent[136] (en vertu d'un arrêté ministériel du 19 février 2010) pour attribuer et gérer les noms de domaines en .fr (France), .re (Ile de la Réunion), .pm (Saint-Pierre et Miquelon), .yt (Mayotte), .wf (Wallis et Futuna) et .tf (Terres australes et antarctiques françaises).

Mais la commercialisation de ces noms de domaines passe par des intermédiaires appelés bureaux d'enregistrement.

§ 253. En France, l'article L. 45 du Code des postes et des communications électroniques (CPCE) qui prévoyait la désignation de chacun des organismes et l'attribution des noms de domaine a été déclaré inconstitutionnel et abrogé, les modalités d'attribution et de gestion des noms de domaine devant être régies par une loi et non par un décret, garantissant le respect des libertés[137].

C'est ainsi que dans le cadre de la loi du 22 mars 2011[138] portant diverses dispositions d'adaptation de la législation au droit de l'Union européenne en matière de santé, de travail et de communications électroniques, que le Code des Postes et Communications a été modifié afin que le régime des noms de domaine soit édicté par une loi.

---

[135] G. Loiseau, "Noms de domaine et internet : turbulences autour d'un nouveau signe distinctif", D. 1999, chron., p. 245

[136] Arrêté du 19 février 2010, JORF n°0051 du 2 mars 2010

[137] Décision n°2010-45 QPC du 6 octobre 2010.

[138] Loi n° 2011-302 du 22 mars 2011 portant diverses dispositions d'adaptation de la législation au droit de l'Union européenne en matière de santé, de travail et de communications électroniques modifie la réglementation relative aux noms de domaine (JORF n°0069 du 23 mars 2011 page 5186).

Ces dispositions sont entrées en vigueur le 30 juin 2011 et leurs modalités d'application sont issues d'un décret du 1er août 2011[139].

§ 254. En pratique, c'est la première personne, physique ou morale, qui demandera l'attribution d'un nom de domaine qui en bénéficiera. On parle de principe du « premier arrivé, premier servi ». La seule considération à l'attribution d'un nom de domaine, au-delà bien sûr du paiement de la réservation du nom, sera sa disponibilité.

§ 255. La loi du 22 mars 2011 crée un nouvel article L. 45-2 au sein du Code des postes et des communications électroniques en vertu duquel l'enregistrement ou le renouvellement d'un nom de domaine peut être refusé ou le nom de domaine supprimé dans trois cas et notamment lorsqu'il porte atteinte à des droits de propriété intellectuelle ou de la personnalité. Le titulaire du nom de domaine peut échapper au refus d'enregistrement « *s'il justifie d'un intérêt légitime et agit de bonne foi* ».

L'article R. 20-44-46 du CPCE donne des exemples de cas dans lesquels l'intérêt légitime et la mauvaise foi sont caractérisés. Peut ainsi caractériser un intérêt légitime le fait pour le titulaire d'utiliser le nom de domaine dans le cadre d'une offre de biens ou de service ou de s'y être préparé, le fait d'être connu sous un nom identique ou apparenté à ce nom de domaine, ou encore le fait de faire un usage non commercial du nom de domaine sans intention de tromper le consommateur ou de nuire à la réputation d'un nom sur lequel est reconnu ou établi un droit.

Aussi, il y aura mauvaise foi chaque fois qu'un nom de domaine identique ou similaire à un signe objet d'un droit détenu par un tiers sera enregistré pour être revendu par exemple, pour nuire à sa réputation ou encore pour profiter de la renommée de ce signe en créant une confusion dans l'esprit du consommateur.

Le nom de domaine est en effet cessible : une entreprise qui souhaite bénéficier d'un nom de domaine indisponible pourra en négocier contractuellement la cession ou la licence. Cette cessibilité entraine cependant un effet pervers : il est fréquent qu'une réservation de nom de domaine soit effectuée par une personne ou une entité dans le but d'empêcher le véritable propriétaire de la marque d'en bénéficier.

Ces pratiques correspondent à ce que l'on appelle de manière courante le cybersquatting ou typosquatting, c'est-à-dire des enregistrements abusifs de marques à l'identique ou par imitation graphique ou phonétique.

A aussi été introduit un article L. 45-6 au CPCE qui charge l'office d'enregistrement compétent de supprimer ou transférer un nom de domaine, à la demande d'une personne démontrant son intérêt à agir et selon les mêmes conditions que celles de l'article L45-2.

---

[139] Décret n° 2011-926 du 1er août 2011 relatif à la gestion des domaines de premier niveau de l'internet correspondant aux codes pays du territoire national (JORF n°0178 du 3 août 2011 page 13294).

Cet article impliquait que soit adoptée en parallèle une procédure extrajudiciaire, c'est ainsi que l'AFNIC a établi le SYRELI (pour SYstème de REsolution des LItiges) dont le règlement a été approuvé par un arrêté du 21 octobre 2011. Elle remplace la procédure PREDEC.

Le SYRELI vise uniquement à la suppression ou au transfert du nom de domaine litigieux et non à l'indemnisation de celui qui conteste la titularité de celui-ci.

§ 256. Pour résoudre un litige entre un nom de domaine et un autre signe, celui qui revendique le terme utilisé par un tiers peut user soit de la voie extrajudiciaire en engageant des procédures de type SYRELI ou UDRP (selon le type d'extension concerné) soit de la voie judiciaire via l'action en contrefaçon ou en concurrence déloyale.

En cas d'action judiciaire, le titulaire d'un nom de domaine pourra être condamné pour contrefaçon de marque antérieure (la plupart du temps) à plusieurs conditions : le site doit être exploité et le nom de domaine doit être identique ou similaire à la marque, de même que les produits ou services visés dans l'enregistrement de marque et ceux proposés sur le site. Doit aussi être caractérisé un risque de confusion dans l'esprit du public.

Mais le nom de domaine antérieur à la marque pourra lui aussi être opposable à cette marque et entrainer son annulation selon les mêmes conditions d'exploitation, d'identité/similarité et de risque de confusion.

SOUS-SECTION II. LES BREVETS

§ 257. Les **brevets d'invention** sont réglés par les articles L.611-1 et suivants du Code de la propriété intellectuelle. Ces articles déterminent les conditions de la brevetabilité (I) et les prérogatives du breveté (II).

I. Conditions de la brevetabilité

§ 258. Il y a d'abord les conditions relatives à l'invention elle-même (A). Il faut ensuite que le brevet soit déposé (B).

A. Les caractères de l'invention

§ 259. L'invention doit remplir certaines conditions pour pouvoir être brevetable (2), mais toutes les créations ne peuvent pas prétendre au statut d'invention (1).

1. Le domaine du brevetable

§ 260. La loi prévoit expressément qu'un certain nombre d'inventions ne sont pas brevetables. Pour parvenir à ce résultat, le législateur utilise deux moyens : tantôt il exclut directement la brevetabilité de l'invention, tantôt il dénie à une création intellectuelle la qualification d' « invention ». Ainsi, au terme de l'article L.611-10 2° du Code de la propriété intellectuelle:

« Ne sont pas considérées comme des inventions [...] notamment :

- a) les découvertes ainsi que les théories scientifiques et les méthodes mathématiques ;

- b) les créations esthétiques ;

- c) les plans, principes et méthodes dans l'exercice d'activités intellectuelles, en matière de jeu ou dans le domaine des activités économiques, ainsi que les programmes d'ordinateur ;

- d) les présentations d'informations ».

§ 261. Cependant la brevetabilité des éléments ci-dessus énumérés n'est exclue *« que dans la mesure où la demande de brevet ou le brevet ne concerne que l'un des éléments considéré en tant que tel »*. Il en résulte qu'un procédé ne peut être privé de brevetabilité pour le seul motif qu'une de ses étapes est réalisée par un logiciel. Ce sera le procédé qui fera l'objet du brevet, et non le programme seul[140], sous réserve que ledit procédé remplisse bien les conditions de la brevetabilité.

§ 262. Par ailleurs, sont exclues du domaine de la brevetabilité les méthodes de traitement chirurgical ou de diagnostic du corps humain ou animal, alors que les produits tels que les formules des médicaments peuvent faire l'objet d'un brevet [141].

2. Les conditions de brevetabilité

§ 263. L'invention constitue selon les cas un produit, un procédé, une application ou une combinaison de moyens. La loi détermine les caractères de l'invention brevetable. Les articles L.611-10 1° du Code de la propriété intellectuelle posent les conditions de la brevetabilité comme suit :

- L'invention doit être nouvelle, c'est-à-dire qu'elle ne doit pas être comprise dans l'état de la technique[142].
  L'état de la technique comprend *« tout ce qui a été rendu accessible au public avant la date de dépôt de la demande de brevet par une description écrite ou orale, un usage ou tout autre moyen »*, et également *« le contenu de demandes de brevet français et de demandes de brevet européen ou international concernant la France, telles qu'elles ont été déposées qui ont une date de dépôt antérieur* [au dépôt de l'invention dont on cherche à déterminer la nouveauté] *et qui n'ont été publiées qu'à cette date ou qu'à une date postérieure »*.

---

[140] CA Paris, 15 juin 1981 Schlumberger c/ DG de l 'INPI-CA, *PIBD 1981. 185 III 175*

[141] Art. L.611-16 du Code de la propriété intellectuelle

[142] Art. L. 611-11 du Code de la propriété intellectuelle

La nouveauté disparaît donc en cas d' « antériorité », en particulier si l'invention a déjà été divulguée par l'inventeur lui-même.

- L'invention doit résulter d'une activité inventive, c'est-à-dire que, pour un homme de métier, elle ne doit pas découler *« de manière évidente de l'état de la technique »*.
- L'invention doit être susceptible d'application industrielle ; tel est le cas *« si l'objet peut être fabriqué ou utilisé dans tout genre d'industrie, y compris l'agriculture*[143] *»*.
- Enfin, l'invention doit être conforme à la dignité de la personne humaine, à l'ordre public et aux bonnes mœurs selon l'article L.611-17 du Code de la propriété intellectuelle.

B. L'obligation de dépôt

§ 264. La demande de brevet (1) est déposée devant l'organisme concerné selon la protection que l'on veut lui accorder (2).

1. La demande de brevet

§ 265. Selon les articles L.612-1 et suivants du Code de la propriété intellectuelle, la demande de brevet comprend :

- un formulaire de demande de brevet ;
- l'identification du demandeur ;
- une description de l'invention ;
- une ou plusieurs revendications claires et précises qui définissent l'objet de la protection demandée.

2. La délivrance du brevet

a. Le brevet français

§ 266. La demande de brevet français est effectuée devant l'INPI, qui opère un contrôle complet de la régularité formelle de la demande et un contrôle limité sur certains éléments matériels. Il n'y a pas cependant de contrôle général de l'existence des conditions de brevetabilité.

Ce sera le juge, a posteriori, qui contrôlera la validité du brevet en cas d'une éventuelle action en nullité.

Après cette demande, son titulaire dispose de 12 mois pour déposer une demande dans un autre pays signataire de la Convention de l'Union de Paris et bénéficier de la date du premier dépôt français, qui ne constituera donc pas une divulgation destructrice de nouveauté. Ce délai dit de priorité est consacré à l'article L.612-3 du Code de la propriété intellectuelle.

[143] Art. L. 611-15 du Code de la propriété intellectuelle

b. Le brevet européen

§ 267. La possibilité de déposer un brevet européen est ouverte par la Convention sur le brevet européen du 5 octobre 1973, révisée dernièrement en 2007. Cette procédure permet au déposant de déposer une seule demande de brevet auprès de l'Office Européen des Brevets (OEB), et cette demande sera examinée par le biais d'une procédure unique. Le déposant pourra désigner au sein de sa demande les Etats pour lesquels il souhaite bénéficier d'une protection parmi les Etats signataires ; il doit s'acquitter des frais afférents auprès des organismes de propriété intellectuelle de chacun des Etats choisis.

Une fois accordé, le brevet européen se « transforme » en un bouquet de brevets nationaux, autonomes les uns par rapport aux autres. Par exemple, la nullité du brevet prononcée postérieurement par une juridiction allemande n'entrainera pas la nullité du brevet français, et le juge français ne sera pas lié par cette décision en cas de demande en nullité portée devant lui.

c. Le brevet PCT

§ 268. Le traité de coopération sur les brevets signé à Washington le 19 juin 1970 organise la procédure que l'on appelle du « brevet PCT ». A vocation internationale cette fois, cette procédure permet de formuler une seule demande de brevet auprès du Bureau International au sein de l'OMPI. Lors de cette demande, le demandeur mentionnera les Etats dans lesquels il souhaite être protégé. Il peut désigner la France, il peut aussi désigner les Etats signataires de la Convention sur le brevet européen. Ce dernier confiera les recherches d'antériorité et de brevetabilité à quelques grands offices nationaux du monde et rendra un avis.

Cependant, et contrairement au brevet européen, les seuls décideurs finaux de la validité d'une revendication restent les bureaux nationaux ou régionaux des brevets. Une demande de brevet européen peut être également formée par ce biais.

d. Le brevet européen à effet unitaire

§ 269. Des brevets européens à effet unitaire seront bientôt délivrés par l'Office Européen des Brevets (OEB), conformément aux règles et aux procédures de la Convention sur le brevet européen du 5 octobre 1973. Ce brevet aura ainsi un effet unitaire pour le territoire des Etats membres concernés. L'obtention d'un brevet européen à effet unitaire passera par une demande de brevet européen classique devant l'OEB. Le demandeur pourra opter pour un brevet européen classique mais pourra aussi choisir la voie du brevet unitaire qui lui donnera une protection dans tous les Etats partis à la coopération renforcée.

La création d'un tel titre s'inscrit dans le cadre de la mise en œuvre de la procédure de coopération renforcée qui permet à un groupe d'au moins 9 Etats membres de faire avancer entre eux l'intégration européenne sur une question où l'opposition d'autres Etats compromet durablement toute avancée du droit de l'Union par la procédure législative normale.

Plusieurs textes ont alors été adoptés pour encadrer ce titre unitaire : deux règlements du 17 décembre 2012, l'un sur le brevet unitaire et l'autre sur le régime des traductions ; puis un accord international conclu entre les Etats membres et signé le 19 février 2013 qui met en place une Juridiction Unifiée des Brevets (JUB) pour régir le sort de ces titres. L'accord sur la JUB a été signé par 25 Etats membres. Le brevet unitaire ne sera applicable qu'à partir de l'entrée en vigueur de l'accord sur la JUB qui doit être ratifié par au moins 13 États. Il est attendu pour 2017 mais la sortie du Royaume-Uni de l'Union Européenne interroge sur les conséquences, tant de la ratification car celle du Royaume-Uni est obligatoire, que de la localisation de sections du tribunal de première instance à Londres.

En effet, il est prévu que la JUB soit composée d'un tribunal de première instance centralisé à Paris (mais aussi présent par sections à Londres et Munich, et par divisions locales dans tous les Etats parties), d'une cour d'appel et d'un greffe situés à Luxembourg.

II. Prérogatives du breveté

§ 270. Il importe de préciser le contenu des prérogatives dont bénéficie le breveté (A) avant de se pencher sur les conditions d'acquisition de la qualité de titulaire d'un brevet (B).

A. Contenu des prérogatives

§ 271. Le titulaire du brevet est investi d'un monopole d'exploitation de l'invention brevetée. L'atteinte à ce monopole est sanctionnée par l'action en contrefaçon civile ou pénale.

Cependant, ce monopole ne porte pas atteinte aux « droits de possession personnelle antérieure » acquis de bonne foi. En effet, selon l'article L.613-7 alinéa 1er du Code de la propriété intellectuelle :

> *« Toute personne qui, de bonne foi, à la date du dépôt ou de priorité d'un brevet, était, sur le territoire [français], en possession de l'invention objet du brevet a le droit, à titre personnel, d'exploiter l'invention malgré l'existence du brevet. »*

§ 272. La durée de protection conférée par le brevet est de 20 ans[144] à compter du jour du dépôt de la demande. Cependant, la protection peut cesser de manière anticipée, en cas d'annulation du brevet[145], de renonciation

---

[144] Art L.611-2,1° du Code de la propriété intellectuelle
[145] Art. L. 613-25 du Code de la propriété intellectuelle

par son propriétaire[146] ou de déchéance en cas de non-paiement des taxes annuelles[147].

B. Titulaire des prérogatives

§ 273. Le premier alinéa de l'article L.611-6 du Code de la propriété intellectuelle pose le principe que le « droit au titre de propriété industrielle » appartient à l'inventeur. Mais en réalité, le monopole d'exploitation naît du brevet même et appartient, par conséquent, à celui qui a déposé la demande, lequel n'est pas nécessairement l'inventeur : en effet, si l'inventeur est bien légalement investi d'un « droit au brevet », il lui est possible d'y renoncer ou de le céder par contrat. En réalité, l'inventeur conservera toujours un « droit moral » qui lui permet d'exiger d'être mentionné dans le brevet.

§ 274. Ainsi, la loi règle-t-elle le sort des inventions de salariés[148]; le dispositif, - qui ne s'applique qu'à défaut de stipulations contractuelles plus favorables au salariés – est le suivant :

- les **inventions de mission** sont celles réalisées par le salarié dans le cadre d'un contrat de travail comportant une mission inventive ou en résultat de recherches qui lui avaient été expressément confiées. Elles appartiennent à l'employeur, et le salarié inventeur doit bénéficier d'une rémunération supplémentaire qui sera déterminée par contrat de travail ou convention collective.
- les **inventions hors mission attribuables** sont celles réalisées par le salarié dans l'exécution de ses fonctions ou dans son domaine d'activité, ou encore avec les moyens de l'entreprise. Un contrat pourra attribuer la jouissance ou la propriété de ces inventions à l'employeur qui devra alors verser à son salarié un « juste prix ».
- les **inventions hors mission non attribuables** sont celles qui ne relèvent d'aucune des catégories ci-dessus. Elles appartiennent complètement au salarié.

Les agents publics et fonctionnaires sont assimilés à ce régime, mais pas les stagiaires et intérimaires, qui restent propriétaires de leurs inventions en l'absence de convention expresse contraire, n'ayant pas la qualité de salarié.

§ 275. Enfin un brevet peut être objet de copropriété si la demande de brevet a en réalité été déposée sous plusieurs noms. Ces personnes sont présumées avoir toutes concouru à l'invention, ils sont donc copropriétaires chacun de la même part du brevet. Ils peuvent néanmoins organiser leurs relations respectives par un *« règlement de copropriété[149] »*. A défaut, la loi fixe un régime supplétif au sein de l'article L.613-29 du Code de la propriété intellectuelle.

---

[146] Art. L. 613-24 du Code de la propriété intellectuelle
[147] Art. L. 613-22 du Code de la propriété intellectuelle
[148] Art. L. 611-7 du Code de la propriété intellectuelle
[149] Art. L. 613-32 alinéa 2 du Code de la propriété intellectuelle

SOUS-SECTION III. LES DESSINS ET MODÈLES

§ 276. Les créations de forme relèvent du droit des dessins et modèles. Une protection spécifique est aménagée pour ce type de créations industrielles, mais si la création en remplit les conditions, elle sera cumulativement protégée par le droit d'auteur (cf. *supra* § 84s.). La loi est applicable au dessin (deux dimensions) ou au modèle (trois dimensions). Ce dessin ou modèle doit être nouveau, c'est-à-dire qu'il ne doit pas exister de forme préexistante identique. Il doit de plus disposer d'un caractère propre, donc d'une forme caractéristique et non pas n'être qu'une imitation ou une ressemblance d'une forme ou d'un dessin préexistant[150].

Si le Code de la propriété intellectuelle exclut expressément au sein de son article L. 511-1 la protection des programmes d'ordinateur par le régime de protection des dessins et modèles, ce régime intéresse tout de même de près l'informatique. Un dessin amené à être reproduit sur un site web, de même que la forme d'un objet vendu par correspondance, d'un ordinateur, d'un téléphone portable ou de leur emballage pourront être déposés à titre de dessins et modèles pour en garantir le monopole.

§ 277. La durée de la protection est de 5 ans renouvelables jusqu'à un maximum de 25 ans[151]. Si elle est cumulable avec le droit d'auteur, la protection des dessins et modèles ne se cumule pas avec celle des brevets. Le caractère utilitaire de l'objet pourra être breveté, et la protection par les dessins et modèles ne sera possible que si le caractère esthétique en est strictement dissociable.

§ 278. Enfin, ne sont pas protégeables les produits qui permettent l'interconnexion et dont la forme doit être nécessairement reproduite pour permettre aux produits de remplir leurs fonctions. C'est l'exemple des fiches d'un embout permettant la charge d'un téléphone portable. Cependant, les produits permettant des assemblages et des connexions multiples à des produits interchangeables, appelés produits modulaires, peuvent à l'inverse faire l'objet d'une protection par le droit des dessins et modèles (c'est le cas du mécanisme des Légo ou des chaises « emboitables »).

---

[150] Art. L. 511-2 du Code de la propriété intellectuelle
[151] Art. L. 513-1 du Code de la propriété intellectuelle

CHAPITRE 2

Protéger le professionnel

§ 279. Les enjeux de la protection du créateur sont importants, mais il ne peut être nié que les règles du droit de l'informatique ont aujourd'hui pour but principal d'organiser la protection de l'investissement. Les enjeux économiques liés à l'informatique et à internet sont plus importants aujourd'hui qu'ils ne l'ont jamais été, et les professionnels de l'informatique l'ont bien compris. La loi organise donc la protection de leur investissement et de leur capital (Section I). Les contrats informatiques sont dotés d'enjeux importants, et un corps de règles conséquent a été mis en place par la loi (Section II).

SECTION I. LE PRODUCTEUR DE BASES DE DONNÉES

§ 280. La protection de l'investissement passe d'abord par la protection du droit d'auteur . Un grand nombre de droits sur les créations d'employés sont en effet dévolus aux employeurs-investisseurs pour permettre une compensation de leurs investissements. En plus de la protection accordée légitimement à l'auteur de la base de données (cf. *supra* § 229 s.), la loi accorde aujourd'hui une protection du producteur de bases de données par un droit dit *sui generis* (d'un genre propre), pour lui permettre de pouvoir bénéficier d'un retour sur son investissement. Nous devons donc en étudier les conditions (Sous-section I) avant d'en tracer les contours (Sous-section II).

SOUS-SECTION I. LES CONDITIONS DE LA PROTECTION

§ 281. L'article L.341-1 du Code de la propriété intellectuelle organise cette protection :

« Le producteur d'une base de données, entendu comme la personne qui prend l'initiative et le risque des investissements correspondants (I), *bénéficie d'une*

protection du contenu de la base (II) *lorsque la constitution, la vérification ou la présentation de celui-ci atteste d'un investissement financier, matériel ou humain substantiel* (III). *Cette protection est indépendante et s'exerce sans préjudice de celles résultant du droit d'auteur ou d'un autre droit sur la base de données ou un de ses éléments constitutifs. »*

I. La notion de producteur de base de données

§ 282. La protection visée par la loi est celle du « producteur », celui qui prend l'**initiative** et le **risque** des investissements. Sont donc exclus d'office le simple fabriquant, l'intermédiaire chargé de la mettre en ligne… Il peut néanmoins s'agir d'une personne physique comme d'une personne morale, française ou étrangère.

II. La protection du contenu de la base

§ 283. L'objet de la protection *sui generis* est différent et complémentaire de celui de la protection par le droit d'auteur. Il s'agit ici en effet de protéger le contenu de la base, et non le contenant, la base en elle-même.

III. La notion d'investissement substantiel

§ 284. Pour que le producteur d'une base de données puisse bénéficier de la protection par le droit *sui generis* (d'un genre propre), il doit pouvoir prouver la réalisation d'un *« investissement financier, matériel ou humain substantiel »*. C'est cette notion d'investissement substantiel qui est la plus délicate à appréhender lorsqu'on évoque le producteur de base de données. En effet, appréciation est laissée au juge de déterminer la substantialité d'un investissement, en l'absence d'autres prescriptions légales.

Aucun principe général en la matière ne peut être dégagé en jurisprudence. Les juges apprécient l'applicabilité du droit *sui generis* au regard des faits. Ils en établissent une longue liste et détaillent au cas par cas les divers investissements réalisés avant de juger sur leur caractère substantiel[152]. Il semble cependant que le juge prenne en compte un certain nombre de critères qui peuvent être systématisés. Il regardera par exemple si l'investisseur a engagé des frais pour la promotion et la réactualisation de la base, s'il a exercé un contrôle sur l'évolution du contenu de la base ou sur sa fiabilité et sa véracité. Les tribunaux ont par exemple opéré une sérieuse distinction entre le simple engagement de frais ponctuels de la part de l'investisseur et la véritable création d'un poste d'investissement dédié à la

---

[152] pour exemple, CA Paris, 12 sept. 2001, CCE 2001, comm. N°121, note Caron

base, ou bien encore le temps consacré par le personnel à la tenue de la base, à sa mise à jour et à son amélioration[153].

Pour la jurisprudence, il n'y a pas de protection du producteur de bases de données au titre des investissements effectués pour la création des contenus qui seraient simplement ajoutés à une base. La protection nécessite un investissement lié au « *stockage et au traitement des éléments une fois ceux-ci réunis* ».

Cependant, il est rare qu'un investisseur ne soit pas reconnu comme producteur. En pratique en effet, les fonds nécessaires à l'établissement d'une base de données sont tels que ces fonds seront presque toujours assimilés à un véritable investissement. La tenue de la base est elle aussi très couteuse, notamment du fait de la nécessité d'une réactualisation permanente.

SOUS-SECTION II. L'ÉTENDUE DE LA PROTECTION

§ 285. La qualité de producteur de base de données donne accès au droit *sui generis*, dont nous devons étudier le contenu (I) avant de voir les sanctions qui seront appliquées en cas d'inobservation (II).

I. Les prérogatives du producteur

§ 286. Le producteur d'une base de données est investi du monopole sur son contenu. C'est la raison pour laquelle le droit *sui generis* (d'un genre propre) est assimilé à un droit « voisin » du droit d'auteur. La portée de ce droit est définie aux articles L.342-1 et suivants du Code de la propriété intellectuelle (A), et est, comme tout monopole, limitée dans la durée (B).

A. Un monopole étendu dans sa portée

§ 287. Selon les articles L.342-1 et -2 du Code de la propriété intellectuelle, le producteur de bases de données peut interdire l'extraction du contenu de sa base (1) et sa réutilisation totale ou partielle (2).

1. Interdire l'extraction

§ 288. L'extraction du contenu de la base de données est définie par l'article L.342-1 du Code de la propriété intellectuelle comme étant un transfert permanent ou temporaire des données de la base. Il était matériellement impossible d'interdire toute extraction, aussi bien d'un point de vue pratique que d'un point de vue économique. Les bases de données informatiques ou en ligne ont en effet pour particularité de fonctionner

[153] CA Paris, 18 juin 1999 : Expertises 1999, p.390

comme un logiciel en ce que la copie de sauvegarde est absolument nécessaire au fonctionnement même basique de la base.

Seule l'extraction de la totalité de la base ou d'une partie quantitativement ou qualitativement substantielle du contenu de la base peut donc être interdite par le producteur de la base de données. Encore faut-il que cette extraction soit faite sur un autre support, en revanche peu importe les moyens utilisés pour l'extraction ou même la forme que prendra cette extraction.

La Cour de justice des communautés européennes (CJCE renommée Cour de Justice de l'Union Européenne CJUE depuis janvier 2010) a défini dans un arrêt de 2004 ce qu'il fallait entendre par une partie « quantitativement ou qualitativement substantielle » des données de la base. La jurisprudence française suit aujourd'hui cette interprétation.

L'extraction d'une partie quantitativement substantielle serait celle d'un important volume de données ; l'extraction d'une partie qualitativement substantielle s'évalue par rapport à l'investissement de la part du producteur pour l'obtention, la vérification ou la présentation du contenu de la partie extraite[154].

L'appréciation de la substantialité de la base réside donc entre les mains des juges du fond au regard des circonstances factuelles de chaque espèce.

Cependant, est aussi prévue la possibilité pour le producteur d'interdire l'extraction qualitativement ou quantitativement non substantielle, si tant est que celle-ci excède manifestement les conditions d'utilisation normale de la base de données.

2. Interdire la réutilisation

§ 289. De même, le producteur a le droit d'interdire la réutilisation du contenu de la base, c'est-à-dire sa mise à disposition au public, selon deux principes :

- soit la réutilisation concerne la totalité ou une partie quantitativement ou qualitativement substantielle du contenu de la base[155] ;
- soit la réutilisation ne concerne pas une partie substantielle de la base, mais que cette dernière est répétée et systématique et excède manifestement les conditions d'utilisation normale de la base de données[156].

§ 290. Cependant, après que le producteur ait mis sa base à la disposition du public une première fois, il ne peut plus interdire un certain nombre d'utilisations normales ne causant pas un préjudice injustifié à ses intérêts

[154] CJCE, 9 nov. 2004, aff. C-444/02
[155] Art. L.342-1, 1° du Code de la propriété intellectuelle
[156] Art. L.342-1, 2° du Code de la propriété intellectuelle

légitimes. Ces utilisations sont listées à l'article L.342-3 du Code de la propriété intellectuelle et sont les suivantes :

« 1° L'extraction ou la réutilisation d'une partie non substantielle, appréciée de façon qualitative ou quantitative, du contenu de la base, par la personne qui y a licitement accès ;

2° L'extraction à des fins privées d'une partie qualitativement ou quantitativement substantielle du contenu d'une base de données non électronique sous réserve du respect des droits d'auteur ou des droits voisins sur les œuvres ou éléments incorporés dans la base ;

3° L'extraction et la réutilisation d'une base de données dans les conditions définies aux deux premiers alinéas du 7° de l'article L. 122-5 ;

4° L'extraction et la réutilisation d'une partie substantielle, appréciée de façon qualitative ou quantitative, du contenu de la base, sous réserve des bases de données conçues à des fins pédagogiques et des bases de données réalisées pour une édition numérique de l'écrit, à des fins exclusives d'illustration dans le cadre de l'enseignement et de la recherche, à l'exclusion de toute activité ludique ou récréative, dès lors que le public auquel cette extraction et cette réutilisation sont destinées est composé majoritairement d'élèves, d'étudiants, d'enseignants ou de chercheurs directement concernés, que la source est indiquée, que l'utilisation de cette extraction et cette réutilisation ne donne lieu à aucune exploitation commerciale et qu'elle est compensée par une rémunération négociée sur une base forfaitaire ».

§ 291. Un rapide parallèle peut être dressé entre les exceptions ci-dessus et celles applicables en matière de droit d'auteur (cf. *supra* § 123 s.). On retrouvera donc sous des formes adaptées et simplifiées l'exception de courte citation et l'exception pédagogique. Le dernier alinéa du même article rappelle que les exceptions mentionnées doivent être elles aussi conformes au triple test imposé par l'Union Européenne, au même titre que les exceptions relatives au droit d'auteur (cf. *supra* § 124 s.).

On remarquera par ailleurs qu'au 2°, l'article L.342-3 du Code de la propriété intellectuelle aménage un régime plus favorable à l'extraction ou la réutilisation non autorisée de parties substantielles de bases de données non électroniques. Le législateur a donc pris soin de varier les exigences légales en fonction du support de la base.

B. Un monopole limité dans sa durée

§ 292. La durée du monopole du producteur de bases de données est prévue à l'article L.342-5 du Code de la propriété intellectuelle :

« Les droits prévus [...] prennent effet à compter de l'achèvement de la fabrication de la base de données. Ils expirent quinze ans après le 1er janvier de l'année civile qui suit celle de cet achèvement. »

Cependant, ce délai n'est pas définitif. Il est prolongé en cas de mise à disposition de ladite base au public avant expiration de la période de 15 ans. En effet, « *les droits expirent quinze ans après le 1er janvier de l'année civile qui suit cette première mise à disposition*[157]. » Ce délai est de nouveau prolongé chaque fois que la base fait l'objet d'un nouvel investissement substantiel.

Contrairement à la plupart des droits de propriété intellectuelle, il donc est possible sans difficulté que la protection accordée au producteur d'une base de données soit infinie si le producteur prend soin d'investir constamment dans la base.

La jurisprudence affirme cependant que la simple mise à jour périodique des données de la base n'est pas constitutive en soi d'un investissement substantiel permettant d'accéder à cette prolongation de protection.[158]

II. Les sanctions

§ 293. Comme pour toute contrefaçon, les sanctions pouvant être prononcées sont de deux ordres.

Les sanctions civiles en nature ou par équivalent sont détaillées à l'article L.331-1-4 du Code de la propriété intellectuelle et comprennent notamment le rappel des marchandises, des mesures de publicité ainsi que des confiscations.

Les sanctions peuvent également être pénales, au maximum de trois ans d'emprisonnement et 300 000 euros d'amende pour atteinte aux droits du producteur de bases de données [159].

SECTION II. LES PARTIES À UN CONTRAT INFORMATIQUE

§ 294. Les professionnels de l'informatique sont contraints, de par la nature de leur activité, à conclure sans cesse des contrats, qui régissent au quotidien la manière dont ils exercent leur profession. Ainsi, ils sont soumis à un certain nombre d'obligations, et peuvent exercer leurs droits en vertu de ces contrats. Des règles spécifiques s'imposent notamment de par la spécificité du besoin informatique et du caractère immatériel d'une grande partie de leurs outils de travail (Sous-section II). Cependant, ces contrats, aussi spécifiques qu'ils puissent être, restent régis par la théorie générale des contrats, récemment réformée par l'ordonnance du 10 février 2016[160], que

[157] Art. L.342-5 al. 2 du Code de la propriété intellectuelle
[158] *Cass.* Civ. 1ère, *19 juin 2013*, 12-18.623
[159] Art. L.343-4 du Code de la propriété intellectuelle
[160] 2016-131

tout professionnel cocontractant se doit de connaître (Sous-section I). Le Livre III du Code civil a ainsi été entièrement réorganisé et renuméroté.

Cette réforme a eu un double objectif de sécurité juridique et d'attractivité du droit français, en simplifiant certaines notions, et en codifiant plus de deux cent ans de jurisprudence.

La réforme s'applique aux contrats conclus, renouvelés, ou reconduits tacitement à partir du 1er octobre 2016. Les contrats conclus avant cette date, ou les contrats prorogés restent soumis à la loi en vigueur au moment de leur conclusion.

SOUS-SECTION I. THÉORIE GÉNÉRALE DES CONTRATS

§ 295. Le Code civil régit les règles générales applicables à tous les contrats. Il faut suivre les différentes étapes de la vie d'un contrat, depuis sa formation (I) jusqu'à sa fin (III), en passant par son exécution (II).

I. La formation du contrat

§ 296. Le contrat est soumis à certaines conditions de validité (A) qu'il convient de présenter avant d'étudier le mécanisme de formation du contrat (B).

A. Les conditions de validité

§ 297. Elles sont de deux ordres : conditions de fond (1) et conditions de forme (2).

1. Les conditions de fond

§ 298. Selon l'article 1128 du Code civil, *« Sont nécessaires à la validité d'un contrat :*

1° Le consentement des parties ;

2° Leur capacité de contracter ;

3° Un contenu licite et certain. »

§ 299. La condition qui a trait au contenu du contrat, se réfère aux éléments objectifs de celui-ci (a). Les deux autres (consentement, capacité) tiennent à la personne des contractants, donc aux éléments plutôt subjectifs (b).

a. Le contenu du contrat

§ 300. Il n'est plus aujourd'hui question d'un objet certain et d'une cause licite mais d'un contenu licite et certain. La notion du contenu du contrat inclut en réalité les anciennes notions d'objet et de cause.

§ 301. Le code civil ne définit pas exactement l'objet du contrat.

L'analyse d'un contrat fait apparaître trois significations différentes du mot objet :

- L'objet du contrat est l'opération juridique projetée ; dans le cas d'un contrat synallagmatique (dans lequel chacune des deux parties s'oblige), il se réduit approximativement à un échange d'obligations ;
- L'objet de chaque obligation est le contenu de la prestation que doit accomplir le débiteur ;
- L'objet de la prestation enfin, est en réalité le droit créé ou transféré, qu'il s'agisse d'un droit réel sur une chose corporelle ou d'un droit incorporel, sur lequel peut éventuellement porter l'une ou l'autre prestation ; il peut fort bien ne pas exister, certaines obligations consistant exclusivement en une prestation de service.

§ 302. Pour que le contrat soit valable, l'objet doit satisfaire à certaines conditions. L'article 1163 rappelle en effet que l'objet de l'obligation doit être :

- « *une prestation présente ou future* », c'est-à-dire que l'objet existe encore au jour de la formation du contrat ou puisse exister après, d'où il se déduit deux conséquences : si l'objet n'existe plus au moment du contrat, ce dernier est nul ; mais inversement, il est possible de vendre des choses alors mêmes qu'elles ne sont qu'en cours de fabrication.
- une prestation « possible, et déterminée ou déterminable » dès la formation du contrat. L'article ajoute « la prestation est déterminable lorsqu'elle peut être déduite du contrat ou par référence aux usages ou aux relations antérieures des parties, sans qu'un nouvel accord des parties soit nécessaire ». On retrouve l'affirmation que le contenu du contrat doit donc être certain.

§ 303. Mais surtout, le contenu doit être licite. Il découle de l'article 1162 du Code civil que « *le contrat ne peut déroger à l'ordre public ni par ses stipulations, ni par son but, que ce dernier ait été connu ou non par toutes les parties* ».

En d'autres termes, les parties ne peuvent créer des obligations que dans la mesure où la loi le permet. Or, si à l'époque du Code civil, la portée de cette limitation à l'autonomie de la volonté était très faible, il n'en va plus de même aujourd'hui où prolifèrent les lois impératives. Ainsi, progressivement, la liberté contractuelle recule-t-elle devant le développement de l'ordre public.

Le développement des lois impératives s'explique d'abord par l'exacerbation du rôle de l'Etat qui intervient de plus en plus dans la vie économique (« ordre public de direction »), mais aussi par le désir de protéger certaines catégories de citoyens présumés faibles, ainsi les consommateurs (« ordre public de protection »).

La cause

§ 304. Il convient de rappeler qu'auparavant, la cause, non définie par le Code civil, pouvait être appréhendée sous deux sens. La cause objective était la raison pour laquelle une partie était tenue à son obligation, il s'agissait donc véritablement d'une cause de l'obligation. La cause subjective quant à elle, était le mobile qui avait poussé une partie à contracter, il s'agissait alors de la véritable cause du contrat.

§ 305. La cause de l'obligation devait exister au moins au moment de la formation du contrat, sous peine de résolution, et être réelle car l'obligation reposant sur une « fausse cause » était nulle. La cause devait au plus être licite.

§ 306. La réforme a supprimé la référence à la cause, entendant les critiques d'une partie de la doctrine et de la pratique qui en faisaient un facteur d'insécurité juridique, tant il était impossible de lui donner une définition précise. L'article 1162 fait référence à « *son but* ». On peut s'interroger sur cette notion qui à n'en pas douter fera l'objet d'interprétations et renverra certainement à l'ancienne notion de cause sous une autre terminologie. L'interprétation risque d'être la même. La jurisprudence devra définir cette nouvelle notion afin que les critiques existantes quant à l'ancienne notion de cause ne puissent être les mêmes, et faire perdurer la notion d'insécurité juridique que la réforme a voulu annihiler.

b. La personne des contractants

§ 307. Il faut que les personnes soient aptes à contracter et qu'elles donnent leur consentement.

L'aptitude à contracter

§ 308. Les parties doivent être juridiquement capables de passer un contrat.

§ 309. S'agissant des personnes physiques, l'article 1145 dispose que « *toute personne physique peut contracter sauf en cas d'incapacité prévue par la loi* ». L'article 1146 continue « *sont incapables de contracter, dans la mesure définie par la loi : les mineurs non émancipés, les majeurs protégés au sens de l'article 425* ».

La situation des majeurs incapables est complexe. En effet :

- « *pour faire un acte valable, il faut être sain d'esprit* » selon l'article 414-1 du Code civil. Il s'en suit qu'est nul le contrat passé avec une

personne atteinte d'insanité d'esprit, même si elle n'est pas sous un régime de protection ;
- mais, par ailleurs, l'existence d'un régime de protection (concernant quelqu'un qui peut être ou non sain d'esprit) peut entraîner l'annulation du contrat, encore faut-il distinguer selon la nature de l'acte et le type de régime de protection (tutelle, curatelle, mise sous sauvegarde de justice).

En outre, en pratique, il est souvent difficile de détecter l'existence d'une incapacité si elle ne se révèle pas à travers le comportement de l'intéressé. La seule publicité éventuelle résulte d'une mention en marge de l'acte de naissance de la personne protégée.

§ 310. S'agissant des personnes morales, le second alinéa de l'article 1145 dispose que « *la capacité des personnes morales est limitée aux actes utiles à la réalisation de leur objet tel que défini par leurs statuts et aux actes qui leur sont accessoires, dans le respect des règles applicables à chacune d'entre elles* ».

De plus, elles sont capables à condition d'avoir la personnalité juridique, ce qui suppose, pour les sociétés et les groupements d'intérêts économiques, une immatriculation au registre du commerce et des sociétés, et, pour les associations, une déclaration en préfecture.

Si une partie est un commerçant, un artisan ou une personne morale de droit privé, elle peut faire l'objet d'un redressement judiciaire ; selon les cas, l'intéressé peut alors être assisté ou représenté par un administrateur judiciaire ou certains actes peuvent lui être interdits. Enfin, si une partie est étrangère, sa nationalité ne lui interdit pas en principe de passer des contrats, mais sa capacité devra être appréciée au regard de sa loi nationale.

§ 311. Il faut également que la personne qui signe le contrat ait le pouvoir de le faire. Les personnes physiques signent généralement le contrat elles-mêmes. Cependant, les mineurs et les majeurs sous tutelle sont représentés par un représentant légal (tuteur ou administrateur légal) dont les pouvoirs sont minutieusement réglementés et qui, en particulier, doit souvent être muni d'une autorisation pour passer certains actes ; les majeurs en curatelle doivent être assistés d'un curateur pour les actes les plus graves.

Toute personne capable peut par ailleurs donner procuration à un fondé de pouvoir ou mandataire ; ce dernier peut conclure un contrat au nom de son mandant, à condition de justifier de son pouvoir.

Les personnes morales sont représentées par leur dirigeant dont les pouvoirs sont déterminés dans les statuts. Cependant, dans les sociétés, les dirigeants engagent la personne morale par tous les actes entrant dans l'objet social et les limitations statutaires de pouvoirs sont inopposables aux tiers. Bien plus, dans les S.A.R.L. et les sociétés anonymes, la société est engagée même par les actes qui dépassent l'objet social, à condition que le cocontractant soit de bonne foi. Peuvent également agir au nom d'une personne morale les personnes qui ont reçu une procuration de la part des dirigeants.

En dehors des cas de représentation énumérés ci-dessus, une personne ne peut en principe prendre un engagement pour le compte d'autrui, sauf si elle gère volontairement les affaires d'autrui et si cette gestion se révèle profitable, auquel cas la gestion d'affaires[161] peut produire les mêmes effets que le mandat.

Par ailleurs, il est toujours possible de se « porter fort » de l'engagement d'autrui ; mais la promesse de porte-fort[162] n'engage que le promettant qui sera tenu à des dommages-intérêts en cas de refus de celui dont il a promis l'engagement.

Mais, s'il n'est pas possible d'engager quelqu'un sans son consentement, en revanche il est possible de stipuler à son profit, c'est-à-dire de le constituer créancier. Cette stipulation pour autrui devient irrévocable si elle est acceptée par son bénéficiaire[163].

La sanction de cette incapacité est la nullité relative du contrat, article 1147.

Le consentement

§ 312. La réforme introduit une condition propre à l'existence du consentement, selon laquelle « *il faut être sain d'esprit pour consentir valablement à un contrat* », article 1129 par renvoi à l'article 414-1. Une personne ne peut valablement s'engager qu'à la condition d'être saine d'esprit.

De plus, pour être valable, le consentement doit être exempt de vices. Le code civil prévoit au sein de son article 1130 trois vices du consentement : l'erreur, le dol et la violence. Ceux-ci ont pour conséquence que « *sans eux, l'une des parties n'aurait pas contracté ou aurait contracté à des conditions substantiellement différentes* ». Leur appréciation se fait in concreto « *eu égard aux personnes et aux circonstances dans lesquelles le consentement a été donné* ».

§ 313. Toute **erreur** ne peut être cause de nullité à peine d'empêcher tout commerce juridique.

Certaines erreurs sont tellement graves qu'elles empêchent dès l'abord tout consentement (erreur sur la nature du contrat, sur l'objet d'une obligation, voire sur la cause du contrat) ; il s'agit d'une erreur-obstacle qui, en théorie, empêche la formation même du contrat, qui, en pratique, est au moins une cause de nullité.

---

[161] Art. 1301 et suivants du Code civil
[162] Art. 1204 du Code civil
[163] Art. 1205 et suivants du Code civil

Dans les cas moins graves, l'erreur peut seulement vicier le consentement ; il en est ainsi :

- lorsque l'erreur « *porte sur des qualités essentielles de la prestation due ou sur celles du cocontractant* », article 1132. Celles-ci sont « *celles qui ont été expressément ou tacitement convenue et en considération desquelles les parties ont contracté* » article 1133.
- lorsque l'erreur porte sur la personne du cocontractant, à condition que le contrat ait été conclu en considération de cette personne, article 1134, contrat dit *intuitu personae*.

Encore faut-il que l'erreur soit excusable. Il n'y a guère de difficulté pour l'erreur portant sur des éléments objectifs (par exemple sur la matière de la chose vendue) ; en revanche, l'erreur portant sur des éléments subjectifs est pour le moins délicate à prouver. Il est toujours préférable que l'erreur soit connue du cocontractant. C'est pourquoi, en pratique, il est toujours plus prudent de préciser expressément les considérations subjectives en fonction desquelles on se décide à contracter.

§ 314. Le **dol** est une manœuvre volontaire destinée à tromper un cocontractant. Bien qu'il puisse être sanctionné en tant que tel, le dol a généralement pour effet de provoquer une erreur qui sera plus facilement prise en considération que si elle était spontanée[164].

Le dol est apprécié d'une manière particulière lorsqu'il émane d'un professionnel :

- d'une part, en effet, selon une solution traditionnelle, on reconnait au commerçant le droit de « vanter » sa marchandise, le consommateur étant présumé comme suffisamment avisé pour apprécier ces propos en fonction du contexte (*dolus bonus*);
- d'autre part, la réforme a consacré la jurisprudence constante en codifiant à l'alinéa 2 de l'article 1137 la réticence dolosive, mais sans la subordonner à l'existence d'une obligation d'information. Le simple dol peut donc non seulement résulter d'actes positifs, mais aussi d'une simple réticence. (cf obligation d'information article 1112-1 du Code civil ; cf *infra* §374.1).

Enfin les manœuvres dolosives peuvent éventuellement constituer une infraction pénale (publicité mensongère, fraude, escroquerie…).

§ 315. La **violence** est enfin un vice du consentement qui peut entraîner l'annulation du contrat. Il peut s'agir aussi bien de violence physique que d'une simple contrainte morale.

La violence doit avoir été déterminante en ce sens qu'elle a provoqué le consentement. Selon l'article 1140 du Code civil, « *il y a violence lorsqu'une partie s'engage sous la pression d'une contrainte qui lui inspire la crainte d'exposer sa personne, sa fortune ou celles de ses proches à un mal considérable* ».

---

[164] Art. 1139 du Code civil

La violence est une menace qui inspire la crainte et par là pousse à donner son consentement. Celle-ci peut émaner d'une partie ou de n'importe quel tiers, et être exercée aussi bien contre le contractant que contre un membre de sa famille, et porter sur la personne ou les biens.

Enfin, la violence doit être injuste : il n'en est pas ainsi de la simple menace de l'exercice d'une voie de droit[165].

2. Les conditions de forme

§ 316. Contrairement à une idée répandue, le droit des contrats n'est guère formaliste. En particulier, l'usage de l'écrit, s'il constitue une précaution utile afin de préserver la preuve du contrat, n'est que rarement imposé à peine de nullité. C'est que le formalisme contractuel peut avoir des fonctions diverses qu'il convient de présenter (a) avant d'insister sur les règles de preuve des contrats (b).

a. Formalisme

§ 317. On peut imposer une forme particulière à un contrat dans trois buts différents :

- D'abord, la forme (notamment l'écrit) peut être une condition de validité, à défaut, le contrat, qui est appelé solennel, serait nul ;
- Ensuite, la forme peut être nécessaire pour assurer la publicité du contrat, ce qui est indispensable lorsque l'opération juridique réalisée doit être rendue opposable aux tiers ; à défaut, le contrat reste valable entre les parties, mais est inopposable aux tiers ;
- Enfin, la forme peut être exigée pour permettre la preuve du contrat ; à défaut, l'acte est valable, mais sa preuve ne pourra être rapportée en cas de litige.

Le principe est que les contrats sont des actes consensuels[166] qui ne sont assujettis à aucune forme de validité[167]. Un contrat peut donc en principe être verbal. En pratique, cependant, il est toujours prudent de rédiger un écrit, ne serait-ce que pour fixer exactement les obligations des parties. De plus, l'écrit est souvent nécessaire pour la publicité ou pour la preuve.

b. Preuve

§ 318. L'article 1358 pose le principe de liberté de la preuve. Ainsi, la preuve des contrats peut toujours se faire par écrit, mais il y a des cas où

---

[165] Article 1141 du Code civil

[166] Article 1172 alinéa 1er du Code civil

[167] Article 1173 du Code civil

l'écrit est la seule preuve admise. Il en est ainsi des contrats portant sur une valeur de plus de 1 500 euros[168].

L'écrit peut être matérialisé sur papier, mais peut aussi exister sous forme électronique, *« sous réserve que puisse être dûment identifiée la personne dont il émane et qu'il soit établi et conservé dans des conditions de nature à en garantir l'intégrité[169] ».*

L'écrit exigé doit en principe être un original. Cependant, il est possible de fournir *une « copie fiable », « est présumée fiable jusqu'à preuve du contraire toute copie résultant d'une reproduction à l'identique de la forme et du contenu de l'acte, et dont l'intégrité est garantie dans le temps par un procédé conforme »[170].*

§ 319. Mais l'exigence d'une preuve écrite pour les actes d'un montant supérieur à 1 500 euros supporte de nombreuses exceptions :

- A l'égard des commerçants, la preuve est libre[171] ;
- L'exigence d'une preuve écrite ne joue que pour les actes juridiques et non pour les faits juridiques, qui peuvent être prouvés librement. Par conséquent, si l'existence même d'un contrat (acte juridique) portant sur une valeur supérieure à 1 500 euros, doit être prouvée par écrit, il n'en va pas de même des faits juridiques qui réalisent son exécution, tels que le paiement du prix ou la livraison d'un matériel ;
- Si l'on ne peut fournir un véritable écrit, mais un simple commencement de preuve par écrit, il est possible de prouver par tout moyen[172]. Si l'on ne peut fournir un véritable écrit, mais un simple commencement de preuve par écrit, il est possible de prouver par tout moyen. Le commencement de preuve par écrit est défini comme *« tout écrit qui, émanant de celui qui conteste un acte ou de celui qu'il représente, rend vraisemblable ce qui est allégué ».*
- La preuve est enfin libre en cas d'impossibilité matérielle, ou même simplement d'impossibilité morale de se procurer une preuve écrite[173]. La notion d'impossibilité morale est entendue très largement par la jurisprudence de sorte qu'en pratique, il est souvent aisé de s'émanciper de fournir une preuve écrite (lien de parenté ou d'affection, rapports de confiance etc.).

Dans tous les cas où la preuve est libre, elle peut être rapportée « par tous moyens ».

Si l'on met à part l'aveu, qui, au moins en procédure civile, constitue en réalité un moyen de délimiter l'objet de la contestation, la preuve se fait

---

[168] Selon l'article 1359 du Code civil complété par l'article 1 du décret n° 80-533 du 15 juillet 1980

[169] Art. 1366 du Code civil

[170] Article 1379 du Code civil

[171] Art. L. 110-3 du Code de commerce

[172] Art. 1362 du Code civil

[173] Art. 1358 du Code civil

généralement par témoignages ou par indices et présomptions susceptibles d'emporter la conviction du juge ; il est rarement fait usage du serment qui est pourtant minutieusement règlementé par le Code civil.

Dans le cadre d'un procès, la preuve est rapportée grâce à des « mesures d'instruction » ordonnées par le juge : vérifications personnelles du juge, comparution personnelle des parties, audition de témoins (enquête), expertise (ou autres « mesures d'instruction exécutées par un technicien »).

Cependant, l'écrit préconstitué – qui est alors facultatif – garde une écrasante suprématie, non seulement en fait mais aussi en droit, puisque, selon le second alinéa de l'article 1359 « *il ne peut être prouvé outre ou contre un écrit établissant un acte juridique, même si la somme ou la valeur n'excède pas ce montant, que par un autre écrit sous signature privée ou authentique* ».

§ 320. L'écrit peut être authentique ou sous signature privée :

- l'**acte authentique** est rédigé par un officier public (en pratique, par un notaire) ; il est parfois exigé à peine de nullité pour des actes solennels ou nécessaire pour l'accomplissement de certaines formalités de publicité. En toute hypothèse, il constitue un moyen de preuve pratiquement incontestable. Mais la rédaction d'un acte authentique est une formalité assez lourde et relativement onéreuse ;
- l'**acte sous signature privée** – qui est le plus souvent employé dans la vie des affaires – ne nécessite en principe que la signature des parties.
- Cependant, d'autres formalités peuvent être exigées en fonction de la nature de l'acte :

  1/ « *L'acte sous signature privée qui constate un contrat synallagmatique ne fait preuve que s'il a été fait en autant d'originaux qu'il y a de parties ayant un intérêt distinct* » et « *chaque original doit mentionner le nombre des originaux qui en ont été faits* »[174].

  2/ Les reconnaissances de dette et les actes de caution doit comporter « *la signature de celui qui souscrit cet engagement ainsi que la mention, écrite par lui-même, de la somme ou de la quantité en toutes lettres et en chiffres* »[175].

En pratique, la force probante de l'acte sous signature privée entre les parties est suffisante, mais il ne fait pas preuve de sa date à l'égard des tiers. Pour qu'un acte sous signature privée acquière date certaine, il doit être enregistré[176] . Cette formalité est facultative – mais utile – en droit commercial où la preuve est libre ; dans ce cas, la preuve de la date de l'acte à l'égard des tiers peut se faire par tout moyen. Enfin, l'enregistrement d'un acte est parfois imposé par le législateur (Pour un panorama de l'écrit électronique, cf. *infra* § 464 et § 468 s.).

---

[174] Article 1375 du Code civil
[175] Article 1376 du Code civil
[176] Art. 1377 du Code civil

B. Le mécanisme de formation du contrat

§ 321. Le contrat se forme par la rencontre de deux consentements (1) sur un objet déterminé (2).

1. La rencontre des consentements

§ 322. Le contrat est formé par l'acceptation d'une offre (également appelée « pollicitation »).

- l'offre peut être expresse ou tacite, adressée à une personne ou au public ;
- l'acceptation doit en principe être expresse, mais peut, elle aussi, être explicite ou implicite (elle résulte par exemple de la prise de livraison du bien proposé) ; en revanche, elle ne résulte pas tacitement du silence gardé, c'est-à-dire d'une simple abstention : en règle générale, le silence vaut refus.

Cependant, en matière commerciale, lorsque les parties sont en relation d'affaires suivies, on admet que le silence vaille acceptation.

§ 323. A compter de l'acceptation de l'offre, les parties sont engagées, ce qui entraîne deux conséquences :

- avant l'acceptation de l'offre, l'auteur de la pollicitation peut la rétracter tant qu'elle n'est pas parvenue à la connaissance de l'autre partie. Cependant, la révocation de l'offre est interdite jusqu'à l'expiration du délai de réflexion ou d'acceptation expressément prévu, ou pendant un délai raisonnable[177].

  Cette hypothèse doit être distinguée de celle de la promesse unilatérale qui est acceptée par une autre personne qui en est le bénéficiaire, et qui constitue donc un véritable contrat liant les parties. Si la promesse est révoquée pendant le temps laissé au bénéficiaire, alors le contrat est quand même formé[178]. Ainsi dans le cas d'une vente, il faut donc distinguer l'acceptation de la promesse de vente (qui peut n'entraîner aucune obligation à la charge de son auteur) de l'acceptation de la vente elle-même (qui entraîne notamment l'obligation de payer le prix).
- après l'acceptation de l'offre, les parties ne peuvent revenir sur leur engagement que dans les conditions prévues par le contrat ou par la loi.

Il est possible de prévoir une clause de dédit fixant les conditions dans lesquelles l'une des parties peut reprendre sa parole. Tel est le cas, notamment, en matière de vente, lorsque des arrhes ont été prévues car *« chacun des contractants est maître de se départir »* du contrat, *« celui qui les a données, en les perdant, et celui qui les a reçues en restituant le*

---

[177] Article 1116 du Code civil

[178] Article 1124 du Code civil

double[179] ». Il en irait autrement si la somme versée était qualifiée d'« acompte » (partie du prix de vente), auquel cas les deux parties se trouvent définitivement engagées ; notamment, l'acheteur ne peut prétendre être libéré en renonçant à son acompte et en ne prenant pas livraison. Mais le juge peut toujours restituer à la somme versée son exacte qualification, fût-elle contraire à la dénomination erronée employée par les parties.

Afin de protéger certains contractants – notamment les consommateurs –, le législateur prévoit fréquemment dans des lois d'ordre public, une faculté de rétraction au profit de l'une des parties. Une autre technique de protection consiste à édicter un « délai de réflexion » avant le terme duquel l'acceptation ne peut être émise.

§ 324. En pratique, pour les opérations importantes ou complexes telles que les « contrats informatiques », il est rare que le processus de formation du contrat soit instantané. Le plus souvent, son contenu est discuté au cours d'une phase de pourparlers, c'est-à-dire des discussions commerciales et techniques préparatoires à la conclusion du contrat. Sans que les parties ne soient engagées, et répondant au principe de bonne foi, cette étape préalable permet de négocier le contenu du contrat. Les informations échangées sont réputées confidentielles[180]. Il y a donc, en réalité, une succession d'accords de volontés qui peuvent, éventuellement constituer des contrats autonomes (« avant-contrats »). Cette situation, qui ne modifie en rien les principes de formation du contrat, rend toutefois difficile la détermination du moment des engagements, voire de leur portée.

2. L'objet des consentements

§ 325. Théoriquement, l'objet des consentements – c'est-à-dire, en fait, le contenu du contrat – est déterminé librement par les parties. En pratique, cependant, cette liberté est limitée.

Dans certains cas, l'une des parties n'est pas en mesure de discuter les conditions proposées par l'autre ; elle n'a le choix que de les accepter ou de les refuser globalement. Le contrat est alors un contrat d'adhésion (et non un contrat de gré à gré).

Les contrats d'adhésion sont le plus souvent conclus par des consommateurs, sans qu'il y ait entre les deux ensembles une véritable discussion. Ce sont fréquemment des actes mixtes (conclus entre un commerçant et un non-commerçant) ; à tout le moins, l'une des parties au moins est un « professionnel ».

Le contrat d'adhésion est défini à l'article 1110 alinéa 2 comme « *celui dont les conditions générales, soustraites à la négociation, sont déterminées à l'avance par l'une des parties* ».

---

[179] Art. 1590 du Code civil

[180] Article 1112-2 du Code civil

§ 326. Le développement des lois impératives limite directement la liberté des parties ; pour un contrat déterminé, le législateur peut soit imposer certaines clauses, soit en prohiber d'autres. La réglementation des clauses abusives introduite par la loi du 10 janvier 1978[181] en est le meilleur exemple, elle fait de plus son entrée au sein du Code civil à l'article 1171. Celles-ci s'appliquent uniquement aux contrats d'adhésion susvisés.

§ 327. Enfin, quand les parties n'ont pas fixé suffisamment le contenu de leurs obligations, les lacunes sont comblées, en fonction de la qualification du contrat, par les lois interprétatives ou supplétives de volonté, voire par le juge qui recherche l'intention commune des parties.

Les juges du fond interprètent souverainement les conventions, à condition de ne pas les dénaturer. Cependant, le Code civil leur fournit quelques directives d'ailleurs dénuées de caractère impératif : ainsi faut-il rechercher la commune intention des parties par-delà le sens littéral des termes, et « *si cette intention ne peut être décelée, le contrat s'interprète selon le sens que lui donnerait une personne raisonnable placée dans la même situation* »[182], interpréter les clauses par rapport à l'ensemble de l'acte, de manière à ce que chaque clause puisse produire effet. Enfin - et cette disposition est peut être celle qui a la plus grande portée en pratique -, en cas de doute, le contrat de gré à gré doit s'interpréter en faveur du débiteur, et le contrat d'adhésion contre celui qui l'a proposé.

§ 328. Pour éviter toute contestation, il importe donc d'attacher une importance particulière à la rédaction du contrat en tentant d'envisager toutes les difficultés ou tous les incidents susceptibles de se produire durant son exécution. Ne sont strictement indispensables que les clauses déterminant les obligations des parties, ce qui est, évidemment, affaire de cas d'espèces. Cependant, il peut être utile de prévoir des modalités de l'obligation qui en affectent, selon les cas, l'exigibilité ou l'existence : il s'agit du terme et de la condition :

- Le **terme** est un évènement futur et certain (mais dont la date peut être incertaine) qui rend exigible une obligation (terme suspensif) ou en provoque l'extinction (terme extinctif).
- La **condition** est un évènement futur et incertain qui retarde la naissance (condition suspensive) ou anéantit rétroactivement (condition résolutoire) une obligation. La condition purement potestative pour le débiteur, c'est-à-dire celle dont la réalisation dépend de sa seule volonté, rend nulle l'obligation qu'elle affecte[183].

§ 329. A côté des clauses principales qui fixent le contenu même du contrat, il est fréquent que l'on ajoute un bouquet de clauses apparemment

---

[181] Loi n°78-23 du 10 janvier 1978, aujourd'hui codifiée aux articles L212-1 et suivants du Code de la consommation

[182] Article 1188 du Code civil

[183] Art. 1304-2 du Code civil

secondaires, mais dont l'importance pratique est considérable ; on se limitera à présenter les plus courantes.

§ 330. - Certaines clauses déterminent le contenu de la responsabilité encourue ou de la garantie due au titre du contrat. Des difficultés s'élèvent lorsque ces clauses ont pour but non pas d'étendre ou de préciser mais de limiter la responsabilité ou la garantie (cf. *infra* § 616 s.).

§ 331. - Si le contrat est à exécution successive ou si le prix doit être payé à terme, il peut être utile de prévoir une clause d'indexation (dite encore « clause d'échelle mobile ») qui est étroitement réglementée.

§ 332. - D'autres clauses tendent à garantir contre le risque de non-paiement du prix :

- S'il y a plusieurs codébiteurs, l'on peut stipuler que la dette sera solidaire et indivisible, auquel cas le créancier pourra poursuivre pour le tout chacun des codébiteurs (ou de ses héritiers) et ceux qui auront payé plus que leur part auront alors des recours contre les autres ; ainsi la charge de l'insolvabilité d'un des codébiteurs est-elle reportée du créancier sur les autres coobligés ;
- Dans le cas d'une vente, il est prudent d'insérer une clause de réserve de propriété, qui, si elle est constatée dans un écrit établi au plus tard au moment de la livraison, sera opposable aux créanciers en cas de redressement judiciaire du débiteur, ce qui permettra de revendiquer la chose vendue dont le prix n'a point été payé, si elle se retrouve en nature dans le patrimoine du débiteur. Cette clause est généralement complétée par une clause transférant les risques à la charge de l'acquéreur.

§ 333. Certaines clauses fixent les sanctions en cas d'inexécution de ses obligations par l'une des parties ; l'on peut ainsi :

- Dispenser le créancier de mise en demeure en cas d'inexécution, en stipulant, par exemple, « *le débiteur est mis en demeure de payer [...] si le contrat le prévoit, par la seule exigibilité de l'obligation* »
- Prévoir expressément la résolution du contrat en cas d'inexécution (la clause résolutoire) ; dans ce cas, la résolution est de plein droit en cas d'inexécution sans que le juge ait un pouvoir d'appréciation sur l'importance de cette dernière ;
- Déterminer le montant des dommages-intérêts dus en cas d'inexécution ou de retard dans l'exécution (clause pénale), mais le juge peut, « *même d'office, modérer ou augmenter la pénalité ainsi convenue si elle est manifestement excessive ou dérisoire* » (cf. *infra* § 617).

§ 334. Enfin, il existe des clauses qui tendent au règlement des litiges nés du contrat. Ainsi est-il possible de choisir la juridiction compétente (clause attributive de juridiction), mais une telle clause n'est valable qu'entre commerçants et à condition qu'elle *« ait été spécifiée de façon très* *apparente dans l'engagement de la partie à qui elle est opposée*[184] » ; un résultat équivalent – mais sous les mêmes limitations – peut être obtenu par le jeu d'une clause d'élection de domicile.

En matière commerciale, les parties peuvent *« s'engager à soumettre à l'arbitrage les litiges qui pourraient naître relativement à ce contrat en insérant une clause compromissoire*[185]. »

II. L'exécution du contrat

§ 335. Par définition, le contrat créé des obligations (ou « droits personnels ») entre les parties ; mais certains contrats ont en plus pour effet de constituer ou de transférer des « droits réels » sur une chose corporelle (voire des droits de propriété incorporelle) qui doivent être opposables à tous[186].

Un parallèle entre le contrat de bail et le contrat de vente aidera à saisir cette distinction :

- par l'effet du contrat de bail, le locataire a essentiellement l'obligation de payer le loyer et le bailleur celle d'assurer la « jouissance paisible » de la chose ; mais si ce contrat crée bien des obligations à la charge des deux parties (contrat synallagmatique), il n'a, en principe, aucun effet sur les droits réels préexistants. En effet, le bailleur reste pleinement propriétaire de la chose louée tandis que le locataire n'acquiert aucun droit direct sur elle. Certes, il peut en user, mais seulement parce que le bailleur a l'obligation de le laisser faire, donc de manière médiate.
- La vente a également – comme tout contrat – un effet créateur d'obligations : essentiellement, le vendeur s'oblige à livrer et garantir la chose et l'acheteur à payer le prix. Mais, de plus, la vente transfère (d'ailleurs par le seul consentement des parties) la propriété (droit réel) de la tête du vendeur à celle de l'acheteur, ce qui modifie une situation objective qui doit être rendue opposable aux tiers.

§ 336. Il convient donc d'envisager successivement les effets personnels (A) et les effets réels (B).

A. Les effets personnels des contrats

§ 337. Après avoir présenté les règles générales, applicables à toutes les obligations (1), on insistera davantage sur les règles propres aux obligations de payer une somme d'argent (2).

---

[184] Art. 48 du Code de procédure civile
[185] Art. 1142 du Code de procédure civile
[186] Cf. sur cette distinction *supra* § 73 s.

1. Règles générales

§ 338. Il n'est pas possible de dresser une liste exhaustive des différentes sortes d'obligations car la volonté des parties peut créer librement dans les limites de l'ordre public.

§ 339. La réforme du droit des contrats est venue modifier la notion de contrat et leur classification. Ainsi, l'article 1101 donne une nouvelle définition du contrat comme « *un accord de volontés entre deux ou plusieurs personnes destiné à créer, modifier, transmettre ou éteindre des obligations* ». De plus, il n'est plus fait référence aux obligations de donner, faire ou ne pas faire. Mais les articles 1106 et suivants prennent le soin de consacrer de nouvelles distinctions, et définissent le contrat synallagmatique ou unilatéral, à titre onéreux ou à titre gratuit, commutatif ou aléatoire, consensuel solennel ou réel, et enfin le contrat de gré à gré d'adhésion, et le contrat cadre.

§ 340. On oppose les obligations de moyens aux obligations de résultat : tenu d'une obligation de résultat, le débiteur doit obtenir le résultat promis et sa responsabilité est présumée si ce dernier n'est pas atteint ; tenu d'une obligation de moyens, il ne doit que mettre en œuvre tous les moyens de nature à permettre l'obtention du résultat, mais, en cas d'échec, il n'est responsable que si sa faute est démontrée.

La qualification de l'obligation dépend à la fois de la volonté des parties et de la nature des choses : ainsi, dans l'état actuel de la science, le médecin ne peut-il être tenu que d'une obligation de moyens de guérir son malade, tandis qu'il est généralement admis que le transporteur de personnes est tenu d'une obligation de résultat. Doctrine et jurisprudence précisent au coup par coup l'intensité des obligations contractuelles.

La distinction entre obligations de moyens et de résultat a un intérêt essentiel en matière de responsabilité contractuelle, notamment pour déterminer qui assume le risque de la cause inconnue en cas d'accident.

§ 341. Enfin il est possible d'opposer les obligations en fonction de leur durée d'exécution, on distingue ainsi les contrats à exécution instantanée et les contrats à exécution successive[187] ;

Le terme « instantané » est trompeur car l'exécution prétendue « instantanée » peut parfaitement durer un certain temps, mais elle constitue toujours une opération matérielle unique, à la différence de l' « exécution successive » qui est renouvelée. Le bail est un contrat à exécution successive, la vente est un contrat instantané (même si la livraison est à terme) ; il en va de même du contrat d'entreprise même si les travaux doivent durer.

Les effets de la résolution des contrats sont différents selon qu'ils sont à exécution instantanée ou successive, mais surtout, ces derniers peuvent être à durée déterminée ou à durée indéterminée, dans ce dernier cas, chacune des

---

[187] Article 1111-1 du Code civil

parties peut résilier unilatéralement le contrat à tout moment, à condition de ne pas commettre de brusque rupture.

§ 342. L'exécution d'une obligation est appelée en général le paiement, contrairement à l'acception courante, ce terme n'est pas réservé à l'exécution des obligations de payer une somme d'argent. Le paiement doit se faire à la date prévue par le contrat, cependant « *le juge peut, compte tenu de la situation du débiteur et en considération des besoins du créancier, reporter ou échelonner, dans la limite de deux années, le paiement des sommes dues* ». Le paiement se fait également au lieu prévu par le contrat ; à défaut de stipulation particulière il a lieu au domicile du débiteur (les dettes sont quérables et non portables[188]). Cependant le paiement des sommes d'argent présente un particularisme marqué.

2. Les règles propres aux obligations de payer une somme d'argent

§ 343. Le montant de la somme due est celui prévu au contrat. L'article 1343 consacre le principe selon lequel le débiteur d'une somme d'argent se libère de son obligation par le versement de celle-ci au créancier, du montant nominal de sa dette même si la valeur de la monnaie a varié. En l'absence d'accord des parties, il n'est pas possible de demander la révision du contenu des obligations, notamment en raison de l'ancienneté du contrat ; le droit civil n'admet pas la théorie de l'imprévision. En revanche, il est possible de prévoir dès l'abord l'adaptation des obligations des parties aux circonstances futures.

§ 344. Deux techniques essentielles peuvent être utilisées :

- L'on peut d'abord prévoir une clause d'indexation afin de se prémunir contre les risques de fluctuation monétaire. Elle organise la prise en compte de la variation automatique de la valeur d'une prestation en fonction de l'évolution d'une, ou bien souvent de plusieurs données économiques. Valide dans les contrats internationaux, cette clause est autorisée en droit interne sous conditions. Il ressort en effet de l'article L112-2 du Code monétaire et financier, qu'est interdite « *toute clause prévoyant des indexations fondées sur le salaire minimum de croissance, sur le niveau général des prix ou des salaires ou sur les prix des biens, produits ou services n'ayant pas de relation directe avec l'objet du statut ou de la convention ou avec l'activité de l'une des parties* ». Cette clause est fréquemment présente dans les contrats de louage ou les contrats de travail.
- Un apport important de la réforme des contrats consiste en l'insertion de l'article 1195 consacrant la théorie de l'imprévision. Ce moyen de modération du contrat permet aux parties de lutter contre un déséquilibre contractuel majeur qui pourrait survenir en cours

[188] Art. 1342-6 du Code civil

d'exécution du contrat. L'imprévision joue lorsqu' *« un changement de circonstances imprévisible [...] rend l'exécution excessivement onéreuse pour une partie »*. Cela permettra aux parties de reprendre les négociations, et en cas d'échec, elles peuvent décider de résoudre le contrat ou de saisir le juge afin qu'il procède à une adaptation. Cette disposition est supplétive et peut être écartée par les parties.

§ 345. Le paiement des obligations de somme d'argent doit avoir lieu en monnaie. Seuls la remise de pièces ou de billet ou le débit du compte bancaire de l'auteur du paiement ont valeur libératoire. Le paiement n'est donc jamais réalisé par la simple émission d'un moyen de paiement comme un chèque, un ordre de virement ou un ticket de carte de crédit, ou par la domiciliation d'une traite ; encore faut-il que l'ordre de paiement ainsi émis soit effectivement exécuté.

B. Les effets réels des contrats

§ 346. Même si *« le contrat ne crée d'obligations qu'entre les parties »*[189], il n'empêche que certaines d'entre elles créent ou modifient une situation juridique opposable à tous. A proprement parler, seuls les contrats dont l'objet est la création ou le transfert d'un droit réel sur une chose corporelle ont des effets réels (1) ; cependant, par extension, on peut considérer que produisent également des effets réels – parce qu'ils modifient une situation objective intéressant les tiers – les contrats portant sur un droit incorporel (2).

1. Les contrats portant sur une chose corporelle

§ 347. Quoiqu'un raisonnement identique puisse être suivi pour n'importe quel droit réel, on se limitera à la présentation des contrats transférant la propriété d'une chose corporelle et, spécialement, du mécanisme de la vente. La difficulté réside dans ce que le moment du transfert de propriété peut être différent dans les rapports entre les parties (a) et dans leurs rapports avec les tiers (2).

a. Le transfert de propriété dans les rapports entre les parties

§ 348. En principe, le transfert de propriété a lieu dès la signature du contrat : *« [la vente] est parfaite entre les parties, et la propriété est acquise de droit à l'acheteur à l'égard du vendeur, dès qu'on est convenu de la chose et du prix, quoique la chose n'ait pas encore été livrée ni le prix payé*[190] *»*. Ce principe supporte néanmoins deux exceptions :

---

[189] Article 1199 du Code civil
[190] Art. 1583 du Code civil

- le transfert de propriété n'est techniquement possible que si la chose vendue est individualisée, ce qui est toujours le cas pour les « corps certains » ; en revanche, le transfert de propriété des « choses de genre » est reporté au moment où elles sont spécifiées, c'est-à-dire, au plus tard, au moment de la livraison ;
- le transfert de propriété peut être conventionnellement retardé par une clause de réserve de propriété qui constitue pour le vendeur une garantie contre le risque de non-paiement.

Sauf clause contraire, le transfert de propriété emporte également transfert des risques, même si la livraison n'a pas encore eu lieu.

b. L'opposabilité aux tiers du transfert de propriété

§ 349. En matière immobilière, il existe un système de publicité organisée par les conservations des hypothèques : c'est la publication qui rend le transfert opposable aux tiers.

En matière de meubles corporels, la publicité est exceptionnelle. En règle générale, c'est la dépossession du vendeur qui rend le transfert de propriété opposable aux tiers. C'est la conséquence qui peut en tout cas être tirée du premier alinéa de l'article 2276 du Code civil : *« En fait de meuble, la possession vaut titre ».*

2. Les contrats portant sur un droit incorporel

§ 350. En droit commun, la cession de créance (droit personnel) est, nouveauté de la réforme, opposable aux tiers immédiatement à la date de l'acte[191], la formalité de publicité a été supprimée car jugée trop lourde et inutile.

En cas de cession de droits sociaux non représentés par des titres, celle-ci sera opposable aux tiers après signification par la société, suivie d'une publication.

La cession des droits de propriété incorporelle sur la clientèle est peu réglementée ; cependant, en matière commerciale, elle se réalise par l'intermédiaire d'une vente de fonds de commerce soumise à publicité.

§ 351. Enfin la cession des droits de propriété industrielle (brevet, marques…) fait également l'objet d'une publicité particulière dans un bulletin officiel tenu, pour la France, par l'INPI et l'OMPI. Ce n'est pas le cas des droits de propriété littéraire et artistique.

---

[191] Article 1323 du Code civil

III. La fin du contrat

§ 352. Le contrat peut prendre fin normalement, conformément aux précisions des parties (1), mais il peut également disparaître de manière anticipée pour d'autres causes (2).

A. La fin normale des contrats

§ 353. Normalement le contrat s'éteint en même temps que son objet, lorsque les parties ont exécuté leurs obligations dans les contrats dits « à exécution instantanée » et au terme prévu dans les contrats à exécution successive à durée déterminée. Les parties ne peuvent se délier de leurs obligations que d'un commun accord (dans le cas de contrats à durée déterminée, on parle de « résiliation bilatérale »).

§ 354. Il en va autrement pour les contrats à durée indéterminée dans lesquels chacune des parties peut résilier unilatéralement le contrat à condition de ne pas omettre de respecter un délai de préavis. La brusque rupture constitue un abus de droit qui fonde un droit à des dommages-intérêts pour le cocontractant. En matière commerciale, l'article L. 442-6 I 5° du Code de commerce sanctionne même expressément la rupture brutale d'une relation commerciale établie par l'ouverture du droit à une action en responsabilité délictuelle, mais aussi d'une action en responsabilité civile.

B. La fin anticipée des contrats

§ 355. Plusieurs raisons peuvent entraîner la fin anticipée du contrat : la convention peut d'abord être viciée dans sa formation (1), son exécution peut être tardive, incomplète, imparfaite, voire inexistante (2) ; enfin, certains de ses éléments fondamentaux peuvent disparaître (3).

1. La sanction des vices de formation

§ 356. Le non-respect d'une des règles de formation du contrat peut être sanctionné par la nullité. Le vice de forme n'est une cause de nullité que dans les contrats solennels ; les vices de fond peuvent affecter n'importe lequel des éléments nécessaires à la formation du contrat :

- éléments objectifs : illicéité du contenu (cf. *supra* § 301) ;
- éléments subjectifs : incapacité, vices du consentement (cf. *supra* § 312 et § 307).

Dans tous les cas, l'annulation du contrat a un effet rétroactif, ce qui signifie qu'il est censé n'avoir jamais existé : par conséquent, les choses doivent être, dans la mesure du possible, remises dans l'état où elles étaient avant la signature du contrat. L'annulation donne généralement lieu à des restitutions en principe en nature, sinon en valeur (ou « par équivalent » ; c'est-à-dire que la restitution d'une chose est remplacée par le versement d'une somme d'argent d'un montant égal à sa valeur).

Les conséquences de l'annulation pourront cependant être limitées par exemple pour tenir compte de la bonne foi du cocontractant (l'acheteur pourra ainsi conserver les revenus de la chose qu'il a perçus avant l'annulation) ; de même les restitutions sont parfois empêchées : par exemple l'incapable n'est tenu de rembourser les sommes perçues « *réduites à proportion du profit qu'il a retiré de l'acte annulé* ». Ou encore il n'est pas admis de restitution en cas d'annulation pour contenu illicite (en vertu de la règle *nemo auditur propriam turpitudinem allegans* : nul ne peut se prévaloir de sa propre turpitude). Inversement la cause de nullité peut entraîner d'autres sanctions complémentaires, notamment des dommages-intérêts au profit de celui qui en a été la victime (cas du dol ou de la violence).

§ 357. Cependant il existe plusieurs sortes de nullités qui obéissent à un régime juridique différent ; la distinction se fait en fonction de la qualité des personnes habilitées à intenter l'action en annulation :

- La **nullité relative** a pour fonction de protéger une personne déterminée (l'incapable, la victime de l'erreur ou du dol…) qui a seule qualité pour demander l'annulation ; l'acte peut être confirmé soit expressément, soit tacitement (par l'inaction pendant le délai de prescription de 5 ans).
- La **nullité absolue** a pour fonction de protéger l'intérêt général (par exemple en cas d'illicéité du contenu). L'action en annulation peut être intentée par tout intéressé et, dans la mesure où elle porte atteinte à l'ordre public, par le ministère public ; dans ce dernier cas, elle doit en principe être soulevée d'office par le juge. Par conséquent, l'acte atteint de nullité absolue n'est évidemment pas susceptible de confirmation.

2. La sanction de l'inexécution

§ 358. L'inexécution doit être officiellement constatée par une mise en demeure, la seule échéance du terme ne suffit pas à constater le débiteur en demeure, sauf si une clause le prévoit. La mise en demeure peut semble-t-il résulter d'une simple lettre en matière commerciale ou si elle exprime une interpellation suffisante. Elle est la condition de l'obtention des dommages-intérêts.

§ 359. En cas d'inexécution du contrat, la réforme du contrat a créé le nouvel article 1217 mettant à la disposition de « *la partie envers laquelle l'engagement n'a pas été exécuté ou l'a été imparfaitement* » la possibilité de « *refuser d'exécuter ou suspendre l'exécution de sa propre obligation, poursuivre l'exécution forcée en nature de l'obligation, solliciter une réduction du prix, provoquer la résolution du contrat, demander réparation des conséquences de l'inexécution* ». L'article poursuit en précisant que ces sanctions, si elles ne sont pas incompatibles, peuvent être cumulées.

§ 360. De plus, l'inexécution ou la mauvaise exécution d'une obligation constitue une faute qui engage la responsabilité contractuelle de son auteur et permet à la victime d'obtenir des dommages-intérêts (cf. *infra* § 605 s. pour une présentation plus détaillée de la responsabilité contractuelle).

§ 361. Par suite de l'interdépendance entre les obligations, l'inexécution du fait de l'un des contractants permet à l'autre de régir de différentes manières:

- Le mécanisme d'exception d'inexécution d'abord, reconnu par la jurisprudence est codifié aux articles 1219 et 1220. Une partie peut refuser d'exécuter son obligation si l'inexécution de l'autre partie présente un caractère suffisamment grave. La suspension d'exécution peut également intervenir de manière anticipée s'il y a un risque manifeste que l'autre partie n'exécutera pas son obligation à l'échéance.
- Ensuite, le créancier peut tenter d'obtenir l'exécution forcée en nature de l'obligation, sauf le cas où « *cette exécution est impossible ou s'il existe une disproportion manifeste entre son cout pour le débiteur et son intérêt pour le créancier* »[192]. Il est proposé au créancier une alternative, qui consiste à faire exécuter lui-même l'obligation ou détruire ce qui a été mal exécuté, après mise en demeure du débiteur, et solliciter ensuite du débiteur le remboursement des sommes exposées[193].
- Après mise en demeure, le créancier peut également accepter une exécution non conforme de l'obligation en contrepartie d'une réduction proportionnelle du prix[194].
- La résolution du contrat enfin est organisée autour de trois modes[195], la clause résolutoire, dont l'effet est automatique lorsque les conditions prévues au contrat sont réunies, la résolution unilatérale et la résolution judiciaire, en cas d'inexécution d'une gravité suffisante. Le contrat prend fin à la date prévue par la clause résolutoire, à la date de la réception de la notification en cas de résolution unilatérale, et à la date fixée par le juge ou à défaut au jour de l'assignation en cas de résolution judiciaire. Concernant les restitutions, « *lorsque les prestations échangées ne pouvaient trouver leur utilité que par l'exécution complète du contrat résolu, les parties doivent restituer l'intégralité de ce qu'elles se sont procuré l'une à l'autre. Lorsque les prestations échangées ont trouvé leur utilité au fur et à mesure de l'exécution réciproque du contrat, il n'y a pas lieu à restitution pour*

---

[192] Article 1221 du Code civil
[193] Article 1222 du Code civil
[194] Article 1223 du Code civil
[195] Articles 1224 et suivants du Code civil

la période antérieure à la dernière prestation n'ayant pas reçu sa contrepartie »[196].

3. La disparition d'un des éléments fondamentaux du contrat

§ 362. En principe, les évènements qui affectent la personne même des contractants n'ont pas d'effet sur le contrat, sauf si celui-ci a été conclu *intuitu personae* (en raison de la personne), notamment en cas de décès, les créances et les dettes du défunt passent à ses héritiers qui acceptent la succession.

Spécialement, *« la transformation régulière d'une société en une société d'une autre forme n'entraîne pas la création d'une personne morale nouvelle. Il en est de même de la prorogation ou de toute autre modification statutaire*[197] *».*

En règle générale, la disparition d'un élément essentiel du contrat après sa formation entraîne sa caducité[198].

§ 363. Si les règles générales de droit des contrats sont essentielles pour comprendre et apprécier les contrats informatiques, elles sont évidemment largement insuffisantes pour en apprécier toute la teneur et la spécificité. La loi, et surtout la jurisprudence en la matière, ont précisé, affiné le droit du contrat informatique ; dont voici les principales caractéristiques.

SOUS-SECTION II. PARTICULARISMES DES CONTRATS INFORMATIQUES

§ 364. Ce que la pratique et la facilité, ont amené à appeler « contrat informatique » est en réalité un abus de langage. Ces « contrats informatiques » ne sont pas unis par leur nature, mais bien par leur objet. A ce titre, le contrat informatique ne fait pas partie de ce que l'on appelle les « contrats spéciaux », où il serait soumis à un certain nombre de règles particulières, tout comme le « contrat de vente », le « contrat d'entreprise »… Au contraire, le contrat informatique est un contrat dont la nature, et donc les règles spécifiques, peuvent varier, mais dont l'objet est unique.

Par le terme « contrats informatiques », il faudra donc entendre « contrats portant sur un élément informatique ». Et c'est justement du fait de cette unité d'objet, par nature complexe, que la jurisprudence a étendu les obligations incombant à chacune des parties, prenant ainsi en compte les nécessités du domaine mais aussi les risques inhérents. A mesure que les besoins en informatique se font de plus en plus pressants, la dépendance aux

---

[196] Article 1229 alinéa 3 du Code civil

[197] Art. 1844-3 du Code civil

[198] Article 1186 du Code civil

systèmes numériques s'accroît, augmentant par là même les risques liés aux contrats et surtout les préjudices possibles (la gestion des risques est abordée au sein du Titre 3 du présent ouvrage, cf. *infra* § 605 s.). C'est dans ce but ultime que sont tracées les obligations des différentes parties au contrat.

§ 365. Depuis les prémices du contrat et jusqu'à sa fin, les parties au contrat informatique sont assujetties à une obligation mutuelle de collaboration. Le fournisseur doit conseiller son client, et celui-ci doit l'informer corrélativement de ses besoins : nous qualifierons ces obligations de collaboration (I) puis nous étudierons les obligations de droit commun applicables aux contrats informatiques (II).

I. Une obligation de collaboration mutuelle

§ 366. Plus encore que pour le droit commun des contrats, où chacune des parties est soumise à une obligation de diligence et de bonne foi, les contrats informatiques font l'objet d'obligations plus importantes et de contrôles plus lourds. Notamment, les parties sont tenues de collaborer ensemble dans le but avoué de conclure le « meilleur contrat possible », c'est-à-dire celui qui correspond le mieux aux attentes du client. Pour cela, le fournisseur doit être du meilleur conseil pour son client, du fait notamment de la haute technicité qu'implique une opération d'informatisation (A). Mais le client ne doit pas rester passif face au fournisseur et doit définir avec précisions ses attentes et ses besoins (B). Il ne s'agit donc pas réellement de deux obligations étant chacune la contrepartie de l'autre, comme nous l'indiquerait la théorie générale du droit, mais bien d'une seule obligation de collaboration qui incombe aux deux parties. La réforme du droit des contrats a introduit un devoir général d'information, qui vient s'appliquer de manière complémentaire à cette obligation de collaboration mutuelle (C).

A. Le devoir de conseil de la part du professionnel de l'informatique

§ 367. Traditionnellement, et conformément aux principes du droit civil, le vendeur ou prestataire de services professionnel est astreint à une obligation d'information qui lui incombe avant la conclusion du contrat avec l'autre partie. Elle résulte de l'obligation générale de contracter de bonne foi[199] et consiste à informer le « profane » (le consommateur, le non-professionnel et même le professionnel d'une autre branche d'activité) pour que celui-ci puisse donner un consentement libre et éclairé. L'objet de l'information dépend à la fois du type de contrat et des biens ou services concernés, mais généralement elle concernera les caractéristiques globales du produit ou service, les dysfonctionnements possibles, les conditions d'entretien, etc.

---

[199] Art. 1240 du Code civil et arrêt Civ. 1ère 15 mars 2005, n°01-13018

§ 368. L'obligation de conseil, plus contraignante à l'égard du professionnel, n'incombait alors qu'au vendeur de « produits complexes », comme certains matériels informatiques. Cependant, la Cour de cassation a récemment opéré un revirement de la plus haute importance, décidant que désormais :

> *« Il incombe au vendeur professionnel de prouver qu'il s'est acquitté de* ***l'obligation de conseil*** *lui imposant de se renseigner sur les besoins de l'acheteur afin d'être en mesure de l'informer quant à l'adéquation de la chose proposée à l'utilisation qui en est prévue*[200]. »

L'arrêt est jeune, ses futures applications sont incertaines et les modalités de détail restent à préciser, mais son importance est incontestable ; l'obligation de conseil incombera donc à tout professionnel, quelle que soit la complexité des produits ou services proposés. L'obligation d'information ne s'appliquerait donc plus que pour les contrats entre non-professionnels. On peut donc s'avancer et présager une application quasi-systématique de l'obligation de conseil concernant les contrats informatiques, sans qu'il soit besoin d'apprécier *in concreto* (selon les faits de l'espèce) la complexité du contrat et de son objet. Nous décrirons donc l'obligation de conseil sous l'empire de la jurisprudence précédente : si les conditions d'application de cette obligation ont été élargies, l'on peut parier sur une constance future concernant les différentes facettes de l'obligation de conseil en matière informatique, ainsi que les conséquences de son inobservation.

§ 369. Bien avant que cette obligation générale de conseil du vendeur professionnel soit consacrée, la jurisprudence avait tiré les conséquences des difficultés et des spécificités des contrats ayant trait à l'informatique. Les juges du fond, plus tard confirmés par la Cour de cassation[201], avaient depuis plusieurs années consacré l'obligation de conseil, plus lourde, à la charge du vendeur professionnel de matériel informatique complexe. Le terme d'obligation de conseil du fournisseur en informatique (vendeur, bailleur, prestataire de services…) regroupe plusieurs réalités dégagées par les juges au fil du temps. Cette obligation est en fait considérée à la fois comme un préalable et un prolongement de l'obligation traditionnelle d'information.

Préalable, car le fournisseur est tenu de s'enquérir des besoins de son (futur ?) client[202] et d'en faire une appréciation claire et circonstanciée. Il ne pourra informer son client en termes génériques ou par la simple présentation d'un catalogue. Il devra, s'il est possible, proposer une offre circonstanciée et circonscrite aux besoins du potentiel client, pour ne pas l'induire en erreur. Il sera par là même obligé de conseiller non seulement sur les avantages des différentes solutions qu'il propose, mais aussi sur les difficultés prévisibles, les risques pris et les éventuelles inadéquations avec

---

[200] Civ. 1re, 28 oct. 2010, n° 09-16913

[201] Civ. 1ère, 11 juillet 2006, Dalloz 2006 AJ 2788, obs. Delpech

[202] Civ 1ère 5 déc. 1995, Bull. Civ. I n°453

le matériel en place ou le personnel dont dispose l'entreprise cliente. Il doit par exemple mettre le doigt sur les insuffisances de formation du personnel[203], ou les possibles dysfonctionnements d'un logiciel une fois installé sur le matériel informatique dont dispose l'entreprise[204]. Cela implique qu'il connaisse parfaitement les caractéristiques des produits qu'il propose, mais aussi qu'il fasse preuve d'une démarche non pas passive de réception de renseignements, mais bien active, en aiguillant son client sur les possibles lacunes de son cahier des charges, ou sur l'absence de certaines éléments dans la définition de ses besoins par le client.

La jurisprudence parle de l'obligation de conseil comme consistant notamment en une obligation de « renseignement et de mise en garde ». Le professionnel informatique doit donc connaitre et évaluer sérieusement les besoins de son client, le renseigner et le mettre en garde sur les conséquences de son achat.[205]

Prolongement, car le fournisseur est tenu, après avoir informé son client des différentes options dont il dispose, d'orienter son choix et de l'inciter à adopter la meilleure solution. Plus encore, il a l'obligation de dissuader son client de faire les mauvais choix, et doit formellement s'opposer à une prise de décisions qui lui paraît inadaptée, voire dangereuse. D'aucuns affirment qu'il pourrait même être obligé de refuser le contrat qu'il sait voué à l'échec, si ses tentatives de dissuasion sont restées infructueuses[206]. Evidemment, le client reste maître de sa décision, et le fournisseur ne pourra être tenu responsable que des manquements à cette obligation de moyens qui ne pourront être attribués au client lui-même, à charge pour ce dernier de le prouver.

§ 370. Cette obligation de conseil a un contenu très vaste et très changeant, suivant la nature des parties au contrat et de l'objet du contrat lui-même. L'appréciation de cette obligation est donc éminemment subjective, et est appréciée au cas par cas par les juges du fond. Ces derniers se basent pratiquement exclusivement sur le critère de la compétence propre du client pour fixer le contenu réel de l'obligation de conseil. Ainsi, le devoir de conseil sera faible si le client est un professionnel de l'informatique ou d'un domaine éminemment technique. Dans ce cas, le professionnel fournisseur ne sera tenu que d'informer sur la portée des caractéristiques du matériel vendu[207]. Cette obligation sera également d'une moindre portée si le client est assisté d'un conseil ou d'un expert indépendant de la personne du fournisseur, qui peut lui aussi l'aider à définir ses besoins et rédiger son cahier des charges. Enfin, le devoir de conseil est à son maximum lorsque le

---

[203] Cass. Com. 19 décembre 1995, TJDA 1996, n°482
[204] Civ. 1ère 3 avr. 2002 n°00-12.508
[205] CA Rennes, 2e ch. com., 9 mai 2006, n° 2006-322807
[206] Ph. Le Tourneau, Dalloz Action, 2006/2007 n°3686
[207] Cass. Com. 28 mai 2002, n°99-19806).

client est un profane sur ces questions, ou s'il ne peut ni ne veut s'entourer d'aucune aide extérieure. Et c'est dans ce cas précis que l'obligation de conseil du fournisseur informatique aura sa pleine portée.

Cela ne signifie pas pour autant qu'un fournisseur puisse se décharger de ses obligations sous prétexte que son client n'est pas un profane de l'informatique. Son obligation sera moins lourde, les manquements, plus difficiles à prouver par le client. Mais il n'est en aucun cas dispensé de l'évaluation des besoins et de la pleine information[208].

Cette obligation prend sa source bien avant la naissance du contrat, et doit être remplie dans le but de proposer le meilleur contrat qui soit, en tout cas le plus adapté à la situation factuelle du client. Elle est cependant considérée comme une obligation purement contractuelle de moyens[209], alors même que le contrat ne comporterait aucune mention de ces problèmes. Le fournisseur qui opérerait un manquement en la matière pourrait donc voir sa responsabilité contractuelle engagée, avec une charge de la preuve pesant sur le client néanmoins, puisque sauf clause contraire, le devoir de conseil ne peut être considéré que comme une obligation de moyens.

§ 371. On voit par ailleurs apparaître une autre évolution jurisprudentielle, qui tend à sanctionner la défaillance par le fournisseur de son obligation de conseil par la nullité du contrat pour réticence dolosive[210]. En l'espèce, un contrat organisant la refonte d'un service informatique a été invalidé sur la base de la réticence dolosive d'informations de la part de la SSII fournisseur qui, pour attirer son client, avait pris un risque fort dont il ne lui avait pas fait part (cf. supra § 314 pour une définition du dol). Cependant, la Cour de cassation a confirmé la décision des juges d'appel qui avaient écarté le dol au motif qu'en l'espèce le client de la SSII avait un service informatique étoffé et qu'il ne pouvait pas ignorer les risques associés au projet puisqu'il avait déjà subi un échec en confiant ce projet à un autre prestataire. Cette position est confirmée définitivement par la Cour d'Appel de Bordeaux le 29 janvier 2015 qui a estimé que « *en toute hypothèse, la Maif ne prouve pas que les manœuvres qu'elle impute à IBM, à les supposer établies, aient été inspirées par une intention frauduleuse ni qu'elles aient été déterminantes de son accord pour s'engager dans le cadre du protocole* ».

B. Le devoir de coopération de la part du client

§ 372. Par extension de la classique obligation de bonne foi des parties[211], le client est lui aussi tenu par une obligation de collaboration. Il

[208] Cass. Com, 6 mai 2003 n°00-11.530
[209] Pour plus de précisions sur cette notion, cf. *supra* § 340
[210] TGI Niort 14 décembre 2009, MAIF c/ IBM France, puis CA Poitiers 25 novembre 2011, Cour de cassation 4 juin 2013, enfin CA Bordeaux 29 janvier 2015 www.legalis.net
[211] Art. 1104 du Code civil

doit en effet collaborer avec son fournisseur lors de la phase de définition des besoins et de conclusion du contrat. Cette obligation, appelée souvent devoir de coopération en doctrine, a pour but de permettre à la conclusion du meilleur contrat possible.

Car pour que le fournisseur soit en mesure de proposer des produits ou des prestations en rapport avec les besoins de ses clients, il doit avoir en sa possession un maximum d'informations sur lesdits besoins, mais aussi sur les moyens et les attentes de ses clients. Pour bien conseiller, il doit bien connaître. Or cette connaissance ne peut se faire sans la coopération du client.

§ 373. Dans un premier temps, et idéalement avant tout contact avec un fournisseur quel qu'il soit, le client doit définir convenablement ses besoins, c'est-à-dire de manière complète, précise et circonstanciée. Il manquerait dans le cas contraire à son devoir de coopération et ne pourrait, en cas d'échec de l'informatisation, mettre en jeu la responsabilité du fournisseur sur ce point. Il ne peut mettre un éventuel dysfonctionnement à la charge totale de son cocontractant et sera pour le moins partiellement responsable de ce dysfonctionnement[212].

La jurisprudence aura en effet tendance à examiner si le client n'a pas failli à son obligation de coopération pour déterminer l'étendue de l'obligation de conseil du professionnel fournisseur, cette dernière sera limitée s'il apparait que le professionnel ne disposait pas d'assez d'informations pour conseiller correctement son client. Cependant, cette solution est quelque peu remise en cause par l'arrêt du 28 octobre 2010, la Cour de cassation semble considérer désormais que l'obligation de conseil est une obligation générale qui s'impose au professionnel ce qui donc exclurait de faire dépendre son étendue de l'exécution par le client de son obligation de coopération.

Sans que cela soit obligatoire, il est conseillé de rédiger ou de faire rédiger un cahier des charges, exprimant clairement les besoins du client et ayant une valeur contractuelle indéniable.

§ 374. Tout comme le fournisseur, le client se doit d'être actif pour mener à bien la définition de ses besoins. Certes, on devra aiguiller et orienter le client en l'incitant à réfléchir à certaines difficultés qu'il n'avait peut-être pas envisagées. Mais le client ne peut se prévaloir entièrement d'un manque d'information à son égard. Il doit répondre avec clarté, soin et diligences aux questions du fournisseur et doit lui fournir tous les renseignements utiles à cette fin. Il ne peut se cacher derrière son ignorance, mais doit aussi être en mesure de prouver qu'il aide le fournisseur à connaître l'entreprise.

Dans le but de conclure un contrat adapté aux besoins du client et aux capacités du fournisseur, la jurisprudence a donc mis en place une véritable

---

[212] Civ. 1ère, 8 juil. 2003, n°98-20475

interdépendance entre les parties au contrat informatique, pour que celles-ci puissent interagir de manière équilibrée et pertinente, autant que faire se peut.

C. Le devoir général d'information

§374.1. La réforme du droit des contrats, a introduit un devoir général d'information lors de la formation du contrat, découlant du droit commun où chacune des parties est soumise à une obligation de diligence et de bonne foi. Ce devoir d'information est d'ordre public, et est indifférent de la qualité des cocontractants ou du type de contrat. Le nouvel article 1112-1 du code civil dispose « *celle des parties qui connait une information dont l'importance est déterminante pour le consentement de l'autre doit l'en informer dès lors que, légitimement, cette dernière ignore cette information ou fait confiance à son cocontractant* ».

Le périmètre de cette obligation est élargi, elle n'est pas fonction de la qualité des parties, profane ou professionnelle, mais de l'information elle-même. Ainsi, ce devoir général d'information est dû lorsque l'une des parties a une connaissance effective de l'information, et pas seulement présumée. De plus, cette information doit avoir une « *importance déterminante pour le consentement de l'autre* », entendue comme « *les informations qui ont un lien direct et nécessaire avec le contenu du contrat ou la qualité des parties* ». Le créancier lui, devra légitimement ignorer l'information ou faire confiance à son cocontractant. Ce devoir s'applique à tous, particulier et professionnel, et ne peut être aménagé dans le contrat. Il faut noter que cette obligation l'est de manière bilatérale, c'est-à-dire que les deux parties sont tenues de transmettre à l'autre les informations qu'elles auraient en leur possession.

Le manquement à ce devoir est sanctionné par l'engagement de la responsabilité délictuelle, et l'obtention de dommages et intérêts. Cependant, le manquement à l'obligation de conseil précontractuelle en matière de contrats informatiques est sanctionné sur le terrain de la responsabilité contractuelle. Le contractant victime dispose ainsi d'une option procédurale de choix. Cette réforme est récente, il faut ainsi attendre de voir de quelle manière la pratique articulera ces deux régimes de responsabilité.

De plus, le manquement au devoir général d'information peut entrainer la nullité du contrat s'il a provoqué un vice du consentement, erreur ou dol (cf. *supra* §312 s). A noter que le nouvel article 1137, a découplé la réticence dolosive de l'obligation d'information. Ainsi, celui qui se prévaudra d'un dol n'aura plus à démontrer que son auteur était tenu d'une obligation d'information.

II. L'application des obligations de droit commun aux spécificités des contrats informatiques

§ 375. Les obligations incombant aux parties aux contrats informatiques répondent évidemment du droit commun, mais ont dû être adaptées, notamment pour répondre aux risques spécifiques de ce type de produits ou services. L'obligation de délivrance (A) est assortie de précisions clairement dérogatoires du droit commun, tandis que d'autres obligations classiques sont elles aussi modelées à l'image du droit de l'informatique (B).

A. L'obligation de délivrance du fournisseur

§ 376. Comme dans tout contrat de vente ou de louage, le fournisseur doit satisfaire à son obligation de délivrance. Cette dernière découle directement du Code Civil, et est définie pour la vente au sein de son article 1604 comme étant le *« transport de la chose vendue en la puissance et possession de l'acheteur »*. L'obligation, si elle est essentiellement remplie lorsque la chose livrée est conforme au contrat et en bon état de marche (2), doit aussi être accomplie dans les délais (1).

1. L'obligation de livrer dans les délais

§ 377. La chose vendue ou louée doit être livrée dans les délais. Cela peut apparaître comme une évidence, mais la Cour de Cassation l'a rappelé elle-même dans un arrêt de 2001, en ajoutant une précision importante en matière de contrats informatiques : l'obligation de délivrance ne sera pleinement exécutée qu'une fois réalisée la mise au point effective de la chose vendue[213].

Bien plus encore, si le délai mentionné au contrat est analysé au contrat comme étant impératif, la sanction applicable en cas de retard sera exigible sans qu'une mise en demeure préalable du débiteur ne soit exigée[214].

2. Les garanties légales

§ 378. Les principales garanties légales applicables au sein des contrats informatiques sont la garantie de conformité (a) et la garantie contre les vices cachés (b).

a. La garantie de conformité : une garantie au bénéfice des consommateurs

§ 379. Concernant la garantie de conformité, elle a été clairement posée au sein de l'article L.217-4 du Code de la consommation, comme suit : « *le*

---

[213] Civ 1ère, 3 juil. 2001, n°99-15412

[214] Cass com. 4 juin 1989, n°89-15937

vendeur livre un bien conforme au contrat et répond des défauts de conformité existant lors de la délivrance ». Le bien doit être propre à l'usage pour lequel il était destiné et présenter les qualités attendues, faute de quoi l'on pourra réclamer la réparation du bien, son remplacement, la résolution de la vente ou la réduction du prix. Cette obligation, ne faisant aucun doute lors d'un contrat de vente, existe aussi pour le contrat de bail, à l'article 1720 du Code civil : *« le bailleur est tenu de délivrer la chose vendue en bon état de réparation de toute espèce ».*

Cette garantie est applicable aux ventes ayant lieu entre un vendeur agissant pour son activité professionnelle et un acheteur agissant en qualité de consommateur. Or, ni l'ordonnance n°2005-136 du 17 février 2005 instaurant cet article, ni la directive européenne n° 1999/44 du 25 mai 1999 dont elle est la transposition ne contiennent de définition précise du terme « consommateur ». Les juges sont donc priés de se renvoyer sur ce point à la jurisprudence antérieure.

Or, s'il est clair que la réglementation des clauses abusives en matière de droit de la consommation ne peut bénéficier qu'aux consommateurs personnes physiques[215], la jurisprudence ne s'est pas encore fixée sur le point de savoir si la notion de « consommateur » tel qu'entendu pour l'application de la réglementation de la garantie de conformité était différente. Il est évident qu'on ne peut donner une définition générale de cette notion, mais qu'elle doit être appréciée subjectivement en fonction de la finalité du texte en cause.

Il peut être cité deux exemples[216], dans lesquels respectivement, la Cour d'Appel d'Aix en Provence, et la Cour d'Appel de Chambéry ont écarté les dispositions du Code de la consommation. Dans la première espèce car le médecin avait conclu un contrat, qui ne se trouvait pas dans sa sphère habituelle de compétence, mais conclu dans le cadre de son activité professionnelle. Et dans une seconde espèce, un contrat de maintenance d'un logiciel de gestion informatique d'une officine pharmaceutique signé par le propriétaire exploitant réputé professionnel averti.

Pour l'instant, la doctrine reste divisée, certains renvoyant à l'article 2 § 1 *b* de la directive 1999/44 disposant que l'on entend par *« "consommateur": toute personne physique qui, dans les contrats relevant de la présente directive, agit à des fins qui n'entrent pas dans le cadre de son activité professionnelle ou commerciale ».* Cela reviendrait à traiter le professionnel d'un domaine étranger à l'informatique comme un consommateur lorsqu'il contracte dans un domaine qui lui est étranger, notamment le domaine informatique.

---

[215] Civ 1ère 2 avril 2009, n°08-11231

[216] CA Aix en Provence 11e chambre 11 décembre 2007 Juris-Data n°2007-358270 et CA Chambéry chambre commerciale 4 septembre 2007 Juris-Data n°2007-343175.

Une partie plus large de la doctrine pense quant à elle que la notion reste soumise à l'appréciation souveraine des juges du fond. La jurisprudence actuelle, bien qu'imprécise, laisse cependant deviner la tendance. *« Les personnes morales, même celles poursuivant un but non lucratif, sont exclues du champ d'application des dispositions du code de la consommation lorsqu'elles ont agi pour les besoins de leur activité professionnelle*[217] *»*. Partant, si l'on considère que cette jurisprudence tendait à s'appliquer en matière de garantie de conformité, on pourrait en conclure que l'acheteur professionnel s'engageant au sein d'un contrat informatique ne pourrait jamais être traité comme un consommateur, même en cas d'ignorance la plus totale en la matière, puisqu'il sera toujours regardé comme agissant pour les besoins de son activité professionnelle.

En l'absence de certitude, il convient cependant de se souvenir de la possibilité de l'application d'une telle garantie en la matière.

b. La garantie contre les vices cachés : garantie de droit commun

§ 380. La garantie contre les vices cachés est elle aussi imposée par le droit commun, aux articles 1641 du Code civil pour la vente et 1721 du même code pour le louage. Elle a pour but de mettre à la charge du vendeur les risques de la chose quand elle est impropre à l'usage que le créancier souhaitait en faire en raison d'un vice caché de la chose.

Ainsi, il faut tout d'abord constater la présence d'un vice rendant la chose impropre à un usage normal. Ce vice doit être **caché**, c'est-à-dire qui ne pouvait avoir été constaté par l'acheteur ou dont il n'avait pas été informé au préalable. Il doit avoir existé préalablement à la date d'exécution du contrat, de sorte que par exemple, le vendeur ne pourra être responsable que des vices qui existaient déjà au moment de la vente

§ 381. S'il a agi dans un délai inférieur à deux ans à compter de la découverte du vice, l'acheteur pourra obtenir la restitution du prix en échange de sa restitution de la chose, c'est l'action rédhibitoire[218]. Il pourra cependant choisir le remboursement de la moitié du prix tout en conservant la chose, c'est l'action estimatoire[219]. Ces actions sont prévues par les articles 1644 et 1648 du Code civil.

Si l'application de cette garantie ne pose aucun problème en cas de contrat portant sur une chose matérielle, le problème est plus délicat s'agissant de biens immatériels, et notamment de logiciels. En effet, la Cour de Cassation n'a à notre connaissance jamais fait jouer la garantie contre les vices cachés de logiciels à moins qu'il ne soit en rapport avec un élément matériel ou un système. Il conviendra donc d'insérer une garantie

[217] Même arrêt
[218] Cass. Com. 16 déc. 1997, RJDA 1997, n°407
[219] Cass. Com 17 nov. 1998, RJDA 1999 n° 28

conventionnelle dans tout contrat portant sur un logiciel pour s'assurer de l'application de telles mesures.

B. Les autres obligations

§ 382. L'objet de ce chapitre n'est pas de lister toutes les obligations incombant aux parties à un contrat informatique mais seulement celles dont le contenu amène à apporter quelques rapides précisions. Nous nous contenterons donc de présenter brièvement l'obligation de payer le prix (1) avant d'étudier le problème particulier de la garantie d'éviction (2).

1. L'obligation de paiement du prix

§ 383. L'obligation de payer le prix est évidemment une des obligations les plus fondamentales en droit des contrats (pour le droit commun cf. *supra* § 342 s.). Compte tenu de la complexité probable des contrats portant sur des systèmes informatiques, le calcul du prix est souvent malaisé, en tout cas non déterminé lors de la conclusion du contrat. Il s'agit souvent d'une combinaison de prix fixes, de prix forfaitaires, portant sur des objets divers et de natures diverses, d'autant plus si un transfert de droits de propriété intellectuelle est prévu (ex : les droits sur un logiciel ou un brevet ...). Le moment d'exigibilité des paiements dépend donc fortement des types d'obligations et de leur objet, et en l'absence de précisions contractuelles, il convient donc de porter une attention toute particulière à ce que le prix de chaque prestation soit clairement décrit pour se prémunir d'éventuels problèmes futurs.

2. La garantie contre l'éviction

§ 384. La garantie contre l'éviction est due en tout état de cause dans les contrats de vente, conformément aux articles 1626 et suivants du Code civil. Le vendeur doit évidemment garantir l'acheteur contre les troubles qui pourraient être causés par les tiers, et cela est valable aussi bien pour les biens matériels que pour les biens immatériels (par exemple une action en contrefaçon du logiciel vendu intentée par un tiers[220]).

SOUS-SECTION III. VARIÉTÉ DES CONTRATS INFORMATIQUES

§ 385. Lorsqu'une entreprise souhaite s'informatiser, ou changer son système informatique, il est rare que le contrat passé avec le fournisseur soit d'une seule et unique nature. En pratique, le « contrat informatique » est

---

[220] Cass. Com. 23 mars 2010, n°09-01645

souvent le produit de l'addition d'un contrat de vente de matériel, d'une licence d'utilisation de plusieurs logiciels, d'un contrat de maintenance du matériel, d'un autre contrat de maintenance pour chacun des logiciels… Il conviendra donc d'étudier chaque type de contrats, ainsi que les règles qui en découlent, pour avoir une vision d'ensemble de ce qu'est réellement le contrat informatique ; les règles pourront alors être combinées pour répondre à chaque cas d'espèce. Il conviendra d'étudier en premier lieu le contrat de fourniture de matériel (I), avant de se pencher sur les problèmes variés des logiciels et progiciels (II). Le contrat « clés en mains » sera ensuite envisagé (III), pour terminer avec un panorama des contrats de services informatiques (IV).

I. Contrat de fourniture de matériel

§ 386. Dans les cas les plus simples, l'équipement informatique d'une entreprise commence naturellement par son équipement en matériel informatique. Ce matériel comprend évidement les ordinateurs (unités centrales, écrans, claviers, souris…) mais aussi tout le matériel indispensable à son fonctionnement, ainsi donc les câbles, les « hubs » ou routeurs, les modems ou box ADSL et autres bornes WIFI font partie des biens meubles matériels pouvant faire l'objet de tels contrats. La pluralité et la diversité de ces types de fournitures entrainent nécessairement des complications lors de la conclusion des contrats, qu'ils soient de vente (A) ou, plus rarement en matière de matériel informatique, de location (B).

A. La vente de matériel informatique

§ 387. La vente de matériel informatique est en effet le moyen le plus couramment employé par les entreprises pour s'informatiser ou renouveler leur système informatique. Bien évidemment, ces opérations contractuelles sont soumises aux règles de droit commun du contrat de vente, régies par les articles 1582 à 1685 du Code civil (cf. *supra* § 335).

Les règles du droit de la consommation sont de même applicables dans certains cas (cf. *supra* § 379), et notamment, il est conseillé, pour se prémunir de tout litige, de bien déterminer clairement au sein du contrat le prix, les limitations éventuelles de responsabilité et les éventuelles conditions de la vente qui seraient particulières, ou dérogatoires du droit commun[221].

§ 388. Même dans le cas où l'acheteur ne serait pas un consommateur, de nombreuses diligences restent à observer pour s'assurer du bon déroulé du contrat de vente de matériel. Le prix doit de toute façon être déterminé ou déterminable lors de la conclusion du contrat[222], c'est une condition de sa

---

[221] Art. L. 121-11 du Code de la consommation
[222] Art. 1591 du Code civil

validité. Nul besoin en revanche d'adopter un formalisme particulier pour que le contrat soit formé, un simple compte rendu ou cahier des charges stipulant l'objet du contrat et son prix suffit à lier les parties.

La propriété du matériel est transmise dès l'échange de consentement, sauf clause de réserve de propriété ou objet fabriqué en série (dans ce cas, la propriété est transmise dès la dissociation du bien parmi les autres). Ce point est primordial, car il détermine aussi le transfert des risques de la chose à l'acheteur en l'absence de stipulations contraires.

§ 389. La principale particularité du contrat de vente de matériel informatique est que ce dernier, bien que dépourvu de vices et conforme aux exigences du client, nécessite une **installation particulière** et un **temps de rodage**.

L'installation du matériel incombe par principe au vendeur, qui est responsable de sa bonne tenue et devra répondre des éventuels dysfonctionnements. Mais le contrat peut par ailleurs prévoir que l'ensemble de ces opérations matérielles nécessaires à la bonne marche du matériel devra être effectué par le client lui-même. Or dans ce cas, et puisque l'acheteur n'est par nature pas un professionnel de l'informatique, l'acheteur devra s'assurer de prendre toutes les précautions particulières relatives au bon déroulement de cette opération. Il devra informer le client de cette obligation et de la marche à suivre pour la mener à bien, dans des termes assez précis pour se prémunir de tout engagement de responsabilité à son encontre en cas de mauvaise installation. Il doit avertir des conséquences de ce transfert d'obligation et des paramètres nécessaires au bon fonctionnement du matériel[223].

§ 390. Il a toujours été admis par ailleurs que le matériel informatique nécessitait une période de rodage[224] au cours de laquelle un certain nombre de dysfonctionnements sont tolérés du fait du temps nécessaire à sa mise en place. Cette période de rodage dépend de chaque espèce, et est bien souvent incluse au sein du contrat. Au-delà de ce seuil, le dysfonctionnement sera considéré comme anormal, et la responsabilité du vendeur pourra être recherchée.

§ 391. La responsabilité du vendeur pourra donc être engagée (cf. *infra* § 612) chaque fois que le matériel ne fonctionne pas, s'il est prouvé qu'il présente un vice, qu'il est contraire aux exigences du client ou encore qu'il est inadapté à l'environnement présent au sein de l'entreprise. Cependant, le vendeur pourra toujours s'exonérer de sa responsabilité en prouvant que l'acheteur a procédé à une utilisation du matériel non conforme aux exigences, qui aurait entrainé son ralentissement ou sa panne.

---

223 Cass. Com. 1er juil. 1997, RJDA 12-97 n°1478

224 CA Paris, 25ème Ch., 29 janvier 2001, Juris-data n° 2001-152046

B. Location de matériel informatique

§ 392. Même si cela est plus rare en pratique, l'utilisateur peut recourir à un contrat de location pour se procurer du matériel informatique. Les avantages peuvent être nombreux pour les entreprises, et notamment celles dont le besoin informatique est important. La location peut en effet permettre de renouveler plus fréquemment le parc informatique et ainsi de suivre les innovations et les perfectionnements. Les contrats de location de matériel informatique sont d'ailleurs dans certains cas accompagnés de clauses d'évolution, permettant le renouvellement partiel et périodique d'un certain nombre d'éléments en fonction d'une part des perfectionnements intervenus, et d'autre part des besoins du client. La location a cependant pour inconvénient d'être plus coûteuse au long terme et de ne pas permettre la fourniture de matériel hautement personnalisé aux besoins du client (matériel sur-mesure).

§ 393. Pour nombre de raisons, des contrats de crédit-bail peuvent être conclus, notamment pour des raisons de financement ou de disponibilité des fonds. Les termes de leasing, location-vente, crédit-bail ou location avec option d'achat (LOA), ont été inventés par la pratique et recouvrent en général les mêmes réalités. Il s'agit souvent d'un engagement entre un bailleur fournisseur ou distributeur de matériel informatique et son client, par le biais d'un contrat de location auquel est annexé un autre contrat contenant une promesse de vente ou une option d'achat. Ces contrats sont soumis aux mêmes règles de droit commun que la location, mais la question s'est posée quant à la divisibilité des deux engagements. Si un des deux contrats venait à être annulé pour une raison ou pour une autre, qu'advient-il de l'autre contrat ?

Sur la question de la divisibilité, la Cour de cassation tend à fonder son raisonnement sur deux arguments différents. Tantôt elle prononce l'indivisibilité sur le fondement objectif d'une nécessaire analyse de l'opération économique dans sa globalité, pour conserver l'équilibre entre les parties[225], tantôt elle fondera l'indivisibilité sur l'expression d'une volonté commune des parties[226]. Il semblerait aujourd'hui que la Cour de cassation se rattache à cette seconde interprétation, en précisant que :

> *« La commune intention des parties avait été de rendre divisibles les deux conventions, de sorte que la disparition de l'une ne pouvait priver de cause les obligations nées de l'autre*[227] *».*

Aujourd'hui donc, en matière de crédit-bail, il semblerait que les juges doivent regarder si la disparition d'une des conventions priverait de cause l'autre contrat, pour se prononcer sur l'indivisibilité. En matière de crédit-

---

[225] Com. 13 février 2007, Dalloz 2007. AJ 1654, obs. Delpech

[226] Com. 5 juin 2007, Dalloz 2007 AJ 1723, obs. Delpech

[227] Civ. 1ère, 28 oct. 2010, n°09-68014

bail, la vente et la location étaient pratiquement toujours considérées comme indivisibles[228].

§ 394. Au-delà du cas particulier de la location-vente, la location informatique est soumise aux règles juridiques de droit commun de la location, prévues aux articles 1708 et suivants du Code civil (cf. *supra* § 335). Elle est définie à l'article 1709 comme étant « *un contrat par lequel l'une des parties s'oblige à faire jouir l'autre d'une chose pendant un certain temps, et moyennant un certain prix que celui-ci s'oblige de lui payer* ». Le droit de propriété sur la chose reste donc entre les mains du loueur, mais la chose elle-même est mise entre les mains du locataire, il en a la disposition. Les mêmes règles de mise à disposition, de conformité et de garantie contre l'éviction sont donc applicables, hors les cas où seule la vente est expressément fixée.

§ 395. La conclusion du contrat s'effectue de même par la rencontre des volontés, et les obligations de conseil et de coopération sont pleinement en vigueur entre les parties. Seules les modalités des différentes obligations nécessitent quelques précisions, en raison de la nature particulière du contrat de louage de meuble ayant un fonctionnement si complexe.

§ 396. Le bailleur est bien sûr tenu de livrer la chose en bon état de marche[229] mais il doit également s'acquitter de toute réparation autre que locative, appelées « grosses réparations » de l'article 1720 al. 2 du Code civil. Cette obligation peut néanmoins être écartée par une clause, puisqu'elle n'est pas d'ordre public. Il doit de même garantir le locataire contre l'éviction (notamment il lui est interdit de passer tout acte juridique concernant les objets qu'il loue qui pourrait porter atteinte aux droits du preneur[230]), contre les dysfonctionnements de la chose, et contre ses vices cachés.

Le preneur est quant à lui évidemment soumis à l'obligation de payer le loyer. Mais parallèlement, puisqu'il n'est pas propriétaire de la chose, il doit tout de même prendre garde lors de son utilisation de la chose de respecter les prescriptions de l'article 1728 du Code civil. Il doit ainsi user la chose en bon père de famille (ou bon professionnel, en l'occurrence préserver un bon environnement pour le matériel informatique) et l'utiliser selon sa destination (en l'occurrence, ne pas procéder à des modifications structurelles du matériel). Il doit enfin effectuer les menues réparations nécessaires afin de pouvoir restituer la chose en l'état[231].

---

[228] Cass. Ch. Mixte, 23 nov. 1990, D. 1991, p 121
[229] Art. 1720 du Code civil
[230] Art. 1719, 3° du Code civil
[231] Art. 1730 du Code civil

II. Contrat portant sur un logiciel

§ 397. Le matériel informatique est certes indispensable, mais il ne se suffit pas à lui-même. S'il est admis que le système d'exploitation d'un ordinateur en est une composante intrinsèque, et donc à ce titre assimilé au matériel, l'utilisateur doit nécessairement procéder à l'acquisition de logiciels pour pouvoir exercer son activité. Selon sa taille et ses besoins, le client peut recourir à l'acquisition d'une licence d'utilisation de progiciel (A), ou au contraire demander le développement d'un logiciel spécifique (B).

A. La mise à disposition d'un logiciel existant (ou progiciel)

§ 398. Pour des entreprises de petite taille, ou exerçant une activité n'exigeant que peu de tâches effectuées par informatique, il est souvent plus pratique et moins coûteux de recourir à des logiciels existants, standards, lors de leur processus d'informatisation. Ces logiciels préexistants peuvent être mis à la disposition du client par le biais de plusieurs types de contrats, même s'ils font le plus souvent l'objet d'un contrat de licence(1). On peut cependant dégager une certaine unicité quant aux obligations incombant aux parties à ces contrats (2).

1. Définition et aspects pratiques

§ 399. Le logiciel préexistant sous forme standardisée est aussi appelé « progiciel ». S'il ne bénéficie pas d'une définition juridique, il a cependant été défini dans le célèbre arrêté du 22 décembre 1981 pour l'enrichissement du vocabulaire informatique. C'est un *« ensemble complet et documenté de programmes conçu pour être fourni à plusieurs utilisateurs en vue d'une même application ou d'une même fonction (en anglais : package) ».* Ainsi le progiciel est proposé au client dans sa version finale, il s'agit donc d'un produit standard.

§ 400. Naturellement, plusieurs types de contrats sont possibles pour permettre l'exploitation d'un logiciel. La vente tout d'abord, mais elle ne peut se faire aussi facilement que sur du matériel. Le logiciel, même standard, est une œuvre de l'esprit qui, si elle est originale, accède à la protection du droit d'auteur (cf. *supra* § 209 s.). Par conséquent, lorsqu'on parle de « vente d'un logiciel », on entend en réalité « vente des droits sur un logiciel ». La vente du support du logiciel (CD Rom) n'emporte pas la vente des droits sur le logiciel, et en particulier ne permet pas au propriétaire du support d'en réaliser des copies et de les commercialiser sans l'accord de l'auteur. Elle ne réalise que la vente du support et une licence d'exploitation.

Or les droits patrimoniaux (reproduction, utilisation, adaptation, représentation…) peuvent faire l'objet d'une cession si elle est précise, mais le droit moral est en revanche incessible et reste en toute occurrence entre les mains de l'auteur. Ainsi, aucune stipulation conventionnelle ne peut l'empêcher d'exiger l'apposition de son nom sur toutes les copies réalisées, et il devra recevoir une participation proportionnelle aux recettes d'exploitation[232].

Cette solution est très contraignante et n'est absolument pas adaptée aux besoins des entreprises qui souhaitent utiliser le logiciel dans le cadre de leurs tâches. Elles lui préféreront donc bien souvent la location, qui est en la matière appelée licence d'exploitation, puisque son objet est incorporel.

§ 401. La location étant un contrat consensuel, aucun formalisme particulier n'est requis. Il est donc très fréquent de trouver ces licences d'utilisation sous la forme de documents contractuels matériels ou numériques, dont l'acceptation est nécessaire à l'utilisation dudit logiciel. On trouve aussi, pour les logiciels existant sur support matériel, une fréquente utilisation des « *shrink-wrap licence*s », ou licences d'emballage : les conditions d'utilisation sont imprimées de manière visible sur l'emballage, et le fait pour l'utilisateur final d'ouvrir cet emballage constitue une acceptation de la licence d'exploitation. Enfin, il est de plus en plus fréquent de trouver des clauses de « *click-wrap* » (présence d'une case à cocher à la fin des conditions générales d'utilisation, affirmant la lecture et l'acceptation, action sans laquelle l'utilisation du logiciel est impossible) ou « *browse-wrap* » (lien hypertexte renvoyant aux conditions générales d'utilisations, en dessous duquel il est indiqué que la conclusion du contrat fait présumer leur lecture et leur acceptation). Ces méthodes sont constamment employées pour régir l'utilisation des logiciels téléchargeables sur internet, mais peuvent l'être aussi pour les installations de logiciels à destination des professionnels. Le choix de ces méthodes dépend en effet non pas du fournisseur ou du distributeur, mais du fabricant du logiciel, qui est souvent un tiers.

La licence peut tout de même faire l'objet d'un contrat spécifique négocié entre les parties selon les règles du droit de la propriété intellectuelle, même si cela est très rare en matière de progiciel, qui suppose normalement une vente standardisée.

2. Obligations des parties à la licence d'exploitation

§ 402. Le contrat de licence d'exploitation de logiciel peut donc être de forme très simple, il n'est pas pour autant dénué d'obligations, à la fois pour le fournisseur (a) et pour l'utilisateur (b).

[232] Art. L. 131-4 du Code de la propriété intellectuelle

a. Obligations du fournisseur

§ 403. Le fournisseur a d'abord une obligation classique de conseil (cf. *supra* § 367 s.). Cette obligation s'impose notamment lorsque le progiciel est particulièrement complexe, il sera alors nécessaire de s'interroger sur les besoins du client et de s'assurer que le progiciel fourni s'intègre normalement dans l'environnement préexistant.[233]

A côté de cela, le fournisseur est tenu à une obligation de délivrance. Si cette dernière est bien sûr applicable selon les modalités communes à tous les contrats informatiques, il convient de préciser qu'en matière de progiciels, le fournisseur n'est tenu qu'à la délivrance de la version standard du logiciel. En effet le résultat recherché ici n'est que la conformité du produit à sa description, et non l'atteinte du résultat qui aurait pu être fixé par l'utilisateur. Ici, pas non plus de période de rodage, le logiciel étant réputé en parfait état de fonctionnement puisque présumé avoir été testé avant sa commercialisation. Le contrat de licence peut cependant prévoir de nombreuses règles alourdissant les obligations du fournisseur, comme une clause de maintenance corrective ou évolutive gratuite pendant une période donnée, une garantie d'absence de virus…

b. Obligations de l'utilisateur

§ 404. L'utilisateur est lui aussi tenu à certaines obligations lorsqu'il acquiert une licence d'utilisation de progiciel.

Il a évidemment l'obligation de payer le prix. Il doit respecter les droits de propriété intellectuelle associés et ses conditions d'utilisation du progiciel. Il a ensuite une obligation de collaboration, corolaire de l'obligation de conseil à la charge du professionnel. Pour cela, il lui faut tenir un cahier des charges à la disposition du professionnel afin que ce dernier lui fournisse les progiciels adaptés à ses besoins[234]. Il doit se renseigner, aussi bien sûr les fonctionnalités du progiciel que sur sa capacité à répondre à ses besoins, ainsi que du niveau de compétence requis pour sa bonne utilisation.

B. L'élaboration d'un logiciel spécifique

§ 405. Pour d'autres types d'utilisateurs en revanche, il peut être préférable de faire l'acquisition d'un logiciel spécifique. Le développement de ce type de logiciel fait l'objet de contrats spéciaux et personnalisés (1) qui entrainent des obligations bien spécifiques à l'égard des parties (2).

---

[233] CA Versailles, 20 janv. 2011, n°09/08352

[234] Cass. Com, 11 mai 1999, n°96-16.322

1. Définition et aspects pratiques

§ 406. En pratique, il est fréquent de rapprocher le contrat de licence de logiciel au contrat de développement de logiciel, justement parce qu'ils ont tous deux un objet a priori semblable. Juridiquement, il n'en est rien.

Le contrat de développement d'un logiciel spécifique est en effet un contrat de louage d'ouvrage régi par les articles 1710 et 1779 et suivants du Code civil (contrairement au contrat de louage de progiciel qui est un louage de chose, cf. supra). C'est en effet *« un contrat par lequel l'une des parties s'engage à faire quelque chose pour l'autre, moyennant un prix convenu entre elles*[235] *»*. Car dans ce cas, le fournisseur s'engage effectivement à développer pour le compte de son client un logiciel sur-mesure, dans le but de correspondre au mieux à ses attentes, souvent très spécifiques.

Le contrat comportera donc souvent une description très détaillée du logiciel futur, en s'appuyant sur un cahier des charges précis et une description précise des prestations attendues. En particulier, il sera de la plus haute importance de prévoir l'étendue des droits sur le logiciel qui pourront être transférés à l'acheteur, et en particulier le moment du transfert de ces droits (on peut par exemple prévoir un transfert des droits au fur et à mesure de la réalisation du logiciel et ne pas attendre le paiement du prix ou la finalisation du processus).

§ 407. Suivant le logiciel en cause, le temps de réalisation peut en effet être long, et il peut être utile au sein du contrat de prévoir les modalités applicables à chaque phase, en l'occurrence la signature d'un contrat de commande, la définition des besoins, la signature du contrat définitif, la conception (spécification technique des besoins analyse fonctionnelle puis analyse organique), la réalisation (programmation, documentation et livraison), et enfin la réception effective par le client (d'abord provisoire avec une phase de rodage, puis définitive). De nombreuses clauses et stipulations peuvent être incluses pour chacune des phases du développement du logiciel, notamment une batterie de clauses pénales en cas de retard dans la livraison.

2. Obligations des parties

§ 408. Mais même en l'absence de clauses particulières, il existe un certain nombre d'obligations qui incombent à chacune des parties lors de la réalisation du contrat de développement de logiciel spécifique. Les obligations du prestataire de service ou de la SSII (a) sont les corollaires des obligations du client (b).

[235] Art. 1709 du Code civil

a. Les obligations du prestataire de service

§ 409. Classiquement, le prestataire de service chargé de l'élaboration du logiciel sur mesure devra respecter l'obligation de conseil inhérente à tout contrat informatique. Souvent d'ailleurs, cette obligation accompagne le contrat de vente du matériel, au cours duquel le prestataire pourra conseiller des logiciels adaptés au matériel qu'il se propose de vendre au client.

Il doit par ailleurs livrer le matériel requis à la date prévue et en bon état de fonctionnement, conformément à la convention ou au cahier des charges. La jurisprudence considère que l'obligation de livrer le logiciel est une obligation de résultat[236].

b. Les obligations du client

§ 410. Le client est quant à lui sollicité au titre du devoir de coopération (cf. *supra* § 372), en restant disponible pour répondre aux questions du prestataire et en suivant la réalisation du produit.

Il doit évidemment payer le prix aux montants et dates convenus, et, lors de la réception du logiciel, il doit en vérifier en temps voulu la conformité avec le cahier des charges. Il bénéficie tout d'abord d'un temps donné pendant lequel il a accès à des versions d'essai de son logiciel spécifique, avec la possibilité d'en dénoncer les aspects non conformes au cahier des charges et d'en demander la modification (selon le contrat, ces modifications peuvent être gratuites mais ce n'est pas une obligation). Enfin, le client pourra recevoir la mouture définitive de son logiciel, et l'accepter définitivement (le contrat peut là encore prévoir un délai de dénonciation). Une fois l'acceptation (formelle ou tacite) effectuée, le logiciel sera réputé entre les mains du client et conforme à ses besoins et désirs. Les éventuels dysfonctionnements qui pourraient résulter par la suite seront réglés par le mécanisme classique de responsabilité contractuelle (cf. *supra* § 612).

III. Contrats de système intégré ou « clé en mains »

§ 411. La notion de contrat « clé en main » recouvre plusieurs réalités, mais dans le domaine informatique, elle est clairement entendue comme désignant un contrat dans lequel le client compte sur le prestataire pour effectuer un ensemble souvent complexe de prestations. De ce fait, sa qualification juridique a posé quelques écueils (A) et la détermination des obligations des parties a pu s'avérer parfois épineuse (B).

A. Qualification juridique

§ 412. Dans le cas du contrat d'intégration de système, le client ne s'engage qu'avec une seule partie pour le suivi de l'ensemble de ses besoins

[236] CA Paris, 28 janv. 2009, SAS Roche c/ SARL Egide Développement, n°2009-375113

en matière informatique. Cette partie, souvent une SSII, doit délivrer l'ensemble des composantes, le tout intégré et installé et en état de fonctionnement presque immédiat.

Selon Ph Le Tourneau, l'apparente complexité de ce type de contrat ne doit pas pour autant amener à conclure en une pluralité de conventions. Le contrat « clé en mains » est bien une unicité, un contrat *sui generis*, qui ne saurait répondre à plusieurs ensembles de règles concurrents.

B. Obligations des parties

§ **413.** La véritable spécificité du contrat clé en mains réside finalement dans les obligations du fournisseur (appelé aussi parfois « ensemblier »). Il s'engage en effet à un résultat global, et non à un résultat sur l'ensemble des composantes de l'ensemble. Il est donc primordial, bien que non obligatoire, de rédiger un cahier des charges des plus précis et des plus objectifs.

§ **414.** Les obligations du fournisseur, évidemment de résultat[237], sont simples. Il doit livrer à la date convenue, un système qui fonctionne normalement, selon le cahier des charges. Une période de rodage est évidemment tolérée, de même que l'usage laisse au fournisseur la liberté des moyens pour parvenir aux résultats escomptés.

§ **415.** De son côté, le client est tenu aux diligences habituelles de réception et d'usage conforme, et pourra se retourner contre le fournisseur pour les vices cachés d'un des éléments de l'ensemble, ou au titre de la responsabilité des produits défectueux (cf. *infra* § 634 s.) en cas de dysfonctionnements dus à une erreur de fabrication.

IV. Contrats de services informatiques

§ **416.** Enfin, la société numérique ne peut exister qu'en présence de contrats de services. Ces contrats sont aujourd'hui d'une grande diversité, due d'une part à l'inflation des besoins en service dans notre société, et d'autre part à la vitesse de progrès en la matière. Nous retiendrons dans le cadre de cet ouvrage les principaux contrats de service, ceux ayant pour but la sous-traitance des services informatiques (A), la formation du personnel (B) et la maintenance du matériel (C).

A. La sous-traitance informatique

§ **417.** Un contrat de sous-traitance informatique peut avoir différents objets, il a néanmoins toujours la même forme. Un donneur d'ordre, l'entreprise, charge le prestataire de service, la SSII ou le constructeur, de la gestion et de l'exploitation de ses services informatiques. Puisque ces services sont gérés en externe par rapport à la structure de l'entreprise, ils

[237] CA Paris, 27 mars 1987, JCP E 1988, 15093 n°5

sont aussi appelés contrats d'externalisation, ou encore d'*outsourcing*, de *cloud computing* ou d'infogérance.

Les services pouvant être externalisés sont multiples. Il peut s'agir d'un accroissement momentané de la capacité informatique, de sauvegarde des données, de mise à disposition de logiciels, de messagerie etc. Le prestataire fournit alors la prestation en conformité avec les niveaux de services, de performance et de responsabilité spécifiés dans le cahier des charges. Comme dans tout contrat informatique, une forte obligation de conseil est à sa charge (cf. *supra* § 367 s.).

§ 418. Ce type de contrat amène à des considérations particulières lorsque leur objet est un logiciel. La délocalisation et le stockage distant des données amènent en effet à considérer de nombreux problèmes juridiques nouveaux. Ce stockage externe des données et/ou des solutions logicielles est appelé *cloud computing* et consiste en une interconnexion et une coopération de ressources informatiques, situées au sein d'une même entité ou dans diverses structures internes, externes ou mixtes, et dont les modes d'accès sont basés sur les protocoles et standards d'internet. Pour la Commission générale de terminologie et de néologie, le *cloud computing* est « *une forme particulière de gérance de l'informatique, dans laquelle l'emplacement et le fonctionnement du nuage ne sont pas portés à la connaissance des clients* »[238].

Les solutions *cloud computing* ont trois particularités, qui entrainent autant d'incertitudes pour les juristes :

- services avec mises à jour en continu et automatique, en lieu et place des produits technologiques ;
- self-service et paiement à l'usage ;
- mutualisation et allocation dynamique de capacité.

Partant de ces capacités d'abstractions, le *cloud* peut être représenté en trois composantes principales, dont il est indifféremment une, deux ou trois combinés :

- IaaS (*Infrastructure as a Service*) : concerne les serveurs, les moyens de stockage, les réseaux et offre une possibilité d'infrastructure informatique hébergée ;
- PaaS (*Platform as a Service*) : concerne les environnements middleware, de développement, de test : mise à disposition d'un environnement prêt à l'emploi ;
- SaaS (*Software as a Service*) : concerne les applications d'entreprise, outils collaboratifs et de *web-conferencing*, messagerie : permet de développer une application chez un tiers.

Les avantages pratiques du *cloud computing* sont nombreux : en particulier il permet une réduction des coûts, aussi bien en termes d'investissement initial qu'au quotidien. Il permet aussi une plus grande

---

[238] Journal officiel du 6 juin 2010

flexibilité puisque la capacité des serveurs et des mémoires est variable très rapidement. Il assure enfin une grande personnalisation des services aux besoins de chaque entreprise.

§ 419. Quelques questions juridiques se posent cependant pour ce type de contrat. En particulier, une grande part de l'inquiétude est liée aux problèmes de sécurisation des données. Stockées sur une plateforme, et non en interne, les données doivent circuler par internet. Une erreur de paramétrage, un *bug* du système, pourrait entraîner des « fuites », voire la destruction accidentelle des données des utilisateurs du *cloud* (ce qui peut poser certains problèmes pratiques, surtout si les données concernées ont un caractère personnel cf. *infra* § 534 s.). Les mesures de sécurité des données mises en place par le prestataire de service doivent donc être clairement identifiées au sein du contrat d'externalisation ; de même, il faut prévoir le type de données qui seront accessibles, par qui, avec quelle mesure de sécurité, et surtout qui dispose des droits pour les envoyer, les recevoir, les consulter et les détruire. C'est de par le jeu des obligations réciproques de l'utilisateur et du prestataire de service que l'on pourra déterminer la responsabilité de chacun en cas de problème concernant les données. Il est conseillé de prévoir contractuellement la mise en place d'un plan de secours pour le cas où une partie des données ou des applications rendues disponibles par le *cloud* seraient momentanément inaccessibles du fait d'un surcroît inattendu d'activité.

Il faudra par ailleurs s'assurer de la traçabilité des données et en particulier choisir un prestataire capable de garantir qu'elles ne peuvent être modifiées. La responsabilité du prestataire peut être engagée pour dysfonctionnement le cas échéant, il doit garantir la sécurité des données et il semblerait peu important que la faille lui soit imputable ou non. On doit par ailleurs noter le cas particulier suivant : le *USA Patriot Act* prévoit la possibilité pour les autorités de consulter certaines données en ligne, ce cas exclura donc la responsabilité du prestataire de l'externalisation.

Le contrat d'externalisation devra aussi prévoir le cas des conflits de lois (cf. *supra* § 52 s.) lorsque les données stockées ou les services du prestataire sont hébergés dans un autre pays. Du fait de la délocalisation de la plupart des serveurs, le contrat d'externalisation pourra préciser le pays d'exécution du contrat, pour ainsi déterminer la juridiction applicable en cas de litige ; en l'absence de toute disposition, c'est la loi du pays où résident les serveurs qui est susceptible de s'appliquer, puisque ce sera le lieu du dommage.

B. Formation

§ 420. C'est en amont que se joue la bonne marche de l'ensemble de l'informatique. Une grande partie des dysfonctionnements vécus par les entreprises proviennent d'une mauvaise utilisation des ressources informatiques. Une bonne formation du personnel, utilisateur final, est donc nécessaire à l'exploitation des ressources informatiques, la gestion du temps et l'entretien du matériel et des logiciels.

La formation informatique peut prendre une multitude de formes. Elle peut s'effectuer à distance, en ligne ou par téléphone, par distribution de documents papier ou avec une réelle interaction avec les formateurs. Elle peut par ailleurs s'effectuer en formation continue, ou en courts stages intensifs. Son objet est aussi varié, allant de l'utilisation basique de l'informatique à l'apprentissage poussé des fonctionnalités spécifiques d'un logiciel technique.

§ 421. La formation doit découler d'une stipulation contractuelle expresse, elle n'est jamais implicite[239]. L'obligation contractuelle de formation ne peut être que de moyens, l'évaluation du personnel avant et après la formation étant impossible[240], le formateur n'est donc tenu que de dispenser la formation de manière professionnelle et complète au regard des besoins du personnel formé.

C. Maintenance

§ 422. Classiquement, nous étudierons le contrat de maintenance dans ses aspects pratiques (1) avant d'étudier les obligations qui incombent à ses parties (2).

1. Définition et aspects pratiques

§ 423. La maintenance informatique est plurielle. Elle dépend en effet du type de biens envisagés et peut varier du tout au tout d'une espèce à l'autre. La pratique a tout de même permis de pouvoir dégager une certaine classification des types de maintenance, et par là même des contrats s'y rapportant.

Le contrat de maintenance, s'il ne bénéficie pas d'une définition juridique à proprement parler, a été cependant envisagé par l'arrêté du 30 décembre 1983 relatif à l'enrichissement du vocabulaire informatique comme étant un *« ensemble d'actions tendant à prévenir ou à corriger les dégradations d'un matériel ou de rétablir sa conformité aux spécifications ».* Cette définition est aujourd'hui quelque peu obsolète pour plusieurs raisons, la première et la plus importante étant son omission complète de la maintenance de logiciel et de la maintenance évolutive. On a aussi défini la maintenance comme l'ensemble des prestations nécessaires pour « maintenir » un système informatique dans un état de fonctionnement conforme aux stipulations du contrat de fourniture de matériel et/ou de logiciels.[241]

---

[239] CA Paris, 2 juil. 2004

[240] Cass. Com, 25 oct. 1994, Expertises 1995, p. 155

[241] Contrats informatiques, maintenance de matériels et de logiciels, P. Gaudrat, J.-Cl. Contrats, Distribution, 1997, Fasc. 2460

§ 424. Aujourd'hui nous pouvons dégager trois grandes classifications de maintenance informatique :

- la **maintenance préventive**, définie comme un ensemble d'obligations d'entretien destiné à accroitre la fiabilité et prévenir les éventuels dysfonctionnements du matériel (visites de contrôle) ;
- la **maintenance curative**, qui est, elle, destinée à pallier les défaillances du matériel ou du logiciel en exerçant un certain nombre d'opérations techniques. Il s'agit concrètement de réparer les pannes en remplaçant ou modifiant le matériel défectueux, ou en réparant les anomalies logicielles (on parle souvent, dans le cas du logiciel, de **maintenance corrective**) ;
- la **maintenance évolutive**, qui a elle pour objet non seulement de prévenir les dégradations, mais aussi d'installer les nouvelles versions du logiciel objet du contrat, pour l'adapter aux évolutions de la technique. Ces installations de mises à jour permettent par ailleurs la correction de certains dysfonctionnements observés après l'utilisation du logiciel par d'autres utilisateurs.

Cette maintenance est également appelée **adaptative** dans le cas où elle consiste en une mise à jour rendue nécessaire par une modification législative.

§ 425. Selon les espèces, la maintenance peut par ailleurs provenir de plusieurs sources différentes. La maintenance peut être **liée**, c'est-à-dire qu'elle dépend d'un autre contrat, c'est le cas par exemple d'un contrat de vente de matériel qui prévoit une maintenance gratuite pendant un an (parfois implicitement au travers des clauses de garantie).

La maintenance peut au contraire être **autonome**, c'est-à-dire faire l'objet d'un contrat spécifique. La maintenance peut être assurée par divers types d'entreprises, ayant ou non un lien avec le fabricant (exemple : un sous-traitant ; le distributeur lui-même…). Il n'y a cependant pas de conséquences juridiques majeures à la différenciation de tous ces types de contrats de maintenance, si ce n'est au niveau de la durée. En l'absence de stipulation contraire, la durée du contrat de maintenance liée est la même que celle du contrat principal et ne peut donc lui être inférieure. Le problème est cependant loin de se poser fréquemment en pratique, puisque les contrats prévoient en général étroitement la durée de la maintenance pour ainsi se ménager d'une éventuelle action en responsabilité. Si le contrat est à durée déterminée, il est judicieux de l'aligner sur celle du contrat portant sur l'objet de la maintenance.

2. Obligations des parties

§ 426. Les parties au contrat de maintenance sont obligées à un certain nombre de diligences particulières.

Le prestataire de services de maintenances est lié au contrat de maintenance et doit se conformer à ses nombreuses stipulations, qui peuvent varier grandement d'une entreprise à l'autre, d'une politique à l'autre, d'un matériel à l'autre. De manière générale, le mainteneur doit connaitre les spécifications du matériel sur lequel il intervient. Il a une mission d'assistance générale et doit conseiller, informer et s'informer. Il est tenu de se conformer à une obligation de mise en garde contre les risques[242]. Il a par exemple été jugé que le mainteneur était responsable du piratage de lignes téléphoniques pour ne pas avoir informé son client des évolutions techniques et de la nécessité de mettre à jour ses logiciels et de changer ses mots de passe.[243]

Il doit par ailleurs exercer ses fonctions en toute efficacité. Il est lié par une obligation de résultat et doit parvenir au parfait fonctionnement du matériel ou au débogage du logiciel, et ce dans un délai raisonnable.

De son côté, le client au contrat de maintenance a évidemment une obligation de payer le prix qui peut être fixé de manière forfaitaire ; le paiement peut aussi avoir lieu à chaque intervention du mainteneur. Il est lui aussi lié comme pour tout contrat informatique à une obligation de collaboration, notamment en permettant au prestataire de la maintenance d'accomplir sa mission en lui laissant l'accès libre au matériel, en lui permettant les modifications et les déplacements du matériel nécessaire à son fonctionnement. L'obligation de collaboration se traduit aussi par la nécessité de prévenir le mainteneur des potentiels incidents qui peuvent avoir lieu, sans pour autant qu'il puisse exiger une intervention automatique du mainteneur à chacun de ces incidents.[244]

---

[242] Civ. 1ère, 11 juin 1996, D. 1996, IR p. 187

[243] CA Versailles, 12e ch., 25 mars 2014, n° 12/07079

[244] CA Paris, 2 févr. 1995, n° 020374

TITRE 2

La protection des utilisateurs de l'informatique

§ 427. La protection des intervenants à l'informatique est évidemment exigée de par des considérations économiques évidentes qui sont de grande importance. Mais l'informatique présente par ailleurs des risques assez conséquents pour l'utilisateur final. Ce dernier est en général défini comme étant la personne physique qui, pour des besoins personnels ou professionnels, consulte internet et, de plus en plus, agit sur internet.

Or internet est un média vaste, qui a fait son entrée relativement récemment dans notre vie professionnelle et privée. Il est donc loin d'être maîtrisé dans tous ses aspects par les particuliers. Les outils disponibles sur internet sont en constante évolution, et de nouveaux apparaissent chaque jour. Il est difficile pour l'utilisateur de les appréhender tous, il est encore plus difficile pour le droit de s'y adapter à temps. L'apparente facilité des outils du web cache en réalité un grand nombre de conséquences sur le respect des droits et des libertés des citoyens, en particulier concernant le nombre et la nature des données personnelles qu'il est nécessaire de fournir pour y avoir accès. Le législateur doit donc s'adapter à internet, pour assurer la préservation de ces droits et libertés, ce qui est une tâche éminemment difficile. Comprendre les mécanismes d'internet nécessite une bonne maîtrise des outils et une constante remise à niveau sur les nouvelles fonctionnalités disponibles sur la Toile. La difficulté est encore accrue par la tendance actuelle à l'inflation législative : de plus en plus de lois sont édictées chaque année, dans des domaines de plus en plus pointus, et leur rédaction de plus en plus précise amenuise leur portée, les rendant de fait plus rapidement obsolètes.

§ 428. Les juges sont donc souvent contraints d'adapter les lois existantes aux problèmes qui se posent chaque jour. La protection du commerce électronique est assez précisément définie, puisqu'elle vise essentiellement l'acheteur consommateur (la protection du consommateur étant un des thèmes récurrents des dernières lois, notamment sous l'impulsion de l'Union Européenne, ce que nous verrons dans le Chapitre 1).

La protection des données personnelles est quant à elle toujours soumise à une loi de 1978, régulièrement remise à jour aux vues des avancées technologiques, jusqu'au 25 mai 2018 où le Règlement Européen sur la protection des données personnelles la remplacera (Chapitre 2). Enfin, nous envisagerons de la même manière la protection des victimes de la cybercriminalité inégalement prévue par la loi selon les domaines concernés (Chapitre 3).

CHAPITRE 1

Protéger l'utilisateur via le commerce électronique

§ 429. Le nombre croissant d'internautes et la montée en puissance des règles régissant internet en font une plateforme d'échanges de plus en plus développée et de plus en plus sûre. Les utilisateurs sont plus nombreux et plus variés, et les méthodes de conclusion de contrat en ligne ainsi que de paiement font l'objet d'une sécurisation croissante. La confiance des internautes dans le commerce en ligne, si elle était encore maigre il y a 10 ans, n'est plus aussi faible aujourd'hui. 44% des internautes achetaient au moins un article en ligne en 2004. En 2015, près de 9 internautes sur 10 sont clients du commerce en ligne[245]. Internet est devenu une plateforme de commerce majeure, entre professionnels d'abord, entre professionnels et non-professionnels ensuite, et enfin entre non-professionnels ces dernières années.

Les ventes se multiplient, se dématérialisent, se diversifient. L'achat aujourd'hui peut être uniquement dématérialisé (achat d'un logiciel puis téléchargement), ou partiellement dématérialisé (conclusion du contrat en ligne mais portant sur une chose matérielle, qui sera ensuite livrée par la Poste ou une entreprise privée). La location de choses et de services constitue les deux grands pôles de développement des dernières années (commande de nourriture à livrer, location de films sur support matériel ou numérique, réservation de chambres d'hôtel ou de salles de conférence…).

Mais devant l'apparente diversité des objets des contrats passés en ligne, la dématérialisation d'un certain nombre d'opérations nécessite des modifications substantielles du droit commun des contrats pour le bon fonctionnement du commerce électronique (ou e-commerce) et surtout pour assurer le respect des droits des acheteurs.

§ 430. C'est l'Union Européenne qui s'est chargée dès la fin des années 90 de mettre en place ces règles ayant pour but d'encadrer juridiquement le développement croissant de l'économie numérique. Le premier pas fut

[245] Baromètre 2015 ACSEL & Caisse des dépôts et consignations

d'abord fait en direction d'une plus grande protection des consommateurs en tant que parties des contrats à distance, avec la directive 97/7/CE du 20 mai 1997 sur la protection des consommateurs en matière de contrats à distance[246].

§ 431. Mais il devint rapidement évident que le commerce électronique nécessitait d'être encadré en tous ses aspects, et pas seulement concernant la conclusion du contrat. La directive 2000/31/CE du 8 juin 2000 sur le commerce électronique instaure pour la première fois un régime spécifique, et consacre en droit la notion de « commerce électronique », à la base née de la pratique. C'est pourtant au niveau de la loi de transposition de cette directive que nous trouverons une définition de ce terme. La loi pour la confiance dans l'économie numérique définit le commerce électronique comme étant :

> *« L'activité économique par laquelle une personne propose ou assure à distance et par voie électronique la fourniture de biens ou de services.*
>
> *Entrent également dans le champ du commerce électronique les services tels que ceux consistant à fournir des informations en ligne, des communications commerciales et des outils de recherche, d'accès et de récupération de données, d'accès à un réseau de communication ou d'hébergement d'informations, y compris lorsqu'ils ne sont pas rémunérés par ceux qui les reçoivent*[247] *».*

§ 432. Les règles spéciales applicables en matière de commerce électronique sont donc destinées à s'appliquer pour toute activité de commerce dont au moins une des étapes est dématérialisée. Notons par là même que le texte vise bien la notion de « personne » : l'« e-commerçant » professionnel ou non-professionnel se verra appliquer le régime de l'e-commerce. Il n'est enfin pas nécessaire que l'activité de commerce en ligne s'exerce à titre rémunéré. Le champ d'application de cette loi est donc immensément vaste, probablement pour renforcer le contrôle exercé sur internet, et de ce fait encourager les activités dématérialisées en accroissant la confiance de l'acheteur à distance, qu'il soit consommateur ou non.

L'ensemble des directives européennes relatives au commerce électronique, de même que l'ensemble des lois les transposant en droit interne, amène aujourd'hui à considérer le commerce électronique comme un droit à part puisque chaque étape est par nature dérogatoire du droit commun. Avant même la rencontre des volontés, l' « e-commerçant » est tenu à une grande variété d'obligations, nécessaires à la bonne information du public et au respect du droit de la concurrence (Section I). La rencontre des volontés et les modalités du contrat doivent de plus être davantage encadrées sur internet, notamment du fait de la facilité et de la rapidité de conclusion d'un contrat par ce biais (Section 2). Enfin, la dématérialisation

---

[246] Transposée en droit français par l'ordonnance 2001-741 du 23 août 2001.

[247] Art 14 de la loi dite « LCEN » n°2004-575 du 21 juin 2004.

des échanges et l'étendue du réseau rendent plus difficile le contrôle de la vente de certains produits particuliers, des règles spécifiques ont donc dû leur être particulièrement consacrées (Section 3).

Il est à noter que le code de la consommation a été entièrement recodifié à droit constant, par l'ordonnance du 14 mars 2016[248]. L'objectif était de réorganiser et remettre de la cohérence dans ses dispositions. Le nouveau code est entré en vigueur le 1er juillet 2016.

SECTION I. LES RÈGLES PRÉALABLES SUR INTERNET

§ 433. Internet est le mode de communication et d'information pour lequel l'utilisateur est le plus actif. Il est amené à naviguer de pages en pages, à cliquer lui-même sur certaines publicités (et donc à les solliciter), mais aussi à s'inscrire, par le biais de *newsletters*, à des envois ponctuels et choisis de publicité. Cette interactivité, si elle réjouit les annonceurs, multiplie les possibles et peut occasionner une gêne pour l'utilisateur si elle est intempestive, non sollicitée ; elle peut de ce fait constituer une violation de ses données personnelles ou professionnelles et de sa vie privée.

Des règles ont donc été imposées, aux niveaux communautaire et national, pour régir cette publicité (Sous-section I) et permettre une parfaite information de l'utilisateur (Sous-section 2) pour que celui-ci ait accès à une plateforme sécurisée, claire et respectueuse de ses droits et libertés pour effectuer ses opérations de commerce électronique.

SOUS-SECTION I. RÈGLES DE PUBLICITÉ

§ 434. Les avantages d'internet en matière de publicité sont nombreux, mais il est primordial que les pratiques soient encadrées (II) pour garantir les droits des utilisateurs. La bonne appréciation de ces règles et de leur nécessité passera d'abord par une vue d'ensemble juridique et pratique de ce qu'est la publicité et de ses enjeux actuels (I).

I. Définition et aspects pratiques

§ 435. La **publicité**, si elle est génératrice de capitaux, n'a pas toujours bonne presse dans l'opinion publique. Elle est cependant nécessaire au développement des acteurs économiques de notre temps, et a dû, très tôt, être réglementée. C'est encore le droit communautaire qui nous a apporté la définition juridique, toujours utilisée aujourd'hui, de ce qu'est la publicité:

---

[248] 2016-301 relative à la partie législative du code de consommation

« Aux fins de la présente directive, on entend par 1) publicité : toute forme de communication faite dans le cadre d'une activité commerciale, industrielle, artisanale ou libérale dans le but de promouvoir la fourniture de biens ou de services, y compris les biens immeubles, les droits et les obligations »[249].

§ 436. La loi française, si elle n'a pas jugé utile d'insérer une définition légale de la publicité en sus de la définition communautaire, a cependant défini en 2004 la prospection directe comme étant :

« L'envoi de tout message destiné à promouvoir, directement ou indirectement, des biens, des services ou l'image d'une personne vendant des biens ou fournissant des services[250]. »

Le premier espace de visibilité pour un vendeur ou prestataire de service sur le web est bien évidemment la publicité. Elle est omniprésente sur internet au même titre que pour les autres médias, avec comme particularité d'être interactive et instantanée. Une publicité par bandeaux, écrans, *pop-up* (fenêtre à ouverture intempestive) ou liens commerciaux est efficace si elle incite l'utilisateur à cliquer immédiatement sur le lien proposé. Une fois la fenêtre fermée, ou si l'utilisateur continue sa navigation sur une autre page, la visibilité de l'annonce redevient nulle, et sa trace dans l'esprit de l'utilisateur, très faible. Il est donc primordial pour les annonceurs de se positionner sur un site populaire, visible et d'organiser des campagnes efficaces pour tirer parti de l'instantanéité qu'offre le média internet. Mais cette publicité, si elle laisse à l'utilisateur une impression d'omniprésence, reste finalement peu intrusive si elle est utilisée avec parcimonie.

§ 437. En revanche, un autre type de publicité est utilisé massivement sur internet et cherche à attirer les utilisateurs d'une manière plus forte encore. Il s'agit notamment du *spamming* (ou démarchage numérique) qui consiste en l'envoi de publicités directement sur la boite mail, ou encore de la publicité via les chats ou sites de rencontre par le biais de conversations privées initiées par les annonceurs, vantant les mérites de tel ou tel produit ou service. Ces modes de publicité « intrusive » peuvent poser quelques doutes quant à leur légalité, surtout lorsque leur destinataire n'est pas clairement identifié ou identifiable, ou encore que les « cibles » des annonceurs sont des mineurs.

La loi, très influencée par la pratique, est donc intervenue pour réglementer la publicité sur le net.

II. Obligations de l'auteur de la publicité

§ 438. Il convient tout d'abord de détailler le régime applicable en matière de publicité numérique (A) avant de se pencher sur le problème du

[249] Art 2, 1) directive n°84/450/CE du 10 septembre 1984
[250] Art L 34-5 alinéa 3 du Code des Postes et des Communications Electroniques

démarchage en ligne, ou spamming, qui bien qu'étant une forme particulière de publicité (les règles générales lui sont donc applicables), reste un mode de prospection particulièrement intrusif qu'il convient d'encadrer plus strictement (B).

A. Les obligations relatives à la publicité en ligne

§ 439. La **publicité en ligne** emprunte de nombreux traits au régime juridique de la publicité de droit commun, tout en conservant sa spécificité (1). Mais comme souvent, le consommateur bénéficie d'un ensemble de règles ayant pour but de gommer les conséquences de sa position de « partie faible » dans les contrats, et ce dès la phase de publicité (2).

1. Règles générales

§ 440. La publicité en ligne doit être lisible pour le potentiel acheteur . Il ne doit pas être induit en erreur sur les produits et services proposés, et il doit lui être permis de comprendre ce à quoi il est confronté. Un potentiel acheteur doit pouvoir clairement identifier que le message qui se présente à lui est un message publicitaire (a), ou, le cas échéant, une offre commerciale ou un jeu concours à finalité promotionnelle (b). Pour sa pleine compréhension, celle-ci doit être éditée en langue française (c).

a. Obligation d'identification de la publicité

§ 441. L'obligation d'identifier le message comme étant publicitaire est classique, puisqu'imposée par le droit européen[251], et mentionnée dans la loi relative à la liberté de communication[252]. La Cour d'appel de Rennes a admis que cette disposition s'appliquait aussi à la publicité sur internet[253], mais la LCEN est venue réaffirmer clairement cette obligation:

> *« Toute publicité, sous quelque forme que ce soit, accessible par un service de communication au public en ligne, doit pouvoir être clairement identifiée comme telle »*[254].

Il est donc clairement admis que cette disposition s'applique à la publicité par internet. La mention « publicité », « lien commercial » ou « email/lien partenaire » est donc souvent observée en pratique, pour satisfaire à cette disposition.

---

[251] Art. 2, § 1, de la directive 84/450/CE du 10 septembre 1984 relative à la publicité trompeuse

[252] Art. 43 de la loi n°86-1067 du 30 septembre 1986

[253] CA Rennes, réf. 31 mars 2000, Comm. Com. Electr., 2000, n°6, obs. Ch. Galloux

[254] Art. 20 de la loi n°2004-575 du 22 juin 2004

b. Obligation de transparence

§ 442. La LCEN a par ailleurs instauré trois nouvelles dispositions, codifiées au sein du Code de la consommation, relatives aux offres, concours et jeux promotionnels[255]. Lorsque ces publicités sont communiquées par courrier électronique, leur nature, leur contenu et leurs modalités doivent être clairement identifiés et de manière non équivoque, et cela dès la réception du message ou, en cas d'impossibilité technique, dans le corps du message[256]. Ces messages doivent aussi indiquer une adresse ou moyen électronique permettant effectivement au destinataire de transmettre une demande visant à obtenir que ces publicités cessent. Les conditions d'accès aux offres ou de participation aux concours doivent de la même manière être accessibles facilement et clairement[257].

Depuis la loi du 17 mars 2014, tout manquement à ces dispositions est passible d'une amende dont le montant ne peut excéder 3 000 euros pour une personne physique et 15 000 euros pour une personne morale.[258]

Bien que codifiées au sein du Code de la consommation, ces dispositions s'appliquent aussi aux jeux concours et offres promotionnelles à destination des professionnels[259].

c. Obligation de langue française

§ 443. Dans le but de protéger au mieux le consommateur, la publicité doit s'effectuer en français. Les slogans utilisés par des sociétés d'origine étrangère doivent par conséquent être traduits. Il est cependant autorisé que cette traduction se fasse par renvoi (astérisque renvoyant au bas de la page par exemple). Cette disposition a pour origine la loi Toubon[260] qui généralise l'obligation d'emploi du français pour un grand nombre de pratiques, mais elle n'a pas été spécialement modifiée ou complétée pour ce qui concerne internet.

Cependant, du fait de l'essence internationale du site internet, il est impossible d'imposer qu'un site rédigé en langue étrangère diffuse des publicités en français. Les publicités en langue étrangère sont donc admises dans ce cas. Néanmoins, ce problème tend à s'estomper ; de plus en plus de site proposent en effet de la publicité ciblée. Lors de la connexion, le site identifie la localisation de l'internaute (par l'adresse IP, l'identifiant ou les renseignements contenus dans le profil public de l'intéressé) et propose des publicités en rapport avec sa localisation géographique, donc souvent dans la langue officielle du pays. Cela pose néanmoins le problème de la protection

---

[255] Art 21 de la loi n°2004-575 du 22 juin 2004
[256] Art. L. 122-8 du Code de la consommation
[257] Art. L. 122-9 du Code de la consommation
[258] Art. L. 132-26 du Code de la consommation
[259] Art. L. 122-10 du Code de la consommation
[260] Loi n° 94-665 du 4 août 1994 relative à l'emploi de la langue française dite « loi Toubon »

de la vie privée, et la publicité ciblée n'est légale que si elle est basée sur des renseignements obtenus par des moyens respectant la législation sur le point de la collecte des données (cf. *infra* § 527 s.).

2. Règles nécessaires à la protection de l'e-consommateur

§ 444. En plus des règles de base que nous venons d'étudier, il est nécessaire de prévoir quelques règles supplémentaires destinées à la protection particulière du consommateur. La publicité trompeuse (a) et la publicité comparative (b) font donc l'objet d'un encadrement législatif important, et souvent efficace.

a. Prohibition de la publicité trompeuse

§ 445. La législation relative à la publicité trompeuse est mue par deux dynamiques : d'un côté, la protection évidemment nécessaire du consommateur du fait de l'importance de la publicité dans les choix de consommation, de l'autre, la prohibition des pratiques de concurrence déloyale.

La définition de la publicité trompeuse est clairement exposée à l'article L.121-2 du Code de la consommation. Quatre pratiques en sont constitutives :

- la publicité créant un risque de confusion avec un autre produit ou le signe distinctif d'un concurrent ;
- la publicité susceptible d'induire le consommateur en erreur sur la nature, le prix, la disponibilité, ou les accessoires du bien ou service concerné ;
- la publicité n'identifiant par clairement celui pour le compte de qui elle est faite ;
- la publicité ne contenant pas certaines informations substantielles, ou si ces informations sont fausses ou peu claires.

Le non-respect de ces dispositions entraine l'application d'un certain nombre de sanctions pénales[261], pouvant aller jusqu'à deux ans d'emprisonnement et 300 000 euros d'amende ou encore être porté à 10 % du chiffre d'affaires moyen annuel. Cette amende peut s'accompagner, outre le retrait de la publicité en question, d'un certain nombre de publications rectificatives, voire de la fermeture d'un site internet.

b. Règles particulières à la publicité comparative

§ 446. La publicité comparative est autorisée depuis la directive n°97/55/CE du 6 octobre 1997 et sa transposition en droit interne par l'ordonnance n°2001-741 du 23 août 2001. Elle est cependant fortement

[261] Art. L.454-1 et suivants Du Code de la consommation

encadrée, toujours dans le but de préserver les intérêts des consommateurs et les bonnes pratiques concurrentielles.

« Toute publicité qui met en comparaison des biens ou services en identifiant, implicitement ou explicitement, un concurrent ou des biens ou services offerts par un concurrent n'est licite que si :

1° Elle n'est pas trompeuse ni de nature à induire en erreur ;

2° Elle porte sur des biens ou services répondant aux mêmes besoins ou ayant le même objectif ;

3° Elle compare objectivement une ou plusieurs caractéristiques essentielles, pertinentes, vérifiables et représentatives de ces biens ou services, dont le prix peut faire partie »[262].

Ce type de publicité est donc soumis à des conditions assez difficiles à mettre en œuvre en pratique, et c'est un domaine dans lequel la sécurité juridique est encore trop faible ; il est donc très peu répandu en France. En effet, la publicité comparative doit être effectuée dans le respect des droits des concurrents, et il est notamment interdit de tirer profit de la renommée d'un produit ou d'une marque concurrents pour promouvoir les siens (cf. *supra* § 249). Aucun discrédit ou aucune confusion n'est autorisé. Se pose alors la question de la place des sites comparateurs de prix dans ce contexte d'encadrement de la publicité comparative. Après de nettes hésitations, il a été décidé de la parfaite légalité des sites édités par une entreprise proposant une étude comparative des produits qui ne lui sont pas concurrents[263]. En revanche, les sites proposant une comparaison entre produits concurrents des siens propres doivent se conformer aux dispositions législatives strictes encadrant la publicité comparative.

B. Les obligations relatives au démarchage en ligne et au spamming

§ 447. En 2015, un mail échangé sur deux dans le monde est un spam[264], et certains sont une tentative de hameçonnage [265] (ou *phishing*, technique utilisée pour obtenir volontairement des données personnelles des internautes). L'étendue de la publicité par email est donc considérable.

Les conséquences de ces pratiques peuvent être regrettables, notamment pour le consommateur, elles sont cependant lucratives pour les expéditeurs de ces messages à vocation publicitaire. De nombreuses techniques sont utilisées, notamment de fausses annonces de gain à un jeu concours, de faux mails d'alerte concernant la fermeture prochaine d'un site… Elles ont souvent pour but de collecter une adresse mail ou de s'assurer de sa validité,

---

[262] Art. L. 122-1 Du Code de la consommation

[263] T. com. Nanterre, réf. 7 déc. 2006, comm com. Electr ; n° 2,

[264] Source Symantec

[265] Source : Symantec

la localisation de son propriétaire, son âge, voire même ses coordonnées bancaires ; elles peuvent permettre l'envoi de publicités ciblées, ou faciliter des opérations de fraude pure et simple.

§ 448. Devant une telle diversité de pratiques, il était important d'opérer un tri fondé sur des critères objectifs et permettant d'assurer une certaine sécurité des boites mails des entreprises et des individus.

Les seules opérations de démarchage en ligne qui sont autorisées sont celles qui se conforment aux exigences suivantes :

- La prospection directe de masse visant à adresser un même message à une liste de diffusion (un *mailing*) au moyen d'un courrier électronique n'est autorisée que sous réserve du consentement préalable de la personne physique destinataire ;
  Ce consentement implique que la personne ait été consciente de l'utilisation qui serait faite de ses données personnelles, et donc qu'elle les ait divulguées en connaissance de cause ;
- Le destinataire personne physique doit pouvoir se désinscrire à tout moment de ladite liste de diffusion, ce qui implique la connaissance de l'expéditeur du *mailing* ;
- La CNIL a d'ailleurs sanctionné une société à l'origine de *mailings* publicitaires sans mettre à disposition des destinataires des moyens efficaces pour se désabonner et ainsi ne plus recevoir les newsletters[266].
- La prospection directe est aussi autorisée dans le cadre de la vente d'une liste de diffusion à la même personne morale ou physique, pour des services analogues ou similaires. Le destinataire doit pouvoir refuser que ses données soient vendues dans ce cadre, et doit pouvoir par là même facilement se désinscrire.

Ces dispositions sont codifiées au sein de l'article L34-5 de Code des postes et des télécommunications. Les pratiques consistant à envoyer des publicités non sollicitées sont considérées comme du *spamming*.

Rappelons que ces diligences sont à observer en plus des règles générales régissant la publicité, le démarchage électronique doit donc aussi être clairement défini comme tel et respecter les droits des consommateurs.

§ 449. L'efficacité des textes anti-*spamming* est peu connue, en réalité il est souvent difficile d'identifier la réelle provenance d'un email. Certains outils et filtres sont mis à la disposition des utilisateurs par les services de messagerie personnelle, plus ou moins efficacement.

SOUS-SECTION II. OBLIGATION D'INFORMATION

§ 450. La publicité, sur internet comme ailleurs, a pour but premier de faire la promotion de produits ou d'une marque ; néanmoins elle a pour

[266] Délibération de la CNIL n° 2010-232 du 17 juin 2010

beaucoup une vocation informative du fait de la place prépondérante qu'elle détient au sein du choix des acheteurs. Ainsi, sur internet, il est important plus qu'ailleurs d'assurer une identification claire et honnête de l'auteur de la publicité (I), mais aussi du prix du ou des produits dont les mérites sont vantés (II).

I. Obligation d'identification de l'auteur et de l'éditeur

§ 451. Au-delà même du cas particulier de la publicité en ligne où l'identification de celui pour le compte duquel elle est opérée est une obligation[267], toutes les opérations à finalité commerciale effectuées sur internet doivent comporter clairement l'identification de leur auteur (ou expéditeur).

C'est l'article 19 de la LCEN qui pose cette condition. L'e-commerçant est tenu de permettre au destinataire des biens ou services d'accéder facilement et clairement à son nom ou sa raison sociale, son adresse, son email et son numéro de téléphone, son numéro d'immatriculation au RCS, son capital social et l'adresse de son siège social ainsi que son numéro d'identification à la TVA.

Ce type de mentions rassure le consommateur sur le sérieux de l'opération commerciale et lui permet évidemment de pouvoir contacter l'expéditeur des publicités ou des offres, ainsi que de dénoncer les manquements à ses droits.

II. Obligation de transparence quant aux prix

§ 452. Lorsqu'une publicité ou une offre (au sens courant) mentionne un prix, celui-ci doit être clair et ne pas comporter d'ambiguïté quant à ce à quoi il correspond. Savoir si les frais de livraisons ou les taxes sont inclus peut être déterminant dans le choix opéré par l'utilisateur final, qui ne doit pas être induit en erreur sur ce point. Cette obligation est proclamée au sein de l'article 19 de la LCEN.

SECTION II. LA CONTRACTUALISATION EN LIGNE

§ 453. Qu'il ait été ou non convaincu par une publicité en ligne, l'utilisateur d'internet peut décider d'effectuer ses achats directement en ligne sur le site du fabricant ou d'un distributeur, mais aussi par le biais de « courtiers virtuels » ; il peut aussi être amené à consommer des services. Si elle a évidemment un certain nombre d'avantages indéniables, la

---

[267] Art. 20 de la loi 2004-575 du 21 juin 2004 « *Toute publicité, sous quelque forme que ce soit, accessible par un service de communication au public en ligne [...] doit rendre clairement identifiable la personne physique ou morale pour le compte de laquelle elle est réalisée* ».

contractualisation en ligne inquiète, notamment en raison de la distance certaine qui existe entre le vendeur et le potentiel acheteur ou même sur la véritable identité de ces derniers. De nombreuses règles peuvent être enfreintes beaucoup plus facilement lorsque la rencontre des volontés et le paiement s'effectuent virtuellement (cf. *supra* § 321 s. pour le droit commun). La loi a donc dû s'adapter à l'évolution des mœurs, de plus en plus en faveur du commerce concrétisé sur internet, et adapter les règles de formation du contrat (Sous-section I), de paiement (Sous-section II) et d'exécution (Sous-section III) à ce nouveau média.

SOUS-SECTION I. LA FORMATION DU CONTRAT

§ 454. En droit français, le contrat se forme par la rencontre des volontés. Le consentement des parties est ainsi au centre du contrat. Les relations entre elles doivent également être gouvernées par la bonne foi.

§ 455. Pour que la rencontre des volontés s'effectue, on doit être en présence d'une offre (I) et d'une acceptation (II). La concrétisation de ces deux étapes en ligne amène un certain nombre d'incertitudes que la loi et la jurisprudence ont dû lever.

I. L'offre en ligne

§ 456. Le vendeur ou prestataire de service qui souhaite fournir ses biens ou prestations par internet est soumis aux règles applicables en matière d'offre (au sens juridique, appelée aussi *pollicitation*, cf. *supra* § 322). L'article 1127-1 du Code civil prévoit justement très précisément les modalités de l'offre en ligne.

§ 457. Les conditions contractuelles applicables sont ainsi nécessairement mentionnées, il s'agira du prix, de la nature et de la quantité des produits. Du fait de l'immatérialité du vecteur de l'offre, le Code civil prévoit que :

« *L'offre énonce en outre :*

1° Les différentes étapes à suivre pour conclure le contrat par voie électronique ;

2° Les moyens techniques permettant au destinataire de l'offre, avant la conclusion du contrat, d'identifier d'éventuelles erreurs commises dans la saisie des données et de les corriger ;

3° Les langues proposées pour la conclusion du contrat au nombre desquelles doit figurer la langue française;

4° Le cas échéant, les modalités d'archivage du contrat par l'auteur de l'offre et les conditions d'accès au contrat archivé ;

5° Les moyens de consulter par voie électronique les règles professionnelles et commerciales auxquelles l'auteur de l'offre entend, le cas échéant, se soumettre. »

L'expéditeur de l'offre doit donc donner une information complète sur les modalités de conclusion et d'exécution du contrat qui devront s'appliquer si le destinataire de l'offre y répond favorablement. Contrairement à la solution qui prévaut en droit commun, le manquement à l'obligation d'apporter certaines informations n'entraine pas la responsabilité civile de celui qui en est à l'origine. C'est la formation du contrat qui est ici mise en péril, en l'absence d'offre valable.

§ 458. Ce même article déroge aussi sévèrement au droit commun en fixant plus avant les limites de l'offre. L'auteur de l'offre reste engagé par elle tant qu'elle est accessible par internet. Tant que l'utilisateur peut y répondre, l'auteur de l'offre sera tenu de l'honorer. Sa responsabilité sera engagée s'il est dans l'impossibilité de livrer en raison d'insuffisance de stocks et qu'il n'a pas pris les diligences nécessaires pour retirer cette offre. Bien entendu, le vendeur n'est tenu de supprimer l'offre que sur les sites qui lui sont accessibles. Il ne sera pas tenu responsable du maintien d'une offre qu'il n'aurait pas pu enlever lui-même. L'auteur de l'offre est aussi tenu de la limiter géographiquement s'il n'entend pas pouvoir l'honorer dans le monde entier.

§ 459. Le droit de la consommation a mis en place des obligations d'information plus contraignantes à la charge du vendeur dans le cadre de la conclusion de contrats avec des consommateurs. Ce sont les nouveaux articles L 221-5 et suivants du Code de la consommation qui encadrent l'obligation d'information précontractuelle propre aux contrats conclus à distance. Le texte renvoie d'abord aux informations générales que le professionnel est toujours tenu de communiquer au consommateur : caractéristiques essentielles du bien ou service, délai de livraison, identité du vendeur, coordonnées, etc. A cela s'ajoutent les informations propres aux contrats conclus à distance, elles concernent notamment : l'existence du droit de rétractation et ses modalités, les frais de renvoi, les modalités de résiliation, le mode de règlement des litiges, les conditions contractuelles, les moyens de paiements, etc.

L'article L. 221-11 précise que dans le cadre des contrats conclus à distance, ces informations doivent être fournies au consommateur « *de manière lisible et compréhensible* » ou être mises à sa disposition « *par tout moyen adapté à la technique de communication à distance utilisée* ».

§ 460. Par ailleurs, ces informations doivent être à nouveau communiquées, une fois le contrat conclu, sur support durable dans un délai raisonnable, au moment de la livraison du bien ou au débit de l'exécution du service, sauf si cette communication a déjà été effectuée sur un tel support.[268]

[268] Art. L. 221-13 du Code de la consommation

Peut être qualifié de support durable « *tout instrument permettant au consommateur ou au professionnel de stocker des informations qui lui sont adressées personnellement afin de pouvoir s'y reporter ultérieurement pendant un laps de temps adapté aux fins auxquelles les informations sont destinées et qui permet la reproduction à l'identique des informations stockées.* »[269] La jurisprudence européenne a par exemple considéré que le simple renvoi, par un lien hypertexte, à une page web où figuraient les conditions générales de vente n'était pas constitutif d'un support durable[270]. La plupart du temps, le support durable sera constitué par un écrit ou par un fichier numérique tel qu'un document PDF.

II. L'acceptation en ligne

§ 461. Une fois que l'utilisateur a pris connaissance de l'offre, il peut l'accepter, c'est ce qui caractérise la rencontre des volontés entre les deux parties ; c'est aussi ce qui forme le contrat (cf. *supra* § 322 s. pour le droit commun). Il est admis que cette acceptation puisse se manifester par un clic, ou plutôt par un double clic (A) mais la loi a mis en place un dispositif plus lourd, utile pour certains types de contrats, consistant en une signature électronique (B). Au surplus, le consommateur bénéficie quant à lui d'une faculté de rétractation (C).

A. Le processus de l'acceptation: le double clic

§ 462. L'essence même du commerce électronique réside dans l'instantanéité et dans la facilité. Il est plus rapide et plus simple de contracter sur internet que par un échange de lettres ou de fax. Cette rapidité a pourtant ses écueils, qui pénaliseront en tout état de cause l'acheteur, le privant d'un temps souvent nécessaire à la réflexion et à la pondération.

§ 463. Pour pallier cette difficulté, la loi a instauré la formalité dite du « double clic ».

> « *Le contrat n'est valablement conclu que si le destinataire de l'offre a eu la possibilité de vérifier le détail de sa commande et son prix total et de corriger d'éventuelles erreurs avant de confirmer celle-ci pour exprimer son acceptation définitive.* »

Juridiquement, cette exigence s'apparente clairement à une double-acceptation, ce qui est purement et simplement antinomique par rapport au droit commun (cf. *supra* § 322). Cette règle du double clic a pour ambition d'éviter les erreurs et les actes irréfléchis. C'est pour cela qu'elle ne s'applique qu'aux échanges conclus entièrement sur internet, et non aux contrats qui sont conclus par le biais d'un échange d'emails.

---

[269] Art. L. 221-1 du Code de la consommation
[270] CJUE, 5 juillet 2012, aff. C-49/11

L'auteur de l'offre doit par ailleurs accuser réception sans délai de la commande passée. En pratique, il envoie immédiatement un email automatique sur l'adresse donnée par l'acheteur au moment de la finalisation de l'acceptation.

Par ailleurs, l'article 1127-2 du Code civil précise que « *la commande, la confirmation de l'acceptation de l'offre et l'accusé de réception sont considérés comme reçus lorsque les parties auxquelles ils sont adressés peuvent y avoir accès* ». Cela signifie que la simple présence du courrier électronique dans la boite mail de celui qui a accepté l'offre ne permettra pas d'affirmer que ce courrier est reçu tant que cette personne n'aura pas effectivement consulté ce mail.

B. La signature électronique

§ 464. La signature électronique est un procédé mis en place par la directive n°1999/93/CE du 13 décembre 1999 qui permet l'acceptation d'un contrat électronique en offrant un mode de preuve renforcé, puisqu'il a été déclaré équivalent à l'écrit sur support papier lors de la transposition de la directive en droit français[271].

La signature est ainsi définie par la loi au sein de l'article 1367 du Code civil :

> « *La signature nécessaire à la perfection d'un acte juridique identifie son auteur. Elle manifeste son consentement aux obligations qui découlent de cet acte.* »

Elle remplit donc la double fonction d'identification des parties et de preuve de l'intégrité du consentement.

Récemment et pour la première fois, une décision de justice publiée a reconnu la valeur probatoire d'un avenant établi sous forme d'un écrit signé électroniquement.[272]

§ 465. En pratique, un tiers certificateur met en place un procédé technique permettant l'apposition de la signature des cocontractants ; ce tiers garantit par le biais de ce procédé l'identité et la véracité du consentement des parties en attachant une certification électronique à chaque signature. Un décret[273] fixe les exigences auxquelles doit se conformer le tiers certificateur, parmi lesquelles :

- la fiabilité des services de certification électronique ;
- l'assurance du bon fonctionnement d'un service d'annuaire recensant les certifications électroniques ;
- l'assurance du bon fonctionnement d'un service de révocation des certificats ;

---

[271] Par la loi n°2000-230 du 13 mars 2000

[272] CA Nancy, ch. civ. 2, 14 févr. 2013, n° 12/01383

[273] Art. 6 II du décret n° 2001-272 du 30 mars 2001 pris en application de l'ancien article 1316-4 du Code civil relatif à la signature électronique

- la vérification effective de la date et l'heure de la signature ainsi que de l'identité des signataires.

En tout état de cause, le procédé utilisé doit être fiable ; mais cette fiabilité est présumée, en raison notamment des exigences que doivent remplir les tiers certificateurs. Un procédé de vérification est prévu et accordé au juge si l'issue du litige en dépend, et sur demande de l'une des parties.

Mais du fait de la lourdeur de ce processus, notamment en raison du procédé de cryptologie utilisé dans la majorité des cas, la signature électronique n'est que peu utilisée en pratique. Elle n'est pas obligatoire, ni pour constituer l'acceptation, ni pour en apporter la preuve.

C. La faculté de rétractation du consommateur

§ 466. Par ailleurs, et toujours du fait de la rapidité de conclusion d'un contrat informatique d'une part, et de l'éloignement géographique entre les parties, et entre le consommateur et le produit d'autre part, le législateur a prévu un délai de rétractation au profit du consommateur partie à un contrat de vente ou de services effectué à distance. Ce délai, comme de nombreuses autres dispositions, a été modifié par la loi n°2014-344 du 17 mars 2014 dite loi Hamon, transposition de la directive 2011/83/UE du 25 octobre 2011 relative aux droits des consommateurs. Les dispositions de cette loi ne s'appliquent qu'aux contrats conclus après son entrée en vigueur en 2014.

A compter de la réception des biens ou de l'acceptation de l'offre de service, le consommateur dispose donc d'un délai de 14 jours pour changer d'avis et se rétracter, sans avoir à motiver sa décision[274].

Ce délai court à compter de la conclusion du contrat pour les prestations de service et de la réception du bien pour les fournitures de bien. Concrètement, le consommateur « sort » du contrat. Il n'est plus lié par lui et n'est donc pas tenu d'exécuter les obligations (notamment de paiement) qu'il contient. Ce délai est allongé pour les contrats que le législateur a considérés comme étant d'une particulière gravité. Les contrats de service financier conclus à distance sont assortis d'un délai de 14 jours pour effectuer la rétractation[275], ce délai est porté à 30 jours pour les assurances vie[276] (cf. *infra* § 496 s.).

Il devra prévenir le vendeur ou le prestataire dans ce délai, et procéder au renvoi des biens le cas échéant. Ce renvoi devra intervenir dans les 14 jours qui suivent la rétractation. Le consommateur supporte à ce titre les coûts directs de renvoi des biens, sauf si le professionnel accepte de les prendre à

---

[274] Art. L. 221-18 du Code de la consommation
[275] Art. L. 222-7 du Code de la consommation
[276] Art. L. 132-5-1 du Code des assurances

sa charge ou si ce dernier n'a pas informé le consommateur que cette prise en charge lui incombait.

Le vendeur doit de son côté rembourser le consommateur rétractant dans un délai de 14 jours à compter de la date à laquelle il est informé de la décision de rétractation.[277]

§ 467. Ce droit de rétractation connaît quelques exceptions cependant, pour encore une fois éviter les abus voire les fraudes de la part des consommateurs. Il s'agît, pêle-mêle[278] des fournitures :

- de services pleinement exécutés avant la fin du délai de rétractation exécutés après accord du consommateur et renoncement à son droit de rétractation ;
- de biens ou de services dont le prix dépend de fluctuations sur le marché financier ;
- de biens susceptibles de se détériorer ou de se périmer rapidement ;
- d'enregistrements audio ou vidéo ou de logiciels informatiques lorsqu'ils ont déjà été descellés ;
- d'un journal, d'un périodique ou d'un magazine, sauf contrats d'abonnement.

III. Le contrat électronique

§ 468. Même si par principe le contrat est librement formé dès la rencontre des volontés, il est des cas où la loi, par souci de protection d'une ou des deux parties, exige un écrit, soit à titre de preuve du contrat (A), soit à titre de validité du contrat (B), et cela même si le contrat a été conclu électroniquement.

A. L'écrit à titre de preuve du contrat

§ 469. L'écrit peut être exigé à titre de preuve dans certains cas énumérés par la loi (c'est l'écrit *ad probationem*), et notamment pour tout engagement supérieur ou égal à 1 500 euros[279] en matière non commerciale.

Les articles 1366 et suivants du Code civil posent le principe de l'équivalence de la valeur probante entre l'écrit papier et l'écrit électronique, à condition que ce dernier remplisse deux exigences :

- *« que puisse être dûment identifiée la personne dont il émane », et*
- *« qu'il soit établi et conservé dans des conditions de nature à en garantir l'intégrité*[280] *».*

---

[277] Art. L. 221-24 du Code de la consommation
[278] Art. L. 221-28 du Code de la consommation
[279] Art. 1359 CCiv et son décret d'application n°80-533 du 20 août 2004
[280] Art. 1366 CCiv

B. L'écrit à titre de validité du contrat

§ 470. Dans les cas où l'écrit a été exigé à titre de validité du contrat, le Code civil prévoit aussi la possibilité de recourir à l'écrit électronique. Il s'agit là du principe de validité de l'écrit électronique *ad validitatem*.

Ce principe est consacré à l'article 1174 du Code civil :

« *Lorsqu'un écrit est exigé pour la validité d'un contrat, il peut être établi et conservé sous forme électronique dans les conditions prévues aux articles 1366 et 1367 et, lorsqu'un acte authentique est requis, au deuxième alinéa de l'article 1369.*

Lorsqu'est exigée une mention écrite de la main même de celui qui s'oblige, ce dernier peut l'apposer sous forme électronique si les conditions de cette apposition sont de nature à garantir qu'elle ne peut être effectuée que par lui-même. »

L'écrit doit bien sûr se conformer aux exigences de lisibilité[281] et en matière de nombre d'exemplaires[282] si des dispositions en la matière ont été prévues par une loi pour certains contrats spéciaux.

§ 471. Cependant, ce principe est accompagné de deux exceptions très circonscrites, qui s'expliquent eu égard à la gravité et à l'importance des contrats passés. L'article 1175 du Code civil interdit donc l'acte sous signature privée électronique pour les actes liés au droit de la famille et aux successions, ainsi que pour les suretés personnelles ou réelles de nature civile ou commerciale.

L'acte authentique électronique a été autorisé au sein de l'article 1369 du Code civil, sous réserve du respect d'un certain nombre de conditions.

SOUS-SECTION II. LE PAIEMENT EN LIGNE

§ 472. Lorsqu'une commande est effectuée en ligne, ou en règle générale, en cas de transfert d'argent entre des personnes physiquement éloignées, le paiement numérique est aujourd'hui une solution qui est choisie de plus en plus souvent du fait de sa rapidité et de sa praticité (I). Il est de plus en plus plébiscité, même si des inquiétudes subsistent chez les acheteurs quant à leur sécurité, et cela bien que les risques demeurent faibles en pratique (II).

I. Les modalités du paiement en ligne

§ 473. Le paiement à distance peut s'effectuer soit directement, soit par l'intermédiaire d'un tiers.

---

[281] Art. 1176 CCiv
[282] Art. 1177 CCiv

Le **paiement direct** consiste à prélever directement la somme donnée sur le compte du débiteur et à la verser sur le compte du créancier. Le mode le plus courant et le plus rapide pour ce genre de transactions est le paiement par carte bancaire. Dans ce cas, le vendeur reçoit la confirmation du paiement avant d'exécuter sa propre obligation de délivrance ou de livraison. Ce mode de paiement est considéré comme peu sécurisé par les utilisateurs pour deux raisons. D'une part, aucune preuve ne peut être apportée quant au fait que l'acheteur est bel et bien le titulaire de la carte, et qu'il l'a effectivement en sa possession au moment de finaliser la transaction. Diverses méthodes sont utilisées pour assurer la sécurisation de ce mode de paiement. On pense notamment à certaines banques qui ont mis en place un fichier de demande de renseignements personnels non-inscrits sur la carte (comme la date de naissance) ; il doit être rempli correctement pour que la transaction par carte bancaire soit acceptée. D'autres banques ont installé un système de double authentification qui confère un niveau de sécurité supplémentaire, en validant le paiement par l'envoi d'un code par SMS sur un numéro préenregistré par le titulaire de la carte bancaire. D'autre part, les utilisateurs ont souvent peur d'une « fuite » de leurs données bancaires lors de leur saisie sur internet, mais ce risque est pratiquement inexistant et est souvent couvert par les assurances puisque leur preuve est réellement facile à apporter.

Le **paiement indirect** en revanche s'effectue par le biais de ce que l'on appelle les « tiers de confiance ». Le vendeur et l'acheteur finalisent leur transaction par email et aucune des parties ne se voit communiquer les données bancaires de l'autre. Seul le tiers est en possession de ces données et il organise les échanges monétaires sur un réseau sécurisé par ses soins. Cette solution est très répandue, notamment pour les échanges entre particuliers (PayPal pour eBay à titre d'exemple).

II. Les recours contre les fraudes en ligne

§ 474. Le titulaire d'un moyen de paiement qui aurait connaissance d'une utilisation frauduleuse de celui-ci doit en informer son prestataire de services de paiement dans un délai maximal de 13 mois[283] afin d'en obtenir le remboursement immédiat et sans autre condition[284]. Cette information vaut blocage du moyen de paiement[285], pour empêcher que les utilisations frauduleuses se répètent.

§ 475. Si ce moyen de paiement est doté d'un dispositif de sécurité personnalisé (en clair : une carte bancaire qui serait sécurisée par un code PIN), le principe est le suivant :

---

[283] Art. L. 133-24 du Code monétaire et financier
[284] Art. L. 133-18 du Code monétaire et financier
[285] Art. L. 133-17 du Code monétaire et financier

« En cas d'opération de paiement non autorisée consécutive à la perte ou au vol de l'instrument de paiement, le payeur supporte, avant l'information prévue à l'article L. 133-17, les pertes liées à l'utilisation de cet instrument, dans la limite d'un plafond de 150 euros »[286].

L'utilisateur est donc responsable des paiements frauduleux qu'il a déclarés comme tels intervenus avant la procédure de blocage (appelée en langage commun « opposition ») au-delà du plafond de 150 euros.

Ce plafond a été mis en place principalement pour éviter les fraudes de la part des titulaires de tels moyens de paiements qui chercheraient ainsi à se faire rembourser des achats qu'ils réfutent avoir fait. Le système de la carte bancaire en particulier est réputé comme étant relativement sûr puisqu'équipé d'un dispositif à code que seul l'utilisateur est censé connaître.

§ 476. Mais conscient des difficultés que cela pose en pratique, et notamment des multiplications des fraudes à carte bancaires, le législateur a aménagé des cas dans lesquels le prestataire de paiement remboursera l'intégralité des opérations déclarées comme frauduleuses, en écartant l'application du plafond de 150 euros. Les cas sont les suivants :

- En cas d'opération de paiement non autorisée effectuée sans utilisation du dispositif de sécurité personnalisé, sans donc la fameuse utilisation du code PIN. C'est le cas des paiements aux péages ou dans certains pays étrangers, et surtout des paiements effectués sur internet. Mais c'est aussi le cas des nouveaux dispositifs de paiement sans contact pour les achats de moins de 20 euros.
- Si l'instrument de paiement ou les données qui lui sont liées ont été détournés ;
- En cas de contrefaçon du moyen de paiement à la condition que le payeur ait été au même moment en possession de l'original de son instrument de paiement, et surtout qu'il puisse le prouver ;
- Si le prestataire de service ne fournit pas les moyens appropriés au blocage du moyen de paiement.

A contrario, le payeur est évidemment responsable de l'intégralité des sommes en cause s'il est avéré que les pertes résultent d'un agissement frauduleux de sa carte, une fausse déclaration du vol ou de perte par exemple[287].

Enfin, nous l'avons dit, le payeur n'est en aucun cas responsable des paiements qui auraient pu être effectués après blocage de l'instrument de paiement[288]. C'est le cas en pratique des contrefaçons de carte bancaire, qui ne subissent pas le blocage opéré par les prestataires de service en cas de demande d'opposition.

---

[286] Art. L. 133-19 du Code monétaire et financier
[287] Art. L. 133-19 du Code monétaire et financier
[288] Art. L. 133-20 du Code monétaire et financier

SOUS-SECTION III. L'EXÉCUTION DE LA PRESTATION PAR L'E-COMMERÇANT

§ 477. Une fois finalisé, le contrat doit être exécuté par le vendeur ou prestataire de service, sous les conditions de droit commun du droit des contrats (cf. *infra* § 335 s.). En particulier, l'objet doit être livré (I) et le retour du produit doit être rendu possible (II). Il existe des règles particulières concernant les contrats à reconduction tacite (III), et une responsabilité particulière du professionnel du commerce électronique est par ailleurs prévue (IV).

I. La livraison

§ 478. La chose qui a été achetée ou louée via internet doit en principe, et hors stipulations contraires, être livrée à l'adresse choisie par le consommateur.

Si la chose est immatérielle (achat d'œuvres sur support numérique), le téléchargement doit donc être rendu possible par le prestataire. Si le téléchargement est impossible, la chose ne sera pas considérée comme livrée. Si la chose est matérielle en revanche, c'est sa livraison au domicile de l'acheteur, ou à l'adresse choisie par lui, qui est prise en compte.

§ 479. Issu de la loi du 17 mars 2014, l'article L. 216-1 du Code de la consommation, alinéa 1er, indique le délai dans lequel le bien doit être livré ou le service fourni: *« Le professionnel livre le bien ou fournit le service à la date ou dans le délai indiqué au consommateur, conformément au 3° de l'article L. 111-1 »* c'est-à-dire à la date ou dans le délai indiqué au consommateur, « *sauf si les parties en ont convenu autrement.* »

Le deuxième alinéa ajoute qu'« *à défaut d'indication ou d'accord quant à la date de livraison ou d'exécution, le professionnel livre le bien ou exécute la prestation sans retard injustifié et au plus tard trente jours après la conclusion du contrat.* »

Par ailleurs, l'article L 216-2 prévoit que, si le professionnel manque à son obligation de livraison dans les délais, le consommateur peut l'enjoindre d'effectuer la livraison ou la fourniture par l'envoi d'une lettre recommandée, puis selon les mêmes modalités, résoudre le contrat s'il ne s'exécute pas. Le consommateur peut également résoudre immédiatement le contrat si la livraison ou la fourniture constituait une condition essentielle du contrat. Le professionnel sera tenu de rembourser le consommateur de la totalité des sommes versées dans les 14 jours suivant la résolution du contrat, article L 216-3.

La responsabilité du vendeur ou du fournisseur dépend de son comportement au moment de la conclusion de la vente. C'est lui qui décide de la date limite à laquelle il s'engage à livrer le produit, il est donc normal qu'il engage sa responsabilité en cas de non-respect de ce délai (suivant les règles exposées au *infra* § 605 s.)

En tout état de cause, le fournisseur est dans l'obligation de prévenir l'acheteur immédiatement lorsque la livraison du bien a été effectuée ; il doit bien évidemment lui notifier tout évènement qui pourrait retarder l'arrivée du bien.

II. La possibilité de retour du produit

§ 480. Le consommateur peut exercer son droit de retour si la livraison est non conforme à la commande ou défectueuse. Il indique au vendeur le motif de son retour, ce dernier est tenu de reprendre l'article. Le consommateur peut demander une nouvelle livraison, la réparation du produit défectueux, l'échange par un produit similaire ou l'annulation de la commande avec remboursement.

III. Le cas de la reconduction tacite

§ 481. Lorsqu'un contrat de prestation de services est conclu avec une clause de renouvellement automatique annuelle, le consommateur doit être informé par écrit au plus tôt trois mois et au plus tard un mois avant le terme de la période autorisant le rejet de la reconduction, de la possibilité de ne pas reconduire le contrat qu'il a conclu avec une clause de reconduction tacite. Cette information doit mentionner dans un encadré apparent, la date limite de non-reconduction. A défaut, le consommateur est en droit de résilier à tout moment le service[289].

IV. La responsabilité du commerçant

§ 482. Dans le but avoué de protéger le consommateur, la loi rend le vendeur professionnel du commerce électronique responsable de la mauvaise exécution du contrat. Il doit veiller à sa bonne exécution et répondre de sa mauvaise exécution, peu importe que cette mauvaise exécution lui soit imputable ou qu'elle dépende d'un autre prestataire de service à qui il aurait sous-traité :

> *« Le professionnel est responsable de plein droit à l'égard du consommateur de la bonne exécution des obligations résultant du contrat conclu à distance, que ces obligations soient à exécuter par le professionnel qui a conclu ce contrat ou par d'autres prestataires de services, sans préjudice de son droit de recours contre ceux-ci »*[290].

En tout état de cause, les règles de la responsabilité contractuelle s'appliqueront subsidiairement (pour le régime applicable, cf. *infra* § 605 s.).

---

[289] Articles L 215-1 et suivants du Code de la consommation

[290] Art. L.221-15 du Code de la consommation

SECTION III. LES PRODUITS ET SERVICES RÉGLEMENTÉS

§ 483. Certains produits et services font l'objet d'une surveillance particulière, parce qu'ils peuvent être menaçants pour les acheteurs et en particulier pour les consommateurs. Leur santé ou leur situation financière peut être gravement mise en péril par certains produits si leur commercialisation n'est pas réglementée et que les informations délivrées ne sont pas suffisantes. Sur internet, les moyens de contrôle de droit commun ont de grandes chances d'être inefficaces pour ce type de produits ; désormais les règlementations particulières ont été étendues et adaptées à leur commercialisation via le commerce électronique. L'alcool, le tabac et les produits pharmaceutiques sont susceptibles d'avoir une incidence, parfois grave, sur la santé des particuliers (Sous-section I). Les jeux d'argent sur internet ont été autorisés en 2010, et leur régime se met peu à peu en place (Sous-section II). Enfin, les services financiers peuvent être difficilement lisibles par les consommateurs et pourtant avoir des conséquences dramatiques sur leur patrimoine, leur conclusion sur internet doit donc être fortement encadrée (Sous-section III).

SOUS-SECTION I. ALCOOL, TABAC ET PRODUITS PHARMACEUTIQUES

§ 484. S'il n'est pas complètement interdit en France, le commerce électronique pour les produits pharmaceutiques ou dérivés de l'alcool et du tabac est fortement réglementé. La vente de certains produits est aujourd'hui difficile voire impossible sur internet, pour des raisons de santé publique évidente, et aussi pour des raisons fiscales (l'achat de produits provenant de l'étranger et non déclarés ne feront pas l'objet du paiement d'une taxe, alors justement que ces produits sont normalement très fortement taxés en droit français) (II). Les règles de publicité et d'informations sont quant à elles très strictes (I).

I. Publicité

§ 485. La publicité des produits tels que l'alcool, le tabac et les médicaments doit être fortement réglementée, car inciter à la prise de tels produits peut biaiser l'avis du consommateur et le « désinformer » sur les risques que de tels produits comportent s'ils sont ingérés de manière inappropriée, sans suivi, ou à trop haute dose. Ces produits font l'objet d'interdictions (A) de publicité, mais quelques dérogations sont tout de même accordées (B).

A. Le principe de l'interdiction de la publicité pour le tabac et l'alcool

§ 486. Le Code de la Santé publique contient les dispositions interdisant la publicité pour l'**alcool**[291] et le **tabac**[292]. Cependant, plus que de poser une pure et simple interdiction, la loi liste précisément les occurrences dans lesquelles les publicités pour ce type de produit sont tolérées. Une lecture littérale amènerait même plutôt à considérer que ces textes ne sont pas des interdictions assorties d'exceptions, mais bien une liste d'autorisations.

Au terme de l'article L. 3323-2 du Code de la santé publique, la publicité directe (par mention du nom) ou indirecte (par utilisation du graphisme, du logo, d'un slogan…[293]) en faveur des boissons alcooliques est autorisée :

- dans la presse écrite (sauf publications à destination de la jeunesse) ;
- à la radio ;
- dans les lieux destinés à la vente ;
- par prospection ;
- sur les véhicules de livraison ;
- pour les foires en faveur de boissons locales ;
- pour les établissements œnologiques ;
- sur des objets réservés à la consommation ;
- sur les **services de communication en ligne** autres que ceux destinés à la jeunesse, sous réserve que la propagande ou la publicité ne soit ni intrusive ni interstitielle.

Ainsi, après de nombreux débats parlementaires et sociétaux, la publicité en faveur des marques vendant des produits alcoolisés a été autorisée sur internet ; c'est la loi n°2009-879 du 21 juillet 2009 qui a inséré cette autorisation au sein de l'article L. 3323-2 du Code de la santé publique.

§ 487. Pour ce qui est du tabac, c'est l'article L 3512-4 du Code de la santé publique qui pose le principe d'interdiction de la publicité, cette fois par une formule simple et tranchée :

> *« La propagande ou la publicité, directe ou indirecte, en faveur du tabac, des produits du tabac ou des ingrédients définis à l'article L. 3512-2 ainsi que toute distribution gratuite ou vente d'un produit du tabac à un prix inférieur à celui qui a été homologué conformément à l'article 572 du Code général des impôts sont interdites »* c'est-à-dire, en substance, inférieur « *à la somme du prix de revient et de l'ensemble des taxes* ».

Les exceptions sont les suivantes :

- enseignes des débits de tabac et affichettes à l'intérieur ;
- publications non publiques à destination d'adhérents ou de professionnels du tabac ;

---

[291] Art. L. 3323-2 du Code de la santé publique
[292] Art. L. 3512-4 du Code de la santé publique
[293] Art. L. 3323-3 du Code de la santé publique

- publications imprimées et éditées et aux services de communication en ligne étrangers à destination d'un marché hors Union Européenne.

Evidemment, la dernière exception a été insérée face à la multiplication des publicités de marques de tabac sur des sites étrangers. La loi française ne peut se passer d'une telle exception, qui reviendrait à lui conférer un pouvoir universel d'interdiction de la publicité sur le tabac, ce qui n'est ni possible, ni souhaitable, ni applicable en pratique.

Il ressort de la jurisprudence que ces principes et exceptions sont interprétés très strictement[294], ces produits présentant des dangers pour la santé publique.

B. L'autorisation de principe de la publicité pour les produits pharmaceutiques

§ 488. Les produits concernés par la législation sur la publicité pour les **produits pharmaceutiques** sont définis à l'article L5111-1 du Code de la santé publique comme étant :

> *« toute substance ou composition présentée comme possédant des propriétés curatives ou préventives à l'égard des maladies humaines ou animales, ainsi que toute substance ou composition pouvant être utilisée chez l'homme ou chez l'animal ou pouvant leur être administrée, en vue d'établir un diagnostic médical ou de restaurer, corriger ou modifier leurs fonctions physiologiques en exerçant une action pharmacologique, immunologique ou métabolique ».*

Cette définition a été voulue précise pour englober un maximum de substances, et ainsi réglementer leur vente et leur publicité. En réalité, c'est seulement la publicité pour les médicaments à usage humain qui est visée par l'article L. 5122-1, al. 1 du Code de la santé publique. Ce dernier la définit comme toute information et communication qui vise à promouvoir la vente ou la prescription de ces substances, à l'exception de l'information émanant d'un pharmacien dans le cadre de ses fonctions.

§ 489. Avant toute chose, une publicité concernant une substance médicamenteuse doit recevoir un visa de publicité de la part de l'AFSSAPS[295] devenue ANSM (Agence Nationale de Sécurité du Médicament et des produits de santé) depuis 2012. Une fois la publicité autorisée, elle peut donc être diffusée, mais certaines mentions obligatoires ne doivent pas manquer d'y figurer[296], notamment concernant la sécurité, certains effets secondaires et le respect des doses prescrites. Elle doit être limitée aux médicaments accessibles sans prescription médicale[297].

Ces règles doivent évidemment être respectées sur internet.

---

[294] CA Paris, 14è ch. Sect. A., 13 févr. 2008

[295] L'Agence française de sécurité sanitaire des produits de santé

[296] Art. R. 5122-3 du Code de la santé publique

[297] Art. L. 5122-6 du Code de la santé publique

II. Commercialisation

§ 490. Les règles de commercialisation des produits tels que le tabac, l'alcool et les médicaments sur internet ne sont pas encore réellement clarifiées et uniformisées.

§ 491. Les sites de vente d'alcool en ligne, s'ils ne sont pas formellement interdits, ne font pas réellement l'objet d'une réglementation spéciale. On peut cependant déduire que l'interdiction de vente aux mineurs[298] (difficile à vérifier par internet), les déclarations nécessaires préalables à la vente d'alcool avec l'obtention de licences[299] ainsi que l'interdiction des ventes en distributeurs automatiques[300] amènent à penser que la vente d'alcool sur internet n'est pas légale si elle est adressée à un public français.

§ 492. La vente de tabac quant à elle est réservée strictement aux débits de tabac[301]. Les débits de tabac virtuels ne sont pas envisagés par la loi, mais dans tous les cas ces derniers devraient se conformer aux prescriptions légales, notamment l'interdiction de la vente aux mineurs de moins de 16 ans[302] et la conformité aux lois fiscales françaises.

§ 493. La commercialisation des médicaments est normalement réservée aux officines de pharmacie. En ce qui concerne la vente de médicament en ligne, a été adoptée une directive 2011/62/UE du 8 juin 2011, transposée en droit français par l'ordonnance n°2012-1427 du 19 décembre 2012.

Le nouvel article L. 4211-1 du Code de la santé publique dispose que sont réservés aux pharmaciens « *la vente en gros, la vente au détail, y compris par internet, et toute dispensation au public des médicaments* ». De même, sont réservées aux pharmaciens la création et l'exploitation du site internet à partir duquel est réalisée l'activité de commerce électronique de médicaments[303]. Une liste des sites internet autorisés est tenue par l'ordre national des pharmaciens.[304]

La commercialisation en ligne ne peut porter que sur les médicaments ne faisant pas l'objet d'une prescription obligatoire[305]. Elle est ouverte aux pharmaciens de tous les pays membres de l'Union européenne[306].

SOUS-SECTION II. JEUX D'ARGENT

§ 494. Interdits jusqu'à récemment, les **jeux d'argent en ligne** ont été autorisés et réglementés par la loi n°2010-476 du 12 mai 2010 relative à

[298] Art. L. 3342-1 et -2 du Code de la santé publique
[299] Art. L. 3322-1 du Code de la santé publique
[300] Art. L. 3322-8 du Code de la santé publique
[301] Art. 568 du Code général des impôts
[302] Art. L. 3512-12 du Code de la santé publique
[303] Art. L. 5125-33 du Code de la santé publique
[304] Art. R. 5125-74 du Code de la santé publique
[305] Art. L. 5125-34 du Code de la santé publique
[306] Art. L. 5125-40 du Code de la santé publique

l'ouverture à la concurrence et à la régulation du secteur des jeux d'argents et de hasard en ligne.

L'article 1er de cette loi dispose que les jeux d'argent font l'objet d'un encadrement strict au regard des enjeux d'ordre public, de sécurité publique et de protection de la santé et des mineurs. L'Etat se fixe pour mission au sein de cette loi de :

- prévenir le jeu pathologique et protéger les mineurs ;
- assurer la transparence des opérations de jeu ;
- lutter contre les activités frauduleuses ;
- assurer le développement économique des différents types de jeux[307].

Pour ce faire, la loi instaure donc l'Autorité de régulation des jeux en ligne (ARJEL) chargée de délivrer des agréments pour les opérateurs de jeux en ligne, puis de les contrôler.

La loi définit ensuite ces jeux d'argent comme un jeu payant où le hasard prédomine sur l'habileté et les combinaisons de l'intelligence pour l'obtention d'un gain[308].

§ 495. La publicité en faveur des jeux d'argent est autorisée si elle est assortie d'un message de prévention sur les risques de dépendance et informe sur le service téléphonique d'information à destination des joueurs pathologiques mis en place par la loi. Elle est interdite lorsqu'elle est destinée aux mineurs (publications, programmes audiovisuels ou cinématographiques, sites internet…) selon l'article 7 de la loi.

Concernant la tenue du jeu en elle-même, l'opérateur est tenu de mettre en place des moyens efficaces pour empêcher un mineur d'y participer (article 26), il ne peut permettre le jeu à crédit (article 30).

Le respect de ces règles sera contrôlé par l'ARJEL, qui dispose aussi d'un pouvoir de sanction.

SOUS-SECTION III. SERVICES FINANCIERS

§ 496. Les services financiers mis à la disposition des consommateurs par internet sont encadrés par la loi depuis l'ordonnance n°2005-648 du 6 juin 2005 transposant la directive n°2002/65/CE. Les services visés sont les services ayant trait à la banque, au crédit, à l'assurance, aux retraites individuelles, aux investissements et aux paiements qui ont été conclus à distance, et notamment en ligne.

§ 497. La publicité de ces services financiers est autorisée, mais elle est clairement encadrée[309] : elle doit être loyale et informative et renseigner le consommateur sur le prix, la nature de l'opération et les conditions de conclusion du contrat, voire de remboursement des sommes dans le cas d'un

307 Art. 3 de la loi n°2010-476 du 12 mai 2010
308 Art. 2 de la loi n°2010-476 du 12 mai 2010
309 Art. L. 312-6 du Code de la consommation

prêt. Elle doit être clairement identifiable, et ne doit pas être confondue avec une offre.

Le consommateur doit être informé de manière claire au sein de l'offre de service financier, sur un certain nombre de points, et notamment sur :

- l'identité et les coordonnées du fournisseur ;
- l'existence de documents d'information présentant les différents services ;
- le service en lui-même, et notamment son prix ;
- les modalités du droit de rétractation ;
- les modalités des relations précontractuelles et du processus contentieux[310] ;
- les conditions contractuelles et le lieu de conclusion du contrat ;
- la loi applicable au contrat et la juridiction compétente.

Le droit de rétractation est par principe de 14 jours[311], étendu à 30 jours en cas d'assurance-vie[312], mais peut être écarté dans les cas prévus par la loi.

---

[310] Art. L. 222-5 du Code de la consommation

[311] Art. L. 222-7 du Code de la consommation

[312] Art. L. 222-17 du Code de la consommation

CHAPITRE 2

Protéger l'utilisateur dans sa vie privée

§ 498. L'apparition de l'ordinateur, et surtout l'essor d'internet, ont entraîné une profonde modification des pratiques quotidiennes. L'email, le blog, la consultation de sites web, l'achat en ligne, sont autant de pratiques qui doivent entraîner des modifications structurelles dans l'approche juridique de la protection des libertés. L'essor des objets connectés, capables d'échanger des données et des informations via internet, est aujourd'hui une préoccupation supplémentaire par rapport au respect de la vie privée et à la protection des données personnelles.

§ 499. La réglementation de l'informatique en France réside essentiellement dans la loi du 6 janvier 1978 dite loi informatique et libertés[313], modifiée, modernisée et renforcée par la loi du 21 juin 2004 pour la confiance dans l'économie numérique[314], ainsi que les différents textes pris pour leur application.

Ces textes sont à nouveau réformés par la loi pour une République Numérique du 7 octobre 2016 entrée en vigueur le 9 octobre, ainsi que par le Règlement Européen du 27 avril 2016 relatif à la protection des personnes physiques à l'égard du traitement des données à caractère personnel et à la libre circulation de ces données, dont l'entrée en vigueur sera le 25 mai 2018[315]. Les règles de protection des données sont ainsi harmonisées au niveau européen.

Le Règlement est applicable si le responsable du traitement est établi sur le territoire d'un Etat Membre, ou, nouveauté, si le traitement est relatif à des personnes se trouvant sur le territoire de l'Union Européenne.

Ces dispositions ont pour objectif essentiel de protéger les libertés individuelles et la vie privée contre les risques liés à l'informatique. Le premier article de la loi de 1978 pose le principe selon lequel :

---

[313] N°78-17 relative à l'informatique, aux fichiers et aux libertés
[314] N°2004-575
[315] 2016/679 abrogeant la directive 95/46/CE

> *« L'informatique doit être au service de chaque citoyen. […] Elle ne doit porter atteinte ni à l'identité humaine, ni aux droits de l'homme, ni à la vie privée, ni aux libertés individuelles ou publiques ».*

La Loi pour une République Numérique ajoute le droit à l'autodétermination informationnelle :

> *« Toute personne dispose du droit de décider et de contrôler les usages qui sont faits des données à caractère personnel la concernant, dans les conditions fixées par la présente loi. »*

§499.1 La loi pour une République Numérique et le Règlement Européen dans un même objectif de professionnalisation de la vie des acteurs de la vie numérique afin d'accroitre la protection des utilisateurs, ont inséré un nouvel acteur que sont les opérateurs de plateforme en ligne.

Définies au sens de la loi pour une République Numérique comme, *« toute personne physique ou morale proposant, à titre professionnel, de manière rémunérée ou non, un service de communication au public en ligne reposant sur : 1° Le classement ou le référencement, au moyen d'algorithmes informatiques, de contenus, de biens ou de services proposés ou mis en ligne par des tiers ; 2° Ou la mise en relation de plusieurs parties en vue de la vente d'un bien, de la fourniture d'un service ou de l'échange ou du partage d'un contenu, d'un bien ou d'un service. »*[316].

Cette définition recouvre une grande diversité d'opérateurs, sont visés notamment les GAFA (Google Amazon Facebook Apple) firmes devenues omniprésentes dans l'environnement numérique, et qui forment le nœud de nouveaux écosystèmes dont il est nécessaire d'encadrer les activités.

Ces acteurs sont assortis d'une obligation de « *délivrer au consommateur une information loyale, claire et transparente* », et doivent assurer leurs services de bonne foi.

§ 500. Ainsi, les droits fondamentaux protégés par le système juridique français doivent être adaptés aux spécificités de la sphère internet (Section I). Par ailleurs, il était fondamental d'organiser la protection des correspondances électroniques au regard du droit à la correspondance privée (Section II).

SECTION I. LA PROTECTION DES DONNÉES PERSONNELLES

§ 501. Il s'échange sans cesse des données personnelles sur internet, et ces données sont mises en ligne parfois sur l'initiative même de l'utilisateur (inscription à un forum sur internet, achat en ligne…) ou sans que celui-ci ne

[316] Article 49 loi République Numérique, inséré à l'article L111-7 du code de la consommation

s'en rende compte (traçage, inscription d'adresse IP etc.). Pour éviter les débordements, et assurer sans cesse le respect des droits fondamentaux, il faut encadrer ces échanges de données. Cet encadrement s'opère en France par la CNIL (Sous-section 1). Chaque acteur d'internet doit, en vertu de la loi et des différents avis et recommandations de la C.N.I.L., respecter un certain nombre d'obligations et de précautions (Sous-section 2).

SOUS-SECTION I. LE CADRE INSTITUTIONNEL

§ 502. Instituée par la loi informatique et libertés de 1978, la Commission nationale de l'Informatique et des Libertés (C.N.I.L.) est une autorité administrative indépendante qui a pour but de veiller à l'application des dispositions de cette loi. Elle veillera également, à partir du 25 mai 2018, à l'application du Règlement Européen sur les données personnelles précité. Au fil des années et des réformes, ses attributions se sont élargies et précisées. Il convient d'en préciser l'organisation (I) et les fonctions (II).

I. L'organisation de la C.N.I.L.

§ 503. Selon l'article 13 de la loi Informatique et Libertés de 1978 modifié par la loi pour une République Numérique, la C.N.I.L. est composée de 18 membres répartis de la façon suivante :

- Deux députés
- Deux sénateurs
- Deux membres du Conseil économique, social et environnemental
- Deux membres ou anciens membres du Conseil d'Etat
- Deux membres ou anciens membres de la Cour de cassation
- Deux membres ou anciens membres de la Cour des comptes
- Trois personnalités qualifiées pour leur connaissance de l'informatique ou des questions touchant aux libertés individuelles (nommées par décret)
- Deux personnalités qualifiées pour leur connaissance de l'informatique (désignées les Présidents de l'assemblée et du Sénat)
- Le Président de la CADA ou son représentant.

§ 504. Ses membres sont nommés pour 5 ans ou pour la durée de leur mandat si celle-ci est plus courte. La Commission établit son règlement intérieur et élit en son sein un président et deux vice-présidents.

Afin d'assurer l'indépendance de la Commission, la qualité de membre est incompatible avec :

- la qualité de membre du gouvernement[317] ;

[317] Art. 14-I de la loi n°78-17 du 6 janvier 1978

- la participation à une délibération ou des vérifications relatives à un organisme au sein duquel il détient un intérêt, direct ou indirect, exerce des fonctions ou détient un mandat ;
- la participation à une délibération ou à des vérifications relatives à un organisme au sein duquel il a, au cours des trente-six mois précédents la délibération ou les vérifications, détenu un intérêt direct ou indirect, exercé des fonctions ou détenu un mandat.

Dans l'exercice de leurs fonctions, les membres de la Commission *« ne reçoivent d'instruction d'aucune autorité* [318] *»*.

Le quorum est de la moitié des membres de la Commission ; les décisions sont prises en principe à la majorité absolue des membres présents[319], sauf pour certaines délibérations qui nécessitent une majorité absolue des membres composant la Commission. En cas de partage à voix égal, la voix du président est prépondérante.

II. Les fonctions de la C.N.I.L.

§ 505. La Commission est investie de certaines missions (A) pour lesquelles elle est pourvue de moyens (B).

A. Les missions de la C.N.I.L.

§ 506. En général, la C.N.I.L. veille au respect des dispositions de la loi n° 78-17 du 6 janvier 1978 (art. 11). Pour cela, elle exerce une activité d'ordre juridique (1) et d'ordre matériel (2).

1. L'activité juridique

§ 507. La Commission dispose d'un pouvoir règlementaire, elle formule des avis et des propositions :

- le pouvoir règlementaire de la Commission peut s'exercer sous différentes formes :
  - elle autorise la plupart des traitements de données, automatisés ou non[320]. Il faut noter que cette mission cessera d'exister à l'entrée en vigueur du Règlement Européen, la CNIL assurera alors un contrôle a priori, axé sur la publication de référentiels et de recommandations, afin d'orienter les responsables de traitement dans la mise en conformité ;
  - elle élabore des normes simplifiées pour les catégories les plus courantes de traitement ;

[318] Art. 21 de la loi n°78-17 du 6 janvier 1978

[319] Art. 3 du Décret n°2005-1309 du 20 octobre 2005 pris pour l'application de la loi n° 78-17 du 6 janvier 1978

[320] Art. 11, 2° de la loi n°78-17 du 6 janvier 1978

- elle édicte des normes de simplification de procédure et des règlements types pour assurer la sécurité des systèmes[321] ;
- elle peut également formuler des recommandations.

- la Commission peut donner des avis aux pouvoirs publics et aux juridictions ;
- la C.N.I.L. a un pouvoir de proposition sur les grands projets informatiques[322] (art. 11) ;
- enfin, la Commission peut émettre des propositions envers les personnes ou organismes publics ayant recours à des traitements automatisés de données à caractère personnel ;
- la loi pour une République Numérique confie à la C.N.I.L. une véritable mission de consultation sur « *tout projet de loi ou de décret ou toute disposition de projet de loi ou de décret relatifs à la protection des données à caractère personnel ou au traitement de telles données* »[323].

2. L'activité matérielle

§ 508. La C.N.I.L. *« veille à ce que les traitements de données à caractère personnel soient mis en œuvre conformément aux dispositions de la [Loi Informatique et Libertés] ».* Notamment :

- elle peut procéder à des contrôles sur place, sur convocation ou en ligne ;
- elle veille au bon exercice des droits d'accès et de rectification (cf. *infra* § 539 et § 540) ;
- elle reçoit les réclamations, pétitions et plaintes ;
- elle adresse des avertissements et des mises en demeure et veille à leur respect, avec un pouvoir de dénoncer les infractions dont elle a connaissance au procureur de la République ;
- elle peut prononcer un certain nombre de sanctions, notamment des amendes jusqu'à 3 millions d'euros, plafond relevé par la loi pour une République Numérique, en prévision de l'entrée en vigueur du Règlement Européen où les sanctions pourront aller jusqu'à 4% du chiffre d'affaires annuel total mondial de l'entreprise ou 20 millions d'euros (somme la plus haute des deux).

§ 509. La Commission a également une mission d'information :

- elle tient à la disposition du public[324] :
  - la liste des traitements qu'elle a recensée ;
  - ses décisions, avis et recommandations ;

[321] Art. 11, 2° b de la loi n°78-17 du 6 janvier 1978
[322] Art. 11 de la loi n°78-17 du 6 janvier 1978
[323] Nouveau 4° de l'article 11 de la loi Informatique et Libertés
[324] Art. 31 de la loi n°78-17 du 6 janvier 1978

Mais le secret peut être ordonné pour toutes les informations concernant les *« traitements d'informations nominatives intéressant la sûreté de l'Etat, la défense et la sécurité publique*[325] *»*.

- o la liste des Etats dont la Commission des Communautés européennes a établi qu'ils assurent un niveau de protection suffisant à l'égard d'un transfert ou d'une catégorie de transferts de données à caractère personnel.

- elle conseille ceux qui mettent en œuvre des traitements automatisés portant sur des données personnelles ;
- elle présente au Président de la République un rapport annuel qui est publié[326].

Les décisions de la C.N.I.L. peuvent être attaquées par un recours de pleine juridiction devant le Conseil d'Etat[327]. Son activité est de nature à engager la responsabilité des pouvoirs publics.

B. Les moyens de la C.N.I.L.

§ 510. Pour l'accomplissement de sa mission, la C.N.I.L. dispose d'un budget propre[328]. *« Elle se tient informée de l'évolution des technologies de l'information*[329] *»*.

Les enquêtes sur place sont effectuées par des membres ou agents de la C.N.I.L. ou des magistrats de l'ordre judiciaire ou administratif désignés par les chefs de juridiction sur demande de la Commission. Ces personnes peuvent être assistées d'experts. Les détenteurs ou utilisateurs de fichiers ne peuvent s'opposer à l'action de la Commission mais doivent au contraire la faciliter[330].

A la suite de l'entrée en vigueur du Règlement Européen, chaque Etat aura son autorité de contrôle indépendante, et celles-ci pourront communiquer et se prêter assistance mutuellement. Elles seront placées sous l'égide également d'un Comité européen de la protection des données composé d'une personne de chaque autorité de contrôle de chaque Etat membre, remplaçant l'actuel Groupe de l'Article 29.

---

325 Art. 86 du décret n°2005-1309 du 20 octobre 2005
326 Art. 11 de la loi n°78-17 du 6 janvier 1978
327 Art. 46 de la loi n°78-17 du 6 janvier 1978
328 Art. 12 de la loi n°78-17 du 6 janvier 1978
329 Art. 11, 4° de la loi n°78-17 du 6 janvier 1978
330 Art. 21 de la loi n°78-17 du 6 janvier 1978

SOUS-SECTION II. LES OBLIGATIONS DES RESPONSABLES DE TRAITEMENT

§ 511. Le responsable de traitement est selon l'article 3-I de la loi n°78-17 du 6 janvier 1978 *« sauf désignation expresse par les dispositions législatives ou réglementaires relatives à ce traitement, la personne, l'autorité publique, le service ou l'organisme qui détermine ses finalités et ses moyens »*. Ce responsable est soumis à plusieurs types d'obligations, que ce soit pour pouvoir collecter ces données (II) ou pour leur traitement (III). Il convient préalablement de définir quelles sont ces données (I).

I. Les données personnelles concernées

§ 512. Les données à caractère personnel sont définies à l'alinéa 2 comme étant :

> *« Toute information relative à une personne physique identifiée ou qui peut être identifiée, directement ou indirectement, par référence à un numéro d'identification ou à un ou plusieurs éléments qui lui sont propres. Pour déterminer si une personne est identifiable, il convient de considérer l'ensemble des moyens en vue de permettre son identification dont dispose ou auxquels peut avoir accès le responsable du traitement ou toute autre personne ».*

Il s'agit en fait de toute donnée qui permet d'identifier une personne physique (nom, adresse postale ou mail, numéro de plaque d'immatriculation, numéro de carte d'identité…).

C'est la question de l'adresse IP qui pose le plus d'interrogations quant à l'application de ce texte. Elle peut être définie comme un numéro unique qui identifie chaque équipement connecté à Internet. Les avis sont partagés sur la nature de l'adresse IP.

De multiples décisions affirment qu'elle n'est pas une donnée à caractère personnel, concluant par exemple que *« cette série de chiffres en effet ne constitue en rien une donnée indirectement nominative relative à la personne dans la mesure où elle ne se rapporte qu'à une machine, et non à l'individu qui utilise l'ordinateur*[331] *»* ou que la collecte d'adresses IP n'a pas à faire l'objet d'une déclaration auprès de la C.N.I.L.[332]

Mais la tendance est plutôt à considérer l'adresse IP comme une donnée personnelle. D'abord, suite à la décision de 2007, la C.N.I.L. et l'ensemble des autorités de protection des données des Etats membres de l'Union européenne ont affirmé, dans un avis du 20 juin 2007, que l'adresse IP constituait une donnée personnelle notamment parce qu'elle peut permettre l'identification des utilisateurs dans certains cas.[333] La jurisprudence a par ailleurs pu juger que *« l'adresse IP est une donnée personnelle puisqu'elle*

---

[331] CA Paris, 13e chambre, section A, 15 mai 2007.
[332] Cass. Crim., 13 janvier 2009, n° 08-84088
[333] Groupe de travail « Article 29 », avis n° 4/2007, 20 juin 2007

correspond à un numéro fourni par un fournisseur d'accès à internet identifiant un ordinateur connecté au réseau ; elle permet d'identifier rapidement à partir de services en ligne gratuits le fournisseur d'accès du responsable du contenu qui détient obligatoirement les données nominatives du responsable du contenu »[334]. Récemment, une ordonnance de référé a reconnu, dans le cadre de la demande effectuée par la cliente d'une banque d'accéder aux logs de connexion de ses comptes en ligne, que ces logs qui étaient notamment constitués des adresses IP de connexion, représentaient des données à caractère personnel au sens de la loi du 6 janvier 1978 et a enjoint la banque à les transmettre à sa cliente.[335]

De plus, le Conseil Constitutionnel, a retenu, dans une décision du 10 juin 2009 (n°2009-580), sur le fondement de l'article 9 de la loi Informatique et Libertés, que l'adresse IP devait être qualifiée de « *donnée à caractère personnel* ».

Par ailleurs, la Commission européenne est allée dans le sens de ces dernières décisions en affirmant le 12 mars 2013 que *« tout traitement de données relatives aux clients, telles que les adresses IP, doit respecter les dispositions nationales qui mettent en œuvre les exigences de la directive 95/46/CE »*.

Le Règlement Européen qui entrera en vigueur en 2018, résout cette interrogation en intégrant une définition plus large de donnée à caractère personnel. Le considérant n°26 dispose *« il y a lieu d'appliquer les principes relatifs à la protection des données à toute information concernant une personne physique identifiée ou identifiable. [...] Pour déterminer si une personne physique est identifiable, il convient de prendre en considération l'ensemble des moyens raisonnablement susceptibles d'être utilisés par le responsable du traitement ou par toute autre personne pour identifier la personne physique directement ou indirectement, tels que le ciblage. Pour établir si des moyens sont raisonnablement susceptibles d'être utilisés pour identifier une personne physique, il convient de prendre en considération l'ensemble des facteurs objectifs, tels que le coût de l'identification et le temps nécessaire à celle-ci, en tenant compte des technologies disponibles au moment du traitement et de l'évolution de celles-ci »*. Le considérant n°30 précise *« les personnes physiques peuvent se voir associer, par les appareils, applications, outils et protocoles qu'elles utilisent, des identifiants en ligne tels que des adresses IP et des témoins de connexion (« cookies ») ou d'autres identifiants [...]. Ces identifiants peuvent laisser des traces qui, notamment lorsqu'elles sont combinées aux identifiants uniques et à d'autres informations reçues par les serveurs, peuvent servir à créer des profils de personnes physiques et à identifier ces personnes »*. Les adresses IP sont donc citées en tant que telles comme données pouvant identifier les

---

[334] TGI Paris, 3e ch., 3e sect., 24 juin 2009, www.legalis.net

[335] TGI Paris, ord. de référé, 17 juillet 2014, Chantal M. / Crédit Lyonnais, www.legalis.net

personnes, et en conséquence recouvrent la notion de donnée à caractère personnel.

Il faut noter que l'adresse IP est considérée comme une donnée identifiante, qu'elle soit statique ou dynamique[336].

Aux vues des nombreuses décisions rendues sur cette donnée, le débat semble clos, l'adresse IP est à considérer comme une donnée à caractère personnel.

§ 513. Les données personnelles susceptibles d'être récoltées sont en perpétuelle évolution du fait de la constante évolution des technologies à même de les traiter. La C.N.I.L. y est très attentive et propose sans cesse de nouvelles recommandations et délibérations pour éclaircir leur sort juridique. Le 30ème rapport annuel de la C.N.I.L. publié en juin 2010 souhaite sensibiliser notamment à l'image du particulier sur internet, le recrutement en ligne, la communication politique et surtout les systèmes de géolocalisation des véhicules des particuliers. Concernant ces dispositifs, il est important de rappeler que de plus en plus de véhicules sont équipés de systèmes de géolocalisation embarquée, permettant notamment une régulation de la vitesse et une fonction GPS, mais c'est surtout un outil qui pourra permettre le calcul des primes d'assurances, offrir des services d'appel d'urgence et de lutte contre le vol. Cette dernière fonctionnalité était en cours d'expérimentation fin 2010. La CNIL continue d'effectuer des missions de contrôle auprès des prestataires pour s'assurer que le principe d'aller et venir anonymement est respecté, notamment en vérifiant quels types de données sont traités par les assureurs et leur durée de conservation. Pour éclaircir le sujet, une délibération a été publiée par la Commission[337]. Elle recommande notamment que les finalités de traitement soient circonscrites aux buts poursuivis (uniquement la vitesse pour les régulateurs, uniquement la localisation du véhicule au moment d'un vol ou d'un accident dans le but unique de permettre une intervention). La géolocalisation devra pouvoir être éteinte par l'usager s'il le souhaite. La durée de conservation devra être pertinente au regard de la finalité recherchée.

De plus, la CNIL délivre dans le domaine des assurances, et bientôt dans celui des voitures connectées, des packs de conformité permettant aux entreprises de se conformer aux bonnes pratiques de leur secteur.

II. Les obligations préalables à la collecte de données

§ 514. Avant d'opérer une quelconque collecte de données personnelles, le responsable de traitement doit s'acquitter d'un certain nombre de formalités auprès de la C.N.I.L. pour pouvoir agir en toute légalité. Il est en

---

[336] CJUE 19 octobre 2016 C582/14 et Cour de cassation Civ 1e 3 novembre 2016 n°15-22.595

[337] Délibération 2010-096 du 8 avril 2010 portant recommandation relative à la mise en œuvre, par les compagnies d'assurance et les constructeurs automobiles, de dispositifs de géolocalisation embarquée dans les véhicules

effet nécessaire que ce responsable soit identifiable, pour que le contrôle de la gestion des données puisse être opéré efficacement, et sanctionné le cas échéant. La C.N.I.L. est la gardienne de la vie privée quant aux traitements automatisés de données et notamment sur internet. Le responsable de traitement doit donc adresser les déclarations, demandes d'avis ou demandes d'autorisation à la C.N.I.L. mais les formalités diffèrent selon la nature des données et la finalité des fichiers. Une déclaration préalable est nécessaire à la collecte de données personnelles (A), et la collecte de données dites « sensibles », par principe interdite, peut être autorisée sous conditions par la C.N.I.L. (B). Ces formalités peuvent cependant être allégées en présence d'un Correspondant Informatique et Libertés (C).

A. L'obligation de déclaration pour le traitement des données personnelles

§ 515. Par principe, les données personnelles ne peuvent être collectées par les responsables de traitement que sous réserve d'une déclaration préalable (1). Cette déclaration peut cependant être simplifiée (2) pour certaines données. Les collectes de données ne portant pas atteinte à la vie privée peuvent, dans des cas limitativement énumérés, s'effectuer sans déclaration (3).

1. La déclaration préalable

§ 516. La déclaration préalable est le régime de droit commun du traitement des données personnelles, qu'il soit automatisé ou non. Il s'applique donc en l'absence de dispositions plus sévères ou plus favorables de la loi Informatique et Libertés.

Le responsable de traitement doit donc adresser une déclaration préalablement aux traitements à la C.N.I.L., sous forme papier ou numérique et dans laquelle il s'engage à satisfaire aux exigences de la loi. Le traitement peut être mis en place dès réception par le responsable du récépissé de la Commission. Seuls les traitements ayant des finalités identiques peuvent faire l'objet d'une seule déclaration[338].

L'absence de déclaration peut entraîner diverses conséquences, comme l'interdiction d'utiliser les données récoltées, mais surtout une sanction pénale. L'article L .226-16 du Code pénal puni cette absence de déclaration préalable de 5 ans d'emprisonnement et de 300 000 euros d'amende. Par ailleurs, tout contrat ayant pour objet un fichier de traitement de données à caractère personnel, qui n'a pas été déclaré comme ce devait être le cas, est susceptible d'annulation en ce que son contenu est contraire à l'ordre public, au sens de l'article 1162 du Code civil.[339]

---

[338] Art. 23 de la loi n°78-17 du 6 janvier 1978
[339] Cass. com., 25 juin 2013, n°12-17.037

2. La déclaration simplifiée

§ 517. *« Pour les* ***catégories les plus courantes*** *de traitements de données à caractère personnel, dont la mise en œuvre n'est pas susceptible de porter atteinte à la vie privée ou aux libertés, la Commission nationale de l'informatique et des libertés établit et publie, après avoir reçu le cas échéant les propositions formulées par les représentants des organismes publics et privés représentatifs, des normes destinées à simplifier l'obligation de déclaration ».* C'est le principe qui est posé par l'article 24 de la loi n°78-17 du 6 janvier 1978.

Les domaines touchés par cette possibilité de déclaration simplifiée sont variés[340], mais c'est en matière de traitement des données des salariés par leurs employeurs qu'elles sont les plus nombreuses (personnel des organismes publics ou privés par la norme simplifiée n°46[341], ou encore la géolocalisation de véhicules d'employés par la norme simplifiée n°51[342]).

Les traitements bénéficiant de la déclaration simplifiée sont limitativement établis par des délibérations de la C.N.I.L.[343]

3. Le cas exceptionnel de la dispense de déclaration

§ 518. Enfin, certaines données sont considérées comme ne portant pas d'atteinte à la vie privée des personnes concernées. Les responsables de traitement souhaitant collecter et utiliser ces données sont donc exonérés totalement de déclaration préalable.

Les cas de dispense sont cependant limitativement énumérés par l'article 22 II modifié et l'article 36 de la loi Informatique et Libertés. Il s'agit :

- des traitements ayant pour seul objet la tenue d'un registre qui, en vertu de dispositions législatives ou réglementaires, est destiné exclusivement à l'information du public et est ouvert à la consultation de celui-ci ou de toute personne justifiant d'un intérêt légitime ;
- des traitements dont la finalité se limite à assurer la conservation à long terme de documents d'archives.
- des traitements mis en œuvre par une association ou tout autre organisme à but non lucratif et à caractère religieux, philosophique, politique ou syndical (si la finalité du traitement l'exige).

Ainsi, sous l'empire de cette disposition, sont exonérés de toute déclaration préalable les créateurs de sites web personnels qui diffusent ou collectent des données personnelles ainsi que les personnes s'occupant de la tenue des registres obligatoires.

---

[340] Pour exemple : Norme simplifiée n°53 : Délibération n°2006-162 du 8 juin 2006 pour les biologistes à des fins de gestion du laboratoire d'analyses de biologie médicale

[341] Délibération n°2005-002 du 13 janvier 2005

[342] Délibération n°2006-067 du 16/03/2006

[343] https://www.cnil.fr/fr/déliberations

Cependant, le Règlement Européen supprime toute formalité préalable, dans une volonté de responsabilisation des acteurs. En effet, l'article 24 dispose que « *compte tenu de la nature, de la portée, du contexte et des finalités du traitement ainsi que des risques, dont le degré de probabilité et de gravité varie, pour les droits et libertés des personnes physiques, le responsable du traitement met en œuvre des mesures techniques et organisationnelles appropriées pour s'assurer et être en mesure de démontrer que le traitement est effectué conformément au présent règlement* ». Il y a donc un allègement des charges administratives, cependant, le responsable de traitement doit à tout moment pouvoir rendre compte aux autorités de contrôle de son niveau exact de conformité à la loi, notamment en tenant à jour un registre des activités de traitement[344].

B. L'obligation d'autorisation préalable pour le traitement des données sensibles

§ 519. Certaines données ne peuvent être collectées sur simple déclaration (1). Elles doivent faire l'objet d'une demande d'autorisation (2).

1. Le principe de l'interdiction de la collecte de certaines données

§ 520. Par principe, *« il est interdit de collecter ou de traiter des données à caractère personnel qui font apparaître, directement ou indirectement, les origines raciales ou ethniques, les opinions politiques, philosophiques ou religieuses ou l'appartenance syndicale des personnes, ou qui sont relatives à la santé ou à la vie sexuelle de celles-ci*[345] *»*.

L'interdiction de la collecte de ces données sensibles s'explique en toute logique par leur caractère particulièrement intime.

La loi vise aussi les données génétiques[346], les données relatives aux infractions ou condamnations[347], les traitements automatisés susceptibles d'exclure des personnes du bénéfice d'un droit, d'une prestation ou d'un contrat [348], les traitements automatisés ayant pour objet l'interconnexion de fichiers relevant d'une ou de plusieurs personnes morales gérant un service public et dont les finalités correspondent à des intérêts publics différents ou d'autres personnes et dont les finalités principales sont différentes[349], les traitements portant sur des données parmi lesquelles figurent le numéro d'inscription des personnes au répertoire national d'identification des personnes physiques[350], les traitements automatisés de données comportant

---

[344] Article 30
[345] Art. 8-I de la loi n°78-17 du 6 janvier 1978
[346] Art. 25-I, 2° de la loi n°78-17 du 6 janvier 1978
[347] Art. 25-I, 3° de la loi n°78-17 du 6 janvier 1978
[348] Art. 25-I, 4° de la loi n°78-17 du 6 janvier 1978.
[349] Art. 25-I, 5° de la loi n°78-17 du 6 janvier 1978
[350] Art. 25-I, 6° de la loi n°78-17 du 6 janvier 1978

des appréciations sur les difficultés sociales des personnes[351], et enfin les traitements automatisés comportant des données biométriques nécessaires au contrôle de l'identité des personnes[352]. Le Règlement Européen, sous la même définition, parle des données particulières.

Un récent arrêt du Conseil d'Etat[353] a illustré cette interdiction. Les juges ont, par cette décision, confirmé l'avertissement prononcé à l'encontre d'une agence immobilière qui avait enregistré des commentaires relatifs à des condamnations (« *enquête du SRPJ en cours, problèmes d'alcool et expulsion d'un logement* »), des informations sur l'état de santé des personnes (« *Monsieur a la maladie de parkinson et des problèmes pour parler* », « *recherche un T3[...] pour se rapprocher de leur fille atteinte d'un cancer* ») et des informations sur les opinions religieuses (« *Famille de juifs très pratiquante* »).

2. La possibilité d'une demande d'autorisation

§ 521. En raison de la finalité du traitement[354], il peut être procédé à cette collecte après autorisation de la C.N.I.L. ou un décret en Conseil d'Etat. Une demande d'autorisation devra donc être adressée, et la notification de l'accord interviendra sous deux mois.

La C.N.I.L. prend en compte différents critères pour accorder ou refuser ces autorisations, comme la finalité du dispositif, la proportionnalité du dispositif par rapport aux moyens mis en œuvre, la sécurité du dispositif et le respect des conditions d'information ou d'accord des personnes concernées par le dispositif.

Une autorisation par décret en Conseil d'Etat devra intervenir après avis de la C.N.I.L. pour « *les traitements de données à caractère personnel mis en œuvre pour le compte de l'Etat, d'une personne morale de droit public ou d'une personne morale de droit privé gérant un service public, qui portent sur des données parmi lesquelles figure le numéro d'inscription des personnes au répertoire national d'identification des personnes physiques ; [et] les traitements de données à caractère personnel mis en œuvre pour le compte de l'Etat qui portent sur des données biométriques nécessaires à l'authentification ou au contrôle de l'identité des personnes*[355] ».

De la même manière, le Règlement Européen supprime toute demande préalable d'autorisation, mais il incombe au responsable de traitement, s'il souhaite procéder à « *l'évaluation systématique et approfondie d'aspects personnels concernant des personnes physiques, qui est fondée sur un traitement automatisé, y compris le profilage, ou le traitement à grande*

[351] Art. 25-I, 7° de la loi n°78-17 du 6 janvier 1978
[352] Art. 25-I, 8° de la loi n°78-17 du 6 janvier 1978
[353] Conseil d'Etat, 10ème et 9ème sous-sections réunies, 12 mars 2014, n° 354629
[354] Art. 8-II de la loi n°78-17 du 6 janvier 1978
[355] Art. 27-I, 1° et 2° de la loi n°78-17 du 6 janvier 1978

échelle de catégories particulières (telles que l'origine raciale ou ethnique, les opinions politiques, les convictions religieuses, les données génétiques et biométriques, ou les données concernant la santé et la sexualité), *ou la surveillance systématique à grande échelle d'une zone accessible au public* », de préalablement réaliser une étude d'impact des opérations de traitement envisagées. Cette étude comprend notamment les finalités du traitement, une évaluation de la nécessité et de la proportionnalité, une évaluation des risques pour les droits et libertés des personnes concernées[356]. Si l'analyse d'impact fait apparaitre un risque élevé, le responsable de traitement consulte l'autorité de contrôle, qui peut le conseiller, ou interdire le traitement.

C. Le régime allégé en cas de présence d'un Correspondant Informatique et Libertés (C.I.L.)

§ 522. Le C.I.L. est facultatif, il doit être désigné (1). Il a certaines obligations (2) qui permettent au responsable de traitement de se dispenser de certaines formalités (3). Il faut noter que le Règlement Européen parle d'un délégué à la protection des données.

1. La désignation d'un C.I.L.

§ 523. Le Correspondant Informatique et Libertés (C.I.L.) a été mis en place par la loi du 6 aout 2004 qui modifie la loi de 1978. Ainsi, il est défini comme étant *« un correspondant à la protection des données à caractère personnel chargé d'assurer, d'une manière indépendante, le respect des obligations prévues dans la présente loi*[357] *»*.

Le C.I.L. est chargé de s'acquitter de toutes les obligations concernant le traitement des données pour le compte de la personne morale qu'il représente. Il n'est pas obligatoire, et peut être choisi parmi le personnel de l'entreprise, de l'association ou de la collectivité locale (il peut cependant s'agir d'une personne externe à l'organisation qui la nomme mais à la seule condition qu'au sein de celle-ci, moins de 50 personnes soient chargées de la mise en œuvre des traitements).

L'article 22-III de la loi Informatique et Libertés précise que le C.I.L. doit avoir les qualifications requises pour exercer ces missions. Le responsable de traitement ne peut pas être désigné C.I.L. Par ailleurs, il ne doit pas y avoir de conflit d'intérêts entre les missions attribuées au CIL dans le cadre de cette désignation et ses fonctions habituelles dans l'entreprise.

La désignation doit être effectuée par le responsable de traitement et doit être notifiée à la C.N.I.L. et être portée à la connaissance des instan*ces représentatives du personnel.*

---

[356] Article 35

[357] Art. 22 III de la loi n°78-17 du 6 janvier 1978

Le Règlement Européen prévoit que sa désignation est obligatoire si « *le traitement est effectué par une autorité publique ou un organisme public, si les opérations de traitement exigent un suivi régulier et systématique à grande échelle des personnes concernées, ou si les activités de base du responsable du traitement ou du sous-traitant consistent en un traitement à grande échelle de catégories particulières de données* »[358].

2. Les missions du C.I.L.

§ 524. Les missions du C.I.L. sont simples :

- il doit dresser la liste des traitements automatisés mis en œuvre au sein de l'entreprise ou de l'établissement dans les trois mois de sa désignation ;
- il doit tenir cette liste à jour et assurer sa diffusion ;
- il s'assure de la régularité de cette liste, ainsi que de celle des nouveaux traitements automatisés mis en place et du respect des obligations afférentes ;
- il conseille et avise le responsable de traitement sur tout nouveau traitement envisagé ou tout autre point concernant la protection des données personnelles ;
- il rédige un bilan annuel.

Il est indépendant et ne reçoit aucune instruction, notamment de la part du responsable de traitement, pour l'exercice de sa mission. Il ne peut faire l'objet d'aucune sanction de la part de l'employeur du fait de l'accomplissement de ses missions.[359]

Cependant, il peut être mis fin à ses fonctions, sur demande ou après consultation de la C.N.I.L., lorsqu'il est constaté qu'il manque à ses devoirs.[360]

Le Règlement confère au délégué à la protection des données une mission plus étendue. Celui-ci a :

- une mission générale d'information et de conseil,
- une mission de contrôle du respect du Règlement,
- une mission de contrôle des règles internes de l'entreprise,
- une mission de conseils et de vérification de l'exécution des analyses d'impact,
- une mission de coopération et de point de contact avec la CNIL,
- une mission d'information à l'égard des personnes concernées.

Le délégué à la protection des données personnelles est de plus, soumis au secret professionnel.

---

[358] Article 37

[359] Art. 46 du décret n° 2005-1309 du 20 octobre 2005

[360] Art. 22-III de la loi n°78-17 du 6 janvier 1978

3. Les droits attachés à la présence d'un C.I.L.

§ 525. Le C.I.L. s'occupe de toutes les déclarations préalables ainsi que des demandes d'avis ou d'autorisation.

Les responsables de traitement ayant désigné un C.I.L. sont néanmoins acquittés de leur obligation de déclaration des traitements courants de données à caractère personnel dont la mise en œuvre n'est pas susceptible de porter atteinte à la vie privée ou aux libertés.

En présence d'un C.I.L., ces responsables de traitement sont dispensés d'effectuer les déclarations normales et simplifiées (les plus fréquentes en pratique). Mais le C.I.L. doit continuer à effectuer les déclarations relatives aux traitements de données soumis à une autorisation préalable ou aux traitements qui mettent en œuvre un transfert de données à destination d'un État hors Union Européenne.

C'est la C.N.I.L. qui décide des données qui font l'objet de cette dispense de déclaration.

III. L'encadrement du traitement des données

§ 526. Une fois les formalités préalables effectuées, le responsable de traitement est libre de collecter les données qui l'intéressent. Cependant, cette liberté est fortement encadrée par un ensemble d'obligations dont le but est d'assurer le respect de la vie privée et des libertés. Le Règlement Européen rappelle et complète les principes quant aux données à caractère personnel. Ainsi, le traitement doit se faire de manière licite, loyale et transparente, les finalités de la collecte doivent être déterminées, explicites et légitimes. Les données collectées doivent être adéquates, pertinentes, limitées, exactes et si besoin tenues à jour. Enfin, leur conservation doit l'être pour une durée limitée[361]. Il faut noter cependant que le Règlement fait peser ces obligations également sur le sous-traitant.

Le responsable de traitement doit ainsi respecter un certain nombre de droits dont bénéficient les personnes concernées, que ce soit pour la collecte des données (A), le traitement de ces données (B) leur conservation (C), ou leur transfert en dehors de l'Union Européenne (D).

A. La collecte des données

§ 527. Le responsable de traitement ne doit pas se contenter de s'être acquitté de ses obligations envers la C.N.I.L. pour pouvoir mettre en œuvre la collecte des données. Les personnes concernées par cette collecte bénéficient d'un droit à l'information préalable (1), ils doivent exprimer leur consentement (2) conservent un droit à l'anonymat (3), et ont à leur disposition plusieurs recours (4).

---

[361] Article 5

La collecte illicite, sans déclaration de traitement ou sans l'accord des intéressés constituent des moyens frauduleux, déloyaux ou illicites de collecte des données, et est sanctionnée pénalement par l'article 226-18 du Code pénal tel qu'interprété par l'arrêt de la Cour de cassation du 3 novembre 1987[362]. Cette sanction pénale est sans préjudice de l'engagement éventuel de la responsabilité civile délictuelle du responsable de traitement de l'article 1240 du Code civil (cf. *infra* § 618 s.).

1. Droit à l'information préalable

§ 528. L'article 6,1° de la loi Informatique et Libertés impose aux responsables de traitement le respect d'une obligation de loyauté dans la collecte des données. Cela implique qu'ils doivent observer de nombreuses diligences.

Tout d'abord, et comme nous l'avons dit, aucune donnée « sensible » ne doit être collectée en l'absence d'autorisation expresse de la C.N.I.L.

Par ailleurs, seules les informations strictement liées à la finalité du traitement peuvent être collectées sous réserve de n'avoir qu'un caractère objectif.

§ 529. Pour s'assurer que ces obligations sont respectées, outre le contrôle de la Commission, la personne concernée doit être informée de cette collecte et de son contenu, même si les informations sont recueillies par un tiers ou de manière automatisée. Selon l'article 32 de la loi, les personnes doivent précisément être informées sur :

- l'identité et les coordonnées du responsable de traitement ;
- la finalité et la base juridique du traitement ;
- le caractère obligatoire ou facultatif des réponses ;
- les conséquences éventuelles d'un défaut de réponse ;
- les destinataires des données ;
- la durée de conservation des données ;
- ses droits d'opposition et de modification ;
- le possible transfert de ces données à l'étranger.

Le Règlement Européen alourdit l'obligation d'information, en ajoutant, au moment de la collecte, l'information de :

- le cas échéant les coordonnées du délégué à la protection des données
- les intérêts légitimes poursuivis par le responsable
- dans l'hypothèse d'un transfert de données à l'étranger, l'existence d'une étude d'adéquation ou les garanties appropriées prises par le responsable de traitement
- du droit de retirer son consentement à tout moment
- des droits d'accès, de rectification, d'effacement, de limitation du traitement, de s'y opposer, et du droit à la portabilité des données

---

[362] Crim. 3 nov. 1987, n°87-83.429

- de l'existence d'une prise de décision automatisée, y compris le profilage.

Enfin, toute personne utilisatrice des réseaux de communications électroniques doit être informée de la finalité de toute action tendant à accéder à des informations stockées dans son équipement terminal de connexion ou à inscrire des informations sur ce même terminal, et des moyens dont elle dispose pour s'y opposer[363].

En particulier, les « cookies » ou témoins de connexion, peuvent pénétrer dans l'ordinateur de l'utilisateur pour accéder à ses informations et suivre ses activités. Le considérant 44 de la directive 2002/58/CE les autorise uniquement pour des fins légitimes et sous réserve de l'information préalable des utilisateurs. Ils doivent avoir la possibilité de les refuser et de les supprimer.

2. Consentement préalable

§ 530. L'information de la personne concernée a aussi pour finalité de lui permettre de refuser une telle collecte. Ainsi, *« toute personne physique a le droit de s'opposer, pour des motifs légitimes, à ce que des données à caractère personnel la concernant fassent l'objet d'un traitement*[364] *»*.

Il faut noter que la loi pour une République Numérique prévoit, au nouvel article 58 de la loi Informatique et Libertés, que « *sont destinataires de l'information et exercent les droits prévus aux articles 56 et 57 les titulaires de l'exercice de l'autorité parentale, pour les mineurs, ou le représentant légal, pour les personnes faisant l'objet d'une mesure de tutelle.* »

§ 531. Cependant, ce droit au profit de la personne concernée est assorti de nombreuses exceptions[365]. Ainsi, le responsable de traitement n'est pas tenu à ces obligations pour :

- le respect d'une obligation légale ;
- la sauvegarde de la vie de la personne concernée
- l'exécution d'une mission de service public ;
- l'exécution d'un contrat ou de mesures précontractuelles impliquant la personne concernée ;
- la poursuite d'un intérêt légitime.

Le Règlement met fin au consentement présumé. Il précise que le consentement doit être un accord explicite et sans ambiguïté, donné en amont du traitement. La preuve de celui-ci incombe au responsable de traitement[366].

Selon l'article 226-18-1 du Code pénal, *« le fait de procéder à un traitement de données à caractère personnel concernant une personne*

---

[363] Art. 32-II de la loi n°78-17 du 6 janvier 1978
[364] Art. 38 de la loi n°78-17 du 6 janvier 1978
[365] Art. 7 de la loi n°78-17 du 6 janvier 1978
[366] Article 7

physique malgré l'opposition de cette personne, lorsque ce traitement répond à des fins de prospection, notamment commerciale, ou lorsque cette opposition est fondée sur des motifs légitimes, est puni de cinq ans d'emprisonnement et de 300 000 Euros d'amende ».

La personne concernée bénéficie par ailleurs d'un droit d'opposition consacré par l'article 38 de la loi. La personne concernée par les données doit être en mesure d'exprimer son choix avant la validation définitive de ses réponses.

La personne qui a écarté expressément la possibilité de s'opposer au traitement dans l'acte d'autorisation dudit traitement ne pourra pas non plus s'y opposer.[367]

Le Règlement introduit la possibilité de retirer son consentement à tout moment[368]. Cela n'a de conséquence que pour les traitements futurs, et ouvre droit à l'effacement des données concernées[369].

3. Droit à l'anonymat

§ 532. L'article 6 3° de la loi pose le principe de proportionnalité ; les données recueillies doivent être adéquates et pertinentes au regard de la finalité de leur collecte.

De ce principe de proportionnalité découle naturellement une protection supplémentaire pour la personne concernée. Ainsi, certaines données pourraient être nécessaires pour accomplir certaines finalités, mais leur nature est trop personnelle et leur éventuelle publication pourrait porter atteinte aux libertés ou à la vie privée des personnes concernées.

§ 533. La C.N.I.L. peut cependant autoriser la collecte de telles données, sous réserve qu'il soit procédé sous bref délai à leur **anonymisation**.

C'est par exemple le cas des données de santé, qu'il s'agisse du contenu de dossiers médicaux ou de contrats d'assurance. La collecte des données de santé peut en effet être d'un grand intérêt, notamment pour déterminer les besoins en médicament ou en vaccins et pour évaluer le nombre de personnes atteintes de certaines maladies. Ainsi les professionnels sont tenus de ne pas divulguer ces données à des organismes de traitement sans les avoir au préalable rendues anonymes.

4. Les recours de la personne concernée

§533.1 Le Règlement Européen ouvre les possibilités de recours des personnes dont les données ont été collectées. Ainsi, la personne concernée peut se tourner vers la CNIL en introduisant une réclamation, mais

---

[367] Art. 38, alinéa 3 de la loi n°78-17 du 6 janvier 1978

[368] Article 7

[369] Article 17

également effectuer un recours juridictionnel contre le responsable de traitement ou son sous-traitant.

De plus, la loi de modernisation de la justice du XXIe siècle du 18 novembre 2016[370] introduit une action de groupe en matière de protection des données à caractère personnel qui s'insère à l'article 43 ter de la loi Informatique et Libertés. Cette action de groupe permet « *lorsque plusieurs personnes physiques placées dans une situation similaire subissent un dommage ayant pour cause commune un manquement de même nature aux dispositions de la présente loi* » de faire cesser ce manquement, par toute mesure utile. Cette action est exercée par des associations, ce qui permet de faciliter l'accès à la justice et de rendre la procédure moins coûteuse. Cependant, cette action tend seulement à faire cesser le manquement.

Afin d'obtenir réparation au préjudice subi, il faudra attendre l'entrée en vigueur du Règlement Européen. Son article 82 prévoit que, « *toute personne ayant subi un dommage matériel ou moral du fait du présent règlement a le droit d'obtenir du responsable de traitement ou du sous-traitant réparation du préjudice subi* ».

B. Le traitement des données

§ 534. Une fois les données collectées, le responsable de traitement doit les utiliser suivant un certain nombre de principes posés par la loi pour éviter les abus et les atteintes aux libertés des personnes concernées. Ils doivent respecter la destination du fichier (1), assurer la sécurité des données recueillies (2) et permettre aux personnes concernées d'exercer leurs droits (3).

1. Obligation de respecter la destination initiale du fichier

§ 535. Le responsable de traitement a collecté des données pour certaines finalités, telles que décrites dans la déclaration ou dans la demande d'autorisation. Maintenant qu'il en dispose, il lui est interdit d'utiliser ultérieurement ces données de manière incompatible avec ces finalités[371].

Une entreprise ayant obtenu légalement les coordonnées électroniques de ses clients peut être autorisée à communiquer ces données à ses fournisseurs ou ses clients directs pour qu'ils en fassent eux aussi une utilisation commerciale, par l'envoi de publicité. Cependant, les produits proposés doivent être identiques ou similaires, et l'utilisateur doit pouvoir s'opposer simplement et gratuitement à ces utilisations ultérieures.

Le responsable de traitement qui détient des données à caractère personnel ne peut détourner ces informations de leur finalité lors de leur enregistrement, leur classement, leur transmission ou toute autre forme de

[370] N°2016-1547

[371] Art. 6-2° de la loi n°78-17 du 6 janvier 1978

traitement sous peine de cinq ans d'emprisonnement et de 300 000 euros d'amende, en vertu de l'article 226-21 du Code pénal.

2. Obligation d'assurer la sécurité des données

§ 536. *« Le responsable de traitement est tenu de prendre toutes précautions utiles, au regard de la nature des données et des risques présentés par le traitement, pour préserver la sécurité des données et, notamment, empêcher qu'elles soient déformées, endommagées, ou que des tiers non autorisés y aient accès*[372] *»*.

Aucun minima général n'a été imposé par la loi ou même par la C.N.I.L. Le niveau de précaution à adopter est différent selon la nature des données, les modalités de traitement et de conservation et surtout leur finalité. En particulier, plus les données sont sensibles, ou plus elles permettent d'identifier directement une personne, plus le niveau de précautions exigé sera élevé. Un certain nombre de mesures techniques devront par ailleurs être mises en place en cas de traitement et de conservation numérique des données, en particulier si celles-ci sont amenées à transiter sur internet.

Par ailleurs, lorsque des failles de sécurité susceptibles d'entrainer des violations de données personnelles sont découvertes par les fournisseurs de communication électroniques, ces derniers doivent en informer la CNIL.[373] Dans ce cadre, chaque fournisseur doit tenir un inventaire des violations et le conserver à la disposition de la Commission. S'il ne respecte pas son obligation d'information, le fournisseur encourt une peine de 5 ans de prison et de 300 000 euros d'amende.[374]

De plus, en cas de violation des données à caractère personnel, le responsable de traitement devra également prévenir la personne concernée dans le cas où cela est « *susceptible d'engendrer un risque élevé pour les droits et libertés* »[375].

La protection de la sécurité et de la confidentialité s'impose également au sous-traitant.

§ 537. La délibération prise par la C.N.I.L. le 21 juillet 1981 porte adoption d'une recommandation relative aux mesures générales de sécurité des systèmes informatiques. Cette dernière liste ces mesures de sécurité et explique leur mise en œuvre.

Ces mesures doivent être mises en place préalablement à la collecte de l'information et doivent être proportionnées au volume des données amené à être récolté. Tout nouveau traitement comporte des risques nouveaux, et ces derniers doivent faire l'objet d'une évaluation.

---

[372] Art. 34 de la loi n°78-17 du 6 janvier 1978
[373] Art. 34 bis de la loi n°78-17 du 6 janvier 1978
[374] Art. 226-17-1 du Code pénal
[375] Article 34 du Règlement Européen

Le non-respect de ces mesures peut entrainer une condamnation à cinq ans d'emprisonnement et 300 000 euros d'amende sous l'empire de l'article 226-17 du code pénal. La responsabilité civile du responsable de traitement peut par ailleurs être engagée par la personne concernée si elle a subi un préjudice.

3. Droits de la personne fichée

§ 538. Au-delà du respect des obligations précitées, la personne concernée bénéficie de certains droits que le responsable de traitement doit respecter. Elle doit pouvoir exercer son droit d'accès (a) et son droit de rectification (b).

La loi pour une République Numérique[376] rajoute l'impératif que, par mesure de facilité pour les utilisateurs, les droits d'information, d'accès, d'opposition, et de rectification doivent pouvoir s'exercer auprès du responsable de traitement par voie électronique[377].

a. Droit d'accès

§ 539. La personne fichée doit bénéficier de moyens qui lui permettent de demander au responsable de traitement la communication des données personnelles qui la concernent[378]. Ces données doivent être mises à sa disposition sans délai et dans leur intégralité. Le demandeur au droit d'accès n'a pas, en outre, à justifier sa demande.[379]

Elle doit aussi accéder aux « *informations permettant de connaître et de contester la logique qui sous-entend le traitement automatisé en cas de décision prise sur le fondement de celui-ci et produisant des effets juridiques à l'égard de l'intéressé*[380] ».

L'accès direct aux données ou à un formulaire de demande d'accès à ces données doit être possible. Dans le cas contraire, le responsable de traitement pourra être puni d'une contravention de 5ème classe[381].

b. Droit de rectification

§ 540. En vertu de l'article 40 de la loi n°78-17, toute personne physique peut exiger la rectification des données personnelles la concernant, sous plusieurs conditions :

- elle peut justifier de son identité ;
- les données la concernant sont inexactes, incomplètes ou périmées ; ou

---

[376] Article 58

[377] Nouvel article 43bis de la loi Informatique et Libertés

[378] Art. 39-I, 4° de la loi n°78-17 du 6 janvier 1978

[379] Délibération n° 80-010 du 1er avril 1980

[380] Art. 39-I, 5° de la loi n°78-17 du 6 janvier 1978

[381] Art. R. 625-10 du Code pénal

- la collecte, l'utilisation, la communication ou la conservation de ces données est interdite.

Si l'utilisateur en fait la demande, il pourra donc rectifier, compléter, mettre à jour, verrouiller les données personnelles le concernant.

Les héritiers d'une personne décédée peuvent demander à exercer ce droit en lieu et place de la personne concernée[382] ; ce droit peut par ailleurs être exercé de manière indirecte par un membre de la C.N.I.L. lorsque la demande intéresse la sûreté de l'Etat, la défense ou la sécurité publique.

De plus, l'article 63 de la Loi pour une République Numérique intègre le concept de « mort numérique ». Il est inséré à l'article 40-1 dans la loi Informatique et Libertés, une personne de son vivant pourra « *définir des directives relatives à la conservation, à l'effacement et à la communication de ses données à caractère personnel après son décès* », et le cas échéant, désigner une personne chargée de leurs exécutions, à défaut ce sera ses héritiers.

Une interrogation subsiste quant à ce nouveau droit, car il risque de disparaître avec l'entrée en vigueur du Règlement Européen qui ne prévoit pas de disposition similaire.

Pour finir, le Règlement Européen confère aux utilisateurs un droit supplémentaire de portabilité des données. Cette disposition a déjà été intégrée dans la loi pour une République Numérique, mais ne rentrera en vigueur que le 25 mai 2018. Cela consiste en la possibilité pour la personne concernée d'exiger que lui soient rendues les données communiquées dans le cadre du traitement, afin de changer plus facilement de services, et ainsi faire jouer la concurrence. Les données sont fournies gratuitement, et « *dans un standard ouvert, aisément réutilisable et exploitable par un système de traitement automatisé* », article 48 de la loi pour une République Numérique, créant les nouveaux articles L 224-42-1 du Code de la consommation, et article 20 du Règlement Européen.

C. La destruction et l'effacement des données

§ 541. De même, l'article 40 de la loi prévoit que l'utilisateur peut demander la destruction des données le concernant sous les mêmes conditions que la rectification.

En l'absence de demande de suppression des données personnelles la concernant par la personne fichée, le responsable de traitement ne peut cependant pas les conserver aussi longtemps qu'il le souhaite. La durée de conservation des données est dépendante de leur finalité puisqu'elle ne doit pas excéder « *la durée nécessaire aux finalités pour lesquelles elles sont collectées ou traitées*[383] ». En particulier, le responsable d'un fichier fixe une

---

[382] Art. 40 de la loi n°78-17 du 6 janvier 1978

[383] Art. 6, 5° de la loi n°78-17 du 6 janvier 1978

durée de conservation raisonnable en fonction de l'objectif du fichier, et le non-respect de ce délai sera sanctionné par cinq ans d'emprisonnement et 300 000 euros d'amende[384].

Le refus de procéder à l'effacement des données est puni des mêmes peines que le refus de rectification ou de verrouillage.

§ 542. Au demeurant, les données concernant une personne doivent être conservées au minimum un certain délai dépendant de leur nature et de celle du responsable de traitement. Ainsi, en application des articles 24 et 30 de la loi, c'est la C.N.I.L. qui est chargée de déterminer ces délais raisonnables. Elle le fait par le biais de normes pour les données les plus courantes (cf. *supra* § 517). Pour les données faisant l'objet de déclarations, d'avis ou de demandes d'autorisation, cette durée est précisée au sein du formulaire.

§ 543. Ces notions de « durée raisonnable » et de « délai minimum de conservation » posent tout naturellement le problème du droit à l'oubli. Si le droit à l'oubli a été consacré par la loi Informatique et Liberté du 6 janvier 1978 force est de constater que l'amélioration des techniques met en exergue un problème d'hyper traçabilité des internautes.

C'est pourquoi le juge et le législateur européens attachent une importance de plus en plus grande au droit à l'oubli. Dans une décision importante du 13 mai 2014[385], la Cour de justice de l'Union européenne a estimé que l'exploitant d'un moteur de recherche sur internet était responsable du traitement des données personnelles apparaissant sur ses pages au sens de la directive 95/46/CE ; il en ressort que ces exploitants ont à certaines conditions l'obligation de déréférencer des liens vers des pages web publiées par des tiers et contenant des informations relatives à une personne, même si ces informations ne sont pas au préalable supprimées par le propriétaire du site sur lequel se trouvent les données concernées.

Le droit accordé à toute personne d'exiger la suppression de ses données personnelles peut résulter de l'inexactitude des données ou de leur absence de pertinence, de mise à jour ou de leur durée de conservation excédant la finalité du traitement. Les juges se fondent aussi sur la Charte des droits fondamentaux de l'Union européenne qui garantit notamment le droit au respect de la vie privée. Cependant, les internautes peuvent avoir un intérêt légitime à obtenir certaines informations ; c'est pourquoi, selon la Cour, un équilibre doit être trouvé entre les droits fondamentaux de la personne concernée et le droit à l'information du public.

§ 544. La loi pour une République Numérique prévoit une modification de l'article 40 de la loi Informatique et Libertés afin d'intégrer un droit à l'oubli pour les personnes mineures. Ainsi les données personnelles collectées dans le cadre de « *l'offre de services de la société de l'information* » alors que l'intéressé était mineur devront être supprimées sur

---

[384] Art. 226-20 du Code pénal

[385] CJUE, gde ch., 13 mai 2014, aff. C-131/12

demande de l'intéressé dans les plus brefs délais. La CNIL peut être saisie si le responsable de traitement n'agit pas promptement ou refuse.

Le Règlement Européen va plus loin et met en place un droit à l'effacement. L'article 17 vise six motifs pour lesquels la personne concernée peut obtenir du responsable de traitement, dans les meilleurs délais, l'effacement de ses données personnelles. C'est le cas lorsque, les données ne sont plus nécessaires au regard des finalités pour lesquelles elles ont été collectées, si la personne a retiré son consentement, si la personne s'oppose au traitement, si le traitement est illicite, pour respecter une obligation légale, ou si les données ont été collectées dans le cadre de l'offre de services de la société de l'information. Pour la définition de ce terme, il est renvoyé à la directive 2015/1535, « *tout service de la société de l'information, c'est-à-dire tout service presté normalement contre rémunération, à distance, par voie électronique et à la demande individuelle d'un destinataire de services* ».

Cependant, l'exercice de ce droit doit être concilié avec les autres libertés fondamentales, l'article 17 ajoute ainsi que ce droit à l'effacement ne s'applique pas dans la mesure où le traitement de données personnelles est nécessaire « *à l'exercice du droit à la liberté d'expression et d'information* ».

Doit être mis en œuvre par les responsables de traitement des mécanismes pour assurer le respect des délais d'effacement et/ou des examens périodiques d'évaluation de la nécessité de conserver les données.

Les personnes qui veulent voir des informations disparaitre ont parfois recours à la théorie de l'enfouissement, qui permet en créant de nombreuses nouvelles informations sur la personne, d'enfouir l'information qu'elle souhaitait voir disparaître.

Le droit à l'effacement est tempéré par des exceptions : liberté d'expression, santé publique, recherche. Aussi, l'effacement pourra être évité et remplacé par la possibilité de limiter le traitement, c'est-à-dire mettre en place notamment la minimisation des données, en collectant seulement les données strictement nécessaires au traitement.

De plus, le règlement intègre le concept d'« *accountability* », une obligation pour les responsables de traitements, par l'adoption de règles internes et de procédures particulières, de garantir que ces traitements sont en conformité avec les textes de protection des données à caractère personnel. Les responsables de traitements devront pour cela être en mesure de démontrer le cas échéant (en cas de contrôle ou plainte) qu'ils ont rempli leurs obligations et qu'ils sont dans la capacité de respecter les lois de protection de ces données. Le principe de « *privacy by design* » est aussi introduit. Il implique que les responsables de traitements doivent intégrer dans leurs activités, dès la conception de leurs projets, les exigences de protection de la vie privée et des données à caractère personnel. Il s'agit donc d'intégrer les principes de protection de la vie privée dans les normes mêmes de conception des technologies.

§ 545. Pour certains, le droit à l'oubli devient difficile, voire illusoire, à l'heure du Big Data (cf. *supra* § 236). Dans ce contexte d'accumulation constante du volume d'information, c'est tout le système de protection des données à caractère personnel qui est malmené.

Les exigences de la loi entrent en conflit avec la nature même du Big Data et ce à plusieurs égards. Notamment, ces données en possession des entreprises ont souvent vocation à être réutilisées à d'autres fins que celle qui a motivé leur collecte. Il en est de même pour les interconnexions de fichiers ayant des finalités distinctes. Par ailleurs, la garantie d'un anonymat est mise à mal par les possibilités d'identification des personnes par le biais de recoupements de ces quantités d'informations.[386]

La difficulté va donc résider dans le maintien d'un équilibre entre l'utilisation des masses de données disponibles par les entreprises et les impératifs de protection des données à caractère personnel.

D. Les transferts de données en dehors de l'Union Européenne

§545.1 Dans le cadre des traitements, il peut parfois être nécessaire que les données soient transférées en dehors de l'Union Européenne, notamment dans le cadre de l'activité des GAFA installés en Californie. Ainsi, ce transfert peut être possible si le pays destinataire des données assure « *un niveau de protection suffisant de la vie privée et des libertés et droits fondamentaux des personnes* »[387], ou si le transfert est nécessaire à la sauvegarde de la vie de la personne ou de l'intérêt public, pour l'exercice d'un droit en justice ou pour l'exécution d'un contrat[388].

§545.2 Le transfert des données vers les Etats-Unis est soumis au régime du *Privacy Shield* adopté en juillet 2016 et remplaçant le *Safe Harbor*. Les principes édictés permettent d'assurer une protection suffisante. Ainsi, toute entreprise américaine adhérente peut recevoir des données personnelles en provenance de l'Union Européenne. Le Groupe de l'Article 29[389] est cependant réservé sur ces nouveaux principes, et attend la révision annuelle qui aura lieu en juillet 2017 pour établir un premier bilan.

Le Règlement Européen prévoit lui de nouvelles possibilités d'assurer le transfert des données. La Commission Européenne peut dans un premier temps rendre une décision d'adéquation lorsqu'elle considère que le pays de destination assure un niveau de protection adéquat[390]. Si ce n'est pas le cas,

---

[386] Has Big Data Made Anonymity Impossible ?, Patrick Trucker, MIT Technology Review, 7 mai 2013

[387] Article 68 loi Informatique et Libertés

[388] Article 69 loi Informatique et Libertés

[389] Rassemblant les directeurs des CNIL de l'Union Européenne

[390] Article 45

le responsable de traitement ou le sous-traitant peuvent prendre des garanties appropriées pour assurer la protection des données, notamment un accord entre les autorités, des règles d'entreprises contraignantes, des clauses contractuelles type, ou un code de conduite approuvé[391]. Enfin, le transfert peut être effectué si la personne concernée a donné son consentement, s'il est nécessaire à l'exécution d'un contrat, à l'exercice d'un droit en justice, pour des motifs d'intérêt public ou à l'intérêt vital d'une personne[392].

SECTION II. LE SECRET DE LA CORRESPONDANCE ÉLECTRONIQUE

§ 546. Le droit à la vie privée est un des droits fondamentaux les plus touchés par l'explosion numérique, et notamment par internet. Ce moyen de communication et d'information est ultra développé et déjà en 2002, il s'échangeait en France 5,5 millions d'emails par jour[393]. En 2011, ce chiffre passait à 1,4 milliard par jour, hors spam[394]. Il est évidemment primordial de respecter le secret de la communication entre personnes par le biais de l'email. Le principe fondamental du secret de la correspondance doit nécessairement s'affranchir de la nature de son support, pour pallier le risque d'intrusions dans la vie privée des personnes. Le secret de la correspondance privée est aujourd'hui reconnu comme applicable pour l'email (Sous-section I), et il a fallu adapter et organiser la réalisation de cette protection pour la correspondance « professionnelle » (Sous-section II).

SOUS-SECTION I. LES RÈGLES DU SECRET DE LA CORRESPONDANCE ÉLECTRONIQUE

§ 547. Il conviendra tout d'abord de présenter les règles générales régissant le secret des correspondances (I) avant de voir dans quelles mesures ces règles sont applicables à la correspondance par email (II).

I. Le secret de la correspondance privée

§ 548. « *Le respect de la vie privée, dans toutes ses composantes, notamment le secret des correspondances, la protection des données personnelles et l'inviolabilité du domicile, est garanti par la loi. L'autorité publique ne peut y porter atteinte que dans les seuls cas de nécessité d'intérêt public prévus par la loi, dans les limites fixées par celle-ci et dans*

---

[391] Article 46
[392] Article 49
[393] Source : Association des fournisseurs d'accès et de services internet
[394] Source : ContactLab

le respect du principe de proportionnalité. » C'est dans ces termes que l'article L 801-1 du Code de la sécurité intérieure encadre le respect du secret de la correspondance électronique.

La violation du secret des correspondances par voie de télécommunication est sanctionnée pénalement. Elle est définie à l'article 226-15 alinéa 2 du Code pénal comme étant « *le fait, commis de mauvaise foi, d'intercepter, de détourner, d'utiliser ou de divulguer des correspondances émises, transmises ou reçues par la voie électronique ou de procéder à l'installation d'appareils conçus pour réaliser de telles interceptions* ». La peine maximale assortie est d'un an d'emprisonnement et de 45 000 euros d'amende.

La balance entre les intérêts fondamentaux de la Nation et le droit donné à chaque citoyen du secret de ses correspondances impose parfois des limites, comme c'est le cas dernièrement par la loi du 24 juillet 2015 relative au renseignement[395]. Celle-ci est venue poser une limite au secret des correspondances, pour les missions notamment de défense nationale, de sauvegarde des intérêts économiques et industriels majeurs de la France, de prévention du terrorisme ou de la prolifération des armes de destruction massive. Pour ces missions limitativement énumérées à l'article L 811-3 du Code de la sécurité intérieure, il peut être intercepté des correspondances, sous le contrôle de la Commission nationale de contrôle des techniques de renseignement[396]. Les correspondances interceptées doivent être supprimées au bout de trente jours[397]. Il ne peut être intercepté les correspondances des parlementaire, magistrat, avocat et journaliste[398].

§ 549. Il a cependant été établi en jurisprudence[399] que des échanges dénigrants publiés sur l'interface de salariés par le biais du site Facebook ne pouvaient être qualifiés de correspondances privées. Les utilisateurs n'avaient pas protégé leurs écrits sur le site ; ils n'avaient pas modifié les paramètres par défaut permettant aux tiers d'accéder à leur interface. Ces échanges ne relevant donc pas de la sphère privée, ils étaient accessibles à des personnes extérieures à l'entreprise et étaient de nature à justifier leur licenciement.

§ 550. Les correspondances protégées sont les correspondances privées ce qui signifie qu'elles doivent être personnelles et libres mais aussi que l'échange ne manifeste aucune volonté positive et formelle de porter un acte de communication au public.[400]

---

[395] N°2015-912
[396] Article L822-1
[397] Article L 822-2
[398] Article L 821-7
[399] Conseil des Prud'hommes, 19 nov. 2010 n°09-00343
[400] Cour d'appel, Metz, 18 juillet 1980

II. L'application de la loi du 10 juillet 1991 au courrier électronique

§ 551. Il pourrait sembler évident d'appliquer les dispositions de la loi du 10 juillet 1991 au courrier électronique. Il n'en est rien, le débat a été ouvert pendant plusieurs années, jusqu'à ce que la jurisprudence tranche définitivement en ce sens.

La difficulté venait de la définition de la correspondance. Autrefois considérée comme un message écrit matériel, sa définition a été revue par le tribunal correctionnel de Paris dans une décision du 2 novembre 2000 ; il s'agit donc de *« toute relation par écrit existant entre deux personnes identifiables, qu'il s'agisse de lettres, de messages ou de plis fermés ou ouverts »*, et les personnes doivent avoir *« manifesté sans équivoque leur volonté de prendre connaissance par surprise des correspondances contenues dans la messagerie électronique »*.

Le message doit par ailleurs s'adresser à une personne individualisée ou déterminée.

L'article 68 de la Loi pour une République Numérique est venu au contraire renforcer le secret des correspondances en étendant cette obligation aux opérateurs, définis à l'article L 32 15° du Code des postes et des communications électroniques, et aux fournisseurs de services de communication en ligne, définis à l'article L 32 23°. Cette obligation vise le contenu du message, l'identité des correspondances, et le cas échéant son intitulé et les documents joints[401]. La loi prévoit que si le fournisseur ou l'opérateur souhaite analyser le contenu à des fins de publicité, de statistique, ou d'amélioration du service, il doit préalablement recueillir le consentement exprès de l'utilisateur concerné, et le redemander régulièrement (au minimum tous les ans)[402].

SOUS-SECTION II. LE SECRET DE LA CORRESPONDANCE PROFESSIONNELLE

§ 552. L'arrivée des nouvelles technologies a bouleversé le principe du respect de la correspondance au travail. S'il était difficile pour l'employeur ou un collègue de prouver qu'il avait ouvert un courrier non adressé à lui par inadvertance, il devient de plus en plus facile d'ouvrir les mails d'autres personnes, surtout dans les entreprises équipées d'un service centralisé de réception du courrier électronique. Il faut noter que la directive du 8 juin 2016[403] définit les secrets d'affaires des entreprises et leur permet de les protéger contre l'espionnage économique et industriel. Le secret des correspondances est un principe général, qui s'applique évidemment aussi

---

[401] Article L 32-3
[402] Article L 32-3 IV
[403] N°2016/943

aux relations employé/employeur (I), avec cependant un tempérament nécessaire pour les messages présumés professionnels (II).

I. Le respect du principe du secret des correspondances

§ 553. Il a fallu un arrêt de Cour de cassation pour tracer les contours du secret de la correspondance dans le milieu professionnel. En l'espèce, les correspondances qui avaient été collectées par un employeur justifiaient le licenciement de l'employé en cause, mais le tribunal a refusé de les prendre en compte, puisque leur collecte résultait d'une violation du secret qui s'imposait.

> *« Considérant que le salarié a droit, même au temps et au lieu de travail, au respect de l'intimité de sa vie privée ; que celle-ci implique en particulier le secret des correspondances ; que l'employeur ne peut dès lors, sans violation de cette liberté fondamentale, prendre connaissance des messages personnels émis par le salarié et reçus par lui grâce à un outil informatique mis à sa disposition pour son travail et ceci même au cas où l'employeur aurait interdit une utilisation non professionnelle de l'ordinateur[404] ».*

La Cour a donc réaffirmé le principe du respect de l'intimité de la vie privée du salarié, même sur son lieu de travail. La C.N.I.L. a par ailleurs affirmé que *« le lien de subordination qui caractérise le contrat de travail ne permet pas d'ignorer le respect de la vie privée dont doit jouir le salarié, notamment lorsqu'il utilise la messagerie électronique sur son lieu de travail[405] ».*

II. L'exception de la messagerie professionnelle

§ 554. Ce principe, qui peut être considéré comme sévère pour certains, est donc tempéré nécessairement pour éviter de la part des employés des abus. Ainsi, *« les dossiers et fichiers présents sur l'ordinateur des salariés, ou encore les documents qu'ils détiennent dans leur bureau, ont nécessairement un caractère professionnel quand ils ne les ont pas identifiés comme personnels. Il en résulte que l'employeur a légitimement accès à ces dossiers, fichiers ou documents professionnels, sans qu'il soit nécessaire que le salarié concerné soit présent[406] ».*

Cette décision vaut notamment pour les emails présents sur l'ordinateur professionnel d'un salarié.[407] Aussi, pour les juges, les courriers et fichiers intégrés dans le disque dur de l'ordinateur de travail du salarié ne sont pas identifiés comme personnels par le simple fait qu'ils proviennent

---

[404] Cass soc. 2 oct. 2001 n°99-42.942 dit arrêt Nikon.
[405] Rapport de la C.N.I.L. en mars 2001
[406] Cass. Soc., 30 mai 2007, n° 05-43102
[407] Cass. Soc., 15 décembre 2010, n° 08-42486

initialement de la messagerie électronique personnelle du salarié. Ainsi, l'employeur pourra ouvrir ces fichiers en l'absence du salarié.[408]

§ 555. Ce principe est applicable même si la Charte d'utilisation du matériel informatique de l'entreprise interdit l'utilisation du matériel à des fins personnelles, puisque le secret des correspondances est une liberté fondamentale.

L'employeur aura donc un libre accès aux correspondances de ses employés envoyées ou reçues depuis leur lieu de travail, sauf à ce que ledit employé ne spécifie expressément que le contenu du mail est personnel. Le mail non identifié comme personnel sera donc présumé comme étant professionnel, aucune restriction n'est alors imposée à sa consultation par l'employeur.

§ 556. La jurisprudence s'est récemment prononcée sur le terrain du droit de la preuve en cas de sanction du salarié résultant de la découverte de fichiers personnels. Un arrêt de la Cour de cassation du 5 juillet 2011 a affirmé que « *si l'employeur peut toujours consulter les fichiers qui n'ont pas été identifiés comme personnels par le salarié, il ne peut les utiliser pour le sanctionner s'ils s'avèrent relever de sa vie privée* ». Ainsi, le fichier personnel même non spécifié comme tel et découvert par l'employeur sur l'ordinateur de son salarié ne peut en principe entrainer de sanction à son égard.

Il a cependant été jugé que lorsqu'un mail est privé et que le salarié ne l'a pas précisé, l'employeur pourra le consulter (car présumé professionnel) et sanctionner le salarié si le message se rattache à son activité professionnelle. Ce sera par exemple le cas lorsque le salarié dénigre sa hiérarchie dans ses courriers privés.[409]

Dans le cas où les mails sont signalés comme personnels, l'employeur pourra demander (et obtenir, si le motif est légitime) la désignation d'un huissier de justice aux fins d'en prendre connaissance. Des sanctions pourront alors être prises à l'égard de l'employé si un manquement à son devoir de loyauté est constaté.[410]

§556.1. La loi du 8 août 2016[411] a introduit à l'article L2242-8 du Code du travail le droit à la déconnexion, par l'intermédiaire de l'obligation pour les entreprises de plus de 50 salariés, de prévoir « *les modalités d'exercice du droit à la déconnexion* », afin « *d'assurer le respect des temps de repos et de congé ainsi que de la vie personnelle et familiale* ».

Les entreprises doivent ouvrir les négociations sur ce sujet avec les partenaires sociaux, ou à défaut d'accord, édicter des mesures via une charte, afin de mettre en place « *des instruments de régulation de l'outil*

---

[408] Cass. Soc., 19 juin 2013, n° 12-12.138
[409] Cass. Soc., 2 février 2011, n° 09-72313
[410] Cass. Soc. 23 mai 2007, 05-17818
[411] 2016-1088

numérique ». Le salarié est ainsi protégé de toute sanction directe ou indirecte, s'il s'est rendu indisponible en coupant son téléphone et sa boite mail durant les soirs, le week-end et ses congés.

Ainsi, à l'inverse, le salarié devant rester joignable (et dérangeable) « *à tout moment pour résoudre les problèmes de l'entreprise, assurant une permanence téléphonique en dehors des locaux de l'entreprise et de ses temps de travail effectifs* » est en période d'astreinte[412].

Diverses solutions s'offrent alors aux entreprises, les serveurs peuvent être coupés le soir et le week-end afin que plus aucun mail ne parvienne aux salariés, un contrôle des connexions à distance, l'effacement des messages reçus pendant les congés en informant l'expéditeur et en le mettant en relation avec un autre salarié, différer l'envoi des mails, supprimer la fonction « répondre à tous », ou encore déconnecter le téléphone professionnel.

Ce désir du législateur d'imposer aux entreprises de prévoir un droit à la déconnexion du salarié est une manifestation complémentaire de ne pas vouloir laisser les technologies demeurer par trop intrusives dans la sphère privée de chacun.

---

[412] Cour de cassation Soc 16 mars 2016 n°14-27.971

CHAPITRE 3

Protéger la victime de la cybercriminalité

§ 557. L'essor de l'utilisation de l'internet a aussi ses écueils. Au-delà des problématiques soulevées par la protection des libertés individuelles et de la vie privée, c'est parfois l'intégrité des personnes et des biens qui peut être mise en cause. Nous exposerons donc les infractions spéciales mises en place par le droit pénal pour contrer certaines atteintes perpétrées par l'utilisation de l'informatique (Section II). Nous nous servirons de ce prétexte pour étudier ici les principes fondamentaux de la responsabilité pénale, nous permettant ainsi de préciser la réflexion menée tout au long de cet ouvrage quant aux infractions (Section I).

Les données sont aujourd'hui le nouvel « or noir » de l'économie, ce qui a pour conséquence d'attiser les convoitises des cyberdélinquants qui chercheront à s'en emparer. Les entreprises sont, en conséquence, de plus en plus touchées par des attaques, ainsi entre 2013 et 2014, le nombre de cyberattaques a augmenté de 120% dans le monde[413].

SECTION I. LES PRINCIPES GENERAUX DE LA RESPONSABILITE PENALE

§ 558. Le problème de la responsabilité pénale née de l'informatique est couramment évoqué par l'expression, trop générale, de « fraudes informatiques ». Cette expression n'a aucune signification juridique ; en effet tous les actes malhonnêtes commis à l'aide ou contre un système informatique ne constituent pas de véritables infractions pénales passibles de peines telles que l'amende, l'emprisonnement, voire la détention…

§ 559. En droit pénal en effet, il est un principe essentiel selon lequel il ne peut y avoir d'infraction ou de peine que si un texte le prévoit, c'est le **principe de légalité des délits et des peines**.

[413] D. Jacopini, expert informatique assermenté sur le site lenetexpert.fr

La nature de ce texte (loi ou acte réglementaire, cf. *supra* § 23 s. et § 26 s.) dépend de la qualification de l'infraction. Toutes les infractions se répartissent en une classification tripartite en fonction de la peine encourue. L'article 111-1 du Code pénal opère cette distinction : *« Les infractions pénales sont classées, suivant leur gravité, en crimes, délits et contraventions ».* En allant des plus graves aux moins graves, on a donc le tableau suivant :

- crimes : peines de réclusion ou de détention (de dix ans au moins)[414] ;
- délits : infractions punies d'une peine correctionnelle, c'est-à-dire une amende supérieure à 3 750 euros et d'une peine d'emprisonnement[415] ;
- contraventions : infractions que la loi punit d'une amende n'excédant pas 3 000 euros[416].

Dans tous les cas, il s'agit de la peine maximale encourue ; la peine effectivement prononcée peut être – et est souvent en pratique – beaucoup plus faible. Il existe néanmoins pour certaines infractions des peines planchers ; dans ce cas, il est interdit au juge de prononcer des peines inférieures, notamment en cas de récidive.

La qualification de l'infraction détermine une grande partie de son régime juridique, notamment la juridiction compétente : en Cour d'assises pour les crimes, devant le tribunal correctionnel pour les délits et devant le tribunal de police pour les contraventions. Spécialement, la Constitution de 1958 (art. 34 et 37) abandonne les contraventions au pouvoir réglementaire ; par conséquent, seuls les crimes et les délits sont créés par la loi.

§ 560. Le principe de la légalité des délits et des peines, qui a pour fondement essentiel la protection des libertés individuelles, serait de peu de portée pratique si les juges pouvaient interpréter les textes d'incrimination. C'est pourquoi il se double du **principe d'interprétation stricte des textes répressifs**. Cela ne signifie pas que les textes doivent être pris au pied de la lettre. Il doit en effet être tenu compte du but poursuivi par le législateur, notamment pour adapter à l'évolution des techniques ou de la société, des textes souvent anciens. Mais en tout cas, il ne saurait être raisonné par analogie.

En pratique, l'application conjuguée de ces principes conduit parfois à l'impunité (pénale) de comportements moralement blâmables ou socialement nuisibles ; ces comportements ne peuvent alors qu'être source de responsabilité civile à l'égard de la victime du préjudice qu'ils ont causé (cf. *infra* § 605 s.).

Pour qu'une personne puisse être condamnée pénalement, il faut d'une part que le comportement soit légalement punissable, d'autre part que sa culpabilité soit établie.

---

[414] Art. 131-1 Code pénal

[415] Art. 381 du Code de procédure pénale

[416] Art. 131-13 du Code pénal

§ 561. L'infraction est punissable si le comportement est incriminé par un texte (cf. *supra* § 559). La peine encourue par l'auteur de la tentative est la même que celle qu'encourt l'auteur de l'infraction consommée. Cependant, l'infraction n'est pas punissable si elle est justifiée par un fait justificatif (légitime défense, ordre de la loi et commandement de l'autorité légitime, voire état de nécessité…).

La culpabilité n'est établie que si la personne poursuivie a participé à l'infraction et si les faits reprochés lui sont imputables :

- le complice d'un crime ou d'un délit encourt en principe la même peine que l'auteur principal. L'acte de complicité consiste soit dans le fait de provoquer l'infraction ou de donner des instructions pour la commettre, soit dans le fait d'en fournir les moyens, soit, encore, dans l'aide et l'assistance prêtées à l'auteur principal ;
- l'imputabilité peut être exclue par une « cause de non imputabilité » comme la contrainte, la démence ou, à certaines conditions, la minorité.
- en revanche, l'erreur n'est pas une cause de non-imputabilité. Tout au plus, peut-elle, si elle porte sur un élément de fait, exclure l'intention qui est un élément constitutif de certaines infractions.

SECTION II. LA RESPONSABILITÉ PÉNALE NÉE DE L'INFORMATIQUE

§ 562. La délinquance informatique est particulièrement difficile à réprimer, en droit parce que les infractions traditionnelles sont le plus souvent inadaptées aux comportements informatiques, en fait parce que l'infraction informatique est complexe, technique, instantanée et souvent sans trace. C'est pourquoi de nouvelles infractions ont été imaginées par le législateur, dans le but de prévenir ces comportements attentatoires à l'intégrité des biens et des personnes. C'est ce que l'on appelle couramment la cybercriminalité. Cette notion n'est pas définie au sein de la loi française, tout simplement parce qu'elle ne fait pas l'objet d'une classification autonome en droit pénal. Elle a cependant été définie par le Ministère de l'Intérieur comme étant :

> « *L'ensemble des infractions pénales susceptibles de se commettre sur le réseau de télécommunication en général et plus particulièrement sur le réseau Internet*[417] ».

Selon la communication de la Commission européenne n° 267 du 22 mai 2007, il s'agit des « *infractions pénales commises à l'aide des réseaux de*

[417] www.interieur.gouv.fr

communication électroniques et de systèmes d'information ou contre ces réseaux et systèmes ».

Il est donc pratique de regrouper toutes ces infractions sous une même nomenclature, tout simplement de par l'unicité des outils utilisés pour commettre ces infractions. La complexité de la notion vient du fait que les victimes mais aussi les auteurs de ces infractions sont potentiellement multiples : il peut s'agir de personnes physiques, de personnes morales, de personnes physiques agissant sous l'autorité d'une personne morale etc. Il convient donc d'envisager tous les cas possibles.

§ 563. Il existe des infractions pour lesquelles les technologies de l'information et de la communication sont l'objet même du délit, il s'agit des infractions spécifiques (Section I). Il existe en outre des infractions pour lesquelles l'Internet est le moyen de commission, il s'agit d'infractions de droit commun commises via l'Internet (Section II).

SOUS-SECTION I. INFRACTIONS AUX TECHNOLOGIES DE L'INFORMATION

§ 564. L'informatique est d'abord intéressante de par son immense capacité de stockage ; il l'est aussi de par l'apparente sécurisation des données. La place aujourd'hui accordée à l'informatique ne cesse de croitre, et par là même la confiance accordée par les utilisateurs. De plus en plus de tâches sont traitées automatiquement, par le biais d'un système de traitement automatisé de données. Or les atteintes à ces systèmes de traitements peuvent avoir des conséquences catastrophiques, surtout s'il s'agit de données personnelles, bancaires…

Le Règlement Européen relatif à la protection des personnes physiques à l'égard du traitement des données à caractère personnel et à la libre circulation de ces données, qui entrera en vigueur le 25 mai 2018 défini pour la première fois le traitement comme « *toute opération ou tout ensemble d'opérations effectuées ou non à l'aide de procédés automatisés et appliquées à des données ou des ensembles de données à caractère personnel, telles que la collecte, l'enregistrement, l'organisation, la structuration, la conservation, l'adaptation ou la modification, l'extraction, la consultation, l'utilisation, la communication par transmission, la diffusion ou toute autre forme de mise à disposition, le rapprochement ou l'interconnexion, la limitation, l'effacement ou la destruction* ».

L'acception est aujourd'hui très large, allant du réseau de Cartes bancaires aux fichiers de numéros de téléphone. Un certain nombre d'infractions ont été consacrées en droit pénal en cas d'atteinte à ces systèmes de traitement automatisé de données (I) mais les sanctions peuvent varier en fonction de la personne qui les a commises (II). Par ailleurs, une directive européenne récente a été adoptée pour harmoniser les législations en matière d'attaques contre les systèmes d'information (III).

I. Présentation des infractions

§ 565. Les infractions sont différentes selon que la personne s'introduit dans le système (A), porte atteinte au système (B) ou aux données qu'il contient (C). Cependant, une infraction spéciale a été mise en place permettant d'incriminer les personnes ayant fournis les moyens de commettre les infractions précédentes (D). Enfin, un certain nombre de peines complémentaires pourront être prononcées (E).

Il faut noter que la loi du 24 juillet 2015[418] est venue augmenter les amendes encourues pour la commission de ces infractions.

A. Accès et maintien frauduleux dans un système de traitement automatisé

§ 566. L'article L.323-1 du Code pénal punit *« le fait d'accéder ou de se maintenir, frauduleusement, dans tout ou partie d'un système de traitement automatisé de données »*.

§ 567. L'**accès frauduleux** est constitué dès lors qu'une personne s'introduit ou pénètre le système automatisé, que ce soit par le biais d'une connexion, par l'introduction d'un fichier espion ou simplement par la consultation d'un fichier, alors qu'il n'a aucun droit pour ce faire. Comme l'a indiqué la Cour d'appel de Paris dans son arrêt du 5 avril 1994, *« l'accès frauduleux vise tous les modes de pénétration irréguliers d'un système automatisé de données, que l'accédant travaille déjà sur la même machine mais à un autre système, qu'il procède à distance ou qu'il se branche sur une ligne de télécommunication »*.

Pour que cette infraction soit caractérisée, il devra nécessairement être démontré que le délinquant avait conscience d'accéder anormalement au système. Un tel comportement pourra notamment découler du fait que le délinquant n'appartient pas à l'entreprise propriétaire du système ou qu'il n'en fait plus partie. De plus, le TGI de Vannes dans un jugement du 13 juillet 2005[419] est venu préciser que le mobile est indifférent, *« l'accès et le maintien frauduleux à un système de traitement automatisé de données sont constitués dès lors qu'une personne, non habilitée, pénètre dans ce système tout en sachant être dépourvue d'autorisation, peu importe le mobile »*.

La jurisprudence, de manière générale et comme c'est le cas dans l'arrêt de 1994 précité, affirme que l'existence de l'infraction ne dépend pas de la présence d'un système de sécurité et qu'il suffit qu'ait été manifestée

---

[418] N°2015-912 relative au renseignement

[419] Université de Bretagne Sud c/ X, Jurisdata n°2005-294765

l'intention de restreindre l'accès aux seules personnes autorisées[420]. Cependant, des décisions se sont parfois basées sur l'absence de sécurisation pour écarter l'infraction, affirmant par exemple que l'absence de protection entraine que les données d'un STAD sont réputées non confidentielles[421]. La jurisprudence est donc partagée sur cette question et la question se pose de savoir ce qui caractérise l'intention de restreindre l'accès aux données en l'absence d'un dispositif de protection de celles-ci.

§ 568. La situation de **maintien frauduleux** suppose que le délinquant ait eu conscience de se maintenir anormalement dans un système sans pour autant avoir eu l'intention de nuire.

Cette infraction est punie de deux ans d'emprisonnement et 60 000 euros d'amende, sauf si l'accès ou le maintien dans le système ont eu pour conséquence de modifier ou supprimer des données ou d'altérer le fonctionnement du système. Dans ce cas, la peine est portée à trois ans d'emprisonnement et 100 000 euros d'amende.

B. Atteinte à l'intégrité du système

§ 569. L'article 323-2 du Code pénal prévoit quant à lui que « l*e fait d'entraver ou de fausser le fonctionnement d'un système de traitement automatisé de données* » constitue une atteinte à l'intégrité du système, il est donc constitutif d'une infraction

Le **délit d'entrave** est réalisé dès lors que l'action du délinquant a entraîné des conséquences négatives dans le système, il peut s'agir du fait d'occuper la capacité mémoire d'un système entraînant sa saturation, de mettre en œuvre des codages ou des barrages retardant ou empêchant l'accès normal au système de traitement automatisé.

Par ailleurs, il faut entendre par altération tout acte destiné à retarder et/ou paralyser le système de manière à lui faire produire un résultat sinon contraire mais différent de celui attendu. C'est le cas du virus.

Il faudra pour cette infraction constater l'intention ou la volonté délibérée de l'individu d'entraver ou altérer le système. Cette infraction est punie de cinq ans d'emprisonnement et de 150 000 euros d'amende.

C. Atteinte à l'intégrité des données

§ 570. Porter atteinte à l'intégrité des données, c'est supprimer, reproduire, extraire, transmettre, ou modifier frauduleusement des données dans un système de traitement automatisé de données. Cette infraction est constatée au sein de l'article 323-3 du Code pénal. Ce délit est puni de cinq ans d'emprisonnement et de 150 000 euros d'amende.

---

[420] TGI Créteil, 11e ch. corr., 23 avr. 2013 www.legalis.net

[421] CA Paris, 12e ch., sect. A, 30 oct. 2002, JurisData n° 2002-204096

D. Fourniture de moyens en vue de commettre ces infractions

§ 571. Enfin, une personne peut se rendre coupable de fourniture de moyens en vue de commettre les infractions précitées. L'article 323-3-1 du Code pénal dispose donc que :

« Le fait, sans motif légitime, notamment de recherche ou de sécurité informatique, d'importer, de détenir, d'offrir, de céder ou de mettre à disposition un équipement, un instrument, un programme informatique ou toute donnée conçus ou spécialement adaptés pour commettre une ou plusieurs des infractions prévues par les articles 323-1 à 323-3 est puni des peines prévues respectivement pour l'infraction elle-même ou pour l'infraction la plus sévèrement réprimée ».

E. Peines complémentaires

§ 572. Des peines complémentaires sont également encourues, aux termes de l'article 323-5 du Code pénal, par les personnes physiques coupables des délits mentionnés ci-dessus. Ces peines complémentaires sont les suivantes :

- 1° L'interdiction, pour une durée de cinq ans au plus, des droits civiques, civils et de famille,
- 2° L'interdiction, pour une durée de cinq ans au plus, d'exercer une fonction publique ou d'exercer l'activité professionnelle ou sociale dans l'exercice de laquelle ou à l'occasion de laquelle l'infraction a été commise ;
- 3° La confiscation de la chose qui a servi ou était destinée à commettre l'infraction ou de la chose qui en est le produit, à l'exception des objets susceptibles de restitution ;
- 4° La fermeture, pour une durée de cinq ans au plus, des établissements ou de l'un ou de plusieurs des établissements de l'entreprise ayant servi à commettre les faits incriminés ;
- 5° L'exclusion, pour une durée de cinq ans au plus, des marchés publics ;
- 6° L'interdiction, pour une durée de cinq ans au plus, d'émettre des chèques autres que ceux qui permettent le retrait de fonds par le tireur auprès du tiré ou ceux qui sont certifiés ;
- 7° L'affichage ou la diffusion de la décision prononcée.

II. La personne du commettant

§ 573. Les infractions d'atteinte à un système de traitement automatisé de données peuvent être punies plus sévèrement ou différemment selon que le commettant est une personne morale (I), un dirigeant (II) ou que l'infraction a été commise par le biais d'une association de malfaiteurs (III).

L'article 47 de la Loi pour une République Numérique introduit une protection pénale pour le « hacker blanc » à l'article L 2321-4 du code de la défense. En effet, une personne de bonne foi qui s'introduit dans un système de traitement automatisé de données, et informe l'agence nationale de sécurité des systèmes d'information (ANSSI) de la vulnérabilité, ne risque rien pénalement.

A. Le commettant personne morale

§ 574. Selon l'article 323-6 du Code pénal, les personnes morales peuvent être déclarées responsables pénalement des infractions que nous venons de voir si elles ont été commises pour leur compte et par leurs organes ou représentants.

En conséquence, les personnes morales encourent, outre une amende fixée au quintuple de celle prévue pour les personnes physiques, les peines suivantes :

- La dissolution, lorsque la personne morale a été créée ou, lorsqu'il s'agit d'un crime ou d'un délit puni en ce qui concerne les personnes physiques d'une peine d'emprisonnement supérieure ou égale à trois ans, détournée de son objet pour commettre les faits incriminés ;
- L'interdiction, à titre définitif ou pour une durée de cinq ans au plus, d'exercer directement ou indirectement l'activité dans l'exercice ou à l'occasion de l'exercice de laquelle l'infraction a été commise ;
- Le placement, pour une durée de cinq ans au plus, sous surveillance judiciaire ;
- La fermeture définitive ou pour une durée de cinq ans au plus des établissements ou de l'un ou de plusieurs des établissements de l'entreprise ayant servi à commettre les faits incriminés ;
- L'exclusion des marchés publics à titre définitif ou pour une durée de cinq ans au plus ;
- La confiscation de la chose qui a servi ou était destinée à commettre l'infraction ou de la chose qui en est le produit ;
- L'affichage de la décision prononcée ou la diffusion de celle-ci soit par la presse écrite, soit par tout moyen de communication au public par voie électronique ;

En tout état de cause, aux termes de l'article 121-2 du Code pénal, « *la responsabilité pénale des personnes morales n'exclut pas celle des personnes physiques auteurs ou complices des mêmes faits* ».

B. Le commettant personne physique dirigeant

§ 575. La personne physique directeur général ou directeur des services informatiques peut être responsable pénalement pour son fait personnel (A), mais peut aussi être déclarée complice (B).

1. Le principe de la responsabilité pénale personnelle

§ 576. Aux termes de l'article 121-1 du Code pénal, « *nul n'est responsable pénalement que de son propre fait* ». En conséquence, un DG ou un DSI ne sera responsable pénalement que de ses propres faits et non des agissements répréhensibles pénalement commis par des tiers, notamment des salariés.

Cependant, le Code du travail, notamment, prévoit des cas de responsabilité pénale de l'employeur pour des faits réalisés par son préposé. Ces dispositions concernent des infractions spécifiques liées aux règles de santé et de sécurité, aux règles de représentation des salariés, au travail des jeunes, etc. Ainsi, en dehors de ces cas limitativement énumérés, un DG ou un DSI ne saurait voir sa responsabilité pénale engagée du fait d'un préposé.

§ 577. Si l'on est en présence d'agissements personnels, au regard des infractions précédemment énumérées, la responsabilité pénale pourra être engagée, en matière de système d'information, en cas notamment de non-respect des dispositions relatives à la protection des données personnelles. En effet, par exemple, l'article 226-17 du Code pénal condamne le fait de procéder ou de faire procéder à un traitement de données à caractère personnel sans mettre en œuvre les mesures prescrites à l'article 34 de la loi du 6 janvier 1978, c'est-à-dire « *prendre toutes précautions utiles, au regard de la nature des données et des risques présentés par le traitement, pour préserver la sécurité des données et, notamment, empêcher qu'elles soient déformées, endommagées, ou que des tiers non autorisés y aient accès* ». Cette infraction est punie de cinq ans d'emprisonnement et de 300 000 Euros d'amende.

2. La complicité

§ 578. La responsabilité d'un DG ou d'un DSI pourrait de plus être recherchée sur le fondement de la complicité d'une infraction commise par un salarié. En effet, la complicité peut être retenue pour toute infraction et les peines encourues sont équivalentes à celles fixées pour l'infraction principale commise.

Selon l'article 121-7 du Code pénal, est considérée comme complice d'une infraction « *la personne qui sciemment, par aide ou assistance, en a facilité la préparation ou la consommation* ». La jurisprudence retient ainsi comme mode de complicité la « *fourniture de moyens* », ce qui pourrait s'appliquer au DG, ou au DSI en cas de délégation de pouvoir, pour une infraction commise par un salarié à l'aide du matériel mis à sa disposition par l'entreprise. Cependant, l'intention coupable du DG ou du DSI devra être démontrée.

C. Le cas de l'association de malfaiteurs

§ 579. En vertu de l'article 323-4 du Code pénal, « *La participation à un groupement formé ou à une entente établie en vue de la préparation, caractérisée par un ou plusieurs faits matériels, d'une ou de plusieurs des infractions prévues par les articles 323-1 à 323-3-1 est puni des peines prévues respectivement pour l'infraction elle-même ou pour l'infraction la plus sévèrement réprimée* ».

III. La directive européenne relative aux attaques contre les systèmes d'information

§ 580. Une directive européenne n°2013/40/UE relative aux attaques contre les systèmes d'information a été adoptée le 12 aout 2013 afin d'harmoniser les législations internes en matière de cyberattaques et d'instaurer une coopération renforcée pour la mise en place d'un système coordonné de suivi des infractions. Les autorités françaises ont déclaré que le droit interne est conforme à cette directive, notamment par décret[422], et les arrêtés pris par secteurs d'activités.

Elle met en place des règles minimales de définition des infractions pénales et des sanctions. Cinq types d'infractions sont sanctionnées : l'accès illégal à des systèmes d'information ; l'atteinte illégale à l'intégrité d'un système ; l'atteinte illégale à l'intégrité des données ; l'interception illégale ; la mise à disposition d'outils utilisés pour commettre les infractions. Sont aussi sanctionnés les actes d'incitation, de participation et de complicité liés aux infractions et les tentatives (pour les atteintes à l'intégrité du système et/ou des données).

Par ailleurs, est incriminée la production, la vente, l'acquisition, l'importation, la distribution ou la mise à disposition d'outils utilisés pour commettre des infractions informatiques (virus, logiciel, mot de passe,...).

La compétence juridictionnelle des Etats est élargie et vise : les infractions commises sur leur territoire ou par un de leur ressortissant, celles commises par un auteur présent sur le territoire au moment de l'attaque, celles qui visent un système présent sur leur territoire.

Enfin, dans le cadre de la coopération entre autorités judiciaires et de police, est instauré un échange d'informations entre Etats membres qui passe par la mise en place de points de contacts nationaux qui s'adresseront des demandes d'assistance.

---

[422] Décret 2015-351 du 27 mars 2015 relatif à la sécurité des systèmes d'information des opérateurs d'importance vitale

SOUS-SECTION II. INFRACTIONS FACILITÉES PAR L'UTILISATION DES TECHNOLOGIES

§ 581. L'utilisation des technologies de l'information pour commettre des infractions n'est pas souvent incriminée en tant que telle, souvent du fait d'une volonté de créer des infractions les plus larges possible et ainsi résister aux évolutions technologiques. Il convient de présenter les infractions pouvant être commises par le biais des technologies de l'information : celles portant atteinte aux libertés individuelles (Sous-section I), celles portant atteinte aux biens (Sous-section II) et enfin celles portant atteinte à l'ordre public (Sous-section III).

I. Les atteintes aux libertés individuelles

§ 582. Parmi les infractions portant atteinte aux libertés individuelles pouvant être commises par le biais de l'informatique, il faut distinguer la diffamation (A), les atteintes à la vie privée (B) et la haine raciale, le négationnisme et le révisionnisme (C).

A. Diffamation et injure

§ 583. Ces infractions sont constatées au sein des articles 29 à 35 de la loi du 29 juillet 1881 sur la liberté de la presse :

- la diffamation est l'« allégation ou imputation d'un fait qui porte atteinte à l'honneur ou à la considération de la personne ou du corps auquel le fait est imputé »
- l'injure est une « *expression outrageante, terme de mépris ou invective qui ne renferme l'imputation d'aucun fait* ».

Ces peines sont punies de 12 000 euros d'amende si la victime est un particulier, 45 000 euros si la victime est un fonctionnaire, mais sont augmentées à un an d'emprisonnement et 45 000 euros d'amende si la victime a été ciblée du fait de ses origines raciales, religieuses ou ethniques.

La prescription pour les actes de diffamation et d'injure est de *« trois mois révolus, à compter du jour où ils auront été commis ou du jour du dernier acte d'instruction ou de poursuite s'il en a été fait* [423] *»*. Ce délai vaut quel que soit le support utilisé. L'allongement de cette prescription à un an, bien qu'elle ait été accordée pour les propos racistes (cf. *infra* § 587) n'a pas été retenue en la matière. Appliquée à internet, cette disposition signifie que la prescription commence à courir au jour de la publication du contenu illicite, et non le jour de sa dernière mise à jour[424], laquelle ne constitue pas une réédition. Ce délai est court au regard de la vastitude du web, mais est

[423] Art. 65 al. 1 de la loi du 29 juillet 1881 sur la presse
[424] Crim. 19 sept. 2006

régulièrement confirmé par les juges[425]. Le cas de la modification du message incriminé pourrait constituer une nouvelle édition, permettant ainsi un nouveau départ de la prescription, mais le cas n'a pas encore été envisagé en jurisprudence.

B. Atteinte à la vie privée

§ 584. Dans son acception générale, l'atteinte à la vie privée est constituée par le fait de :

- *« Capter, enregistrer ou transmettre sans le consentement de leur auteur, des paroles prononcées à titre privé ou confidentiel »*, ou ;
- *« Fixer, enregistrer ou transmettre sans le consentement de celle-ci, l'image d'une personne se trouvant dans un lieu privé[426] »*.

Cette infraction est punie d'une peine d'un an d'emprisonnement et 45 000 euros d'amende.

§ 585. Il est par ailleurs expressément interdit de mettre ou de conserver en mémoire informatisée, sans le consentement exprès de l'intéressé, des données à caractère personnel qui, directement ou indirectement, font apparaître ses origines raciales ou ethniques, ses opinions politiques, philosophiques ou religieuses, les appartenances syndicales ou des informations relatives à sa santé ou son orientation sexuelle[427]. Ces atteintes aux données personnelles dites « sensibles » sont donc punies plus sévèrement d'une peine pouvant aller jusqu'à cinq ans d'emprisonnement et 300 000 euros d'amende.

§ 586. Enfin, l'usurpation d'identité a été étendue au domaine de la cybercriminalité[428]. Ce délit est constitué par le fait d'usurper l'identité d'un tiers ou de faire usage d'une ou plusieurs données de toute nature permettant de l'identifier en vue de troubler sa tranquillité ou celle d'autrui, ou de porter atteinte à son honneur, à sa considération ou à ses intérêts. Ce délit peut également être commis sur un réseau de communication au public en ligne. Cette infraction est punie d'un an d'emprisonnement et d'une amende de 15 000 euros.

Ce délit est caractérisé notamment par la création d'un faux compte Facebook, sur lequel étaient publiés des photos de la personne et des propos injurieux en son nom[429].

L'article 67 de la loi pour une République Numérique insère un nouvel article 226-2-1 dans le Code pénal incriminant « *le fait, en l'absence d'accord de la personne pour la diffusion, de porter à la connaissance du public ou d'un tiers, tout enregistrement ou tout document portant sur des*

---

[425] Crim., 6 janv. 2009

[426] Art. 226-1 du Code pénal

[427] Art. 226-19 du Code pénal

[428] Art. 2 de la loi 2011-267 du 14 mars 2011

[429] TGI Paris 17e chambre correctionnelle du 24 mars 2015.

paroles ou des images présentant un caractère sexuel ». Cette infraction est punie de deux ans d'emprisonnement et 60 000 euros d'amende.

C. Haine raciale, négationnisme, révisionnisme

§ 587. En vertu de l'article 24 de la loi du 29 juillet 1881, toute « *provocation à la discrimination, à la haine ou à la violence à l'égard d'une personne ou d'un groupe de personnes à raison de leur origine ou de leur appartenance ou de leur non appartenance à une ethnie, une nation, une race ou une religion déterminée* » est constitutif d'une infraction qui est punie d'un an d'emprisonnement et de 45 000 euros d'amende.

La prescription pour ces faits est d'un an à compter du jour où ils ont été commis[430].

II. Les atteintes aux biens

§ 588. Parmi les atteintes aux biens pouvant être commises par le biais de l'informatique, nous décrirons l'escroquerie (I) et les menaces d'atteinte aux biens (II).

A. Escroquerie

§ 589. L'article 313-1 du Code pénal définit l'escroquerie comme étant le « *fait, soit par l'usage d'un faux nom ou d'une fausse qualité, soit par l'abus d'une qualité vraie, soit par l'emploi de manœuvres frauduleuses, de tromper une personne physique, ou morale et de la déterminer ainsi, à son préjudice ou au préjudice d'un tiers, à remettre des fonds, des valeurs ou un bien quelconque, à fournir un service ou à consentir un acte opérant obligation ou décharge* ».

Entre ainsi dans cette définition le *phishing*, technique de fraude qui consiste à envoyer un email non sollicité à une personne en lui demandant de se connecter sur un site web similaire au site d'un organisme transactionnel, afin de confirmer ses données confidentielles. Le délinquant profite alors de cette connexion pour récupérer des couples login/mot de passe ou numéro de cartes de crédit et soutirer des fonds.

Attention, le *phishing* peut aussi être constitutif du délit de l'article 226-18 du Code pénal de collecte de données à caractère personnel par un moyen frauduleux, déloyal ou illicite.

Cette infraction est punie de cinq ans d'emprisonnement et 375 000 euros d'amende.

---

[430] art. 65-3 de la loi du 29 juillet 1881 sur la presse

B. Menaces

§ 590. Le fait de proférer des menaces de commettre une destruction, une dégradation ou une détérioration des biens d'autrui, notamment par le biais d'internet, est par ailleurs constitutif d'une infraction. Elle est prévue aux articles 322-12 à 322-14 du Code pénal et est punie de :

- six mois d'emprisonnement et 7 500 euros d'amende, si l'infraction est dangereuse pour les personnes et soit réitérée, soit matérialisée par un écrit, une image ou tout autre objet ;
- un an d'emprisonnement et 15 000 euros d'amende si la menace est faite avec l'ordre de remplir une condition ;
- trois ans d'emprisonnement et 45 000 euros d'amende si la menace est dangereuse en plus d'être faite avec l'ordre de remplir une condition.
- deux ans d'emprisonnement et de 30 000 euros d'amende en cas de communication ou divulgation d'une fausse information dans le but de faire croire à la réalisation de l'infraction.

III. Les atteintes à l'ordre public

§ 591. Le trouble à l'ordre public peut aussi être commis sur internet, puisqu'a priori, le contenu est consultable par tous les internautes. La protection des mineurs est tout d'abord un enjeu de taille (A), on cherche aussi à s'assurer de l'éradication du terrorisme, rendu parfois plus facile grâce à internet (B) ; enfin, la diffusion de procédés permettant la fabrication d'engins explosifs est elle aussi prohibée (C).

A. Protection des mineurs

§ 592. Le système légal de protection des mineurs a été profondément remodelé par la loi du 7 mars 2007[431] qui a remis certaines infractions contre des mineurs en perspective compte tenu de la multiplication de certaines pratiques sur internet. Les infractions contre les mineurs sont donc assorties de peines aggravées lorsqu'elles ont été commises par le biais d'un réseau de communications électroniques.

§ 593. Le fait de favoriser ou de tenter de favoriser la corruption d'un mineur est puni de cinq ans d'emprisonnement et de 75 000 euros d'amende, sept ans et 100 000 euros en cas de commission par le biais d'un réseau de communication électronique et ce même si le mineur est majeur sexuellement, c'est-à-dire âgé de plus de quinze ans[432].

§ 594. Le fait pour un majeur de faire des propositions sexuelles à un mineur de quinze ans ou à une personne se présentant comme telle en

---

[431] Loi n° 2007-297 du 7 mars 2007

[432] Art. 227-22 du Code pénal

utilisant l'informatique est puni de deux ans et 30 000 euros d'amende, cinq ans et 75 000 euros d'amende si une rencontre s'en est suivie[433].

§ 595. Le fait de fixer, enregistrer ou transmettre une image ou la représentation d'un mineur de manière pornographique en vue de la diffuser est puni de cinq ans d'emprisonnement et de 75 000 euros d'amende. Le fait de diffuser ces images est puni des mêmes peines. En revanche, les peines sont portées à sept ans d'emprisonnement et 100 000 euros d'amende si ces infractions ont été commises sur internet. La consultation de ces images est punie de deux ans d'emprisonnement et 30 000 euros d'amende[434].

§ 596. Enfin, le fait de fabriquer, transporter ou diffuser un message violent ou pornographique ou portant atteinte à la dignité humaine ou incitant des mineurs à se livrer à des jeux les mettant physiquement en danger est puni de trois ans d'emprisonnement et de 75 000 euros d'amende[435].

B. Terrorisme

§ 597. L'article 24 de la loi du 29 juillet 1881 prohibe la provocation à commettre un certain nombre d'atteintes aux personnes, aux intérêts fondamentaux de la nation. Sont notamment visées, l'apologie ou la provocation à la commission d'actes terroristes, qui sont punis de cinq ans d'emprisonnement et de 45 000 euros d'amende.

C. Diffusion de procédés permettant la fabrication d'engins explosifs

§ 598. L'article 322-6-1 du Code pénal issu de la loi du 9 mars 2004 et récemment modifié par la loi du 3 juin 2016[436] punit le « f*ait de diffuser par tout moyen, sauf à destination des professionnels, des procédés permettant la fabrication d'engins de destruction élaborés à partir de poudre ou de substances explosives, de matières nucléaires, biologiques ou chimiques, ou à partir de tout autre produit destiné à l'usage domestique, industriel ou agricole* » d'une peine de trois ans d'emprisonnement et de 45 000 euros d'amende.

Les peines sont portées à cinq ans d'emprisonnement et à 75 000 euros d'amende lorsqu'il a été utilisé, pour la diffusion des procédés, un réseau de communication électronique à destination d'un public non déterminé.

---

433 Art. 227-22-1 du Code pénal

434 Art. 227-23 du Code pénal.

435 Art. 227-24 du Code pénal

436 N°2016-731 renforçant la lutte contre le crime organisé, le terrorisme et leur financement, et améliorant l'efficacité et les garanties de la procédure pénale

TITRE 3

La protection contre le risque informatique

§ 599. Depuis quelques années maintenant, la sécurité des systèmes informatiques a connu une évolution spectaculaire, étroitement liée à la dynamique d'informatisation des entreprises et des particuliers. Cette évolution est en effet le corollaire de l'accroissement du risque lié à l'informatique.

§ 600. En droit de l'assurance, la notion de risque est classiquement définie comme étant un évènement aléatoire dont l'arrivée est susceptible de causer un dommage aux biens ou à la personne. Il n'en reste pas moins que suivant cette définition, la notion de risque recouvre encore plusieurs acceptions.

Les risques de l'entreprise, visent les aléas tenant aux bons et aux mauvais résultats comptables résultant des opérations réalisées dans le cadre d'une activité économique. Ces risques sont appréhendés par les différents services de l'entreprise, et déterminent notamment la conclusion des contrats informatiques, l'achat d'anti-virus, la stratégie commerciale et financière…

En matière contractuelle, par exemple dans un contrat de vente, qui ne supporte *a priori* pas d'aléas, une des parties subira les effets des risques inhérents au contrat. Ainsi, dans un contrat de vente et sauf stipulation contraire, les risques qui étaient supportés par le vendeur seront supportés par l'acquéreur au moment de la livraison. Si un dommage survient à la chose (ou de par la chose) en cours de livraison, c'est le vendeur qui devra la remplacer ou la rembourser à l'acheteur. Cette définition somme toute très classique permet néanmoins de pouvoir apprécier l'utilité de cette notion dans le droit moderne des contrats : peu importe le type de biens, matériels ou immatériels, la notion de dommage est posée. Toute personne qui subit un dommage du fait d'un contrat pourra en demander réparation à son cocontractant sous réserve d'en respecter les conditions. Gérer le risque contractuel, c'est savoir maîtriser les outils juridiques susceptibles d'être déployés dans le cas de sa réalisation. Le risque existe partout, et ne peut pas être prévu en toute occurrence, l'on peut donc être responsable d'un dommage en dehors de tout contrat. Ces deux types de responsabilité devront être sommairement étudiés au sein du Chapitre 1.

Dans les contrats aléatoires, l'objet même du contrat est le risque. On parie sur la survenance ou non du risque, et les conséquences susceptibles d'y être attachées. C'est précisément le mécanisme de l'assurance. L'imprévisibilité qui porte à la fois sur la survenance et sur les conséquences d'un événement, constitue le fondement de l'engagement de l'assureur et de son client. C'est de par l'évaluation des risques que seront déterminés entre autres le coût de la police d'assurance, la franchise, les biens ou évènements couverts. Gérer le risque par l'assurance, c'est se garantir une remise en état de ses biens de manière automatique, et plus rapide que par le biais de la responsabilité contractuelle. C'est préférer parier sur sa survenance. (Chapitre 2).

CHAPITRE 1

Protéger par l'action en responsabilité civile

§ 601. Mettre en cause la responsabilité civile de quelqu'un c'est, fondamentalement, lui demander de réparer le dommage qu'il a causé. Cette fonction indemnitaire distingue notamment la responsabilité civile de la responsabilité pénale dont la fonction est essentiellement de punir le délinquant. Tandis que la sanction civile se mesure au préjudice subi par la victime, la sanction pénale dépend essentiellement de la gravité de la faute. Les deux ordres de responsabilité se séparent encore par la nature de leur sanction. Alors que la répression pénale dispose d'un arsenal de peines ou de mesures de sécurité, la réparation civile s'opère rarement en nature, mais le plus souvent « par équivalent », c'est-à-dire qu'elle se réalise en une condamnation en dommages-intérêts.

§ 602. La gravité des sanctions pénales (qui peuvent être privatives de liberté) justifie que la responsabilité pénale ne soit encourue que dans les cas (et aux conditions) limitativement énumérés par le législateur, selon le principe de la légalité des délits et des peines. Au contraire, il existe en droit civil un **principe général de responsabilité** aux termes duquel celui qui a causé un dommage à autrui par sa faute doit le réparer – il est même des cas où la faute n'est pas une condition nécessaire.

La victime d'une infraction a d'ailleurs le choix de demander des dommages-intérêts devant le juge civil ou devant le juge répressif (elle choisit la voie civile ou la voie pénale).

Ce choix – qui est définitif – n'est pas neutre : *a priori*, la voie pénale (par le bais de la constitution de partie civile) peut sembler plus efficace du fait des caractères propres à la procédure répressive, mais l'action devant le juge civil ne doit pas être négligée car elle peut permettre d'autres fondements que la faute délictuelle.

§ 603. Bien qu'il existe un grand nombre de régimes spéciaux de responsabilité – nous en avons développé certains au cours de cet ouvrage - il nous faut appréhender ce que l'on appelle le « droit commun de la responsabilité ».

§ 604. Lorsque les modalités de l'exécution défectueuse ont été prévues dans le contrat (Section I), il est naturel que l'on ne considère pas cette situation comme l'on considérerait un accident mettant en cause deux personnes non liées par des rapports juridiques préalables (Section II). Mais les deux types de responsabilité civile se ressemblent beaucoup, en ce qu'ils ont la même finalité réparatrice, mais il règne cependant un principe de non-cumul : la responsabilité contractuelle, si elle est applicable, est obligatoire. Le contractant lésé ne pourra agir sur le fondement de la responsabilité délictuelle, même s'il pense que cette dernière pourrait lui être plus favorable.

Il faut donc raisonner en trois temps :

- Il faudra d'abord rechercher si un régime spécifique de responsabilité s'applique au cas de l'espèce ;
- Si la réponse est négative, il faudra donc rechercher si les éléments de la responsabilité contractuelle sont réunis ;
- En tout état de cause, l'on pourra toujours se reporter aux règles de la responsabilité délictuelle, qui constituent une sorte de droit commun. C'est ainsi que procède le juge, la responsabilité délictuelle constituant une sorte de responsabilité résiduelle applicable en tout état de cause là où la loi n'avait rien prévu.

SECTION I. LA RESPONSABILITÉ CIVILE CONTRACTUELLE

§ 605. En première approche, on peut dire que la responsabilité est contractuelle si une personne a subi un dommage à l'occasion de l'exécution d'un contrat auquel elle était partie. Parce que les modalités de l'exécution défectueuse ont été prévues dans le contrat, il est naturel que l'on ne considère pas cette situation comme l'on considérerait un accident mettant en cause deux personnes non liées par des rapports juridiques préalables.

La responsabilité contractuelle répond au régime légal si elle en remplit les conditions (Sous-section I) mais peut être sensiblement aménagée contractuellement (Sous-section II).

SOUS-SECTION I. LE RÉGIME LÉGAL DE LA RESPONSABILITÉ CONTRACTUELLE

§ 606. Pour pouvoir bénéficier du régime légal de la responsabilité, le contractant doit prouver la réunion des différents éléments nécessaires (I) à l'application du régime (II).

I. Les conditions de la responsabilité contractuelle

§ 607. La responsabilité n'est contractuelle que si le fait dommageable réside dans l'inexécution (ou la mauvaise exécution) d'un contrat (A). Logiquement, elle ne devrait donc jouer qu'entre les parties aux contrats ; l'on constate pourtant une tendance à l'étendre à certains tiers (B).

A. Mauvaise exécution du contrat

§ 608. En réalité, la responsabilité contractuelle suppose l'existence d'un contrat (1) et un manquement à une des obligations qu'il contient (2).

1. La condition d'existence du contrat

§ 609. L'essentiel est que les parties aient fixé leurs obligations par un accord préalable (l'écrit n'étant généralement qu'un moyen sûr d'en apporter la preuve cf. *supra* § 316 s. et § 468 s.). Il s'ensuit logiquement que la responsabilité n'est point contractuelle (elle est donc délictuelle), en particulier, dans deux cas :

- Lorsque le dommage survient avant la conclusion du contrat (pendant la période précontractuelle), sauf si la situation des parties pendant cette période a été réglée par un contrat préalable auquel cas c'est la loi de ce dernier qui sera suivie.
- Lorsque le contrat conclu est nul, étant entendu qu'il est possible en pratique que la nullité ne se révèle qu'ultérieurement, notamment après la survenance du dommage (et, en particulier, au cours du procès en responsabilité).

2. Le manquement à une obligation née du contrat

§ 610. Encore faut-il que le dommage trouve sa cause dans le défaut d'exécution d'une obligation contractuelle et l'on est renvoyé au délicat problème du contenu du contrat (cf. *supra* § 301 s.). La difficulté essentielle est que l'intention des parties n'est pas toujours expressément formulée ou qu'en tout cas elle n'est pas suffisamment détaillée, de sorte que le juge est fréquemment appelé à invoquer la volonté présumée des parties, ce qui ne va pas toujours sans un certain artifice.

On a pu parler de « forçage du contrat » par la jurisprudence. C'est ainsi qu'a été découverte l'obligation de sécurité dans un certain nombre de contrats, en particulier le contrat de transport. Que l'on saisisse bien l'enjeu de la controverse : si l'une des parties subit un dommage corporel au cours de l'exécution d'un contrat et que ce préjudice est causé par son cocontractant, il lui est généralement toujours possible de fonder une action en responsabilité ; l'unique question est de dire si elle se place sur le terrain délictuel ou si elle peut – et doit- agir sur le terrain contractuel. La jurisprudence évoquée s'explique en partie par le fait que le régime de responsabilité contractuelle présentait, en l'occurrence, plus d'avantages pour la victime que le droit commun de la responsabilité délictuelle.

B. Qualité de partie au contrat

§ 611. La responsabilité contractuelle n'est, en principe, due qu'entre les parties au contrat mal exécuté. Aucun tiers ne peut y être astreint : c'est ainsi que celui qui se rend complice de la violation d'un contrat auquel il n'est point partie n'engage que sa responsabilité délictuelle. Inversement, les tiers au contrat ne peuvent en principe bénéficier de la responsabilité contractuelle. Cependant :

- la technique de la « stipulation pour autrui » permet parfois à la jurisprudence de faire bénéficier certains proches de la victime du régime de la responsabilité contractuelle ;
- en cas de chaînes de contrats, la jurisprudence qualifie de contractuelle l'action attentée par un sous-acquéreur, non contre son vendeur mais aussi contre le fabricant qui a approvisionné ce dernier, bien qu'il n'y ait pas de lien contractuel direct entre eux. Ce transfert de droit d'action en responsabilité ne s'effectue cependant que dans les chaînes de contrats constituant un transfert de propriété d'une chose[437]. Dans tous les autres cas, il est possible d'agir sur le fondement de la responsabilité délictuelle.

A lire ce qui précède, on pourrait croire d'une part qu'entre les deux ordres de responsabilité existent des différences fondamentales et, d'autre part, que les règles de la responsabilité contractuelle sont nécessairement plus favorables à la victime que celles de la responsabilité délictuelle. La réalité est plus nuancée et complexe. En tout cas, il y a des règles propres à la responsabilité contractuelle.

II. Les règles de la responsabilité civile contractuelle

§ 612. Les modalités de la responsabilité contractuelle dépendent directement de la volonté des parties. Néanmoins, un régime légal est applicable, si les parties n'ont rien prévu. Elles fixent des règles assurant un certain équilibre entre les parties.

Fondamentalement les règles de la responsabilité contractuelle ne diffèrent pas de celles de la responsabilité délictuelle : il faut un préjudice causé par un « fait générateur » (en l'espèce : le défaut dans l'exécution du contrat).

Le texte fondateur en la matière est l'article 1231-1 du Code civil, aux termes duquel : *« Le débiteur est condamné, s'il y a lieu, au paiement de dommages et intérêts soit à raison de l'inexécution de l'obligation, soit à*

---

[437] Cass, 12 juillet 1991, D. 1991, Somm, 321, obs. Aubert

raison du retard dans l'exécution, s'il ne justifie pas que l'exécution a été empêchée par la force majeure. »

§ 613. Cependant, les règles de preuve sont sensiblement différentes selon que l'obligation manquée est de moyens ou de résultats.

Il est en effet des cas dans lesquels l'une des parties s'engage seulement à mettre en œuvre tous les moyens nécessaires mais non directement à fournir ce dernier (tel est le cas du médecin qui s'engage à soigner son malade, non à le guérir) (cf. *supra* § 340) ; par conséquent, si l'autre partie est victime d'un dommage, elle devra prouver la faute de son cocontractant et si la cause du dommage reste inconnue, elle sera donc à sa charge.

Dans d'autres cas, au contraire, le contractant doit fournir un résultat (ainsi le transporteur doit-il acheminer la personne transportée saine et sauve). Si ce dernier n'est pas atteint, sa faute se trouve par là même établie ; il ne peut s'exonérer de sa responsabilité qu'en établissant l'existence d'une force majeure, c'est à dire lorsqu' « *un évènement échappant au contrôle du débiteur, qui ne pouvait être raisonnablement prévu lors de la conclusion du contrat et dont les effets ne peuvent être évités par des mesures appropriées, empêche l'exécution de son obligation par le débiteur* »[438]. Il s'en suit qu'en cas de cause inconnue, la présomption de responsabilité ne sera pas écartée et donc que la victime sera indemnisée.

La position plus favorable de la victime dans l'hypothèse où son cocontractant est tenu d'une obligation de résultat confère évidemment une importance considérable à la qualification des obligations. Cette qualification est donnée au coup par coup par la jurisprudence et il n'est pas possible de dresser une liste des obligations de moyens et des obligations de résultat. En réalité, tout dépend de la volonté des parties et, très concrètement, de la rédaction du contrat si un écrit a été rédigé. Par définition, en effet, la responsabilité contractuelle est de nature essentiellement conventionnelle : puisque les parties disposent, en principe, du pouvoir de fixer leurs obligations, elles peuvent en déterminer la portée.

§ 614. Parce que le dommage se réalise dans le cadre contractuel, il est normal que sa réparation soit conforme à l'intention des parties ; d'où la règle selon laquelle, en matière contractuelle, il n'est dû réparation que du dommage prévisible. La limitation cesse néanmoins et une réparation intégrale est due en cas de faute volontaire (dol) ou lourde.

> *« Le débiteur n'est tenu que des dommages et intérêts qui ont été prévus lors de la conclusion du contrat, sauf lorsque l'inexécution est due à une faute lourde ou dolosive*[439] *».*

---

[438] Article 1218 Code civil

[439] Art. 1231-3 du Code civil

SOUS-SECTION II. LES AMÉNAGEMENTS CONVENTIONNELS DE LA RESPONSABILITÉ CONTRACTUELLE

§ 615. Fondamentalement, la responsabilité contractuelle dépend de la volonté des parties puisqu'elle se réalise en cas de violation de l'une des obligations qu'ils ont prévues. De façon plus particulière, les parties peuvent aménager le régime même de la responsabilité par le biais de clauses insérées dans les contrats. Nous envisagerons ici les clauses limitatives ou exonératoires de responsabilité (I) et les clauses pénales (II).

I. Les clauses limitatives ou exonératoires de responsabilité

§ 616. Les clauses limitatives ou exonératoires de responsabilité sont celles ayant pour objet de limiter les hypothèses dans lesquelles la responsabilité du débiteur pourra être engagée, soit :

- en limitant les causes d'engagement par leur nombre ou leur portée ;
- en limitant le montant ou en excluant l'indemnisation due en cas d'inexécution ;
- en excluant certains types de dommages de l'ouverture de l'indemnisation.

Les clauses limitatives ou exonératoires de responsabilité restent prévues par la réforme du droit des contrats, et se trouvent aux articles 1170 et 1231-3.

Ces clauses dérogent à la loi, elles sont pourtant valables dans un certain nombre de conditions en application du principe de la liberté contractuelle. En particulier, les clauses exonérant totalement le débiteur sont interdites dans les contrats avec les consommateurs, puisqu'elles sont considérées comme abusives.

Par ailleurs, si la clause touche à l'obligation essentielle du contrat, elle est interprétée par les tribunaux comme ayant pour objet de décharger le débiteur de toute obligation, donc de priver le contrat de cause. Elle sera donc dans ce cas réputée non écrite. Mais il est pour cela nécessaire que la clause contredise la portée de l'obligation essentielle souscrite par le débiteur. C'est ainsi que, selon les juges, les clauses fixant un plafond indemnitaire égal au montant du prix payé par le client n'ont pas pour effet de vider de toute substance l'obligation essentielle qui incombe au prestataire.[440]

Les clauses limitatives ou exonératoires sont par ailleurs inapplicables en cas de faute lourde ou dolosive du débiteur. Il a été jugé que si la faute lourde peut faire échec à l'application d'une clause limitative de responsabilité, elle doit se déduire de la gravité du comportement du

---

[440] Cass. com., 29 juin 2010, n°09-11.841

débiteur et non du seul manquement à une obligation contractuelle même essentielle.[441]

La clause limitative ne peut être modérée ou augmentée par le juge, elle n'est pas valable pour les dommages corporels ou pour les dommages causés à des tiers au contrat.

II. Les clauses pénales

§ 617. La clause pénale est celle par laquelle le contractant fixe forfaitairement et par avance les dommages-intérêts qui seront dus en cas d'inexécution[442]. Elle a une finalité triple : inciter le débiteur à exécuter toutes ses obligations, indiquer une pénalité dissuasive en cas d'inexécution et indemniser justement le préjudice subi par le créancier du fait de l'inexécution. Elle doit donc être juste, ce qui n'est pas chose aisée.

Le régime de la clause pénale est précis : elle peut sanctionner les manquements à toute obligation, même l'obligation principale. Elle joue pleinement, seul le juge peut allouer une somme plus forte ou moindre si elle est manifestement excessive ou dérisoire, ou si la prestation a été exécutée en partie. Les parties doivent s'y conformer, puisqu'elles l'ont décidé ensemble.

Il n'y a par ailleurs besoin que de prouver l'inexécution, et non l'existence d'un préjudice subi par le créancier. Enfin, le créancier peut agir à la fois en résolution du contrat et en paiement de la clause pénale.

Il a par exemple été jugé que la clause prévoyant le paiement des loyers à échoir jusqu'à échéance du contrat de location de matériel informatique au titre des indemnités de résiliation anticipée d'un tel contrat est une clause pénale susceptible de modération par le juge.[443]

SECTION II. LA RESPONSABILITÉ DÉLICTUELLE DE L'INFORMATIQUE

§ 618. Le système de la responsabilité délictuelle est particulièrement complexe. Dans un but de simplicité, nous présenterons le régime général qui est la responsabilité du fait personnel (I), avant de présenter deux régimes spéciaux que sont la responsabilité du fait d'autrui et la responsabilité du fait des choses (II).

---

[441] Même arrêt
[442] Art. 1231-5 du Code civil
[443] CA Douai, 2e ch., sect. 2, 27 juin 2013, n° 11/06495

I. Le régime général

§ 619. Le régime général de la responsabilité civile est fixé dans les articles 1240 et 1241 du Code civil.

« Tout fait quelconque de l'homme qui cause à autrui un dommage, oblige celui par la faute duquel il est arrivé, à le réparer[444] *».*

« Chacun est responsable du dommage qu'il a causé non seulement par son fait, mais encore par sa négligence ou par son imprudence[445] *».*

L'analyse de ces textes permet de dégager trois éléments nécessaires à la mise en œuvre de la responsabilité délictuelle du fait personnel : une faute, un dommage (ou préjudice) et enfin un lien de causalité, qui lie le premier au second. La faute n'est qu'une forme particulière de fait générateur de responsabilité, de sorte que l'on trouve, en réalité, les trois éléments nécessaires à la mise en cause de toute responsabilité civile : la victime subit un préjudice (A) causé (B) par le fait du responsable (C).

A. Le préjudice

§ 620. La responsabilité civile a pour fonction exclusive de réparer le préjudice causé à la victime. Pratiquement toutes les formes de préjudice sont aujourd'hui réparables :

- il importe peu qu'il consiste en une atteinte aux biens (**dommage matériel**) ou en une atteinte aux personnes (**dommage corporel**);
- il importe peu également, qu'il affecte un droit patrimonial (**dommage matériel**) ou extrapatrimonial (**dommage moral**), même si, dans ce dernier cas, l'évaluation de la réparation est plus délicate.

§ 621. Pour être réparable, le préjudice doit être certain et direct :

- La certitude du préjudice n'interdit pas de réparer la perte d'un gain, ni même la perte d'une chance de gain. Dès lors qu'il est certain, le préjudice peut être indemnisé, qu'il soit actuel ou futur ; cela n'exclut donc pas le préjudice éventuel.
- Encore faut-il que le préjudice résulte directement du fait générateur ; c'est affaire de causalité.

B. Le lien de causalité

§ 622. La **causalité** est la clé de voute du système de la responsabilité civile car c'est elle qui en fonde l'imputation. Mais la complexité du fait retentit directement sur la question de droit : quand peut-on dire, en effet, qu'un événement est la cause d'un autre ? Il semble plus vraisemblable de dire que le préjudice a des causes multiples mais, à peine de diluer toutes les

---

[444] Art. 1240 du Code civil

[445] Art. 1241 du Code civil

responsabilités civiles, il faut bien fixer une limite à la recherche des causalités.

Deux théories antagonistes peuvent être proposées :

- selon la première, tous les antécédents d'un évènement qui ont contribué peu ou prou à sa réalisation en sont, en quelque manière, la cause. C'est la théorie de l'équivalence des conditions ;
- selon la seconde, il faut trier, parmi tous les antécédents, le ou les événements qui ont joué un rôle impulsif dans le déclenchement du dommage ; en quelque sorte, il faut mesurer l'importance du rôle causal. C'est la théorie de la causalité adéquate.

Selon les cas, les solutions positives s'inspirent de l'une ou l'autre de ces thèses sans que l'on puisse pour autant dire que le droit français se fonde exclusivement sur l'une d'elles.

1. La cause unique

§ 623. Selon les cas, la cause du dommage sera le fait de la personne dont la responsabilité est mise en cause ou une cause étrangère.

La cause étrangère peut être de trois sortes :

- la force majeure (ou cas fortuit) qui est un événement imprévisible et irrésistible sur lequel le défendeur n'avait pas le pouvoir d'agir ;
- le fait d'un tiers ;
- la faute de la victime.

En pratique, la cause étrangère permet au défendeur de s'exonérer.

2. La pluralité de causes

§ 624. Du point de vue du responsable, la pluralité des causes est une technique d'exonération partielle ; du point de vue de la victime, elle peut être un moyen d'étendre le champ des responsabilités.

Il est admis que la cause étrangère puisse ne concourir que partiellement à la réalisation du dommage et ce, même dans le cas où il s'agit de la force majeure. L'admission d'une cause d'exonération partielle se traduit par une diminution de la dette de responsabilité du défendeur, donc généralement de l'indemnisation de la victime, sauf si celle-ci peut actionner une autre personne ; il y a alors plusieurs responsables.

En cas de pluralité de responsables, le juge fixe la part du dommage à laquelle chacun devra contribuer ; cependant si chacun d'eux a contribué à l'intégralité du dommage, il peut les obliger, à l'égard de la victime, à payer le montant total de l'indemnisation. Il y a alors condamnation « *in solidum* » (pour le tout). Celui ou ceux qui auront effectivement payé la victime disposeront alors de recours contre leurs coobligés.

C. Le fait générateur

§ 625. Le principe est que seule une faute engage la responsabilité de son auteur. En tout cas, la faute est expressément requise en cas de « responsabilité du fait personnel ». Peu importe que la faute soit volontaire ou involontaire : dans le premier cas, on parle de délit (civil) et dans le second de « quasi-délit ».

§ 626. Dans le cadre de cet ouvrage, il n'est pas possible de se livrer à une analyse détaillée de la notion de faute ni des problèmes juridiques qu'elle soulève. Nous rappellerons cependant que « *la faute délictuelle est une atteinte à l'attitude que l'on peut exiger entre concitoyens normalement conscients et respectueux de l'équilibre qu'exige toute vie en société*[446] ». Elle est constituée d'un comportement (fait, abstention, négligence), qualifié par le droit comme étant fautif. Il est impossible de donner un panorama de la faute en droit civil français, tant cette dernière est dépendante de la situation de fait. Etant donnée son importance pratique, on signalera néanmoins une forme particulière qui est la faute qui fonde l'action en concurrence déloyale.

§ 627. L'action en concurrence déloyale est une forme d'action en responsabilité civile particulièrement importante dans la vie des affaires. De l'analyse de la jurisprudence se dégagent les différentes sortes de fautes qui peuvent la constituer : à côté de la désorganisation de l'entreprise concurrente (par exemple, le débauchage de salariés), de la désorganisation du marché et du dénigrement du concurrent, on trouve le fait de créer un risque de confusion avec l'entreprise concurrente notamment par utilisation des mêmes signes distinctifs (cf. *supra* § 247 s.) de manière à détourner la clientèle. De façon plus large, l'utilisation d'une création intellectuelle (même non appropriée) mais recelant une valeur économique constitue un fait de concurrence parasitaire qui engage la responsabilité de son auteur sans condition particulière.

La concurrence déloyale est donc un moyen subsidiaire de protéger indirectement les éléments incorporels d'un fonds de commerce, même si ceux-ci ne font pas l'objet d'un droit de propriété incorporelle.

II. Les régimes particuliers

§ 628. Leur siège est essentiellement l'article 1242 du Code civil mais s'est considérablement étendu par le jeu des lois successives qui sont intervenues ces dernières années. Il y a cependant deux grands ensembles de régimes spéciaux : la responsabilité du fait des personnes dont on doit répondre (B) et la responsabilité du fait des choses (A).

[446] A. Bénabent, Droit civil, les obligations, ed. Lextenso Montchrétistien, 2010 §540

A. La responsabilité du fait des choses

§ 629. En ce domaine, et eu égard au risque présenté par l'utilisation de certaines choses, la jurisprudence et la loi ont peu à peu édifié un régime spécial particulièrement sévère, d'abord pour le gardien de la chose (1), puis par le biais de certains régimes spéciaux (2) et enfin, plus récemment, par rapport aux produits défectueux (3).

1. La responsabilité générale du fait des choses

§ 630. On en présentera seulement les grandes lignes. L'essentiel est dans la présomption de responsabilité qui pèse sur le gardien d'une chose. Le gardien est celui qui détient sur la chose l'usage, la direction et le contrôle. La victime sera dispensée de prouver la faute du gardien (avantage notable si la cause doit rester « inconnue »), et rend inopérante la preuve de l'absence de faute rapportée par ce dernier.

Cela a pu faire dire que l'on était ici en présence d'une responsabilité objective fondée non plus sur la faute (dont l'existence comme l'absence sont indifférentes à la solution du litige) mais sur le risque. Il n'en est rien, la jurisprudence ayant estimé que ce régime faisait peser sur le gardien une présomption de faute, puis une présomption de responsabilité[447].

Par conséquent, le gardien ne peut s'exonérer de sa responsabilité qu'en établissant une cause étrangère. Le gardien peut donc prouver la force majeure (un fait extérieur, imprévisible et irrésistible), la faute de la victime ou le fait d'un tiers pour s'exonérer au moins totalement de sa responsabilité.

Cette jurisprudence est d'application générale dès lors qu'une chose est intervenue dans la réalisation du dommage. Il n'est pas nécessaire que la chose soit dangereuse, ni même qu'elle ait joué un rôle actif.

2. Les responsabilités spéciales du fait des choses

§ 631. L'article 1243 du Code civil envisage la responsabilité du fait des animaux dont on a la garde. Ce régime suit le régime général.

§ 632. L'article 1244 du Code civil prévoit que le gardien ou le propriétaire d'un immeuble ou d'un meuble ne sera responsable du dommage causé par sa ruine que si sa faute est prouvée.

§ 633. L'article 1242 al. 3 du Code civil prévoit que le gardien ou propriétaire d'un immeuble ou d'un meuble ne sera responsable des dommages causés par son incendie que si sa faute est prouvée.

---

[447] Pour l'évolution jurisprudentielle, cf. Flour, Aubert et Savaux, Droit civil t. 2, 2010 n°233s.

3. La responsabilité pour les dommages causés par les produits défectueux

§ 634. Ce régime de responsabilité est la transposition[448] d'une directive communautaire du 25 juillet 1985[449] relative à la responsabilité des produits défectueux, codifiée aujourd'hui aux articles 1245 et suivants du Code civil.

Ce sont les producteurs, fournisseurs et assimilés qui doivent répondre de cette responsabilité, s'ils ont agi à titre professionnel (fabricant, importateur, fournisseur, celui se présentant comme tel qu'il soit contractant ou non). Ils sont responsables des dommages causés par les produits défectueux dont ils ont eu la charge. Ils peuvent être exonérés par la faute de la victime ou par la preuve de l'inexistence du défaut au moment de la mise en circulation.

B. La responsabilité du fait d'autrui

§ 635. Alors qu'il y a un principe général des responsabilités du fait des choses, il n'existe pas d'équivalent dans le domaine de la responsabilité du fait d'autrui. Cette dernière n'est encourue que dans les cas énumérés par l'article 1242 du Code civil.

Ces hypothèses correspondent au fond à trois régimes de responsabilité différents :

- l'un n'est que l'application des principes généraux (la victime doit prouver une faute) : c'est la responsabilité des instituteurs du fait de leurs élèves ;
- l'autre se fonde sur une faute présumée (responsabilité des père et mère du fait de leurs enfants mineurs, des artisans du fait de leurs apprentis) ; dans ce cas, la victime est dispensée de prouver la faute, mais le responsable peut s'exonérer soit en prouvant la cause étrangère, soit en prouvant l'absence de faute ;
- enfin, le dernier repose (comme la responsabilité du fait des choses) sur une présomption de responsabilité qui rend inopérante la preuve de l'absence de faute : il s'agit de la responsabilité des commettants du fait du dommage causé par leurs préposés.

---

[448] Par la loi n°98-389 du 19 mai 1988

[449] Directive n°1999/34/CE du 25 juillet 1985

CHAPITRE 2

Protéger par l'assurance

§ 636. L'assurance du risque informatique ne pose pas tant de problèmes juridiques que des problèmes de technique de l'assurance. Pour qu'un risque soit assurable, il faut pouvoir estimer sa fréquence et sa gravité, deux données qu'il est précisément difficile de quantifier en matière informatique. De plus, l'ampleur des sinistres éventuels peut faire douter même du caractère assurable de ce risque.

Pourtant, la pratique s'évertue à construire de nouveaux contrats pour mieux couvrir le risque informatique. Ces contrats, qui constituent la source essentielle d'information en ce domaine, se rangent en deux catégories :

- les contrats souscrits par l'utilisateur du système informatique qui couvrent essentiellement le risque de destruction du matériel ou la perte des données numériques ;
- les contrats souscrits par le fournisseur de matériel informatique ou de programmes qui couvrent essentiellement sa responsabilité contractuelle à l'égard des clients.

§ 637. On reconnaît là les deux formes traditionnelles d'assurance de dommages : l'assurance de chose et l'assurance de responsabilité. Or, même si l'application de ces deux techniques à l'informatique pose des problèmes particuliers (Section II et III), elle se réalise cependant dans le cadre des règles du Code des assurances qui forment le droit commun des assurances de dommages (Section I).

SECTION I. LES RÈGLES GÉNÉRALES DES ASSURANCES DE DOMMAGE

§ 638. S'il faut préciser les conditions de formation du contrat d'assurance (Sous-section I) et les obligations des parties (Sous-section II), il faut également indiquer quels évènements peuvent affecter son contenu ou son existence même (Sous-section III).

SOUS-SECTION I. LA FORMATION DU CONTRAT

I. Conditions de fond

§ 639. Le risque doit exister, par conséquent : *« l'assurance est nulle si, au moment du contrat, la chose assurée a déjà péri ou ne peut plus être exposée aux risques*[450] *»* et être licite (notamment, les amendes pénales ne sont pas assurables). La faute intentionnelle ou dolosive de l'assuré n'est pas assurable[451], mais celle des personnes dont il est responsable, notamment les salariés) est toujours garantie[452].

Sous ces réserves, *« les pertes et les dommages occasionnés par des cas fortuits ou causés par la faute de l'assuré sont à la charge de l'assureur, sauf exclusion formelle et limitée contenue dans la police*[453]*. »*

§ 640. Le contrat est conclu entre l'assureur et le souscripteur qui n'est pas toujours l'assuré (victime éventuelle du risque couvert), ni le bénéficiaire de l'assurance. Ainsi, dans les assurances de dommages peut-elle être souscrite pour le compte de qui il appartiendra. Dans ce cas, *« la clause vaut, tant comme assurance au profit du souscripteur du contrat que comme stipulation pour autrui au profit du bénéficiaire connu ou éventuel de ladite clause*[454]*. »*

II. Conditions de forme

§ 641. En pratique, l'assuré remplit un imprimé préétabli appelé proposition d'assurance (dans lequel il fournit notamment des renseignements sur le risque à couvrir). Le contrat n'est formé que par l'acceptation de cette offre par l'assureur ; cet accord est constaté dans la police d'assurance ou, à titre provisoire, dans une note de couverture. En pratique, le contrat d'assurance est de plus en plus conclu à distance, par téléphone ou sur internet ; la signature et le renvoi de la police par l'assuré ayant un effet rétroactif à la date de l'appel ou de la connexion internet.

Le contenu de l'assurance doit être prouvé par écrit. Sa forme et son contenu sont minutieusement réglementés. En général, le contrat est rédigé en caractère apparent mais certaines clauses doivent y figurer en caractères très apparents (clauses édictant des nullités, déchéances ou exclusion).

---

450 Art. L.121-15 du Code des assurances
451 Art. L.113-1 al.2 du Code des assurances
452 Art. L.121-2 du Code des assurances
453 Art. L.113-1 al.1 du Code des assurances
454 Art. L.112-1 du Code des assurances

SOUS-SECTION II. LES OBLIGATIONS DES PARTIES

§ 642. On opposera les obligations de l'assureur (II) à celles de l'assuré (I), en rappelant que, dans certains cas, ces dernières pèsent sur une autre personne appelée le souscripteur.

I. Obligations de l'assuré

§ 643. L'assuré est tenu de déclarer le risque (A), de payer les primes (B) et de déclarer les sinistres (C).

A. La déclaration du risque

1. Contenu de l'obligation de déclarer le risque

§ 644. Elle est, en réalité double :

- lors de la conclusion du contrat, l'assuré doit déclarer exactement *« toutes les circonstances connues de lui qui sont de nature à faire apprécier par l'assureur le risque qu'il prend à sa charge »* ;[455]
- en cours de contrat, il doit déclarer à l'assureur *« les circonstances spécifiées dans la police qui ont pour conséquence d'aggraver les risques [...] de telle façon que, si un nouvel état des choses avait existé lors du contrat, l'assureur n'aurait pas contracté ou ne l'aurait fait que moyennant une prime plus élevée »*[456]. Si l'aggravation résulte du fait de l'assuré, la déclaration doit être préalable, sinon elle doit avoir lieu dans les huit jours à partir du moment où l'assuré en a eu connaissance.

2. Sanction de l'obligation de déclarer le risque

§ 645. Elle diffère selon que l'assuré est ou non de mauvaise foi.

Si l'assuré est de mauvaise foi, le contrat est nul et l'assureur a droit, à titre de dommages-intérêts, à conserver les primes payées et à réclamer les primes échues et impayées[457].

Si l'assuré est de bonne foi, l'article L. 113-9 du Code des assurances distingue à nouveau :

- si l'omission ou la déclaration inexacte est constatée avant le sinistre, l'assureur peut soit résilier le contrat (avec un préavis de 10 jours), soit proposer une augmentation de prime.
  Dans ce cas, si l'assuré accepte une augmentation de prime, le contrat est maintenu, sinon, il est résilié.
- Si l'omission ou la déclaration inexacte est déclarée après le sinistre, *« l'indemnité est réduite en proportion du taux des primes payées par rapport au taux des primes qui auraient été dues, si les risques*

[455] Art. L.175-14 du Code des assurances
[456] Art. L.113-4 du Code des assurances
[457] Art. L.113-8 du Code des assurances

avaient été complètement et exactement déclarées », c'est ce que l'on appelle la « règle proportionnelle de prime »[458].

- Si le sinistre n'entraine pas la réduction du contrat, l'assureur a le choix pour l'avenir entre la résiliation et le maintien de la surprime.

B. Le paiement des primes

§ 646. Pour protéger l'assuré, le législateur a aménagé les sanctions du défaut de paiement de la prime[459]. La garantie ne peut être suspendue que 30 jours après la mise en demeure de l'assuré. De plus, l'assureur ne peut résilier le contrat que 10 jours après l'expiration du délai de 30 jours.

Pendant la période de suspension (c'est-à-dire tant que l'assureur n'a pas pris l'initiative de la résiliation), le contrat reprend ses effets à midi le lendemain du jour du paiement de la prime[460].

En toute hypothèse, l'assureur peut demander en justice l'exécution forcée.

C. La déclaration des sinistres

§ 647. Selon l'article L.113-2 alinéa 4 du Code des assurances, l'assuré est obligé de « *donner avis à l'assureur, dès qu'il en a connaissance et au plus tard dans le délai fixé par le contrat, de tout sinistre de nature à entraîner la garantie de l'assureur.* » Le délai fixé par le contrat ne peut être inférieur à cinq jours. Le non-respect de ce délai est très généralement sanctionné conventionnellement par la déchéance de son droit à garantie pour l'assuré.

II. Obligations de l'assureur

§ 648. L'assureur doit verser le montant de l'indemnité due en cas de sinistre. Il faut en préciser le montant (A), indiquer à qui elle doit être versée (B) et, enfin, dire quelles sont les conséquences de son règlement pour l'assureur (C).

A. Le montant de l'indemnité

§ 649. Dans les assurances de dommages, l'indemnité ne peut, de toute manière, excéder le montant du dommage subi (1), mais elle peut, en plus, être limitée par la volonté des parties (2)

---

[458] Art. L.113-9 al.3 du Code des assurances
[459] Art. L.113-3 al. 2 s. du Code des assurances
[460] Art. L.113-3 al. 4 du Code des assurances

1. L'indemnité est limitée au montant du dommage subi

§ 650. Le dommage comprend à la fois les pertes subies et les gains manqués. Dans l'assurance de chose, en cas de sinistre total, on évalue les biens destinés à la vente à leur valeur vénale. Les autres biens sont évalués à la valeur d'usage (valeur à neuf, déduction faite de la vétusté), mais il est toujours possible, moyennant un supplément de prime, de s'assurer en valeur à neuf. En cas de sinistre partiel, l'indemnité doit normalement couvrir les frais de remise en état au moins s'ils ne dépassent pas la valeur du bien.

C'est à l'assuré de prouver l'existence et la valeur des biens détruits. Cependant, la valeur de la chose peut être fixée contradictoirement entre l'assureur et l'assuré avant le sinistre, si l'assureur est en valeur agréée.

§ 651. Du caractère indemnitaire de l'assurance de dommages, il découle que l'indemnité ne peut en aucun cas dépasser la valeur du préjudice. Cette situation peut apparaître dans deux cas.

Soit un seul contrat a été souscrit pour une somme supérieure à la valeur de la chose assurée. Il y a dans ce cas sur-assurance[461], il faut donc distinguer :

- s'il y a eu dol ou fraude de l'une des parties, l'autre peut demander la nullité du contrat et des dommages-intérêts ;
- s'il n'y a eu ni dol ni fraude, l'indemnité est limitée au montant du préjudice effectif et la prime est réduite pour l'avenir, mais l'assureur peut conserver les primes échues fussent-elles excessives.

Soit plusieurs contrats couvrent un même risque de manière à ce que le total dépasse le montant de la valeur assurable, c'est le cas d'assurances multiples cumulatives.

L'assuré qui s'assure pour un même risque auprès de plusieurs assurances *« doit, sauf stipulation contraire, donner immédiatement à chaque assureur connaissance de l'autre assurance »* en indiquant notamment la somme assurée[462].

Dans ce cas, en l'absence de fraude, chacun des contrats produit ses effets en proportion de la somme à laquelle il s'applique, jusqu'à concurrence de l'entière valeur de la chose assurée.

2. L'indemnité peut être limitée conventionnellement

§ 652. Le contrat peut prévoir une franchise (qui peut néanmoins être garantie moyennant un supplément de prime) ou un découvert obligatoire qui reste toujours à la charge de l'assuré en cas de sinistre[463].

§ 653. Dans les assurances de choses (et dans certaines assurances de responsabilité), on fixe une valeur d'assurance. Si, volontairement ou non,

---

[461] Art. L.121-1 al.1 du Code des assurances
[462] Art. L.121-4 al. 1 et 2 du Code des assurances
[463] Art. L.121-1 al. 2 du Code des assurances

cette valeur est inférieure à celle de la chose assurée, il y a sous-assurance ; dans ce cas, *« l'assuré est considéré comme restant son propre assureur pour l'excédent, et supporte, en conséquence, une part proportionnelle du dommage, sauf convention contraire*[464]. »

B. Le versement de l'indemnité

§ 654. L'indemnité est en principe versée à l'assuré. Il y a deux exceptions légales dans lesquelles elle sera alors versée à des tiers.

Si la chose assurée est grevée de sûretés réelles (gage, nantissement, hypothèque, privilège), l'indemnité est attribuée aux créanciers suivant leur rang ; et si la victime a exercé une action directe contre l'assureur du responsable.

§ 655. En principe, l'assureur peut opposer au porteur de la police ou au tiers qui en invoque le bénéfice des exceptions opposables au souscripteur originaire[465], cependant les déchéances (c'est-à-dire les causes de non-garantie nées après le sinistre) sont inopposables aux tiers.

C. Conséquences du règlement pour l'assureur

§ 656. Dans le cas où le sinistre est causé par un tiers, l'assureur peut lui réclamer le montant de l'indemnité versée : il est subrogé dans les droits de l'assuré[466]. Mais la subrogation ne joue pas *« contre les enfants, descendants, ascendants, alliés en ligne directe, préposés, employés, ouvriers ou domestiques, et généralement toute personne vivant habituellement au foyer de l'assuré, sauf le cas de malveillance commise par une de ces personnes*[467].

SOUS-SECTION III. LA VIE DU CONTRAT D'ASSURANCE

§ 657. Contrat à exécution successive, le contrat d'assurance peut subir des transformations (A) pendant toute sa durée (B).

I. Les transformations du contrat d'assurance

§ 658. Les conditions du contrat d'assurance peuvent être modifiées (A), il peut aussi être transmis à un tiers (B).

---

464 Art. L.121-5 du Code des assurances
465 Art. L. 112-6 du Code des assurances
466 Art. L.121-12 al. 1 du Code des assurances
467 Art. L.121-12, al.3 du Code des assurances

A. La modification des conditions du contrat

§ 659. En principe, *« toute addition ou modification au contrat d'assurance primitif doit être constatée par un avenant signé des parties*[468] *»*. Mais les propositions de prolongation, de modification du contrat ou de remise en vigueur d'un contrat suspendu faites par l'assuré sont réputées acceptées si l'assureur ne les refuse pas dans les 10 jours de leur réception[469].

§ 660. Le contrat subit les contrecoups de la variation du risque assuré, qu'il soit aggravé ou diminué.

Si le risque est aggravé (on suppose ici que la déclaration en a été faite par l'assuré) l'assureur a le choix entre résilier le contrat ou le maintenir. Dans ce cas, il peut proposer un nouveau taux de prime ; si l'assuré ne l'accepte pas, le contrat est résilié et l'assureur peut obtenir une indemnité si l'aggravation est du fait de l'assuré[470]. L'assureur peut accepter tacitement le maintien du contrat aux conditions initiales par exemple en percevant les primes ou en réglant un sinistre après avoir été informé de l'aggravation de risque.

Si le risque est diminué, l'assuré peut demander une diminution de prime ; en cas de refus de l'assureur, il a le droit de résilier le contrat[471].

B. La transmission du contrat

§ 661. La police d'assurance peut être à ordre (transmissible par voie d'endossement) ou au porteur. Mais à côté de ces formes de transmissibilité conventionnelles, le législateur a aménagé une transmission légale du contrat à l'acquéreur de la chose assurée[472] :

- la garantie est maintenue de plein droit et les obligations de l'assuré passent à l'acquéreur du bien ; l'assuré est libéré à partir du moment où il a informé l'assureur de l'aliénation, mais il reste débiteur des primes échues antérieurement ;
- l'acquéreur ou l'assureur peuvent résilier le contrat: ce dernier doit agir dans un délai de trois mois à partir du jour où l'acquéreur a demandé le transfert de la police à son nom.

Les mêmes règles sont applicables en cas de décès de l'assuré mais dans ce cas toutes les primes sont dues solidairement aux héritiers.

[468] Art. L.112-3 al. 5 du Code des assurances
[469] Article L 112-2 alinéa 5 du Code des assurances
[470] Art. L.113-4 du Code des assurances
[471] Art. L. 113-4 al 4 du Code des assurances
[472] Art. L 121-10 du Code des assurances

II. La durée de vie du contrat d'assurance

§ 662. La durée du contrat est fixée par la police. Elle est généralement déterminée. Dans ce cas, si une clause le prévoit, le contrat peut continuer par tacite reconduction pour une durée maximale d'un an renouvelable[473].

§ 663. Les cas dans lesquels le contrat d'assurance peut être résilié sont multiples. Outre ceux qui résultent de l'application du droit commun, on ne retiendra que les plus caractéristiques :

- si le contrat est à durée déterminée les parties peuvent résilier unilatéralement le contrat à certaines dates[474] ;
- certains évènements particuliers (changement de domicile, de situation ou de régime matrimonial, de profession, cessation d'activité..) ouvrent à l'assuré une faculté de résiliation ;
- la police peut conférer à l'assureur la facilité de résilier le contrat après sinistre.

§ 664. La perte totale de la chose assurée (par un évènement non prévu au contrat) entraîne de plein droit la caducité du contrat d'assurance et l'obligation pour l'assureur de restituer *prorata temporis* les primes payées d'avance[475].

SECTION II. L'APPLICATION DE L'ASSURANCE DE CHOSES AUX SYSTÈMES INFORMATIQUES

§ 665. Au premier abord, les risques concernant le matériel informatique semblent pouvoir être couverts par une police classique « bris de machine » ou incendie. Mais l'importance des éléments incorporels confère à l'assurance des systèmes informatiques un particularisme marqué. De plus le bon fonctionnement du système est souvent une condition du fonctionnement de l'entreprise, de sorte que l'assurance n'apparait ici que comme l'une des techniques du management du risque.

Ce particularisme se manifeste tant dans la détermination du risque (Sous-section I) que dans la nature du sinistre (Sous-section II)

SOUS-SECTION I. LE PARTICULARISME DU RISQUE

§ 666. Parce qu'il est difficile d'énumérer exhaustivement les événements qui constituent le risque (1), il est prudent de les définir par exclusion (2).

---

473 Art. L.113-15 al. 2 du Code des assurances
474 Art. L. 113-12 du Code des assurances
475 Art. L.121-9 du Code des assurances

I. Essai d'énumération

§ 667. Les évènements sont soit accidentels (A), soit le résultat d'actes de malveillance (B).

A. Les accidents

§ 668. Les dégâts causés par le feu ou la chaleur figurent parmi les plus fréquents. On peut aussi penser aux bugs informatiques qui peuvent endommager aussi bien les données que le matériel. Les dommages peuvent enfin être occasionnés par l'action de l'eau ou de tout autre facteur externe.

A. B. Les actes de malveillance

§ 669. Il s'agit d'actes de sabotage informatique ou d'intrusions dans le système.

II. Définition par exclusion

§ 670. La diversité des événements qui constituent les risques fait craindre d'en oublier. C'est pourquoi il est préférable de prévoir que l'assureur s'engage à garantir tous les risques sauf ceux qui sont expressément énumérés dans la police.

§ 671. Parmi les risques exclus, outre la faute intentionnelle de l'assuré, on trouve :

- les risques de guerre civile, de mouvements populaires, de sabotage, de vandalisme, de grève, de mise sous séquestre, de confiscations ou de réquisitions ;
- le risque de dégradation progressive du matériel consécutif à son exploitation normale (usure, érosion, corrosion, accumulation de poussière…) ou même de déréglage des installations ;
- le risque de déclenchement intempestif d'installation de protection automatique ;
- le risque nucléaire ;
- le risque lié aux catastrophes naturelles ;
- les risques résultant de la carence de certains fournisseurs.

§ 672. Afin de diminuer la fréquence des risques, l'assuré est astreint à des mesures de prévention particulières (notamment au respect des instructions du constructeur concernant le fonctionnement et l'entretien du matériel assuré) ; selon une formule fréquemment employée, il s'oblige *« à prendre les mêmes précautions que s'il n'était pas assuré »*.

SOUS-SECTION II. LA NATURE DU SINISTRE

§ 673. Si le contrat d'assurance prévoit généralement une bonne couverture du préjudice direct (I), il n'en va pas toujours de même du préjudice indirect (II).

I. Le préjudice direct

§ 674. Il est le plus souvent décomposé en trois éléments :

- la valeur du matériel détruit estimé en principe à sa valeur d'usage, soit la valeur à neuf, vétusté déduite ; la valeur à neuf est généralement évaluée comme le prix d'achat d'une machine neuve identique ce qui n'a guère de sens dans un domaine où l'obsolescence est extrêmement rapide ;
- les frais de reconstitution des médias, c'est-à-dire de l'information enregistrée sur des supports magnétiques ; ces frais comprennent le coût des supports vierges et des travaux de reconstitution des données. Sont cependant fréquemment exclus de la garantie les dommages résultant d'erreurs de programmation, de la détérioration progressive et normale des médias ou ceux qui surviennent lorsque les médias sont en cours de traitement (sauf s'il y a incendie ou explosion).
- Les frais supplémentaires engagés pour maintenir le traitement de l'information par suite du sinistre.

II. Le préjudice indirect

§ 675. L'importance du préjudice indirect dépend des fonctions de l'ordinateur dans l'entreprise : il est d'autant plus grand que l'ordinateur n'est pas employé uniquement pour des tâches de gestion, mais qu'il intervient également dans le processus de production.

Le préjudice indirect comprend à la fois les pertes d'exploitation et les pertes de contrat ou de clientèle. En pratique, les contrats d'assurance ne couvrent que les premières.

Les pertes d'exploitation sont une perte de bénéfice brut ; elles se distinguent des simples « frais supplémentaires d'exploitation » qui sont égaux à l'accroissement du coût de traitement de l'exploitation du fait du sinistre.

SECTION III. L'APPLICATION DE L'ASSURANCE DE RESPONSABILITÉ À LA PROFESSION INFORMATIQUE

§ 676. Actuellement, l'assurance de la responsabilité civile des professionnels de l'informatique est facultative ; il s'agit d'une assurance volontaire (Sous-section I). Mais l'on peut se demander si, étant donnée l'importance des intérêts en jeu, il ne serait pas opportun de la rendre obligatoire (Sous-section II).

SOUS-SECTION I. L'ASSURANCE VOLONTAIRE

§ 677. Comme toute entreprise, le fournisseur de matériel ou de logiciel peut souscrire une assurance de responsabilité civile professionnelle. Mais le contenu de la garantie ainsi obtenue (I) n'est pas sans limites (2).

I. Le contenu de la garantie

§ 678. L'assurance de la responsabilité civile professionnelle couvre l'ensemble des dommages causés à des tiers par l'exploitation de l'entreprise. En particulier, elle garantit les clients contre l'inexécution ou la mauvaise exécution des contrats passés avec l'assuré. L'assurance couvre donc généralement : les conséquences des fautes commises (A), l'inexécution des obligations (B) et les garanties nées du contrat (C).

A. Les fautes commises pendant l'exécution du contrat

§ 679. Il s'agit d'abord des destructions accidentelles qui peuvent entraîner un dommage matériel ou immatériel. Il est bon de prévoir expressément le remboursement des frais de reconstitution des médias confiés par le client et détruits par l'assuré ou ses préposés. Dans ce cas, l'assuré doit généralement garantir l'existence de copies ou, au besoin, les faire établir.

Conformément au droit commun de l'assurance, les malversations commises par les salariés (mais non par l'assuré lui-même) sont couvertes par le contrat.

Peuvent être également exclues conventionnellement les conséquences d'une faute lourde ou du non-respect des lois, règlements et usages régissant la profession ou encore les prescriptions du fabricant du matériel.

B. L'inexécution du contrat

§ 680. Pour définir l'inexécution, il faut préalablement déterminer ce qu'aurait dû être la bonne exécution en qualifiant le contrat et en déterminant la nature des obligations qui pèsent sur l'assuré. En particulier, il est essentiel de dire si ces obligations sont de moyens ou de résultat.

C. Les garanties nées du contrat

§ 681. Certains contrats d'assurance excluent expressément la garantie de bon fonctionnement du logiciel, notamment les conséquences dues à l'inadaptation du procédé.

II. Les limites de la garantie

§ 682. Le montant de la garantie est généralement limité, par sinistre et par année.

Le préjudice indirect subi par le client de l'assuré est également exclu de la couverture par certains contrats.

Enfin, il importe de préciser le champ d'application dans le temps de l'assurance, et, notamment, de déterminer si elle couvre les conséquences des contrats antérieurs à sa souscription.

SOUS-SECTION II. L'ASSURANCE OBLIGATOIRE

§ 683. Le risque créé par l'informatique apparaît disproportionné en comparaison de la solvabilité de certains fournisseurs de matériel ou de logiciel. Malgré les efforts des organisations professionnelles, l'absence de réglementation de l'accès à la profession d'informaticien, l'inexistence d'une déontologie de l'informatique entraînent que certaines entreprises ne fournissent aucune garantie, ni financière ni de compétence.

Le problème essentiel est posé par les SSII indépendantes. En effet, de nombreuses SSII dépendent des constructeurs ou des utilisateurs (notamment des établissements de crédit), ce qui rend l'assurance moins nécessaire.

Un modèle de cette assurance imposée peut être trouvé dans l'assurance obligatoire en matière de construction immobilière créée par la loi du 4 janvier 1978. L'obligation d'assurance est en réalité double :

- le constructeur est tenu de souscrire une assurance de responsabilité
- le maître de l'ouvrage est tenu de souscrire une assurance de dommages.

En pratique, une telle assurance peut déjà être volontairement souscrite par l'utilisateur d'un système informatique, sous le nom d'assurance des projets informatiques.

CONCLUSION

§ 684. Si le droit de l'informatique est aujourd'hui très abouti, il n'en reste pas moins que les lacunes sont encore considérables. L'absence de régulations spéciales pour l'assurance du risque informatique, le flou juridique concernant un grand nombre de pratiques pourtant répandues, ainsi que les lacunes concernant la protection du droit d'auteur sur internet sont autant de handicaps que le juriste et l'informaticien doivent surmonter.

§ 685. Le droit a pour vocation de s'adapter aux pratiques existantes et de régler autant que faire se peut les dilemmes qui peuvent se présenter dans un grand nombre de situations. Mais il a surtout pour essence d'être universel, et de s'adapter de lui-même aux nouveaux problèmes occasionnés par de nouvelles pratiques, par le biais de l'interprétation de la règle de droit par le juge. En matière informatique, nous pouvons arriver au constat que le droit a échoué.

§ 686. Serait-ce dû à l'inflation législative, qui a pour cause la volonté du législateur de régler chaque nouveau problème par une nouvelle loi ? Doit-on blâmer la tendance des dernières années à n'édicter que des lois d'opportunités, en multipliant l'adoption de règles ultra précises destinées à pallier un problème particulier, souvent politique, et non à réformer un système en profondeur ? Existe-t-il, comme on le soupçonne souvent, un tel lobbying auprès du législateur qu'il en oublie la vocation première de sa mission ? Ou bien la difficulté est-elle à chercher ailleurs, le monde de l'informatique étant parfois si obscur que le juriste ne sait pas l'appréhender, ou trop tard ? Il semble que toutes ces raisons amènent le droit français à ne savoir appréhender l'informatique autrement qu'après coup. Pour exemple, les lois HADOPI ont mis plusieurs années à être promulguées, et sont aujourd'hui déjà dépassées, en cause notamment les techniques de téléchargement ou de *streaming* en perpétuelle évolution. Les dernières mutations technologiques et les dernières pratiques ne sont de fait pas parfaitement couvertes par ces lois.

§ 687. La plus grande lacune du droit de l'informatique aujourd'hui est cependant ailleurs. Elle réside dans le manque d'information du grand public, aussi bien consommateur que professionnel, alors que l'acteur de l'informatique est lui souvent bien conscient des différentes diligences imposées par la loi, et surtout de ce que la loi n'interdit pas.

§ 688. C'est ainsi que les technologies de l'information sont passées il y a quelques années à la génération 2.0, autrement dit à l'internet participatif. L'utilisateur de l'internet en est maintenant devenu acteur, au même titre que l'éditeur, l'hébergeur ou le développeur de logiciels. De plus en plus de technologies lui sont ouvertes, et il est encouragé à y participer par une facilité d'utilisation parfois surprenante. En témoignent le succès des réseaux sociaux, l'accroissement du nombre de blogs et pages personnelles, ainsi que des divers terminaux numériques disponibles aujourd'hui, des Smartphones aux dernières tablettes numériques, mais aussi la montée en flèche des plateformes de partage de photos, de données personnelles, d'applications, de recrutement, etc.

On parle même d'ubérisation de la société, faisant référence à l'économie collaborative qui se met en place, permettant de créer des relations directes entre professionnels et clients grâce au numérique.

Les GAFA apparaissent, du nom des grandes entreprises précurseuses du numérique, Google Apple Facebook Amazon, et leur hégémonie les rend pour le moins intouchables, à tous les points de vue, du paiement de leurs impôts, au recueil des données personnelles de leurs utilisateurs.

Mais le prix à payer pour une telle évolution de la technique est grand. Il signifie dans beaucoup de cas une certaine privation de libertés pour l'utilisateur, le plus souvent à son insu. Géolocalisation, paiement en ligne, enregistrement automatique des données saisies sur un site, conservation *ad vitam aeternam* de certaines données par un grand nombre de sites de réseaux sociaux hébergés à l'étranger… La théorie du *Big Brother* développée par Georges Orwell dans son ouvrage *1984* prend vie devant nous, et cela malgré les barrières juridiques que le législateur tente de mettre en place. Contourner les protections que le droit met en place pour protéger les individus est souvent chose aisée dans un monde aussi décomplexé et globalisé que le nôtre. C'est ainsi que nous pouvons clairement nous rendre compte de l'absence de frontière du net.

§ 689. Et le plus dangereux, c'est évidemment que bien souvent, toutes les données récoltées par les hébergeurs ou les personnes privées le sont volontairement. L'utilisateur accepte de divulguer ses données pour avoir accès à certains services qu'il considère aujourd'hui comme indispensable, sans se soucier bien souvent du sort réservé à ces données. Il est ainsi prêt à échanger sa liberté et sa vie privée contre un certain confort informatique qui implique un fichage. Il est certain que l'utilisateur ne réalise pas le danger que représente son acceptation de non-liberté. Ce n'est pas un hasard si la première loi du genre, encore en vigueur aujourd'hui, avait pour nom, déjà en 1978 « Loi Informatique et Libertés ». Il est primordial de conserver l'esprit de cette loi, et d'avancer dans le sens d'une plus grande protection de la personne physique sur internet.

Mais parfois des données personnelles peuvent aussi être récoltées en l'absence de toute volonté de la part de l'utilisateur, à titre d'exemple citons une décision de la CNIL[476] qui condamne les pratiques de la société Google concernant son service Google Street View. Les « Google cars » déployées par la société Google à travers le monde entier ont en effet capté et collecté des données dites de contenu (identifiants de messagerie, mots de passe etc.) ainsi que des données concernant des points de connexion Wifi dans le but de se constituer une riche base de données de géolocalisation. Selon la CNIL, cet enregistrement de données porte non seulement atteinte à la vie privée des utilisateurs d'internet, mais a également été qualifié de collecte déloyale au sens de la Loi.

§ 690. Bien évidemment, c'est d'abord par une plus grande éducation de l'*e-citoyen* que la liberté pourra être préservée sur internet. Faire prendre conscience à l'utilisateur du pouvoir que constitue internet et du degré de liberté qu'il y laisse à chaque utilisation permettra d'encourager un certain nombre de comportements plus responsables et plus sérieux ; afin de faire en sorte qu'internet ne soit pas cette « inquiétante extase » que dénonçait Alain Finkielkraut[477]. Mais on ne peut compter sur de tels progrès sans une intervention du droit. Il faut dissuader les initiatives intrusives, autant que faire se peut à l'échelle mondiale.

§ 691. Il pourrait être proposé d'introduire, au moins en droit français, une sorte de notion de **jouissance paisible de l'internet**. (Le terme de jouissance paisible désigne en droit commun l'obligation qui incombe au bailleur de garantir son locataire contre les atteintes au bien loué).

On pense également au principe de loyauté qui a fait son entrée concernant les plateformes par la loi pour une République Numérique. Ce principe pourrait être étendu à tous les acteurs d'internet, afin d'instaurer une relation basée sur l'honnêteté, cela pourrait également permettre de réduire l'impuissance des utilisateurs face à ces grands acteurs, dont il est aujourd'hui, impossible de se passer.

Serait-il si utopiste d'envisager une telle notion de jouissance paisible pour l'internet ? Ne pourrait-on pas imaginer un corps de règle qui ferait peser sur l'hébergeur, l'éditeur et/ou le fournisseur d'accès une sorte de garantie de jouissance paisible au profit de celui qui « loue » une bande passante ? Chaque site, chaque service qui viendrait enfreindre une règle de droit, ou porter atteinte à une liberté individuelle devrait-il être filtré, ou interdit, ou à tout le moins faire l'objet d'une meilleure information pour l'utilisateur ?

---

[476] Décision rendue par la CNIL le 17 mars 2011 à propos de « Google Street View », www.cnil. Fr

[477] *Internet, l'inquiétante extase*, (Mille et une nuits, 2001), Alain Finkielkraut et Paul Soriano

ANNEXES

Les principaux textes de lois et jurisprudences en matière de droit de l'informatique vous sont ici reproduits. Ils vous permettront de disposer de l'ensemble des documents essentiels concernant cette matière sur un seul et même support.

ANNEXE 1

Extraits du Code de la propriété intellectuelle

1. Le droit d'auteur

Nature du droit d'auteur

Article L. 111-1

L'auteur d'une œuvre de l'esprit jouit sur cette œuvre, du seul fait de sa création, d'un droit de propriété incorporelle exclusif et opposable à tous.

Ce droit comporte des attributs d'ordre intellectuel et moral ainsi que des attributs d'ordre patrimonial, qui sont déterminés par les livres Ier et III du présent Code [...].

Article L. 111-2

L'œuvre est réputée créée, indépendamment de toute divulgation publique, du seul fait de la réalisation, même inachevée, de la conception de l'auteur.

Article L. 111-3

La propriété incorporelle définie par l'article L. 111-1 est indépendante de la propriété de l'objet matériel.

L'acquéreur de cet objet n'est investi, du fait de cette acquisition, d'aucun des droits prévus par le présent Code, sauf dans les cas prévus par les dispositions des deuxième et troisième alinéas de l'article L. 123-4. Ces droits subsistent en la personne de l'auteur ou de ses ayants droit qui, pourtant, ne pourront exiger du propriétaire de l'objet matériel la mise à leur disposition de cet objet pour l'exercice desdits droits. Néanmoins, en cas d'abus notoire du propriétaire empêchant l'exercice du droit de divulgation, le tribunal de grande instance peut prendre toute mesure appropriée, conformément aux dispositions de l'article L. 121-3.

Nature des œuvres protégées

Article L. 112-1

Les dispositions du présent code protègent les droits des auteurs sur toutes les œuvres de l'esprit, quels qu'en soient le genre, la forme d'expression, le mérite ou la destination.

Article L. 112-2

Sont considérés notamment comme œuvres de l'esprit au sens du présent code :

1° Les livres, brochures et autres écrits littéraires, artistiques et scientifiques ;

2° Les conférences, allocutions, sermons, plaidoiries et autres œuvres de même nature ;

3° Les œuvres dramatiques ou dramatico-musicales ;

4° Les œuvres chorégraphiques, les numéros et tours de cirque, les pantomimes, dont la mise en œuvre est fixée par écrit ou autrement ;

5° Les compositions musicales avec ou sans paroles ;

6° Les œuvres cinématographiques et autres œuvres consistant dans des séquences animées d'images, sonorisées ou non, dénommées ensemble œuvres audiovisuelles ;

7° Les œuvres de dessin, de peinture, d'architecture, de sculpture, de gravure, de lithographie

8° Les œuvres graphiques et typographiques ;

9° Les œuvres photographiques et celles réalisées à l'aide de techniques analogues à la photographie ;

10° Les œuvres des arts appliqués ;

11° Les illustrations, les cartes géographiques ;

12° Les plans, croquis et ouvrages plastiques relatifs à la géographie, à la topographie, à l'architecture et aux sciences ;

13° Les logiciels, y compris le matériel de conception préparatoire ;

14° Les créations des industries saisonnières de l'habillement et de la parure. Sont réputées industries saisonnières de l'habillement et de la parure les industries qui, en raison des exigences de la mode, renouvellent fréquemment la forme de leurs produits, et notamment la couture, la fourrure, la lingerie, la broderie, la mode, la chaussure, la ganterie, la maroquinerie, la fabrique de tissus de haute nouveauté ou spéciaux à la haute couture, les productions des paruriers et des bottiers et les fabriques de tissus d'ameublement.

Titulaires du droit d'auteur

Article L. 113-1

La qualité d'auteur appartient, sauf preuve contraire, à celui ou à ceux sous le nom de qui l'œuvre est divulguée.

Article L. 113-2

Est dite de collaboration l'œuvre à la création de laquelle ont concouru plusieurs personnes physiques.

Est dite composite l'œuvre nouvelle à laquelle est incorporée une œuvre préexistante sans la collaboration de l'auteur de cette dernière.

Est dite collective l'œuvre créée sur l'initiative d'une personne physique ou morale qui l'édite, la publie et la divulgue sous sa direction et son nom et dans laquelle la contribution personnelle des divers auteurs participant à son élaboration se fond dans l'ensemble en vue duquel elle est conçue, sans qu'il soit possible d'attribuer à chacun d'eux un droit distinct sur l'ensemble réalisé.

Droits moraux

Article L. 121-1

L'auteur jouit du droit au respect de son nom, de sa qualité et de son œuvre.

Ce droit est attaché à sa personne.

Il est perpétuel, inaliénable et imprescriptible.

Il est transmissible à cause de mort aux héritiers de l'auteur.

L'exercice peut être conféré à un tiers en vertu de dispositions testamentaires.

Article L. 121-2 alinéa 1

L'auteur a seul le droit de divulguer son œuvre. Sous réserve des dispositions de l'article L. 132-24, il détermine le procédé de divulgation et fixe les conditions de celle-ci.

Article L. 121-4

Nonobstant la cession de son droit d'exploitation, l'auteur, même postérieurement à la publication de son œuvre, jouit d'un droit de repentir ou de retrait vis-à-vis du cessionnaire. Il ne peut toutefois exercer ce droit qu'à charge d'indemniser préalablement le cessionnaire du préjudice que ce repentir ou ce retrait peut lui causer. Lorsque, postérieurement à l'exercice de son droit de repentir ou de retrait, l'auteur décide de faire publier son œuvre, il est tenu d'offrir par priorité ses droits d'exploitation au cessionnaire qu'il avait originairement choisi et aux conditions originairement déterminées.

Droits patrimoniaux

Article L. 122-1

Le droit d'exploitation appartenant à l'auteur comprend le droit de représentation et le droit de reproduction.

Article L. 122-2

La représentation consiste dans la communication de l'œuvre au public par un procédé quelconque, et notamment :

1° Par récitation publique, exécution lyrique, représentation dramatique, présentation publique, projection publique et transmission dans un lieu public de l'œuvre télédiffusée ;

2° Par télédiffusion.

La télédiffusion s'entend de la diffusion par tout procédé de télécommunication de sons, d'images, de documents, de données et de messages de toute nature.

Est assimilée à une représentation l'émission d'une œuvre vers un satellite.

Article L. 122-3

La reproduction consiste dans la fixation matérielle de l'œuvre par tous procédés qui permettent de la communiquer au public d'une manière indirecte.

Elle peut s'effectuer notamment par imprimerie, dessin, gravure, photographie, moulage et tout procédé des arts graphiques et plastiques, enregistrement mécanique, cinématographique ou magnétique.

Pour les œuvres d'architecture, la reproduction consiste également dans l'exécution répétée d'un plan ou d'un projet type.

Article L. 122-4

Toute représentation ou reproduction intégrale ou partielle faite sans le consentement de l'auteur ou de ses ayants droit ou ayants cause est illicite. Il en est de même pour la traduction, l'adaptation ou la transformation, l'arrangement ou la reproduction par un art ou un procédé quelconque.

Article L. 122-5

Modifié par la loi 2016-1321 du 7 octobre 2016

Lorsque l'œuvre a été divulguée, l'auteur ne peut interdire :

1° Les représentations privées et gratuites effectuées exclusivement dans un cercle de famille ;

2° Les copies ou reproductions réalisées à partir d'une source licite et strictement réservées à l'usage privé du copiste et non destinées à une utilisation collective, à l'exception des copies des oeuvres d'art destinées à être utilisées pour des fins identiques à celles pour lesquelles l'oeuvre originale a été créée et des copies d'un logiciel autres que la copie de sauvegarde établie dans les conditions prévues au II de l'article L. 122-6-1 ainsi que des copies ou des reproductions d'une base de données électronique;

3° Sous réserve que soient indiqués clairement le nom de l'auteur et la source:

a) Les analyses et courtes citations justifiées par le caractère critique, polémique, pédagogique, scientifique ou d'information de l'oeuvre à laquelle elles sont incorporées ;

b) Les revues de presse ;

c) La diffusion, même intégrale, par la voie de presse ou de télédiffusion, à titre d'information d'actualité, des discours destinés au public prononcés dans les assemblées politiques, administratives, judiciaires ou académiques, ainsi que dans les réunions publiques d'ordre politique et les cérémonies officielles ;

d) Les reproductions, intégrales ou partielles d'oeuvres d'art graphiques ou plastiques destinées à figurer dans le catalogue d'une vente judiciaire effectuée en France pour les exemplaires mis à la disposition du public avant la vente dans le seul but de décrire les oeuvres d'art mises en vente ;

e) La représentation ou la reproduction d'extraits d'oeuvres, sous réserve des oeuvres conçues à des fins pédagogiques et des partitions de musique, à des fins exclusives d'illustration dans le cadre de l'enseignement et de la recherche, y compris pour l'élaboration et la diffusion de sujets d'examens ou de concours organisés dans la prolongation des enseignements à l'exclusion de toute activité ludique ou récréative, dès lors que cette représentation ou cette reproduction est destinée, notamment au moyen d'un espace numérique de travail, à un public composé majoritairement d'élèves, d'étudiants, d'enseignants ou de chercheurs directement concernés par l'acte d'enseignement, de formation ou l'activité de recherche nécessitant cette représentation ou cette reproduction, qu'elle ne fait l'objet d'aucune publication ou diffusion à un tiers au public ainsi constitué, que l'utilisation de cette représentation ou cette reproduction ne donne lieu à aucune exploitation commerciale et qu'elle est compensée par une rémunération négociée sur une base forfaitaire sans préjudice de la cession du droit de reproduction par reprographie mentionnée à l'article L. 122-10 ;

4° La parodie, le pastiche et la caricature, compte tenu des lois du genre ;

5° Les actes nécessaires à l'accès au contenu d'une base de données électronique pour les besoins et dans les limites de l'utilisation prévue par contrat ;

6° La reproduction provisoire présentant un caractère transitoire ou accessoire, lorsqu'elle est une partie intégrante et essentielle d'un procédé technique et qu'elle a pour unique objet de permettre l'utilisation licite de l'oeuvre ou sa transmission entre tiers par la voie d'un réseau faisant appel à un intermédiaire ; toutefois, cette reproduction provisoire qui ne peut porter que sur des oeuvres autres que les logiciels et les bases de données ne doit pas avoir de valeur économique propre ;

7° Dans les conditions prévues aux articles L. 122-5-1 et L. 122-5-2, la reproduction et la représentation par des personnes morales et par les établissements ouverts au public, tels que les bibliothèques, les archives, les centres de documentation et les espaces culturels multimédia, en vue d'une consultation strictement personnelle de l'œuvre par des personnes atteintes d'une ou de plusieurs déficiences des fonctions motrices, physiques, sensorielles, mentales, cognitives ou psychiques et empêchées, du fait de ces déficiences, d'accéder à l'œuvre dans la forme sous laquelle l'auteur la rend disponible au public ;

8° La reproduction d'une œuvre et sa représentation effectuées à des fins de conservation ou destinées à préserver les conditions de sa consultation à des fins de recherche ou d'études privées par des particuliers, dans les locaux de l'établissement et sur des terminaux dédiés par des bibliothèques accessibles au public, par des musées ou par des services d'archives, sous réserve que ceux-ci ne recherchent aucun avantage économique ou commercial ;

9° La reproduction ou la représentation, intégrale ou partielle, d'une oeuvre d'art graphique, plastique ou architecturale, par voie de presse écrite, audiovisuelle ou en ligne, dans un but exclusif d'information immédiate et en relation directe avec cette dernière, sous réserve d'indiquer clairement le nom de l'auteur.

Le premier alinéa du présent 9° ne s'applique pas aux oeuvres, notamment photographiques ou d'illustration, qui visent elles-mêmes à rendre compte de l'information ;

10° Les copies ou reproductions numériques réalisées à partir d'une source licite, en vue de l'exploration de textes et de données incluses ou associées aux écrits scientifiques pour les besoins de la recherche publique, à l'exclusion de toute finalité commerciale. Un décret fixe les conditions dans lesquelles l'exploration des textes et des données est mise en œuvre, ainsi que les modalités de conservation et de communication des fichiers produits au terme des activités de recherche pour lesquelles elles ont été produites ; ces fichiers constituent des données de la recherche ;

11° Les reproductions et représentations d'œuvres architecturales et de sculptures, placées en permanence sur la voie publique, réalisées par des personnes physiques, à l'exclusion de tout usage à caractère commercial.

Les reproductions ou représentations qui, notamment par leur nombre ou leur format, ne seraient pas en stricte proportion avec le but exclusif d'information immédiate poursuivi ou qui ne seraient pas en relation directe avec cette dernière donnent lieu à rémunération des auteurs sur la base des accords ou tarifs en vigueur dans les secteurs professionnels concernés.

Les exceptions énumérées par le présent article ne peuvent porter atteinte à l'exploitation normale de l'oeuvre ni causer un préjudice injustifié aux intérêts légitimes de l'auteur.

Les modalités d'application du présent article, notamment les caractéristiques et les conditions de distribution des documents mentionnés au d du 3°, sont précisées par décret en Conseil d'Etat.

Article L. 122-7

Le droit de représentation et le droit de reproduction sont cessibles à titre gratuit ou à titre onéreux.

La cession du droit de représentation n'emporte pas celle du droit de reproduction.

La cession du droit de reproduction n'emporte pas celle du droit de représentation.

Lorsqu'un contrat comporte cession totale de l'un des deux droits visés au présent article, la portée en est limitée aux modes d'exploitation prévus au contrat.

Article L. 122-7-1

L'auteur est libre de mettre ses œuvres gratuitement à la disposition du public, sous réserve des droits des éventuels coauteurs et de ceux des tiers ainsi que dans le respect des conventions qu'il a conclues.

Durée de la protection

Article L. 123-1

L'auteur jouit, sa vie durant, du droit exclusif d'exploiter son œuvre sous quelque forme que ce soit et d'en tirer un profit pécuniaire.

Au décès de l'auteur, ce droit persiste au bénéfice de ses ayants droit pendant l'année civile en cours et les soixante-dix années qui suivent.

Article L. 123-2 alinéa 1

Pour les œuvres de collaboration, l'année civile prise en considération est celle de la mort du dernier vivant des collaborateurs.

Article L. 123-3 alinéa 1

Pour les œuvres pseudonymes, anonymes ou collectives, la durée du droit exclusif est de soixante-dix années à compter du 1er janvier de l'année civile suivant celle où l'œuvre a été publiée. La date de publication est déterminée par tout mode de preuve de droit commun, et notamment par le dépôt légal.

Exploitation des droits

Article L. 131-1

La cession globale des œuvres futures est nulle.

Article L. 131-2

Modifié par la loi 2016-925 du 7 juillet 2016

Les contrats de représentation, d'édition et de production audiovisuelle définis au présent titre doivent être constatés par écrit. Il en est de même des autorisations gratuites d'exécution.

Les contrats par lesquels sont transmis des droits d'auteur doivent être constatés par écrit.

Dans tous les autres cas, les dispositions des articles 1359 à 1362 du code civil sont applicables.

Article L. 131-3

La transmission des droits de l'auteur est subordonnée à la condition que chacun des droits cédés fasse l'objet d'une mention distincte dans l'acte de cession et que le domaine d'exploitation des droits cédés soit délimité quant à son étendue et à sa destination, quant au lieu et quant à la durée.

Lorsque des circonstances spéciales l'exigent, le contrat peut être valablement conclu par échange de télégrammes, à condition que le domaine d'exploitation des droits cédés soit délimité conformément aux termes du premier alinéa du présent article.

Article L. 131-4

La cession par l'auteur de ses droits sur son œuvre peut être totale ou partielle. Elle doit comporter au profit de l'auteur la participation proportionnelle aux recettes provenant de la vente ou de l'exploitation.

Toutefois, la rémunération de l'auteur peut être évaluée forfaitairement dans les cas suivants :

1° La base de calcul de la participation proportionnelle ne peut être pratiquement déterminée ;

2° Les moyens de contrôler l'application de la participation font défaut ;

3° Les frais des opérations de calcul et de contrôle seraient hors de proportion avec les résultats à atteindre ;

4° La nature ou les conditions de l'exploitation rendent impossible l'application de la règle de la rémunération proportionnelle, soit que la contribution de l'auteur ne constitue pas l'un des éléments essentiels de la création intellectuelle de l'œuvre, soit que l'utilisation de l'œuvre ne présente qu'un caractère accessoire par rapport à l'objet exploité ;

5° En cas de cession des droits portant sur un logiciel ;

6° Dans les autres cas prévus au présent code.

Est également licite la conversion entre les parties, à la demande de l'auteur, des droits provenant des contrats en vigueur en annuités forfaitaires pour des durées à déterminer entre les parties.

Article L. 131-6

La clause d'une cession qui tend à conférer le droit d'exploiter l'œuvre sous une forme non prévisible ou non prévue à la date du contrat doit être expresse et stipuler une participation corrélative aux profits d'exploitation.

Rémunération pour copie privée

Article L. 311-1

Les auteurs et les artistes-interprètes des œuvres fixées sur phonogrammes ou vidéogrammes, ainsi que les producteurs de ces phonogrammes ou vidéogrammes, ont droit à une rémunération au titre de la reproduction desdites œuvres, réalisée à partir d'une source licite dans les conditions mentionnées au 2° de l'article L. 122-5 et au 2° de l'article L. 211-3.

Cette rémunération est également due aux auteurs et aux éditeurs des œuvres fixées sur tout autre support, au titre de leur reproduction réalisée à partir d'une source licite, dans les conditions prévues au 2° de l'article L. 122-5, sur un support d'enregistrement numérique.

Procédure et sanctions

Article L. 335-2

Modifié par la loi 2016-731 du 3 juin 2016

Toute édition d'écrits, de composition musicale, de dessin, de peinture ou de toute autre production, imprimée ou gravée en entier ou en partie, au mépris des lois et règlements relatifs à la propriété des auteurs, est une contrefaçon et toute contrefaçon est un délit.

La contrefaçon en France d'ouvrages publiés en France ou à l'étranger est punie de trois ans d'emprisonnement et de 300 000 euros d'amende.

Seront punis des mêmes peines le débit, l'exportation, l'importation, le transbordement ou la détention aux fins précitées des ouvrages contrefaisants.

Lorsque les délits prévus par le présent article ont été commis en bande organisée, les peines sont portées à sept ans d'emprisonnement et à 750 000 euros d'amende.

Article L. 335-3 alinéa 1

Est également un délit de contrefaçon toute reproduction, représentation ou diffusion, par quelque moyen que ce soit, d'une œuvre de l'esprit en violation des droits de l'auteur, tels qu'ils sont définis et réglementés par la loi.

Article L. 335-3-1

I.-Est puni de 3 750 euros d'amende le fait de porter atteinte sciemment, à des fins autres que la recherche, à une mesure technique efficace telle que définie à l'article L. 331-5, afin d'altérer la protection d'une œuvre par un décodage, un décryptage ou toute autre intervention personnelle destinée à contourner, neutraliser ou supprimer un mécanisme de protection ou de contrôle, lorsque cette atteinte est réalisée par d'autres moyens que l'utilisation d'une application technologique, d'un dispositif ou d'un composant existant mentionné au II.

Article L. 335-4

Modifié par la loi 2016-731 du 3 juin 2016

Est punie de trois ans d'emprisonnement et de 300 000 euros d'amende toute fixation, reproduction, communication ou mise à disposition du public, à titre onéreux ou gratuit, ou toute télédiffusion d'une prestation, d'un phonogramme, d'un vidéogramme ou d'un programme, réalisée sans l'autorisation, lorsqu'elle est exigée, de l'artiste-interprète, du producteur de phonogrammes ou de vidéogrammes ou de l'entreprise de communication audiovisuelle.

Sont punis des mêmes peines l'importation, l'exportation, le transbordement ou la détention aux fins précitées de phonogrammes ou de vidéogrammes réalisée sans l'autorisation du producteur ou de l'artiste-interprète, lorsqu'elle est exigée.

Est puni de la peine d'amende prévue au premier alinéa le défaut de versement de la rémunération due à l'auteur, à l'artiste-interprète ou au producteur de phonogrammes ou de vidéogrammes au titre de la copie privée ou de la communication publique ainsi que de la télédiffusion des phonogrammes.

Est puni de la peine d'amende prévue au premier alinéa le défaut de versement du prélèvement mentionné au troisième alinéa de l'article L. 133-3.

Lorsque les délits prévus au présent article ont été commis en bande organisée, les peines sont portées à sept ans d'emprisonnement et à 750 000 euros d'amende.

Article L. 335-4-1

I.-Est puni de 3 750 euros d'amende le fait de porter atteinte sciemment, à des fins autres que la recherche, à une mesure technique efficace telle que définie à l'article L. 331-5, afin d'altérer la protection d'une interprétation, d'un phonogramme, d'un vidéogramme ou d'un programme par un décodage, un décryptage ou toute autre intervention personnelle destinée à contourner, neutraliser ou supprimer un mécanisme de protection ou de contrôle, lorsque cette atteinte est réalisée par d'autres moyens que l'utilisation d'une application technologique, d'un dispositif ou d'un composant existant mentionné au II.

II.-Est puni de six mois d'emprisonnement et de 30 000 euros d'amende le fait de procurer ou proposer sciemment à autrui, directement ou indirectement, des moyens conçus ou spécialement adaptés pour porter atteinte à une mesure technique efficace telle que définie à l'article L. 331-5, par l'un des procédés suivants :

1° En fabriquant ou en important une application technologique, un dispositif ou un composant, à des fins autres que la recherche ;

2° En détenant en vue de la vente, du prêt ou de la location, en offrant à ces mêmes fins ou en mettant à disposition du public sous quelque forme que ce soit une application technologique, un dispositif ou un composant ;

3° En fournissant un service à cette fin ;

4° En incitant à l'usage ou en commandant, concevant, organisant, reproduisant, distribuant ou diffusant une publicité en faveur de l'un des procédés visés aux 1° à 3°.

Article L. 335-7

Lorsque l'infraction est commise au moyen d'un service de communication au public en ligne, les personnes coupables des infractions prévues aux articles L. 335-2, L. 335-3 et L. 335-4 peuvent en outre être condamnées à la peine complémentaire de suspension de l'accès à un service de communication au public en ligne pour une durée maximale d'un an, assortie de l'interdiction de souscrire pendant la même période un autre contrat portant sur un service de même nature auprès de tout opérateur.

Lorsque ce service est acheté selon des offres commerciales composites incluant d'autres types de services, tels que services de téléphonie ou de télévision, les décisions de suspension ne s'appliquent pas à ces services.

La suspension de l'accès n'affecte pas, par elle-même, le versement du prix de l'abonnement au fournisseur du service. L'article L. 121-84 du code de la consommation n'est pas applicable au cours de la période de suspension.

Les frais d'une éventuelle résiliation de l'abonnement au cours de la période de suspension sont supportés par l'abonné.

Lorsque la décision est exécutoire, la peine complémentaire prévue au présent article est portée à la connaissance de la Haute Autorité pour la diffusion des œuvres et la protection des droits sur internet, qui la notifie à la personne dont l'activité est d'offrir un accès à des services de communication au public en ligne afin qu'elle mette en œuvre, dans un délai de quinze jours au plus à compter de la notification, la suspension à l'égard de l'abonné concerné.

Le fait, pour la personne dont l'activité est d'offrir un accès à des services de communication au public en ligne, de ne pas mettre en œuvre la peine de suspension qui lui a été notifiée est puni d'une amende maximale de 5 000 €.

Le 3° de l'article 777 du code de procédure pénale n'est pas applicable à la peine complémentaire prévue par le présent article.

Article L. 335-7-1

Pour les contraventions de la cinquième classe prévues par le présent code, lorsque le règlement le prévoit, la peine complémentaire définie à l'article L. 335-7 peut être prononcée selon les mêmes modalités, en cas de négligence caractérisée, à l'encontre du titulaire de l'accès à un service de communication au public en ligne auquel la commission de protection des droits, en application de l'article L. 331-25, a préalablement adressé, par voie d'une lettre remise contre signature ou de tout autre moyen propre à établir la preuve de la date de présentation, une recommandation l'invitant à mettre en œuvre un moyen de sécurisation de son accès à internet.

La négligence caractérisée s'apprécie sur la base des faits commis au plus tard un an après la présentation de la recommandation mentionnée à l'alinéa précédent.

Dans ce cas, la durée maximale de la suspension est d'un mois.

Le fait pour la personne condamnée à la peine complémentaire prévue par le présent article de ne pas respecter l'interdiction de souscrire un autre contrat d'abonnement à un service de communication au public en ligne pendant la durée de la suspension est puni d'une amende d'un montant maximal de 3 750 €.

Article L. 335-7-2

Pour prononcer la peine de suspension prévue aux articles L. 335-7 et L. 335-7-1 et en déterminer la durée, la juridiction prend en compte les circonstances et la gravité de l'infraction ainsi que la personnalité de son auteur, et notamment l'activité professionnelle ou sociale de celui-ci, ainsi que sa situation socio-économique. La durée de la peine prononcée doit concilier la protection des droits de la propriété intellectuelle et le respect du droit de s'exprimer et de communiquer librement, notamment depuis son domicile.

Article L. 336-1

Lorsqu'un logiciel est principalement utilisé pour la mise à disposition illicite d'œuvres ou d'objets protégés par un droit de propriété littéraire et artistique, le président du tribunal de grande instance, statuant en référé, peut ordonner sous astreinte toutes mesures nécessaires à la protection de ce droit et conformes à l'état de l'art.

Les mesures ainsi ordonnées ne peuvent avoir pour effet de dénaturer les caractéristiques essentielles ou la destination initiale du logiciel.

L'article L. 332-4 est applicable aux logiciels mentionnés au présent article.

Article L. 336-2

Modifié par la loi 2016-925 du 7 juillet 2016

En présence d'une atteinte à un droit d'auteur ou à un droit voisin occasionnée par le contenu d'un service de communication au public en ligne, le tribunal de grande instance, statuant le cas échéant en la forme des référés, peut ordonner à la demande des titulaires de droits sur les œuvres et objets protégés, de leurs ayants droit, des sociétés de perception et de répartition des droits visées à l'article L. 321-1 ou des organismes de défense professionnelle visés à l'article L. 331-1, toutes mesures propres à prévenir ou à faire cesser une telle atteinte à un droit d'auteur ou un droit voisin, à l'encontre de toute personne susceptible de contribuer à y remédier. La demande peut également être effectuée par le Centre national du cinéma et de l'image animée.

Article L. 336-3

La personne titulaire de l'accès à des services de communication au public en ligne a l'obligation de veiller à ce que cet accès ne fasse pas l'objet d'une utilisation à des fins de reproduction, de représentation, de mise à disposition ou de communication au public d'œuvres ou d'objets protégés par un droit d'auteur ou par un droit voisin sans l'autorisation des titulaires des droits prévus aux livres Ier et II lorsqu'elle est requise.

Le manquement de la personne titulaire de l'accès à l'obligation définie au premier alinéa n'a pas pour effet d'engager la responsabilité pénale de l'intéressé, sous réserve des articles L. 335-7 et L. 335-7-1.

Article L. 336-4

Les caractéristiques essentielles de l'utilisation autorisée d'une œuvre ou d'un objet protégé, mis à disposition par un service de communication au public en ligne, sont portées à la connaissance de l'utilisateur d'une manière facilement accessible, conformément à l'article L. 331-10 du présent code et à l'article L. 111-1 du code de la consommation.

2. Les logiciels

Dévolution des droits

Article L. 113-9 alinéa 1

Sauf dispositions statutaires ou stipulations contraires, les droits patrimoniaux sur les logiciels et leur documentation créés par un ou plusieurs employés dans l'exercice de leurs fonctions ou d'après les instructions de leur employeur sont dévolus à l'employeur qui est seul habilité à les exercer.

Etendue des droits

Article L. 121-7

Sauf stipulation contraire plus favorable à l'auteur d'un logiciel, celui-ci ne peut :

1° S'opposer à la modification du logiciel par le cessionnaire des droits mentionnés au 2° de l'article L. 122-6, lorsqu'elle n'est préjudiciable ni à son honneur ni à sa réputation ;

2° Exercer son droit de repentir ou de retrait.

Article L. 122-6

Sous réserve des dispositions de l'article L. 122-6-1, le droit d'exploitation appartenant à l'auteur d'un logiciel comprend le droit d'effectuer et d'autoriser :

1° La reproduction permanente ou provisoire d'un logiciel en tout ou partie par tout moyen et sous toute forme. Dans la mesure où le chargement, l'affichage, l'exécution, la transmission ou le stockage de ce logiciel nécessitent une reproduction, ces actes ne sont possibles qu'avec l'autorisation de l'auteur ;

2° La traduction, l'adaptation, l'arrangement ou toute autre modification d'un logiciel et la reproduction du logiciel en résultant ;

3° La mise sur le marché à titre onéreux ou gratuit, y compris la location, du ou des exemplaires d'un logiciel par tout procédé. Toutefois, la première vente d'un exemplaire d'un logiciel dans le territoire d'un Etat membre de la Communauté européenne ou d'un Etat partie à l'accord sur l'Espace économique européen par l'auteur ou avec son consentement épuise le droit de mise sur le marché de cet exemplaire dans tous les Etats membres à l'exception du droit d'autoriser la location ultérieure d'un exemplaire.

Article L. 122-6-1

I. Les actes prévus aux 1° et 2° de l'article L. 122-6 ne sont pas soumis à l'autorisation de l'auteur lorsqu'ils sont nécessaires pour permettre l'utilisation du logiciel, conformément à sa destination, par la personne ayant le droit de l'utiliser, y compris pour corriger des erreurs.

Toutefois, l'auteur est habilité à se réserver par contrat le droit de corriger les erreurs et de déterminer les modalités particulières auxquelles seront soumis les actes prévus aux 1° et 2° de l'article L. 122-6, nécessaires pour permettre l'utilisation du logiciel, conformément à sa destination, par la personne ayant le droit de l'utiliser.

II. La personne ayant le droit d'utiliser le logiciel peut faire une copie de sauvegarde lorsque celle-ci est nécessaire pour préserver l'utilisation du logiciel.

III. La personne ayant le droit d'utiliser le logiciel peut sans l'autorisation de l'auteur observer, étudier ou tester le fonctionnement de ce logiciel afin de déterminer les idées et principes qui sont à la base de n'importe quel élément du logiciel lorsqu'elle effectue toute opération de chargement, d'affichage, d'exécution, de transmission ou de stockage du logiciel qu'elle est en droit d'effectuer.

IV. La reproduction du code du logiciel ou la traduction de la forme de ce code n'est pas soumise à l'autorisation de l'auteur lorsque la reproduction ou la traduction au sens du 1° ou du 2° de l'article L. 122-6 est indispensable pour obtenir les informations nécessaires à l'interopérabilité d'un logiciel créé de façon indépendante avec d'autres logiciels, sous réserve que soient réunies les conditions suivantes :

1° Ces actes sont accomplis par la personne ayant le droit d'utiliser un exemplaire du logiciel ou pour son compte par une personne habilitée à cette fin ;

2° Les informations nécessaires à l'interopérabilité n'ont pas déjà été rendues facilement et rapidement accessibles aux personnes mentionnées au 1° ci-dessus ;

3° Et ces actes sont limités aux parties du logiciel d'origine nécessaires à cette interopérabilité.

Les informations ainsi obtenues ne peuvent être :

1° Ni utilisées à des fins autres que la réalisation de l'interopérabilité du logiciel créé de façon indépendante ;

2° Ni communiquées à des tiers sauf si cela est nécessaire à l'interopérabilité du logiciel créé de façon indépendante ;

3° Ni utilisées pour la mise au point, la production ou la commercialisation d'un logiciel dont l'expression est substantiellement similaire ou pour tout autre acte portant atteinte au droit d'auteur .

V. Le présent article ne saurait être interprété comme permettant de porter atteinte à l'exploitation normale du logiciel ou de causer un préjudice injustifié aux intérêts légitimes de l'auteur.

Toute stipulation contraire aux dispositions prévues aux II, III et IV du présent article est nulle et non avenue.

Article L. 131-4

La cession par l'auteur de ses droits sur son œuvre peut être totale ou partielle. Elle doit comporter au profit de l'auteur la participation proportionnelle aux recettes provenant de la vente ou de l'exploitation.

Toutefois, la rémunération de l'auteur peut être évaluée forfaitairement dans les cas suivants :

[...] 5° En cas de cession des droits portant sur un logiciel ;

Procédures et sanctions

Article L. 335-3 alinéa 1

[...] Est également un délit de contrefaçon la violation de l'un des droits de l'auteur d'un logiciel définis à l'article L. 122-6.

Cour de Cassation Assemblée plénière du 7 mars 1986 n°85-91.465

REPUBLIQUE FRANCAISE

AU NOM DU PEUPLE FRANCAIS

CASSATION sur le pourvoi formé le 21 février 1985 par la Société Williams Electronics Inc. [...]

LA COUR,

La demanderesse invoque à l'appui de son pourvoi deux moyens de cassation ainsi conçus :

Premier moyen de cassation :

[...]

Second moyen de cassation :

" Il est reproché à la Cour d'appel d'avoir décidé que le jeu audio-visuel créé par la Société Williams Electronics est exclu de la protection accordée par ladite loi,

" aux motifs que la protection résultant des articles précités du Code pénal ne profite, nonobstant le caractère seulement indicatif et non limitatif de l'énumération de l'article 3 de la loi du 11 avril (mars) 1957 qu'aux seules œuvres originales de l'esprit de nature littéraire, artistique (musicale, picturale, plastique ou architecturale), scientifique ou cinématographique, telles qu'elles sont définitivement fixées par l'auteur ; que le jeu électronique Defender, du genre couramment dénommé jeu vidéo, est constitué par un programme informatique. Que c'est plus précisément la combinaison des sons et des images ainsi programmés et émis par moyens électroniques, dont la protection est revendiquée ; que le joueur agit sur des manettes pour provoquer le déclenchement et l'inter réaction des diverses phases programmées. "

" alors que sont protégés, aux termes de l'article 2 de la loi du 11 mars 1957, les droits des auteurs sur toutes les œuvres de l'esprit quels qu'en soient le genre, la forme d'expression, le mérite ou la destination ; que l'élaboration d'un logiciel ou programme d'ordinateur est susceptible de constituer une œuvre de l'esprit protégeable dès lors qu'elle n'est pas la simple formulation d'une idée, que dans sa composition ou son expression elle va au-delà d'une simple logique automatique ou d'un mécanisme intellectuel nécessaire, que partant, elle est originale, et que d'autre part, elle ne s'intègre pas à une création brevetable ; qu'en excluant en l'espèce de la protection de la loi du 11 mars 1957 une œuvre audio-visuelle à raison de son lien avec un programme d'ordinateur, sans rechercher si ce programme n'était pas dans sa conception ou son expression une œuvre originale, la Cour n'a pas donné de base légale à son arrêt ".

Attendu que, selon l'arrêt attaqué, que la Société Williams Electronics Inc. est propriétaire d'un jeu électronique audio-visuel dénommé " Defender " enregistré et déposé au Copyright Office de Washington le 10 novembre 1980, qu'estimant que le jeu commercialisé et exploité en France par la Société Jeutel sous le même nom, auquel cette société a substitué le nom " Mirage ", était identique au sien, la Société Williams Electronics Inc. a assigné la Société Jeutel et son président, Mme Y... en contrefaçon ;

[...]

Sur le second moyen :

Vu l'article 2 de la loi du 11 mars 1957 ;

Attendu que selon ce texte sont protégés par cette loi les droits des auteurs sur toutes les œuvres de l'esprit originales quels qu'en soient le genre et la destination ;

Attendu que pour décider que le jeu audio-visuel " Defender " animé par une carte logique doit être exclu de la protection du droit d'auteur, la Cour d'appel énonce que la protection résultant des droits d'auteurs ne profite qu'aux seules œuvres originales de l'esprit de nature littéraire, artistique, scientifique ou cinématographique, telles qu'elles sont définitivement fixées par l'auteur ; que le jeu " Defender " est constitué par un programme informatique et que la combinaison des sons et des images formant les différentes phases du jeu est programmée par moyens électroniques, que le jeu " Defender " n'est pas une œuvre artistique au sens de la loi du 11 mars 1957 ;

Attendu qu'en statuant par ces motifs, sans rechercher si le logiciel intégré dans le jeu électronique si le logiciel intégré dans le jeu électronique " Defender " n'était pas dans sa conception une œuvre originale, la Cour d'appel n'a pas donné de base légale à sa décision ;

Par ces motifs :

CASSE ET ANNULE l'arrêt rendu entre les parties par la 13e chambre A de la Cour d'appel de Paris le 20 février 1985, et pour qu'il soit statué à nouveau conformément à la loi,

RENVOIE la cause et les parties devant la Cour d'appel d'Amiens.

3. Les bases de données

Droits des auteurs

Article L. 112-3

Les auteurs de traductions, d'adaptations, transformations ou arrangements des œuvres de l'esprit jouissent de la protection instituée par le présent code sans préjudice des droits de l'auteur de l'œuvre originale. Il en est de même des auteurs d'anthologies ou de recueils d'œuvres ou de données diverses, tels que les bases de données, qui, par le choix ou la disposition des matières, constituent des créations intellectuelles.

On entend par base de données un recueil d'œuvres, de données ou d'autres éléments indépendants, disposés de manière systématique ou méthodique, et individuellement accessibles par des moyens électroniques ou par tout autre moyen.

Droit des producteurs

Article L. 341-1

Le producteur d'une base de données, entendu comme la personne qui prend l'initiative et le risque des investissements correspondants, bénéficie d'une protection du contenu de la base lorsque la constitution, la vérification ou la présentation de celui-ci atteste d'un investissement financier, matériel ou humain substantiel.

Cette protection est indépendante et s'exerce sans préjudice de celles résultant du droit d'auteur ou d'un autre droit sur la base de données ou un de ses éléments constitutifs.

Article L. 342-1

Le producteur de bases de données a le droit d'interdire :

1° L'extraction, par transfert permanent ou temporaire de la totalité ou d'une partie qualitativement ou quantitativement substantielle du contenu d'une base de données sur un autre support, par tout moyen et sous toute forme que ce soit ;

2° La réutilisation, par la mise à la disposition du public de la totalité ou d'une partie qualitativement ou quantitativement substantielle du contenu de la base, quelle qu'en soit la forme.

Ces droits peuvent être transmis ou cédés ou faire l'objet d'une licence.

Le prêt public n'est pas un acte d'extraction ou de réutilisation.

Article L. 342-2

Le producteur peut également interdire l'extraction ou la réutilisation répétée et systématique de parties qualitativement ou quantitativement non substantielles du contenu de la base lorsque ces opérations excèdent manifestement les conditions d'utilisation normale de la base de données.

Article L. 342-3

Modifié par la loi 2016-925 du 7 juillet 2016

Lorsqu'une base de données est mise à la disposition du public par le titulaire des droits, celui-ci ne peut interdire :

1° L'extraction ou la réutilisation d'une partie non substantielle, appréciée de façon qualitative ou quantitative, du contenu de la base, par la personne qui y a licitement accès ;

2° L'extraction à des fins privées d'une partie qualitativement ou quantitativement substantielle du contenu d'une base de données non électronique sous réserve du respect des droits d'auteur ou des droits voisins sur les oeuvres ou éléments incorporés dans la base ;

3° L'extraction et la réutilisation d'une base de données dans les conditions définies au 7° de l'article L. 122-5, au 1° de l'article L. 122-5-1 et à l'article L. 122-5-2 ;

4° L'extraction et la réutilisation d'une partie substantielle, appréciée de façon qualitative ou quantitative, du contenu de la base, sous réserve des bases de données conçues à des fins pédagogiques et des bases de données réalisées pour une édition numérique de l'écrit, à des fins exclusives d'illustration dans le cadre de l'enseignement et de la recherche, à l'exclusion de toute activité ludique ou récréative, dès lors que le public auquel cette extraction et cette réutilisation sont destinées est composé majoritairement d'élèves, d'étudiants, d'enseignants ou de chercheurs directement concernés, que la source est indiquée, que l'utilisation de cette extraction et cette réutilisation ne donne lieu à aucune exploitation commerciale et qu'elle est compensée par une rémunération négociée sur une base forfaitaire.

Toute clause contraire au 1° ci-dessus est nulle.

Les exceptions énumérées par le présent article ne peuvent porter atteinte à l'exploitation normale de la base de données ni causer un préjudice injustifié aux intérêts légitimes du producteur de la base.

Article L. 342-5

Les droits prévus à l'article L. 342-1 prennent effet à compter de l'achèvement de la fabrication de la base de données. Ils expirent quinze ans après le 1er janvier de l'année civile qui suit celle de cet achèvement.

Lorsqu'une base de données a fait l'objet d'une mise à la disposition du public avant l'expiration de la période prévue à l'alinéa précédent, les droits expirent quinze ans après le 1er janvier de l'année civile suivant celle de cette première mise à disposition.

Toutefois, dans le cas où une base de données protégée fait l'objet d'un nouvel investissement substantiel, sa protection expire quinze ans après le 1er janvier de l'année civile suivant celle de ce nouvel investissement.

ANNEXE 2

Responsabilité de l'internet

Article L. 32-3-3 du Code des postes et des communications électroniques

Toute personne assurant une activité de transmission de contenus sur un réseau de communications électroniques ou de fourniture d'accès à un réseau de communications électroniques ne peut voir sa responsabilité civile ou pénale engagée à raison de ces contenus que dans les cas où soit elle est à l'origine de la demande de transmission litigieuse, soit elle sélectionne le destinataire de la transmission, soit elle sélectionne ou modifie les contenus faisant l'objet de la transmission.

Article 6 de la Loi n°2004-575 du 21 juin 2004 pour la confiance dans l'économie numérique (dite Loi LCEN)

Modifié par la loi 2016-444 du 13 avril 2016

I.-1. Les personnes dont l'activité est d'offrir un accès à des services de communication au public en ligne informent leurs abonnés de l'existence de moyens techniques permettant de restreindre l'accès à certains services ou de les sélectionner et leur proposent au moins un de ces moyens.

Les personnes visées à l'alinéa précédent les informent également de l'existence de moyens de sécurisation permettant de prévenir les manquements à l'obligation définie à l'article L. 336-3 du code de la propriété intellectuelle et leur proposent au moins un des moyens figurant sur la liste prévue au deuxième alinéa de l'article L. 331-26 du même code.

2. Les personnes physiques ou morales qui assurent, même à titre gratuit, pour mise à disposition du public par des services de communication au public en ligne, le stockage de signaux, d'écrits, d'images, de sons ou de messages de toute nature fournis par des destinataires de ces services ne peuvent pas voir leur responsabilité civile engagée du fait des activités ou des informations stockées à la demande d'un destinataire de ces services si elles n'avaient pas effectivement connaissance de leur caractère illicite ou de faits et circonstances faisant apparaître ce caractère ou si, dès le moment où elles en ont eu cette connaissance, elles ont agi promptement pour retirer ces données ou en rendre l'accès impossible.

L'alinéa précédent ne s'applique pas lorsque le destinataire du service agit sous l'autorité ou le contrôle de la personne visée audit alinéa.

3. Les personnes visées au 2 ne peuvent voir leur responsabilité pénale engagée à raison des informations stockées à la demande d'un destinataire de ces services si elles n'avaient pas effectivement connaissance de l'activité ou de l'information

illicites ou si, dès le moment où elles en ont eu connaissance, elles ont agi promptement pour retirer ces informations ou en rendre l'accès impossible.

L'alinéa précédent ne s'applique pas lorsque le destinataire du service agit sous l'autorité ou le contrôle de la personne visée audit alinéa.

4. Le fait, pour toute personne, de présenter aux personnes mentionnées au 2 un contenu ou une activité comme étant illicite dans le but d'en obtenir le retrait ou d'en faire cesser la diffusion, alors qu'elle sait cette information inexacte, est puni d'une peine d'un an d'emprisonnement et de 15 000 Euros d'amende.

5. La connaissance des faits litigieux est présumée acquise par les personnes désignées au 2 lorsqu'il leur est notifié les éléments suivants :

- la date de la notification ;
- si le notifiant est une personne physique : ses nom, prénoms, profession, domicile, nationalité, date et lieu de naissance ; si le requérant est une personne morale : sa forme, sa dénomination, son siège social et l'organe qui la représente légalement ;
- les nom et domicile du destinataire ou, s'il s'agit d'une personne morale, sa dénomination et son siège social ;
- la description des faits litigieux et leur localisation précise ;
- les motifs pour lesquels le contenu doit être retiré, comprenant la mention des dispositions légales et des justifications de faits ;
- la copie de la correspondance adressée à l'auteur ou à l'éditeur des informations ou activités litigieuses demandant leur interruption, leur retrait ou leur modification, ou la justification de ce que l'auteur ou l'éditeur n'a pu être contacté.

6. Les personnes mentionnées aux 1 et 2 ne sont pas des producteurs au sens de l'article 93-3 de la loi n° 82-652 du 29 juillet 1982 sur la communication audiovisuelle.

7. Les personnes mentionnées aux 1 et 2 ne sont pas soumises à une obligation générale de surveiller les informations qu'elles transmettent ou stockent, ni à une obligation générale de rechercher des faits ou des circonstances révélant des activités illicites.

Le précédent alinéa est sans préjudice de toute activité de surveillance ciblée et temporaire demandée par l'autorité judiciaire.

Compte tenu de l'intérêt général attaché à la répression de l'apologie des crimes contre l'humanité, de la provocation à la commission d'actes de terrorisme et de leur apologie, de l'incitation à la haine raciale, à la haine à l'égard de personnes à raison de leur sexe, de leur orientation ou identité sexuelle ou de leur handicap ainsi que de la pornographie enfantine, de l'incitation à la violence, notamment l'incitation aux violences faites aux femmes, ainsi que des atteintes à la dignité humaine, les personnes mentionnées ci-dessus doivent concourir à la lutte contre la diffusion des infractions visées aux cinquième, septième et huitième alinéas de l'article 24 de la loi du 29 juillet 1881 sur la liberté de la presse et aux articles 225-4-1, 225-5, 225-6, 227-23 et 227-24 et 421-2-5 du code pénal.

A ce titre, elles doivent mettre en place un dispositif facilement accessible et visible permettant à toute personne de porter à leur connaissance ce type de données. Elles ont également l'obligation, d'une part, d'informer promptement les autorités publiques compétentes de toutes activités illicites mentionnées à l'alinéa précédent qui leur seraient signalées et qu'exerceraient les destinataires de leurs services, et, d'autre part, de rendre publics les moyens qu'elles consacrent à la lutte contre ces activités illicites.

Compte tenu de l'intérêt général attaché à la répression des activités illégales de jeux d'argent, les personnes mentionnées aux 1 et 2 mettent en place, dans des conditions fixées par décret, un dispositif facilement accessible et visible permettant de signaler à leurs abonnés les services de communication au public en ligne tenus pour répréhensibles par les autorités publiques compétentes en la matière. Elles informent également leurs abonnés des risques encourus par eux du fait d'actes de jeux réalisés en violation de la loi.

Tout manquement aux obligations définies aux quatrième et cinquième alinéas est puni des peines prévues au 1 du VI.

8. L'autorité judiciaire peut prescrire en référé ou sur requête, à toute personne mentionnée au 2 ou, à défaut, à toute personne mentionnée au 1, toutes mesures propres à prévenir un dommage ou à faire cesser un dommage occasionné par le contenu d'un service de communication au public en ligne.

II.-Les personnes mentionnées aux 1 et 2 du I détiennent et conservent les données de nature à permettre l'identification de quiconque a contribué à la création du contenu ou de l'un des contenus des services dont elles sont prestataires.

Elles fournissent aux personnes qui éditent un service de communication au public en ligne des moyens techniques permettant à celles-ci de satisfaire aux conditions d'identification prévues au III.

L'autorité judiciaire peut requérir communication auprès des prestataires mentionnés aux 1 et 2 du I des données mentionnées au premier alinéa.

Les dispositions des articles 226-17,226-21 et 226-22 du code pénal sont applicables au traitement de ces données.

Un décret en Conseil d'Etat, pris après avis de la Commission nationale de l'informatique et des libertés, définit les données mentionnées au premier alinéa et détermine la durée et les modalités de leur conservation.

III.-1. Les personnes dont l'activité est d'éditer un service de communication au public en ligne mettent à disposition du public, dans un standard ouvert :

a) S'il s'agit de personnes physiques, leurs nom, prénoms, domicile et numéro de téléphone et, si elles sont assujetties aux formalités d'inscription au registre du commerce et des sociétés ou au répertoire des métiers, le numéro de leur inscription ;

b) S'il s'agit de personnes morales, leur dénomination ou leur raison sociale et leur siège social, leur numéro de téléphone et, s'il s'agit d'entreprises assujetties aux formalités d'inscription au registre du commerce et des sociétés ou au répertoire des métiers, le numéro de leur inscription, leur capital social, l'adresse de leur siège social ;

c) Le nom du directeur ou du codirecteur de la publication et, le cas échéant, celui du responsable de la rédaction au sens de l'article 93-2 de la loi n° 82-652 du 29 juillet 1982 précitée ;

d) Le nom, la dénomination ou la raison sociale et l'adresse et le numéro de téléphone du prestataire mentionné au 2 du I.

2. Les personnes éditant à titre non professionnel un service de communication au public en ligne peuvent ne tenir à la disposition du public, pour préserver leur anonymat, que le nom, la dénomination ou la raison sociale et l'adresse du prestataire mentionné au 2 du I, sous réserve de lui avoir communiqué les éléments d'identification personnelle prévus au 1.

Les personnes mentionnées au 2 du I sont assujetties au secret professionnel dans les conditions prévues aux articles 226-13 et 226-14 du code pénal, pour tout ce qui concerne la divulgation de ces éléments d'identification personnelle ou de toute information permettant d'identifier la personne concernée. Ce secret professionnel n'est pas opposable à l'autorité judiciaire.

IV.-Toute personne nommée ou désignée dans un service de communication au public en ligne dispose d'un droit de réponse, sans préjudice des demandes de correction ou de suppression du message qu'elle peut adresser au service.

La demande d'exercice du droit de réponse est adressée au directeur de la publication ou, lorsque la personne éditant à titre non professionnel a conservé l'anonymat, à la personne mentionnée au 2 du I qui la transmet sans délai au directeur de la publication. Elle est présentée au plus tard dans un délai de trois mois à compter de la mise à disposition du public du message justifiant cette demande.

Le directeur de la publication est tenu d'insérer dans les trois jours de leur réception les réponses de toute personne nommée ou désignée dans le service de communication au public en ligne sous peine d'une amende de 3 750 Euros, sans préjudice des autres peines et dommages-intérêts auxquels l'article pourrait donner lieu.

Les conditions d'insertion de la réponse sont celles prévues par l'article 13 de la loi du 29 juillet 1881 précitée. La réponse sera toujours gratuite.

Un décret en Conseil d'Etat fixe les modalités d'application du présent IV.

V.-Les dispositions des chapitres IV et V de la loi du 29 juillet 1881 précitée sont applicables aux services de communication au public en ligne et la prescription acquise dans les conditions prévues par l'article 65 de ladite loi.

VI.-1. Est puni d'un an d'emprisonnement et de 75 000 Euros d'amende le fait, pour une personne physique ou le dirigeant de droit ou de fait d'une personne morale exerçant l'une des activités définies aux 1 et 2 du I, de ne pas satisfaire aux obligations définies aux quatrième et cinquième alinéas du 7 du I du présent article ni à celles prévues à l'article 6-1 de la présente loi, de ne pas avoir conservé les éléments d'information visés au II du présent article ou de ne pas déférer à la demande d'une autorité judiciaire d'obtenir communication desdits éléments.

Les personnes morales peuvent être déclarées pénalement responsables de ces infractions dans les conditions prévues à l'article 121-2 du code pénal. Elles encourent une peine d'amende, suivant les modalités prévues par l'article 131-38 du même code, ainsi que les peines mentionnées aux 2° et 9° de l'article 131-39 de ce code. L'interdiction mentionnée au 2° de cet article est prononcée pour une durée de cinq ans au plus et porte sur l'activité professionnelle dans l'exercice ou à l'occasion de laquelle l'infraction a été commise.

2. Est puni d'un an d'emprisonnement et de 75 000 Euros d'amende le fait, pour une personne physique ou le dirigeant de droit ou de fait d'une personne morale exerçant l'activité définie au III, de ne pas avoir respecté les prescriptions de ce même article.

Les personnes morales peuvent être déclarées pénalement responsables de ces infractions dans les conditions prévues à l'article 121-2 du code pénal. Elles encourent une peine d'amende, suivant les modalités prévues par l'article 131-38 du même code, ainsi que les peines mentionnées aux 2° et 9° de l'article 131-39 de ce code. L'interdiction mentionnée au 2° de cet article est prononcée pour une durée de cinq ans au plus et porte sur l'activité professionnelle dans l'exercice ou à l'occasion de laquelle l'infraction a été commise.

ANNEXE 3

La protection du jeu vidéo

Cour de cassation - Première chambre civile Arrêt du 25 juin 2009 n°07-20.387

LA COUR DE CASSATION, PREMIÈRE CHAMBRE CIVILE, a rendu l'arrêt suivant :

Statuant sur le pourvoi formé par M. J... X..., contre l'arrêt rendu le 20 septembre 2007 par la cour d'appel de Paris (3e chambre B), dans le litige l'opposant :

1/ à la société Sesam,

2/ à Mme B... Y..., prise en qualité de liquidateur judiciaire de la société Cryo,

Défenderesses à la cassation ;

Le demandeur invoque, à l'appui de son pourvoi, le moyen unique de cassation annexé au présent arrêt ;

Vu la communication faite au procureur général ;

Sur le moyen unique, pris en sa première branche :

Attendu que la société Sesam, qui assure, pour les œuvres multimédia, l'exercice et la gestion des droits de reproduction mécanique des œuvres musicales relevant du répertoire de la SACEM/SDRM, a déclaré au passif de la liquidation judiciaire de la société Cryo les créances résultant de la reproduction non autorisée des œuvres de son répertoire dans les jeux vidéo produits, édités et commercialisés par cette société ; qu'il est fait grief à l'arrêt attaqué (Paris, 20 septembre 2007) d'avoir admis les créances de la société Sesam en estimant que ces jeux étaient des œuvres complexes dont la qualification ne pouvait se réduire à celle de logiciel dont la cession est soumise à forfait, de sorte que les compositions musicales du répertoire de la Sesam qui s'y trouvent incorporées sont soumises aux droits de reproduction mécanique, alors, selon le moyen, que les jeux vidéo sont des logiciels ; qu'ainsi en rejetant la qualification de logiciel pour les jeux vidéo en cause, la cour d'appel a violé l'article L. 131-4-5° du code de la propriété intellectuelle ;

Mais attendu qu'un jeu vidéo est une œuvre complexe qui ne saurait être réduite à sa seule dimension logicielle, quelle que soit l'importance de celle-ci, de sorte que chacune de ses composantes est soumise au régime qui lui est applicable en fonction de sa nature ; qu'ayant constaté que les compositions musicales litigieuses incorporées dans les jeux vidéo de la société Cryo émanaient d'adhérents de la Sacem, la cour d'appel a jugé à bon droit qu'une telle incorporation était soumise au droit de reproduction mécanique dont l'exercice et la gestion sont confiés à la Sesam et a, par voie de conséquence, justement admis la créance de cette dernière au passif de la liquidation judiciaire de la société Cryo ; que le moyen n'est pas fondé ;

Et attendu que les autres branches du moyen sont nouvelles et mélangées de fait et partant irrecevables ;

PAR CES MOTIFS :

REJETTE le pourvoi ;

ANNEXE 4

Extraits du Code civil - notions de droit des contrats

Conditions de validité du contrat

Article 1101

Le contrat est un accord de volontés entre deux ou plusieurs personnes destiné à créer, modifier, transmettre ou éteindre des obligations.

Article 1106

Le contrat est synallagmatique lorsque les contractants s'obligent réciproquement les uns envers les autres.

Il est unilatéral lorsqu'une ou plusieurs personnes s'obligent envers une ou plusieurs autres sans qu'il y ait d'engagement réciproque de celles-ci.

Article 1107

Le contrat est à titre onéreux lorsque chacune des parties reçoit de l'autre un avantage en contrepartie de celui qu'elle procure.

Il est à titre gratuit lorsque l'une des parties procure à l'autre un avantage sans attendre ni recevoir de contrepartie.

Article 1128

Sont nécessaires à la validité d'un contrat :

1° Le consentement des parties ;

2° Leur capacité de contracter ;

3° Un contenu licite et certain.

Article 1174

Lorsqu'un écrit est exigé pour la validité d'un contrat, il peut être établi et conservé sous forme électronique dans les conditions prévues aux articles 1366 et 1367 et, lorsqu'un acte authentique est requis, au deuxième alinéa de l'article 1369.

Lorsqu'est exigée une mention écrite de la main même de celui qui s'oblige, ce dernier peut l'apposer sous forme électronique si les conditions de cette apposition sont de nature à garantir qu'elle ne peut être effectuée que par lui-même.

Article 1175

Il est fait exception aux dispositions de l'article précédent pour :

1° Les actes sous signature privée relatifs au droit de la famille et des successions ;

2° Les actes sous signature privée relatifs à des sûretés personnelles ou réelles, de nature civile ou commerciale, sauf s'ils sont passés par une personne pour les besoins de sa profession.

Article 1130

L'erreur, le dol et la violence vicient le consentement lorsqu'ils sont de telle nature que, sans eux, l'une des parties n'aurait pas contracté ou aurait contracté à des conditions substantiellement différentes.

Leur caractère déterminant s'apprécie eu égard aux personnes et aux circonstances dans lesquelles le consentement a été donné.

Article 1145

Toute personne physique peut contracter sauf en cas d'incapacité prévue par la loi.

La capacité des personnes morales est limitée aux actes utiles à la réalisation de leur objet tel que défini par leurs statuts et aux actes qui leur sont accessoires, dans le respect des règles applicables à chacune d'entre elles.

Article 1146

Sont incapables de contracter, dans la mesure définie par la loi :

1° Les mineurs non émancipés ;

2° Les majeurs protégés au sens de l'article 425.

Article 1163

L'obligation a pour objet une prestation présente ou future.

Celle-ci doit être possible et déterminée ou déterminable.

La prestation est déterminable lorsqu'elle peut être déduite du contrat ou par référence aux usages ou aux relations antérieures des parties, sans qu'un nouvel accord des parties soit nécessaire.

Article 1169

Un contrat à titre onéreux est nul lorsque, au moment de sa formation, la contrepartie convenue au profit de celui qui s'engage est illusoire ou dérisoire.

Preuve et écrit

Article 1353

Celui qui réclame l'exécution d'une obligation doit la prouver.

Réciproquement, celui qui se prétend libéré doit justifier le paiement ou le fait qui a produit l'extinction de son obligation.

Article 1365

L'écrit consiste en une suite de lettres, de caractères, de chiffres ou de tous autres signes ou symboles dotés d'une signification intelligible, quel que soit leur support.

Article 1366

L'écrit électronique a la même force probante que l'écrit sur support papier, sous réserve que puisse être dûment identifiée la personne dont il émane et qu'il soit établi et conservé dans des conditions de nature à en garantir l'intégrité.

Article 1367

La signature nécessaire à la perfection d'un acte juridique identifie son auteur. Elle manifeste son consentement aux obligations qui découlent de cet acte. Quand elle est apposée par un officier public, elle confère l'authenticité à l'acte.

Lorsqu'elle est électronique, elle consiste en l'usage d'un procédé fiable d'identification garantissant son lien avec l'acte auquel elle s'attache. La fiabilité de ce procédé est présumée, jusqu'à preuve contraire, lorsque la signature électronique est créée, l'identité du signataire assurée et l'intégrité de l'acte garantie, dans des conditions fixées par décret en Conseil d'Etat.

Article 1368

A défaut de dispositions ou de conventions contraires, le juge règle les conflits de preuve par écrit en déterminant par tout moyen le titre le plus vraisemblable.

Article 1369

L'acte authentique est celui qui a été reçu, avec les solennités requises, par un officier public ayant compétence et qualité pour instrumenter.

Il peut être dressé sur support électronique s'il est établi et conservé dans des conditions fixées par décret en Conseil d'État.

Lorsqu'il est reçu par un notaire, il est dispensé de toute mention manuscrite exigée par la loi.

ANNEXE 5

Les contrats informatiques - éléments de jurisprudence

Le devoir de conseil

Cour de Cassation, Chambre civile 1 du 15 mars 2005 n°01-13.018

REPUBLIQUE FRANCAISE

AU NOM DU PEUPLE FRANCAIS

LA COUR DE CASSATION, PREMIERE CHAMBRE CIVILE, a rendu l'arrêt suivant :

Donne acte à Mme Dominique, France, Denise X... de sa reprise d'instance, tant en son nom personnel qu'en sa qualité d'héritière de Mme Jacqueline Y...

Z..., veuve X... ;

Sur le premier moyen, pris en sa deuxième branche :

Vu l'article 1382 du Code civil ;

Attendu que la Société d'études et d'assistance technique temporaire (SEATT), qui avait mis à la disposition de la société Bedos imprimeurs un salarié victime en la circonstance d'un accident du travail aux conséquences particulièrement graves le 24 mai 1983, a été condamnée, au titre d'une faute inexcusable commise par l'intermédiaire de la société utilisatrice, à rembourser à la Caisse primaire d'assurance maladie les indemnités versées ; que la société Affiche européenne holding, aux droits de la société Bedos imprimeurs en vertu de cessions ou absorptions intervenues depuis 1986, a elle-même été condamnée à couvrir la société SEATT des sommes versées et de ses frais de procédure ;

Attendu que pour débouter la société Affiche européenne holding de son action en garantie contre les consorts X..., héritiers de Marc X..., gérant et associé de la société Bedos imprimeurs à l'époque de l'accident et de la cession initiale, la décision attaquée relève que, s'il lui était fait grief d'avoir cédé les parts de sa société à une société Infimex selon protocole du 14 novembre 1986, en taisant les suites potentielles que pourrait avoir l'accident survenu sur la situation active et passive de la société cédée, aucune pièce n'établissait cette prétendue obligation précontractuelle ; qu'au contraire cédant et cessionnaire des parts sociales avaient entendu ne déterminer le prix de cession, ferme et définitif, qu'en considération du bilan de la société cédée établi au 31 décembre 1985 et de celui de la société Bedos II, l'un des associés, arrêté à la même date ; qu'en outre, les parties avaient expressément stipulé que tout passif d'origine sociale ou fiscale qui se révélerait postérieurement à la cession mais né avant cette date ne pourrait remettre en cause le prix retenu ; que les ayants droit et ayants cause successifs du cessionnaire ne pouvaient avoir plus de droits que lui ; qu'aucune autre manœuvre dolosive n'était démontrée ni même alléguée ;

Attendu qu'en statuant ainsi, sans rechercher si Marc X..., pénalement condamné le 29 janvier 1987 pour blessures involontaires et infraction à la législation du travail, n'avait pas manqué à son obligation de contracter de bonne foi en omettant d'informer la société Infimex des conséquences probables d'un accident du travail intervenu avant la cession litigieuse, la cour d'appel n'a pas donné de base légale à sa décision ;

PAR CES MOTIFS, et sans qu'il soit besoin de se prononcer sur les autres griefs du pourvoi :

CASSE ET ANNULE, dans toutes ses dispositions, l'arrêt rendu le 27 avril 2001, entre les parties, par la cour d'appel de Paris ;

remet, en conséquence, la cause et les parties dans l'état où elles se trouvaient avant ledit arrêt et, pour être fait droit, les renvoie devant la cour d'appel de Paris, autrement composée ;

Condamne les consorts X... aux dépens ;

Vu l'article 700 du nouveau Code de procédure civile, rejette les demandes des consorts X... et de la société Affiche européenne holding ;

Dit que sur les diligences du procureur général près la Cour de Cassation, le présent arrêt sera transmis pour être transcrit en marge ou à la suite de l'arrêt cassé ;

Ainsi fait et jugé par la Cour de Cassation, Première chambre civile, et prononcé par le président en son audience publique du quinze mars deux mille cinq.

Cour de cassation Chambre civile 1, 28 octobre 2010 n° 09-16.913

REPUBLIQUE FRANCAISE

AU NOM DU PEUPLE FRANCAIS

LA COUR DE CASSATION, PREMIÈRE CHAMBRE CIVILE, a rendu l'arrêt suivant :

Sur le moyen unique, pris en sa seconde branche :

Vu les articles 1147 et 1315 du code civil ;

Attendu que M. et Mme X... ont acheté à la société Ateliers de la terre cuite (la société ATC) divers lots de carrelage ; qu'ayant constaté la désagrégation des carreaux qui avaient été posés autour de leur piscine, ils en ont informé la société ATC qui a procédé à un remplacement partiel du carrelage ; que le phénomène persistant, les époux X... ont obtenu la désignation d'un expert dont le rapport a fait apparaître que les désordres étaient liés à l'incompatibilité entre la terre cuite et le traitement de l'eau de la piscine effectué selon le procédé de l'électrolyse au sel, puis, afin d'être indemnisés, ils ont assigné le vendeur qui a attrait en la cause son assureur, la société Generali assurances ;

Attendu que pour rejeter la demande fondée sur l'article 1147 du code civil, la cour d'appel a énoncé que s'il appartient au vendeur professionnel de fournir à son client toutes les informations utiles et de le conseiller sur le choix approprié en fonction de l'usage auquel le produit est destiné, en s'informant si nécessaire des besoins de son client, il appartient également à ce dernier d'informer son vendeur de l'emploi qui sera fait de la marchandise commandée puis a retenu qu'il n'était pas établi que le vendeur eût été informé par les époux X... de l'utilisation spécifique, s'agissant du pourtour d'une piscine, qu'ils voulaient faire du carrelage acquis en 2003, de même type que celui dont ils avaient fait précédemment l'acquisition ;

Qu'en statuant ainsi alors qu'il incombe au vendeur professionnel de prouver qu'il s'est acquitté de l'obligation de conseil lui imposant de se renseigner sur les besoins de l'acheteur afin d'être en mesure de l'informer quant à l'adéquation de la chose proposée à l'utilisation qui en est prévue, la cour d'appel a violé les textes susvisés ;

PAR CES MOTIFS, et sans qu'il y ait lieu de statuer sur la première branche :

CASSE ET ANNULE, dans toutes ses dispositions, l'arrêt rendu le 17 mars 2009, entre les parties, par la cour d'appel de Nîmes ; remet, en conséquence, la cause et les parties dans l'état où elles se trouvaient avant ledit arrêt et, pour être fait droit, les renvoie devant la cour d'appel de Toulouse ;

Condamne la société ATC et la société Generali assurances aux dépens ;

Vu l'article 700 du code de procédure civile, condamne la société ATC et la société Generali assurances IARD ensemble à payer aux époux Chateau la somme totale de 2 500 euros, rejette la demande de la société Generali assurances IARD ;

Dit que sur les diligences du procureur général près la Cour de cassation, le présent arrêt sera transmis pour être transcrit en marge ou à la suite de l'arrêt cassé ;

Ainsi fait et jugé par la Cour de cassation, première chambre civile, et prononcé par le président en son audience publique du vingt-huit octobre deux mille dix.

Garanties légales

Conformité

Code de la consommation

Modifié par l'ordonnance 2016-301 du 14 mars 2016

Article L217-4

Le vendeur livre un bien conforme au contrat et répond des défauts de conformité existant lors de la délivrance.

Il répond également des défauts de conformité résultant de l'emballage, des instructions de montage ou de l'installation lorsque celle-ci a été mise à sa charge par le contrat ou a été réalisée sous sa responsabilité.

Article L217-5

Le bien est conforme au contrat :

1° S'il est propre à l'usage habituellement attendu d'un bien semblable et, le cas échéant :

- s'il correspond à la description donnée par le vendeur et possède les qualités que celui-ci a présentées à l'acheteur sous forme d'échantillon ou de modèle ;
- s'il présente les qualités qu'un acheteur peut légitimement attendre eu égard aux déclarations publiques faites par le vendeur, par le producteur ou par son représentant, notamment dans la publicité ou l'étiquetage ;

2° Ou s'il présente les caractéristiques définies d'un commun accord par les parties ou est propre à tout usage spécial recherché par l'acheteur, porté à la connaissance du vendeur et que ce dernier a accepté.

Article L217-6

Le vendeur n'est pas tenu par les déclarations publiques du producteur ou de son représentant s'il est établi qu'il ne les connaissait pas et n'était légitimement pas en mesure de les connaître.

Article L217-7

Les défauts de conformité qui apparaissent dans un délai de vingt-quatre mois à partir de la délivrance du bien sont présumés exister au moment de la délivrance, sauf preuve contraire.

Pour les biens vendus d'occasion, ce délai est fixé à six mois.

Le vendeur peut combattre cette présomption si celle-ci n'est pas compatible avec la nature du bien ou le défaut de conformité invoqué.

Article L217-8

L'acheteur est en droit d'exiger la conformité du bien au contrat. Il ne peut cependant contester la conformité en invoquant un défaut qu'il connaissait ou ne pouvait ignorer lorsqu'il a contracté. Il en va de même lorsque le défaut a son origine dans les matériaux qu'il a lui-même fournis.

Article L217-9

En cas de défaut de conformité, l'acheteur choisit entre la réparation et le remplacement du bien.

Toutefois, le vendeur peut ne pas procéder selon le choix de l'acheteur si ce choix entraîne un coût manifestement disproportionné au regard de l'autre modalité, compte tenu de la valeur du bien ou de l'importance du défaut. Il est alors tenu de procéder, sauf impossibilité, selon la modalité non choisie par l'acheteur.

Article L217-10

Si la réparation et le remplacement du bien sont impossibles, l'acheteur peut rendre le bien et se faire restituer le prix ou garder le bien et se faire rendre une partie du prix.

La même faculté lui est ouverte :

1° Si la solution demandée, proposée ou convenue en application de l'article L. 217-9 ne peut être mise en œuvre dans le délai d'un mois suivant la réclamation de l'acheteur ;

2° Ou si cette solution ne peut l'être sans inconvénient majeur pour celui-ci compte tenu de la nature du bien et de l'usage qu'il recherche.

La résolution de la vente ne peut toutefois être prononcée si le défaut de conformité est mineur.

Article L217-11

L'application des dispositions des articles L. 217-9 et L. 217-10 a lieu sans aucun frais pour l'acheteur.

Ces mêmes dispositions ne font pas obstacle à l'allocation de dommages et intérêts.

Article L217-12

L'action résultant du défaut de conformité se prescrit par deux ans à compter de la délivrance du bien.

Article L217-13

Les dispositions de la présente section ne privent pas l'acheteur du droit d'exercer l'action résultant des vices rédhibitoires telle qu'elle résulte des articles 1641 à 1649 du code civil ou toute autre action de nature contractuelle ou extracontractuelle qui lui est reconnue par la loi.

Article L217-14

L'action récursoire peut être exercée par le vendeur final à l'encontre des vendeurs ou intermédiaires successifs et du producteur du bien meuble corporel, selon les principes du code civil.

Au surplus, article 1720 du Code civil

Le bailleur est tenu de délivrer la chose en bon état de réparations de toute espèce.

Il doit y faire, pendant la durée du bail, toutes les réparations qui peuvent devenir nécessaires, autres que les locatives.

Vices cachés

Article 1641 du Code civil

Le vendeur est tenu de la garantie à raison des défauts cachés de la chose vendue qui la rendent impropre à l'usage auquel on la destine, ou qui diminuent tellement cet usage que l'acheteur ne l'aurait pas acquise, ou n'en aurait donné qu'un moindre prix, s'il les avait connus.

Article 1721 du Code civil

Il est dû garantie au preneur pour tous les vices ou défauts de la chose louée qui en empêchent l'usage, quand même le bailleur ne les aurait pas connus lors du bail.

S'il résulte de ces vices ou défauts quelque perte pour le preneur, le bailleur est tenu de l'indemniser.

Éviction

Article 1626 du Code civil

Quoique lors de la vente il n'ait été fait aucune stipulation sur la garantie, le vendeur est obligé de droit à garantir l'acquéreur de l'éviction qu'il souffre dans la totalité ou partie de l'objet vendu, ou des charges prétendues sur cet objet, et non déclarées lors de la vente.

ANNEXE 6

Les règles du commerce électronique

Les règles de publicité

Code de la consommation

Modifié par l'ordonnance 2016-301 du 14 mars 2016

Article L121-2

Une pratique commerciale est trompeuse si elle est commise dans l'une des circonstances suivantes :

1° Lorsqu'elle crée une confusion avec un autre bien ou service, une marque, un nom commercial ou un autre signe distinctif d'un concurrent ;

2° Lorsqu'elle repose sur des allégations, indications ou présentations fausses ou de nature à induire en erreur et portant sur l'un ou plusieurs des éléments suivants :

a) L'existence, la disponibilité ou la nature du bien ou du service ;

b) Les caractéristiques essentielles du bien ou du service, à savoir : ses qualités substantielles, sa composition, ses accessoires, son origine, sa quantité, son mode et sa date de fabrication, les conditions de son utilisation et son aptitude à l'usage, ses propriétés et les résultats attendus de son utilisation, ainsi que les résultats et les principales caractéristiques des tests et contrôles effectués sur le bien ou le service ;

c) Le prix ou le mode de calcul du prix, le caractère promotionnel du prix et les conditions de vente, de paiement et de livraison du bien ou du service ;

d) Le service après-vente, la nécessité d'un service, d'une pièce détachée, d'un remplacement ou d'une réparation ;

e) La portée des engagements de l'annonceur, la nature, le procédé ou le motif de la vente ou de la prestation de services ;

f) L'identité, les qualités, les aptitudes et les droits du professionnel ;

g) Le traitement des réclamations et les droits du consommateur ;

3° Lorsque la personne pour le compte de laquelle elle est mise en œuvre n'est pas clairement identifiable.

Article L121-3

Une pratique commerciale est également trompeuse si, compte tenu des limites propres au moyen de communication utilisé et des circonstances qui l'entourent, elle omet, dissimule ou fournit de façon inintelligible, ambiguë ou à contretemps une information substantielle ou lorsqu'elle n'indique pas sa véritable intention commerciale dès lors que celle-ci ne ressort pas déjà du contexte.

Lorsque le moyen de communication utilisé impose des limites d'espace ou de temps, il y a lieu, pour apprécier si des informations substantielles ont été omises, de tenir compte de ces limites ainsi que de toute mesure prise par le professionnel pour mettre ces informations à la disposition du consommateur par d'autres moyens.

Dans toute communication commerciale constituant une invitation commerciale et destinée au consommateur mentionnant le prix et les caractéristiques du bien ou du service proposé, sont considérées comme substantielles les informations suivantes :

1° Les caractéristiques principales du bien ou du service ;

2° L'adresse et l'identité du professionnel ;

3° Le prix toutes taxes comprises et les frais de livraison à la charge du consommateur, ou leur mode de calcul, s'ils ne peuvent être établis à l'avance ;

4° Les modalités de paiement, de livraison, d'exécution et de traitement des réclamations des consommateurs, dès lors qu'elles sont différentes de celles habituellement pratiquées dans le domaine d'activité professionnelle concerné ;

5° L'existence d'un droit de rétractation, si ce dernier est prévu par la loi.

Article L121-5

Les dispositions des articles L. 121-2 et L. 121-4 sont également applicables aux pratiques qui visent les professionnels.

Article L122-1

Toute publicité qui met en comparaison des biens ou services en identifiant, implicitement ou explicitement, un concurrent ou des biens ou services offerts par un concurrent n'est licite que si :

1° Elle n'est pas trompeuse ou de nature à induire en erreur ;

2° Elle porte sur des biens ou services répondant aux mêmes besoins ou ayant le même objectif ;

3° Elle compare objectivement une ou plusieurs caractéristiques essentielles, pertinentes, vérifiables et représentatives de ces biens ou services, dont le prix peut faire partie.

Article L122-2

La publicité comparative ne peut :

1° Tirer indûment profit de la notoriété attachée à une marque de fabrique, de commerce ou de service, à un nom commercial, à d'autres signes distinctifs d'un concurrent ou à l'appellation d'origine ainsi qu'à l'indication géographique protégée d'un produit concurrent ;

2° Entraîner le discrédit ou le dénigrement des marques, noms commerciaux, autres signes distinctifs, biens, services, activité ou situation d'un concurrent ;

3° Engendrer de confusion entre l'annonceur et un concurrent ou entre les marques, noms commerciaux, autres signes distinctifs, biens ou services de l'annonceur et ceux d'un concurrent ;

4° Présenter des biens ou des services comme une imitation ou une reproduction d'un bien ou d'un service bénéficiant d'une marque ou d'un nom commercial protégé.

Article L122-3

Pour les produits bénéficiant d'une appellation d'origine ou d'une indication géographique protégée, la comparaison n'est autorisée qu'entre des produits bénéficiant chacun de la même appellation ou de la même indication.

Article L122-5

L'annonceur pour le compte duquel la publicité comparative est diffusée doit être en mesure de prouver dans un bref délai l'exactitude matérielle des énonciations, indications et présentations contenues dans la publicité.

Article L122-8

Les publicités et notamment les offres promotionnelles, telles que les rabais, les primes ou les cadeaux, ainsi que les concours ou les jeux promotionnels, adressés par courrier électronique, doivent pouvoir être identifiés de manière claire et non équivoque dès leur réception par leur destinataire ou, en cas d'impossibilité technique, dans le corps du message.

Ces messages indiquent une adresse ou moyen électronique permettant effectivement au destinataire de transmettre une demande visant à obtenir que ces publicités cessent.

Article L122-9

Les conditions auxquelles sont soumises la possibilité de bénéficier d'offres promotionnelles ainsi que celle de participer à des concours ou à des jeux promotionnels, lorsque ces offres, concours ou jeux sont proposés par voie électronique, sont clairement précisées et aisément accessibles.

Article L122-10

Les dispositions des articles L. 122-8 et L. 122-9 sont applicables aux publicités, offres, concours ou jeux à destination des professionnels.

Article L132-26

Tout manquement aux obligations mentionnées aux articles L. 122-8 et L. 122-9 relatives aux offres et opérations promotionnelles par voie électronique est passible d'une amende administrative dont le montant ne peut excéder 3 000 euros pour une personne physique et 15 000 euros pour une personne morale.

Cette amende est prononcée dans les conditions prévues au chapitre II du titre II du livre V.

Obligation d'information

Code de la consommation

Article L111-1

Avant que le consommateur ne soit lié par un contrat de vente de biens ou de fourniture de services, le professionnel communique au consommateur, de manière lisible et compréhensible, les informations suivantes :

1° Les caractéristiques essentielles du bien ou du service, compte tenu du support de communication utilisé et du bien ou service concerné ;

2° Le prix du bien ou du service, en application des articles L. 112-1 à L. 112-4 ;

3° En l'absence d'exécution immédiate du contrat, la date ou le délai auquel le professionnel s'engage à livrer le bien ou à exécuter le service ;

4° Les informations relatives à son identité, à ses coordonnées postales, téléphoniques et électroniques et à ses activités, pour autant qu'elles ne ressortent pas du contexte ;

5° S'il y a lieu, les informations relatives aux garanties légales, aux fonctionnalités du contenu numérique et, le cas échéant, à son interopérabilité, à l'existence et aux modalités de mise en œuvre des garanties et aux autres conditions contractuelles ;

6° La possibilité de recourir à un médiateur de la consommation dans les conditions prévues au titre Ier du livre VI.

La liste et le contenu précis de ces informations sont fixés par décret en Conseil d'Etat.

Les dispositions du présent article s'appliquent également aux contrats portant sur la fourniture d'eau, de gaz ou d'électricité, lorsqu'ils ne sont pas conditionnés dans un volume délimité ou en quantité déterminée, ainsi que de chauffage urbain et de contenu numérique non fourni sur un support matériel. Ces contrats font également référence à la nécessité d'une consommation sobre et respectueuse de la préservation de l'environnement.

Article L221-5

Préalablement à la conclusion d'un contrat de vente ou de fourniture de services, le professionnel communique au consommateur, de manière lisible et compréhensible, les informations suivantes :

1° Les informations prévues aux articles L. 111-1 et L. 111-2 ;

2° Lorsque le droit de rétractation existe, les conditions, le délai et les modalités d'exercice de ce droit ainsi que le formulaire type de rétractation, dont les conditions de présentation et les mentions qu'il contient sont fixées par décret en Conseil d'Etat ;

3° Le cas échéant, le fait que le consommateur supporte les frais de renvoi du bien en cas de rétractation et, pour les contrats à distance, le coût de renvoi du bien lorsque celui-ci, en raison de sa nature, ne peut normalement être renvoyé par la poste ;

4° L'information sur l'obligation du consommateur de payer des frais lorsque celui-ci exerce son droit de rétractation d'un contrat de prestation de services, de distribution d'eau, de fourniture de gaz ou d'électricité et d'abonnement à un réseau de chauffage urbain dont il a demandé expressément l'exécution avant la fin du délai de rétractation ; ces frais sont calculés selon les modalités fixées à l'article L. 221-25 ;

5° Lorsque le droit de rétractation ne peut être exercé en application de l'article L. 221-28, l'information selon laquelle le consommateur ne bénéficie pas de ce droit ou, le cas échéant, les circonstances dans lesquelles le consommateur perd son droit de rétractation ;

6° Les informations relatives aux coordonnées du professionnel, le cas échéant aux coûts de l'utilisation de la technique de communication à distance, à l'existence de codes de bonne conduite, le cas échéant aux cautions et garanties, aux modalités de résiliation, aux modes de règlement des litiges et aux autres conditions contractuelles, dont la liste et le contenu sont fixés par décret en Conseil d'Etat.

Dans le cas d'une vente aux enchères publiques telle que définie par le premier alinéa de l'article L. 321-3 du code de commerce, les informations relatives à l'identité et aux coordonnées postales, téléphoniques et électroniques du professionnel prévues au 4° de l'article L. 111-1 peuvent être remplacées par celles du mandataire.

Article L221-6

Si le professionnel n'a pas respecté ses obligations d'information concernant les frais supplémentaires mentionnés à l'article L. 112-3 et au 3° de l'article L. 221-5, le consommateur n'est pas tenu au paiement de ces frais.

Article L221-7

La charge de la preuve du respect des obligations d'information mentionnées à la présente section pèse sur le professionnel.

Article L221-11

Lorsque le contrat est conclu à distance, le professionnel fournit au consommateur, de manière lisible et compréhensible, les informations prévues à l'article L. 221-5 ou les met à sa disposition par tout moyen adapté à la technique de communication à distance utilisée.

Article L221-13

Le professionnel fournit au consommateur, sur support durable, dans un délai raisonnable, après la conclusion du contrat et au plus tard au moment de la livraison du bien ou avant le début de l'exécution du service, la confirmation du contrat comprenant toutes les informations prévues à l'article L. 221-5, sauf si le professionnel les lui a déjà fournies, sur un support durable, avant la conclusion du contrat. Le contrat est accompagné du formulaire type de rétractation mentionné au 2° du même article.

Le cas échéant, le professionnel fournit au consommateur, dans les mêmes conditions et avant l'expiration du délai de rétractation, la confirmation de son accord exprès pour la fourniture d'un contenu numérique non présenté sur un support matériel et de son renoncement à l'exercice du droit de rétractation.

Article L221-14

Pour les contrats conclus par voie électronique, le professionnel rappelle au consommateur, avant qu'il ne passe sa commande, de manière lisible et compréhensible, les informations relatives aux caractéristiques essentielles des biens ou des services qui font l'objet de la commande, à leur prix, à la durée du contrat et, s'il y a lieu, à la durée minimale des obligations de ce dernier au titre du contrat, telles que prévues à l'article L. 221-5.

Le professionnel veille à ce que le consommateur, lors de sa commande, reconnaisse explicitement son obligation de paiement. A cette fin, la fonction utilisée par le consommateur pour valider sa commande comporte la mention claire et lisible : commande avec obligation de paiement ou une formule analogue, dénuée de toute ambiguïté, indiquant que la passation d'une commande oblige à son paiement.

Les sites de commerce en ligne indiquent clairement et lisiblement, au plus tard au début du processus de commande, les moyens de paiement acceptés par le professionnel et les éventuelles restrictions de livraison.

Article L242-2

Les dispositions du deuxième alinéa de l'article L. 221-14 sont prévues à peine de nullité du contrat conclu par voie électronique.

Droit de rétractation

Code de la consommation

Article L221-18

Le consommateur dispose d'un délai de quatorze jours pour exercer son droit de rétractation d'un contrat conclu à distance, à la suite d'un démarchage téléphonique ou hors établissement, sans avoir à motiver sa décision ni à supporter d'autres coûts que ceux prévus aux articles L. 221-23 à L. 221-25.

Le délai mentionné au premier alinéa court à compter du jour :

1° De la conclusion du contrat, pour les contrats de prestation de services et ceux mentionnés à l'article L. 221-4 ;

2° De la réception du bien par le consommateur ou un tiers, autre que le transporteur, désigné par lui, pour les contrats de vente de biens. Pour les contrats conclus hors établissement, le consommateur peut exercer son droit de rétractation à compter de la conclusion du contrat.

Dans le cas d'une commande portant sur plusieurs biens livrés séparément ou dans le cas d'une commande d'un bien composé de lots ou de pièces multiples dont la livraison est échelonnée sur une période définie, le délai court à compter de la réception du dernier bien ou lot ou de la dernière pièce.

Pour les contrats prévoyant la livraison régulière de biens pendant une période définie, le délai court à compter de la réception du premier bien.

Article L242-3

Est nulle toute clause par laquelle le consommateur abandonne son droit de rétractation défini à l'article L. 221-18.

Article L221-23

Le consommateur renvoie ou restitue les biens au professionnel ou à une personne désignée par ce dernier, sans retard excessif et, au plus tard, dans les quatorze jours suivant la communication de sa décision de se rétracter conformément à l'article L. 221-21, à moins que le professionnel ne propose de récupérer lui-même ces biens.

Le consommateur ne supporte que les coûts directs de renvoi des biens, sauf si le professionnel accepte de les prendre à sa charge ou s'il a omis d'informer le consommateur que ces coûts sont à sa charge. Néanmoins, pour les contrats conclus hors établissement, lorsque les biens sont livrés au domicile du consommateur au moment de la conclusion du contrat, le professionnel récupère les biens à ses frais s'ils ne peuvent pas être renvoyés normalement par voie postale en raison de leur nature.

La responsabilité du consommateur ne peut être engagée qu'en cas de dépréciation des biens résultant de manipulations autres que celles nécessaires pour établir la nature, les caractéristiques et le bon fonctionnement de ces biens, sous réserve que le professionnel ait informé le consommateur de son droit de rétractation, conformément au 2° de l'article L. 221-5.

Article L221-24

Lorsque le droit de rétractation est exercé, le professionnel rembourse le consommateur de la totalité des sommes versées, y compris les frais de livraison, sans retard injustifié et au plus tard dans les quatorze jours à compter de la date à laquelle il est informé de la décision du consommateur de se rétracter.

Pour les contrats de vente de biens, à moins qu'il ne propose de récupérer lui-même les biens, le professionnel peut différer le remboursement jusqu'à récupération des biens ou jusqu'à ce que le consommateur ait fourni une preuve de l'expédition de ces biens, la date retenue étant celle du premier de ces faits.

Le professionnel effectue ce remboursement en utilisant le même moyen de paiement que celui utilisé par le consommateur pour la transaction initiale, sauf accord exprès du consommateur pour qu'il utilise un autre moyen de paiement et dans la mesure où le remboursement n'occasionne pas de frais pour le consommateur.

Le professionnel n'est pas tenu de rembourser les frais supplémentaires si le consommateur a expressément choisi un mode de livraison plus coûteux que le mode de livraison standard proposé par le professionnel.

Article L242-4

Lorsque le professionnel n'a pas remboursé les sommes versées par le consommateur, les sommes dues sont de plein droit majorée du taux d'intérêt légal si le remboursement intervient au plus tard dix jours après l'expiration des délais fixés aux premier et deuxième alinéas de l'article L. 221-24, de 5 % si le retard est compris entre dix et vingt jours, de 10 % si le retard est compris entre vingt et trente jours, de 20 % si le retard est compris entre trente et soixante jours, de 50 % entre soixante et quatre-vingt-dix jours et de cinq points supplémentaires par nouveau mois de retard jusqu'à concurrence du prix du produit, puis du taux d'intérêt légal.

Article L221-28

Le droit de rétractation ne peut être exercé pour les contrats :

1° De fourniture de services pleinement exécutés avant la fin du délai de rétractation et dont l'exécution a commencé après accord préalable exprès du consommateur et renoncement exprès à son droit de rétractation ;

2° De fourniture de biens ou de services dont le prix dépend de fluctuations sur le marché financier échappant au contrôle du professionnel et susceptibles de se produire pendant le délai de rétractation ;

3° De fourniture de biens confectionnés selon les spécifications du consommateur ou nettement personnalisés ;

4° De fourniture de biens susceptibles de se détériorer ou de se périmer rapidement ;

5° De fourniture de biens qui ont été descellés par le consommateur après la livraison et qui ne peuvent être renvoyés pour des raisons d'hygiène ou de protection de la santé ;

6° De fourniture de biens qui, après avoir été livrés et de par leur nature, sont mélangés de manière indissociable avec d'autres articles ;

7° De fourniture de boissons alcoolisées dont la livraison est différée au-delà de trente jours et dont la valeur convenue à la conclusion du contrat dépend de fluctuations sur le marché échappant au contrôle du professionnel ;

8° De travaux d'entretien ou de réparation à réaliser en urgence au domicile du consommateur et expressément sollicités par lui, dans la limite des pièces de rechange et travaux strictement nécessaires pour répondre à l'urgence ;

9° De fourniture d'enregistrements audio ou vidéo ou de logiciels informatiques lorsqu'ils ont été descellés par le consommateur après la livraison ;

10° De fourniture d'un journal, d'un périodique ou d'un magazine, sauf pour les contrats d'abonnement à ces publications ;

11° Conclus lors d'une enchère publique ;

12° De prestations de services d'hébergement, autres que d'hébergement résidentiel, de services de transport de biens, de locations de voitures, de restauration ou d'activités de loisirs qui doivent être fournis à une date ou à une période déterminée ;

13° De fourniture d'un contenu numérique non fourni sur un support matériel dont l'exécution a commencé après accord préalable exprès du consommateur et renoncement exprès à son droit de rétractation.

Délai de livraison

Code de la consommation

Article L221-15

Le professionnel est responsable de plein droit à l'égard du consommateur de la bonne exécution des obligations résultant du contrat conclu à distance, que ces obligations soient exécutées par le professionnel qui a conclu ce contrat ou par d'autres prestataires de services, sans préjudice de son droit de recours contre ceux-ci.

Toutefois, il peut s'exonérer de tout ou partie de sa responsabilité en apportant la preuve que l'inexécution ou la mauvaise exécution du contrat est imputable soit au consommateur, soit au fait, imprévisible et insurmontable, d'un tiers au contrat, soit à un cas de force majeure.

Prospection directe

Code des postes et des communications électroniques

Modifié par l'ordonnance 2016-301 du 14 mars 2016

Article L34-5

Est interdite la prospection directe au moyen de système automatisé de communications électroniques au sens du 6° de l'article L. 32, d'un télécopieur ou de courriers électroniques utilisant les coordonnées d'une personne physique, abonné ou utilisateur, qui n'a pas exprimé préalablement son consentement à recevoir des prospections directes par ce moyen.

Pour l'application du présent article, on entend par consentement toute manifestation de volonté libre, spécifique et informée par laquelle une personne accepte que des données à caractère personnel la concernant soient utilisées à fin de prospection directe.

Constitue une prospection directe l'envoi de tout message destiné à promouvoir, directement ou indirectement, des biens, des services ou l'image d'une personne vendant des biens ou fournissant des services. Pour l'application du présent article, les appels et messages ayant pour objet d'inciter l'utilisateur ou l'abonné à appeler un numéro surtaxé ou à envoyer un message textuel surtaxé relèvent également de la prospection directe.

Toutefois, la prospection directe par courrier électronique est autorisée si les coordonnées du destinataire ont été recueillies auprès de lui, dans le respect des dispositions de la loi n° 78-17 du 6 janvier 1978 relative à l'informatique, aux fichiers et aux libertés, à l'occasion d'une vente ou d'une prestation de services, si la prospection directe concerne des produits ou services analogues fournis par la même personne physique ou morale, et si le destinataire se voit offrir, de manière expresse et dénuée d'ambiguïté, la possibilité de s'opposer, sans frais, hormis ceux liés à la transmission du refus, et de manière simple, à l'utilisation de ses coordonnées au moment où elles sont recueillies et chaque fois qu'un courrier électronique de prospection lui est adressé au cas où il n'aurait pas refusé d'emblée une telle exploitation.

Dans tous les cas, il est interdit d'émettre, à des fins de prospection directe, des messages au moyen de système automatisé de communications électroniques au sens du 6° de l'article L. 32, télécopieurs et courriers électroniques, sans indiquer de coordonnées valables auxquelles le destinataire puisse utilement transmettre une demande tendant à obtenir que ces communications cessent sans frais autres que ceux liés à la transmission de celle-ci. Il est également interdit de dissimuler l'identité de la personne pour le compte de laquelle la communication est émise et de mentionner un objet sans rapport avec la prestation ou le service proposé.

La Commission nationale de l'informatique et des libertés veille, pour ce qui concerne la prospection directe utilisant les coordonnées d'un abonné ou d'une personne physique, au respect des dispositions du présent article en utilisant les compétences qui lui sont reconnues par la loi n° 78-17 du 6 janvier 1978 précitée. A cette fin, elle peut notamment recevoir, par tous moyens, les plaintes relatives aux manquements aux dispositions du présent article.

Les manquements aux dispositions du présent article sont recherchés et constatés par les agents mentionnés aux articles L. 511-3 et L. 511-21 du code de la consommation, dans les conditions prévues à l'article L. 511-5 du même code.

Sous réserve qu'il n'ait pas été fait application de l'article L. 36-11 et en vue d'assurer la protection du consommateur, les manquements au présent article sont sanctionnés par une amende administrative, prononcée par l'autorité administrative chargée de la concurrence et de la consommation dans les conditions prévues au chapitre II du titre II du livre V du code de la consommation, dont le montant ne peut excéder 3 000 € pour une personne physique et 15 000 € pour une personne morale.

Lorsque l'autorité mentionnée au huitième alinéa du présent article a prononcé une amende administrative en application du même présent article, l'autorité mentionnée à l'article L. 36-11 veille, si elle prononce à son tour une sanction, à ce que le montant global des sanctions prononcées contre la même personne à raison des mêmes faits n'excède pas le maximum légal le plus élevé.

Un décret en Conseil d'Etat précise en tant que de besoin les conditions d'application du présent article, notamment eu égard aux différentes technologies utilisées.

ANNEXE 7

Code monétaire et financier - les règles du paiement en ligne

Responsabilité

Article L. 133-17

I. — Lorsqu'il a connaissance de la perte, du vol, du détournement ou de toute utilisation non autorisée de son instrument de paiement ou des données qui lui sont liées, l'utilisateur de services de paiement en informe sans tarder, aux fins de blocage de l'instrument, son prestataire ou l'entité désignée par celui-ci.

II. — Lorsque le paiement est effectué par une carte de paiement émise par un établissement de crédit, une institution ou un service mentionné à l'article L. 518-1 et permettant à son titulaire de retirer ou de transférer des fonds, il peut être fait opposition au paiement en cas de procédure de redressement ou de liquidation judiciaires du bénéficiaire.

Régime de responsabilité

Article L. 133-18

En cas d'opération de paiement non autorisée signalée par l'utilisateur dans les conditions prévues à l'article L. 133-24, le prestataire de services de paiement du payeur rembourse immédiatement au payeur le montant de l'opération non autorisée et, le cas échéant, rétablit le compte débité dans l'état où il se serait trouvé si l'opération de paiement non autorisée n'avait pas eu lieu.

Le payeur et son prestataire de services de paiement peuvent décider contractuellement d'une indemnité complémentaire.

Instruments de paiement dotés d'un dispositif de sécurité personnalisé

Article L. 133-19

I. — En cas d'opération de paiement non autorisée consécutive à la perte ou au vol de l'instrument de paiement, le payeur supporte, avant l'information prévue à l'article L. 133-17, les pertes liées à l'utilisation de cet instrument, dans la limite d'un plafond de 150 euros.

Toutefois, la responsabilité du payeur n'est pas engagée en cas d'opération de paiement non autorisée effectuée sans utilisation du dispositif de sécurité personnalisé.

II. — La responsabilité du payeur n'est pas engagée si l'opération de paiement non autorisée a été effectuée en détournant, à l'insu du payeur, l'instrument de paiement ou les données qui lui sont liées.

Elle n'est pas engagée non plus en cas de contrefaçon de l'instrument de paiement si, au moment de l'opération de paiement non autorisée, le payeur était en possession de son instrument.

III. — Sauf agissement frauduleux de sa part, le payeur ne supporte aucune conséquence financière si le prestataire de services de paiement ne fournit pas de moyens appropriés permettant l'information aux fins de blocage de l'instrument de paiement prévue à l'article L. 133-17.

IV. — Le payeur supporte toutes les pertes occasionnées par des opérations de paiement non autorisées si ces pertes résultent d'un agissement frauduleux de sa part ou s'il n'a pas satisfait intentionnellement ou par négligence grave aux obligations mentionnées aux articles L. 133-16 et L. 133-17.

Article L. 133-20

Après avoir informé son prestataire ou l'entité désignée par celui-ci, conformément à l'article L. 133-17 aux fins de blocage de l'instrument de paiement, le payeur ne supporte aucune conséquence financière résultant de l'utilisation de cet instrument de paiement ou de l'utilisation détournée des données qui lui sont liées, sauf agissement frauduleux de sa part.

Article L. 133-23

Lorsqu'un utilisateur de services de paiement nie avoir autorisé une opération de paiement qui a été exécutée, ou affirme que l'opération de paiement n'a pas été exécutée correctement, il incombe à son prestataire de services de paiement de prouver que l'opération en question a été authentifiée, dûment enregistrée et comptabilisée et qu'elle n'a pas été affectée par une déficience technique ou autre.

L'utilisation de l'instrument de paiement telle qu'enregistrée par le prestataire de services de paiement ne suffit pas nécessairement en tant que telle à prouver que l'opération a été autorisée par le payeur ou que celui-ci n'a pas satisfait intentionnellement ou par négligence grave aux obligations lui incombant en la matière.

Article L. 133-24

L'utilisateur de services de paiement signale, sans tarder, à son prestataire de services de paiement une opération de paiement non autorisée ou mal exécutée et au plus tard dans les treize mois suivant la date de débit sous peine de forclusion à moins que le prestataire de services de paiement ne lui ait pas fourni ou n'ait pas mis à sa disposition les informations relatives à cette opération de paiement conformément au chapitre IV du titre 1er du livre III.

Sauf dans les cas où l'utilisateur est une personne physique agissant pour des besoins non professionnels, les parties peuvent convenir d'un délai distinct de celui prévu au présent article.

ANNEXE 8

Code de la santé publique : l'alcool, le tabac, et les médicaments

1. Publicité

Alcool

Article L. 3323-2

La propagande ou la publicité, directe ou indirecte, en faveur des boissons alcooliques dont la fabrication et la vente ne sont pas interdites sont autorisées exclusivement :

1° Dans la presse écrite à l'exclusion des publications destinées à la jeunesse, définies au premier alinéa de l'article 1er de la loi n° 49-956 du 16 juillet 1949 sur les publications destinées à la jeunesse ;

2° Par voie de radiodiffusion sonore pour les catégories de radios et dans les tranches horaires déterminées par décret en Conseil d'Etat ;

3° Sous forme d'affiches et d'enseignes ; sous forme d'affichettes et d'objets à l'intérieur des lieux de vente à caractère spécialisé, dans des conditions définies par décret en Conseil d'Etat

4° Sous forme d'envoi par les producteurs, les fabricants, les importateurs, les négociants, les concessionnaires ou les entrepositaires, de messages, de circulaires commerciales, de catalogues et de brochures, dès lors que ces documents ne comportent que les mentions prévues à l'article L. 3323-4 et les conditions de vente des produits qu'ils proposent ;

5° Par inscription sur les véhicules utilisés pour les opérations normales de livraison des boissons, dès lors que cette inscription ne comporte que la désignation des produits ainsi que le nom et l'adresse du fabricant, des agents ou dépositaires, à l'exclusion de tout autre indication ;

6° En faveur des fêtes et foires traditionnelles consacrées à des boissons alcooliques locales et à l'intérieur de celles-ci, dans des conditions définies par décret ;

7° En faveur des musées, universités, confréries ou stages d'initiation œnologique à caractère traditionnel ainsi qu'en faveur de présentations et de dégustations, dans des conditions définies par décret ;

8° Sous forme d'offre, à titre gratuit ou onéreux, d'objets strictement réservés à la consommation de boissons contenant de l'alcool, marqués à leurs noms, par les producteurs et les fabricants de ces boissons, à l'occasion de la vente directe de leurs produits aux consommateurs et aux distributeurs ou à l'occasion de la visite touristique des lieux de fabrication ;

9° Sur les services de communications en ligne à l'exclusion de ceux qui, par leur caractère, leur présentation ou leur objet, apparaissent comme principalement destinés à la jeunesse, ainsi que ceux édités par des associations, sociétés et fédérations sportives ou des ligues professionnelles au sens du code du sport, sous réserve que la propagande ou la publicité ne soit ni intrusive ni interstitielle.

Toute opération de parrainage est interdite lorsqu'elle a pour objet ou pour effet la propagande ou la publicité, directe ou indirecte, en faveur des boissons alcooliques.

Article L. 3323-3

Est considérée comme propagande ou publicité indirecte la propagande ou publicité en faveur d'un organisme, d'un service, d'une activité, d'un produit ou d'un article autre qu'une boisson alcoolique qui, par son graphisme, sa présentation, l'utilisation d'une dénomination, d'une marque, d'un emblème publicitaire ou d'un autre signe distinctif, rappelle une boisson alcoolique.

Toutefois, ces dispositions ne sont pas applicables à la propagande ou à la publicité en faveur d'un produit autre qu'une boisson alcoolique qui a été mis sur le marché avant le 1er janvier 1990 par une entreprise juridiquement ou financièrement distincte de toute entreprise qui fabrique, importe ou commercialise une boisson alcoolique.

Article L. 3323-4

La publicité autorisée pour les boissons alcooliques est limitée à l'indication du degré volumique d'alcool, de l'origine, de la dénomination, de la composition du produit, du nom et de l'adresse du fabricant, des agents et des dépositaires ainsi que du mode d'élaboration, des modalités de vente et du mode de consommation du produit.

Cette publicité peut comporter des références relatives aux terroirs de production, aux distinctions obtenues, aux appellations d'origine telles que définies à l'article L. 115-1 du code de la consommation ou aux indications géographiques telles que définies dans les conventions et traités internationaux régulièrement ratifiés. Elle peut également comporter des références objectives relatives à la couleur et aux caractéristiques olfactives et gustatives du produit.

Le conditionnement ne peut être reproduit que s'il est conforme aux dispositions précédentes.

Toute publicité en faveur de boissons alcooliques, à l'exception des circulaires commerciales destinées aux personnes agissant à titre professionnel ou faisant l'objet d'envois nominatifs ainsi que les affichettes, tarifs, menus ou objets à l'intérieur des lieux de vente à caractère spécialisé, doit être assortie d'un message de caractère sanitaire précisant que l'abus d'alcool est dangereux pour la santé.

Article L. 3323-6

Le ou les initiateurs d'une opération de mécénat peuvent faire connaître leur participation par la voie exclusive de mentions écrites dans les documents diffusés à l'occasion de cette opération ou libellées sur des supports disposés à titre commémoratif à l'occasion d'opérations d'enrichissement ou de restauration du patrimoine naturel ou culturel.

Tabac

Modifié par l'Ordonnance 2016-623 du 19 mai 2016

Article L3512-1

Sont considérés comme produits du tabac les produits pouvant être consommés et composés, même partiellement, de tabac, qu'il soit ou non génétiquement modifié.

Les produits du tabac comprennent les cigarettes, le tabac à rouler, le tabac à pipe, le tabac à pipe à eau, les cigares, les cigarillos, le tabac à mâcher, le tabac à priser et le tabac à usage oral.

Sont également des produits du tabac au sens du premier alinéa, les nouveaux produits du tabac qui sont les produits autres que ceux mentionnés au deuxième alinéa et qui sont mis sur le marché après le 19 mai 2014.

Article L3512-2

Est considéré comme ingrédient, le tabac, un additif, ainsi que toute autre substance ou tout autre élément présent dans un produit fini du tabac, y compris le papier, le filtre, l'encre, les capsules et les colles.

Article L3512-3

Est considéré comme du tabac à rouler, le produit du tabac destiné à être utilisé par les consommateurs ou les détaillants pour confectionner des cigarettes. Si un produit peut être utilisé à la fois dans une pipe à eau et comme tabac à rouler, il est réputé être du tabac à rouler.

Article L3512-4

La propagande ou la publicité, directe ou indirecte, en faveur du tabac, des produits du tabac, des ingrédients définis à l'article L. 3512-2, ainsi que toute distribution gratuite ou vente d'un produit du tabac à un prix inférieur à celui qui a été homologué conformément à l'article 572 du code général des impôts sont interdites.

Ces dispositions ne s'appliquent pas aux enseignes des débits de tabac, à condition que ces enseignes soient conformes à des caractéristiques définies par arrêté interministériel.

Elles ne s'appliquent pas non plus :

1° Aux publications et services de communication en ligne édités par les organisations professionnelles de producteurs, fabricants et distributeurs des produits du tabac, réservés à leurs adhérents, ni aux publications professionnelles spécialisées dont la liste est établie par arrêté signé par les ministres chargés de la santé et de la communication, ni aux services de communication en ligne édités à titre professionnel qui ne sont accessibles qu'aux professionnels de la production, de la fabrication et de la distribution des produits du tabac ;

2° Aux publications imprimées et éditées et aux services de communication en ligne mis à disposition du public par des personnes établies dans un pays n'appartenant pas à l'Union européenne ou à l'Espace économique européen, lorsque ces publications et services de communication en ligne ne sont pas principalement destinés au marché communautaire.

Toute opération de parrainage ou de mécénat est interdite lorsqu'elle est effectuée par les fabricants, les importateurs ou les distributeurs de produits du tabac ou lorsqu'elle a pour objet ou pour effet la propagande ou la publicité directe ou indirecte en faveur du tabac, des produits du tabac et des ingrédients définis à l'article L. 3512-2.

Article L3512-5

Est considérée comme propagande ou publicité indirecte la propagande ou la publicité en faveur d'un organisme, d'un service, d'une activité, d'un produit ou d'un article autre que le tabac, un produit du tabac ou un ingrédient défini à l'article L. 3512-2 lorsque, par son graphisme, sa présentation, l'utilisation d'une marque, d'un emblème publicitaire ou un autre signe distinctif, elle rappelle le tabac, un produit du tabac ou un ingrédient défini à l'article L. 3512-2.

Toutefois, ces dispositions ne sont pas applicables à la propagande ou à la publicité en faveur d'un produit autre que le tabac, un produit du tabac ou un ingrédient défini à l'article L. 3512-2 qui a été mis sur le marché avant le 1er janvier 1990 par une entreprise juridiquement et financièrement distincte de toute entreprise qui fabrique, importe ou commercialise du tabac un produit du tabac ou un ingrédient défini à l'article L. 3512-2. La création d'un lien juridique ou financier entre ces entreprises rend caduque cette dérogation.

Médicaments

Article L. 5111-1

On entend par médicament toute substance ou composition présentée comme possédant des propriétés curatives ou préventives à l'égard des maladies humaines ou animales, ainsi que toute substance ou composition pouvant être utilisée chez l'homme ou chez l'animal ou pouvant leur être administrée, en vue d'établir un diagnostic médical ou de restaurer, corriger ou modifier leurs fonctions physiologiques en exerçant une action pharmacologique, immunologique ou métabolique.

Sont notamment considérés comme des médicaments les produits diététiques qui renferment dans leur composition des substances chimiques ou biologiques ne constituant pas elles-mêmes des aliments, mais dont la présence confère à ces produits, soit des propriétés spéciales recherchées en thérapeutique diététique, soit des propriétés de repas d'épreuve.

Les produits utilisés pour la désinfection des locaux et pour la prothèse dentaire ne sont pas considérés comme des médicaments.

Lorsque, eu égard à l'ensemble de ses caractéristiques, un produit est susceptible de répondre à la fois à la définition du médicament prévue au premier alinéa et à celle d'autres catégories de produits régies par le droit communautaire ou national, il est, en cas de doute, considéré comme un médicament.

Article L. 5111-2

On entend par spécialité pharmaceutique, tout médicament préparé à l'avance, présenté sous un conditionnement particulier et caractérisé par une dénomination spéciale.

Article L. 5122-1

On entend par publicité pour les médicaments à usage humain toute forme d'information, y compris le démarchage, de prospection ou d'incitation qui vise à promouvoir la prescription, la délivrance, la vente ou la consommation de ces médicaments, à l'exception de l'information dispensée, dans le cadre de leurs fonctions, par les pharmaciens gérant une pharmacie à usage intérieur.

Ne sont pas inclus dans le champ de cette définition :

- la correspondance, accompagnée le cas échéant de tout document non publicitaire, nécessaire pour répondre à une question précise sur un médicament particulier ;

- les informations concrètes et les documents de référence relatifs, par exemple, aux changements d'emballages, aux mises en garde concernant les effets indésirables dans le cadre de la pharmacovigilance, ainsi qu'aux catalogues de ventes et listes de prix s'il n'y figure aucune information sur le médicament ;

- les informations relatives à la santé humaine ou à des maladies humaines, pour autant qu'il n'y ait pas de référence même indirecte à un médicament.

Article L. 5122-2

La publicité définie à l'article L. 5122-1 ne doit pas être trompeuse ni porter atteinte à la protection de la santé publique. Elle doit présenter le médicament ou produit de façon objective et favoriser son bon usage.

Elle doit respecter les dispositions de l'autorisation de mise sur le marché.

2. Commercialisation

Alcool

Article L. 3322-1

Une personne ou une entreprise, se livrant à la fabrication ou à l'importation d'une boisson alcoolique du troisième, du quatrième ou du cinquième groupe doit, préalablement à la mise en vente ou à l'offre à titre gratuit de cette boisson, effectuer en double exemplaire, à l'administration des contributions indirectes, une déclaration indiquant, avec son nom et son adresse, le nom de la boisson, sa composition et l'usage, apéritif ou digestif, auquel elle est destinée. L'un des exemplaires de cette déclaration est transmis par l'administration des contributions indirectes au ministre chargé de la santé.

Aucune modification ne peut être apportée à la composition d'une boisson déclarée ou à son mode de fabrication si elle n'a fait préalablement l'objet d'une déclaration dans les mêmes formes.

La même boisson ne peut être déclarée à la fois comme apéritif et comme digestif.

Article L. 3322-8

La délivrance de boissons alcooliques au moyen de distributeurs automatiques est interdite.

Tabac

Article L3512-10

L'article L. 3335-1 est applicable aux lieux de vente de tabac manufacturé, sans préjudice des droits acquis.

Par dérogation à l'article L. 3335-1 et sans préjudice des droits acquis, un débit de tabac ne peut être établi autour d'un établissement d'instruction publique, d'un établissement scolaire privé ou d'un établissement de formation ou de loisirs de la jeunesse à une distance inférieure à un seuil fixé par arrêté du représentant de l'Etat dans le département.

Article L3512-11

Est interdite la vente de produits du tabac en distributeurs automatiques.

Article L3512-12

Il est interdit de vendre ou d'offrir gratuitement, dans les débits de tabac et tous commerces ou lieux publics, à des mineurs de moins de dix-huit ans des produits du tabac définis à l'article L. 3512-1 ou des ingrédients définis à l'article L. 3512-2.

La personne qui délivre l'un de ces produits exige du client qu'il établisse la preuve de sa majorité.

Article L3512-13

Sont interdites la fabrication, la vente, la distribution ou l'offre à titre gratuit des produits destinés à usage oral, à l'exception de ceux qui sont destinés à être fumés ou chiqués, constitués totalement ou partiellement de tabac, sous forme de poudre, de particules fines ou toutes combinaisons de ces formes, notamment ceux qui sont présentés en sachets portions ou en sachets poreux, ou sous une forme évoquant une denrée comestible.

Article L3512-14

Sont interdites la vente, la distribution ou l'offre à titre gratuit de paquets de moins de vingt cigarettes et de paquets de plus de vingt qui ne sont pas composés d'un nombre de cigarettes multiple de cinq ainsi que des contenants de moins de trente grammes de tabacs fine coupe destinés à rouler des cigarettes, quel que soit leur conditionnement.

Médicaments

Article L4211-1

Sont réservées aux pharmaciens, sauf les dérogations prévues aux articles du présent code :

1° La préparation des médicaments destinés à l'usage de la médecine humaine ;

2° La préparation des objets de pansements et de tous articles présentés comme conformes à la pharmacopée ;

3° La préparation des générateurs, trousses ou précurseurs mentionnés à l'article L. 5121-1 ;

4° La vente en gros, la vente au détail, y compris par internet, et toute dispensation au public des médicaments, produits et objets mentionnés aux 1°, 2° et 3° ;

5° La vente des plantes médicinales inscrites à la pharmacopée sous réserve des dérogations établies par décret ;

6° La vente au détail et toute dispensation au public des huiles essentielles dont la liste est fixée par décret ainsi que de leurs dilutions et préparations ne constituant ni des produits cosmétiques, ni des produits à usage ménager, ni des denrées ou boissons alimentaires ;

7° La vente au détail et toute dispensation au public des aliments lactés diététiques pour nourrissons et des aliments de régime destinés aux enfants du premier âge, c'est-à-dire de moins de quatre mois, dont les caractéristiques sont fixées par arrêté des ministres chargés de la consommation et de la santé ;

8° La vente au détail et toute dispensation de dispositifs médicaux de diagnostic in vitro destinés à être utilisés par le public, à l'exception des tests destinés au diagnostic de la grossesse ainsi que des tests d'ovulation.

[...]

Article L5125-33

On entend par commerce électronique de médicaments l'activité économique par laquelle le pharmacien propose ou assure à distance et par voie électronique la vente au détail et la dispensation au public des médicaments à usage humain et, à cet effet, fournit des informations de santé en ligne.

L'activité de commerce électronique est réalisée à partir du site internet d'une officine de pharmacie.

La création et l'exploitation d'un tel site sont exclusivement réservées aux pharmaciens suivants :

1° Pharmacien titulaire d'une officine ;

2° Pharmacien gérant d'une pharmacie mutualiste ou de secours minière, exclusivement pour leurs membres.

Le pharmacien titulaire de l'officine ou gérant d'une pharmacie mutualiste ou de secours minière est responsable du contenu du site internet qu'il édite et des conditions dans lesquelles l'activité de commerce électronique de médicaments s'exerce.

Les pharmaciens adjoints ayant reçu délégation de l'un des pharmaciens mentionnés au sixième alinéa peuvent participer à l'exploitation du site internet de l'officine de pharmacie.

Les pharmaciens remplaçant de titulaires d'officine ou gérants d'officine après décès du titulaire peuvent exploiter le site internet de l'officine créé antérieurement par le titulaire de l'officine.

Article L5125-34

Seuls peuvent faire l'objet de l'activité de commerce électronique les médicaments qui ne sont pas soumis à prescription obligatoire.

ANNEXE 9

Les jeux d'argent en ligne

LOI n° 2010-476 du 12 mai 2010 relative à l'ouverture à la concurrence et à la régulation du secteur des jeux d'argent et de hasard en ligne

Modifiée par le décret 2015-1469 du 13 novembre 2015

L'Assemblée nationale et le Sénat ont adopté,

Vu la décision du Conseil constitutionnel n° 2010-605 DC du 12 mai 2010 ;

Le Président de la République promulgue la loi dont la teneur suit :

CHAPITRE IER : DISPOSITIONS RELATIVES A L'ENSEMBLE DU SECTEUR DES JEUX D'ARGENT ET DE HASARD

Article 1

Les jeux d'argent et de hasard ne sont ni un commerce ordinaire, ni un service ordinaire ; dans le respect du principe de subsidiarité, ils font l'objet d'un encadrement strict au regard des enjeux d'ordre public, de sécurité publique et de protection de la santé et des mineurs.

Article 2

La notion de jeu d'argent et de hasard dans la présente loi s'entend des opérations mentionnées aux articles L. 322-2 et L. 322-2-1 du code de la sécurité intérieure.

Article 3

I. — La politique de l'Etat en matière de jeux d'argent et de hasard a pour objectif de limiter et d'encadrer l'offre et la consommation des jeux et d'en contrôler l'exploitation afin de :

1° Prévenir le jeu excessif ou pathologique et protéger les mineurs ;

2° Assurer l'intégrité, la fiabilité et la transparence des opérations de jeu ;

3° Prévenir les activités frauduleuses ou criminelles ainsi que le blanchiment de capitaux et le financement du terrorisme ;

4° Veiller au développement équilibré et équitable des différents types de jeu afin d'éviter toute déstabilisation économique des filières concernées.

II. — Compte tenu des risques d'atteinte à l'ordre public et à l'ordre social, l'exploitation des jeux d'argent et de hasard est placée sous un régime de droits exclusifs délivrés par l'Etat.

Pour les mêmes motifs, sont soumis à un régime d'agrément, dans les conditions prévues par la présente loi, les jeux et les paris en ligne qui font appel au savoir-faire des joueurs et, s'agissant des jeux, font intervenir simultanément plusieurs joueurs.

Article 4

I. — Le pari hippique et le pari sportif s'entendent de paris comportant un enjeu en valeur monétaire où les gains éventuels des joueurs dépendent de l'exactitude de leurs pronostics portant sur le résultat de toute épreuve hippique ou compétition sportive réelle légalement organisée en France ou à l'étranger.

II. — Le pari en la forme mutuelle est le pari au titre duquel les joueurs gagnants se partagent l'intégralité des sommes engagées, réunies dans une même masse avant le déroulement de l'épreuve, après déduction des prélèvements de toute nature prévus par la législation et la réglementation en vigueur et de la part de l'opérateur, ce dernier ayant un rôle neutre et désintéressé quant au résultat du pari.

Le pari à cote s'entend du pari pour lequel l'opérateur propose aux joueurs, avant le début des compétitions sportives ou au cours de leur déroulement, des cotes correspondant à son évaluation des probabilités de survenance des résultats de ces compétitions sur lesquels les joueurs parient. Le gain est fixe, exprimé en multiplicateur de la mise et garanti aux joueurs par l'opérateur.

Article 5

Les mineurs, même émancipés, ne peuvent prendre part à des jeux d'argent et de hasard dont l'offre publique est autorisée par la loi, à l'exception des jeux de loterie mentionnés aux articles 5, 6 et 7 de la loi du 21 mai 1836 portant prohibition des loteries.

Les opérateurs de jeux d'argent et de hasard légalement autorisés sont tenus de faire obstacle à la participation de mineurs, même émancipés, aux activités de jeu ou de pari qu'ils proposent. Ils ne peuvent financer l'organisation ou parrainer la tenue d'événements à destination spécifique des mineurs.

Les opérateurs de jeux ou de paris en ligne mettent en place, lors de toute connexion à leur site, un message avertissant que les jeux d'argent et de hasard sont interdits aux mineurs. La date de naissance du joueur est exigée au moment de son inscription, ainsi qu'à chacune de ses visites sur le site de l'opérateur.

Article 7

Toute communication commerciale en faveur d'un opérateur de jeux d'argent et de hasard légalement autorisé est :

1° Assortie d'un message de mise en garde contre le jeu excessif ou pathologique, ainsi que d'un message faisant référence au système d'information et d'assistance prévu à l'article 29 ;

2° Interdite dans les publications à destination des mineurs ;

3° Interdite sur les services de communication audiovisuelle et dans les programmes de communication audiovisuelle, présentés comme s'adressant aux mineurs au sens de l'article 15 de la loi n° 86-1067 du 30 septembre 1986 relative à la liberté de communication ;

4° Interdite dans les services de communication au public en ligne à destination des mineurs ;

5° Interdite dans les salles de spectacles cinématographiques lors de la diffusion d'œuvres accessibles aux mineurs.

Un décret précise les modalités d'application des 1°, 2°, 4° et 5°.

Une délibération du Conseil supérieur de l'audiovisuel précise les conditions de diffusion, par les services de communication audiovisuelle, des communications commerciales mentionnées au premier alinéa, notamment les modalités d'application du 3°.

Article 9

Quiconque émet ou diffuse, par quelque moyen que ce soit, une communication commerciale non conforme aux dispositions du deuxième alinéa de l'article 5 et de l'article 7 est puni d'une amende de 100 000 EUR. Le tribunal peut porter le montant de l'amende au quadruple du montant des dépenses publicitaires consacrées à l'opération illégale.

Les associations dont l'objet statutaire comporte la lutte contre les addictions, régulièrement déclarées depuis au moins cinq ans à la date des faits, peuvent exercer les droits reconnus à la partie civile pour les infractions à l'article 7. Peuvent exercer les mêmes droits les associations de consommateurs mentionnées à l'article L. 421-1 du code de la consommation ainsi que les associations familiales mentionnées aux articles L. 211-1 et L. 211-2 du code de l'action sociale et des familles.

CHAPITRE II : LES CATEGORIES DE JEUX ET PARIS EN LIGNE SOUMIS A AGREMENT

Article 10

Au sens de la présente loi :

1° Le jeu et le pari en ligne s'entendent d'un jeu et d'un pari dont l'engagement passe exclusivement par l'intermédiaire d'un service de communication au public en ligne. Ne constitue pas un jeu ou un pari en ligne le jeu ou le pari enregistré au moyen de terminaux servant exclusivement ou essentiellement à l'offre de jeux ou à la prise de paris et mis à la disposition des joueurs dans des lieux publics ou des lieux privés ouverts au public ;

2° Est un opérateur de jeux ou de paris en ligne toute personne qui, de manière habituelle, propose au public des services de jeux ou de paris en ligne comportant des enjeux en valeur monétaire et dont les modalités sont définies par un règlement constitutif d'un contrat d'adhésion au jeu soumis à l'acceptation des joueurs ;

3° Un joueur ou un parieur en ligne s'entend de toute personne qui accepte un contrat d'adhésion au jeu proposé par un opérateur de jeux ou de paris en ligne. Toute somme engagée par un joueur, y compris celle provenant de la remise en jeu d'un gain, constitue une mise ;

4° Un compte de joueur en ligne s'entend du compte attribué à chaque joueur par un opérateur de jeux ou de paris en ligne pour un ou plusieurs jeux. Il retrace les mises et les gains liés aux jeux et paris, les mouvements financiers qui leur sont liés ainsi que le solde des avoirs du joueur auprès de l'opérateur.

[…]

Article 26

L'opérateur de jeux ou de paris en ligne titulaire de l'agrément prévu à l'article 21 est tenu de faire obstacle à la participation aux activités de jeu ou de pari qu'il propose des personnes interdites de jeu en vertu de la réglementation en vigueur ou exclues de jeu à leur demande. Il interroge à cette fin, par l'intermédiaire de l'Autorité de régulation des jeux en ligne et dans le respect des dispositions de la loi n° 78-17 du 6 janvier 1978 précitée, les fichiers des interdits de jeu tenus par les services du ministère de l'intérieur. Il clôture tout compte joueur dont le titulaire viendrait à être touché par une interdiction ou une exclusion.

Il prévient les comportements de jeu excessif ou pathologique par la mise en place de mécanismes d'auto-exclusion et de modération et de dispositifs d'autolimitation des dépôts et des mises. Il communique en permanence à tout joueur fréquentant son site le solde instantané de son compte. Il informe les joueurs des risques liés au jeu excessif ou pathologique par le biais d'un message de mise en garde, ainsi que des procédures d'inscription sur les fichiers des interdits de jeu tenus par les services du ministère de l'intérieur. Un arrêté du ministre de la santé précise le contenu de ce message de mise en garde.

Il s'abstient d'adresser toute communication commerciale aux titulaires d'un compte joueur bénéficiant d'une mesure d'auto-exclusion sur son site et, dans le cas des joueurs auto-exclus définitivement, pendant la période durant laquelle ceux-ci ne peuvent solliciter à nouveau l'ouverture d'un compte. A compter du 1er janvier 2015, il s'abstient également d'adresser toute communication commerciale aux anciens titulaires d'un compte joueur dès lors qu'ils sont inscrits sur les fichiers des interdits de jeu mentionnés au premier alinéa et que l'opérateur dispose des informations personnelles relatives à ces joueurs permettant d'interroger ces fichiers dans le respect de la loi n° 78-17 du 6 janvier 1978 précitée.

Article 27

L'opérateur de jeux ou de paris en ligne titulaire de l'agrément prévu à l'article 21 rend compte dans un rapport annuel, transmis à l'Autorité de régulation des jeux en ligne, des actions qu'il a menées et des moyens qu'il a consacrés pour promouvoir le jeu responsable et lutter contre le jeu excessif ou pathologique.

Il rend également compte annuellement à la même autorité des résultats des contrôles qu'il a réalisés en matière de lutte contre les activités frauduleuses ou criminelles ainsi que le blanchiment de capitaux et le financement du terrorisme.

Article 28

I. — L'opérateur de jeux ou de paris en ligne titulaire de l'agrément prévu à l'article 21 informe en permanence les joueurs de l'existence du service d'information et d'assistance prévu à l'article 29.

II. — Tout autre organisme que l'organisme prévu à l'article 29 qui souhaite proposer un service d'information et d'assistance doit adresser, chaque année, un rapport précisant les modalités d'organisation et le bilan de ses actions. Les informations devant figurer dans ce rapport sont précisées par décret.

Article 29

Un numéro d'appel téléphonique est mis à la disposition des joueurs excessifs ou pathologiques et de leur entourage par les pouvoirs publics sous la responsabilité de l'Institut national de prévention et d'éducation pour la santé. Cet appel est facturé à l'abonné au prix d'un appel local.

Article 30

Le jeu à crédit est interdit.

Il est interdit à tout opérateur de jeux titulaire de l'agrément mentionné à l'article 21 ainsi qu'à tout dirigeant, mandataire social ou employé d'un tel opérateur de consentir des prêts d'argent aux joueurs ou de mettre en place directement ou indirectement des dispositifs permettant aux joueurs de s'accorder des prêts entre eux.

Le site de l'opérateur agréé de jeux en ligne ne peut contenir aucune publicité en faveur d'une entreprise susceptible de consentir des prêts d'argent aux joueurs ou de permettre le prêt entre joueurs, ni aucun lien vers le site d'une telle entreprise.

ANNEXE 10

Code de la consommation - les services financiers

Modifié par l'ordonnance 2016-301 du 14 mars 2016

Article L312-6

Toute publicité, quel qu'en soit le support, qui porte sur l'une des opérations mentionnées à l'article L. 312-1 et indique un taux d'intérêt ou des informations chiffrées liées au coût du crédit mentionne de façon claire, précise et visible les informations suivantes à l'aide d'un exemple représentatif :

1° Le taux débiteur et la nature fixe, variable ou révisable du taux, sauf pour les opérations de location-vente ou de location avec option d'achat, ainsi que les informations relatives à tous les frais compris dans le coût total du crédit pour l'emprunteur ;

2° Le montant total du crédit ;

3° Le taux annuel effectif global, sauf pour les opérations de location-vente ou de location avec option d'achat ;

4° S'il y a lieu, la durée du contrat de crédit ;

5° S'il s'agit d'un crédit accordé sous la forme d'un délai de paiement pour un bien ou un service donné, le prix au comptant et le montant de tout acompte ;

6° Le montant total dû par l'emprunteur et le montant des échéances.

Si le prêteur exige qu'un service accessoire soit fourni pour l'obtention du crédit, notamment une assurance, la publicité mentionne de façon claire, précise et visible la nécessité de contracter ce service.

Article L312-8

Dans toute publicité écrite, quel que soit le support utilisé, les informations relatives au taux annuel effectif global, à sa nature fixe, variable ou révisable, au montant total dû par l'emprunteur et au montant des échéances, ainsi que la mention indiquée à l'article L. 312-5, figurent dans une taille de caractère plus importante que celle utilisée pour indiquer toute autre information relative aux caractéristiques du financement, notamment le taux promotionnel, et s'inscrivent dans le corps principal du texte publicitaire.

Article L312-9

Lorsqu'une publicité est adressée par voie postale ou par courrier électronique, distribuée directement à domicile ou sur la voie publique, le document envoyé au consommateur lui rappelle de façon claire, précise et visible son droit de s'opposer sans frais à l'utilisation de ses données personnelles à des fins de prospection ainsi que les modalités d'exercice de ce droit.

Lorsque cette publicité indique un taux d'intérêt ou des informations chiffrées liées au coût du crédit, les informations mentionnées à l'article L. 312-8 figurent, sous forme d'encadré, en en-tête du texte publicitaire.

Article L312-10

Il est interdit dans toute publicité d'indiquer qu'une opération ou un contrat de crédit, ou une opération de crédit consistant à regrouper des crédits antérieurs peut être consenti sans élément d'information permettant d'apprécier la situation financière de l'emprunteur, ou de laisser entendre que le prêt améliore la situation financière ou le budget de l'emprunteur, entraîne une augmentation de ressources, constitue un substitut d'épargne ou accorde une réserve automatique d'argent immédiatement disponible sans contrepartie financière identifiable.

Lorsqu'une publicité compare le montant des échéances d'un ou plusieurs crédits antérieurs, et le cas échéant d'autres dettes, à celui d'une échéance résultant d'une opération de regroupement de crédits, elle mentionne de manière claire et apparente, d'une part, la somme des coûts totaux des crédits antérieurs et, d'autre part, le coût total du crédit postérieur à l'opération précitée.

Il est également interdit dans toute publicité de mentionner l'existence d'une période de franchise de paiement de loyers ou de remboursement des échéances du crédit supérieure à trois mois. Cette interdiction ne s'applique pas aux prêts aidés par l'Etat destinés au financement d'une formation à la conduite et à la sécurité routière et aux prêts garantis par l'Etat destinés au financement de leurs études par les étudiants.

Article L312-11

Il est interdit dans toute publicité de proposer sous quelque forme que ce soit des lots promotionnels liés à l'acceptation d'une offre préalable de crédit.

Article L312-5

Toute publicité, à l'exception des publicités radiodiffusées, contient, quel que soit le support utilisé, la mention suivante : " Un crédit vous engage et doit être remboursé. Vérifiez vos capacités de remboursement avant de vous engager ".

Article L222-5

En temps utile et avant qu'il ne soit lié par un contrat, le consommateur reçoit des informations dont la liste est fixée par décret en Conseil d'Etat et portant sur :

1° L'identité et les coordonnées du professionnel et de toute personne agissant pour son compte ;

2° Les informations relatives aux produits, instruments et services financiers proposés ;

3° Le droit de rétractation ;

4° Les conditions contractuelles, notamment tarifaires, et les modalités ainsi que le lieu de conclusion du contrat ;

5° La loi applicable au contrat et la juridiction compétente.

Les informations communiquées par le fournisseur au consommateur sur les obligations contractuelles sont conformes à la loi applicable au contrat en cas de conclusion de celui-ci.

Ces informations, dont le caractère commercial doit apparaître sans équivoque, sont fournies de manière lisible et compréhensible par tout moyen adapté à la technique de communication à distance utilisée.

Le présent article est applicable sans préjudice de l'application des obligations législatives et réglementaires spécifiques à chaque produit, instrument financier ou service proposé.

Les modalités particulières applicables en cas de communication par téléphonie vocale sont fixées par décret en Conseil d'Etat.

Article L222-6

Le consommateur reçoit, par écrit ou sur un autre support durable à sa disposition et auquel il a accès en temps utile et avant tout engagement, les conditions contractuelles ainsi que les informations mentionnées à l'article L. 222-5. Elles sont fournies au consommateur conformément aux dispositions législatives et réglementaires spécifiques à chaque produit, instrument financier ou service proposé.

Le fournisseur exécute ses obligations de communication immédiatement après la conclusion du contrat, lorsque celui-ci a été conclu à la demande du consommateur en utilisant une technique de communication à distance ne permettant pas la transmission des informations précontractuelles et contractuelles sur un support papier ou sur un autre support durable. Dans ce cas et lorsque le contrat porte sur une opération mentionnée au premier alinéa de l'article L. 312-84, le fournisseur n'est tenu de communiquer au consommateur que les seules informations contractuelles.

A tout moment au cours de la relation contractuelle, le consommateur a le droit, s'il en fait la demande, de recevoir les conditions contractuelles sur un support papier. En outre, le consommateur a le droit de changer les techniques de communication à distance utilisées, à moins que cela ne soit incompatible avec le contrat à distance conclu ou avec la nature du service financier fourni.

Article L222-7

Le consommateur dispose d'un délai de quatorze jours pour exercer son droit de rétractation, sans avoir à justifier de motif ni à supporter de pénalités.

Le délai pendant lequel peut s'exercer le droit de rétractation court à compter du jour où :

1° Le contrat à distance est conclu ;

2° Le consommateur reçoit les conditions contractuelles et les informations, conformément à l'article L. 222-6, si cette dernière date est postérieure à celle mentionnée au 1°.

Article L222-9

Le droit de rétractation ne s'applique pas :

1° A la fourniture d'instruments financiers mentionnés à l'article L. 211-1 du code monétaire et financier ainsi qu'aux services de réception-transmission et exécution d'ordres pour le compte de tiers mentionnés à l'article L. 321-1 du même code ;

2° Aux contrats exécutés intégralement par les deux parties à la demande expresse du consommateur avant que ce dernier n'exerce son droit de rétractation ;

3° Aux contrats de crédit immobilier définis à l'article L. 313-1 ;

4° Aux contrats de prêts viagers hypothécaires définis à l'article L. 315-1.

Article L222-10

Les dispositions de l'article L. 222-7 ne s'appliquent pas aux contrats d'utilisation de biens à temps partagé, aux contrats de produit de vacances à long terme, aux contrats de revente et contrats d'échange mentionnés à l'article L. 224-69.

Article L222-11

Pour les contrats de crédit affecté définis au 9° de l'article L. 311-1 conclus selon une technique de communication à distance, le délai de rétractation de quatorze jours ne peut pas être réduit.

Article L222-12

L'exercice du droit de rétractation emporte résolution de plein droit du contrat de vente ou de prestation de services.

Si le bien ou la prestation de services à financer ne sont pas vendus à distance et que le consommateur, par une demande expresse, sollicite la livraison ou la fourniture immédiate du bien ou du service, l'exercice du droit de rétractation n'emporte résolution de plein droit du contrat de vente ou de prestation de services que s'il intervient dans un délai de trois jours à compter de la conclusion du contrat de crédit.

Toute livraison ou fourniture anticipée est à la charge du vendeur, qui en supporte tous les risques.

Article L222-13

Les contrats pour lesquels s'applique le délai de rétractation défini à l'article L. 222-7 ne peuvent recevoir de commencement d'exécution par les parties avant l'arrivée du terme de ce délai sans l'accord du consommateur. Lorsque celui-ci exerce son droit de rétractation, il ne peut être tenu qu'au paiement proportionnel du service financier effectivement fourni, à l'exclusion de toute pénalité.

Le fournisseur ne peut exiger du consommateur le paiement du service mentionné au premier alinéa que s'il peut prouver que le consommateur a été informé du montant dû, conformément à l'article L. 222-5. Toutefois, il ne peut pas exiger ce paiement s'il a commencé à exécuter le contrat avant l'expiration du délai de rétractation sans demande préalable du consommateur.

Article L222-14

Les contrats de crédit à la consommation prévus au chapitre II du titre Ier du livre III ne peuvent recevoir, même avec l'accord du consommateur, de commencement d'exécution durant les sept premiers jours, sauf s'agissant des contrats de crédit affecté mentionnés à l'article L. 222-11, qui ne peuvent recevoir de commencement d'exécution durant les trois premiers jours.

Article L222-15

Le fournisseur rembourse au consommateur dans les meilleurs délais et au plus tard dans les trente jours toutes les sommes qu'il a perçues de celui-ci en application du contrat, à l'exception du montant mentionné au premier alinéa de l'article L. 222-13. Ce délai commence à courir le jour où le fournisseur reçoit notification par le consommateur de sa volonté de se rétracter.

Le consommateur restitue au fournisseur dans les meilleurs délais et au plus tard dans les trente jours toute somme et tout bien qu'il a reçus de ce dernier. Ce délai commence à courir à compter du jour où le consommateur communique au fournisseur sa volonté de se rétracter.

Article L242-15

Lorsque le professionnel n'a pas remboursé le consommateur dans les conditions prévues à l'article L. 222-15, à l'expiration du délai de trente jours, la somme due est, de plein droit, productive d'intérêts au taux légal en vigueur.

ANNEXE 11

La protection des données personnelles - la Loi informatique et libertés

Loi n°78-17 du 6 janvier 1978 relative à l'informatique, aux fichiers et aux libertés, modifiée par la loi 2016-1321 du 7 octobre 2016 pour une République Numérique

L'Assemblée nationale et le Sénat ont adopté.

Le Président de la République promulgue la loi dont la teneur suit :

Chapitre Ier : Principes et définitions

Article 1

L'informatique doit être au service de chaque citoyen. Son développement doit s'opérer dans le cadre de la coopération internationale. Elle ne doit porter atteinte ni à l'identité humaine, ni aux droits de l'homme, ni à la vie privée, ni aux libertés individuelles ou publiques.

Toute personne dispose du droit de décider et de contrôler les usages qui sont faits des données à caractère personnel la concernant, dans les conditions fixées par la présente loi.

Article 2

La présente loi s'applique aux traitements automatisés de données à caractère personnel, ainsi qu'aux traitements non automatisés de données à caractère personnel contenues ou appelées à figurer dans des fichiers, à l'exception des traitements mis en oeuvre pour l'exercice d'activités exclusivement personnelles, lorsque leur responsable remplit les conditions prévues à l'article 5.

Constitue une donnée à caractère personnel toute information relative à une personne physique identifiée ou qui peut être identifiée, directement ou indirectement, par référence à un numéro d'identification ou à un ou plusieurs éléments qui lui sont propres. Pour déterminer si une personne est identifiable, il convient de considérer l'ensemble des moyens en vue de permettre son identification dont dispose ou auxquels peut avoir accès le responsable du traitement ou toute autre personne.

Constitue un traitement de données à caractère personnel toute opération ou tout ensemble d'opérations portant sur de telles données, quel que soit le procédé utilisé, et notamment la collecte, l'enregistrement, l'organisation, la conservation, l'adaptation ou la modification, l'extraction, la consultation, l'utilisation, la communication par transmission, diffusion ou toute autre forme de mise à disposition, le rapprochement ou l'interconnexion, ainsi que le verrouillage, l'effacement ou la destruction.

Constitue un fichier de données à caractère personnel tout ensemble structuré et stable de données à caractère personnel accessibles selon des critères déterminés.

La personne concernée par un traitement de données à caractère personnel est celle à laquelle se rapportent les données qui font l'objet du traitement.

Article 3

I. - Le responsable d'un traitement de données à caractère personnel est, sauf désignation expresse par les dispositions législatives ou réglementaires relatives à ce traitement, la personne, l'autorité publique, le service ou l'organisme qui détermine ses finalités et ses moyens.

II. - Le destinataire d'un traitement de données à caractère personnel est toute personne habilitée à recevoir communication de ces données autre que la personne concernée, le responsable du traitement, le sous-traitant et les personnes qui, en raison de leurs fonctions, sont chargées de traiter les données. Toutefois, les autorités légalement habilitées, dans le cadre d'une mission particulière ou de l'exercice d'un droit de communication, à demander au responsable du traitement de leur communiquer des données à caractère personnel ne constituent pas des destinataires.

Chapitre II : Conditions de licéité des traitements de données à caractère personnel

Article 6

Un traitement ne peut porter que sur des données à caractère personnel qui satisfont aux conditions suivantes :

1° Les données sont collectées et traitées de manière loyale et licite ;

2° Elles sont collectées pour des finalités déterminées, explicites et légitimes et ne sont pas traitées ultérieurement de manière incompatible avec ces finalités. Toutefois, un traitement ultérieur de données à des fins statistiques ou à des fins de recherche scientifique ou historique est considéré comme compatible avec les finalités initiales de la collecte des données, s'il est réalisé dans le respect des principes et des procédures prévus au présent chapitre, au chapitre IV et à la section 1 du chapitre V ainsi qu'au chapitre IX et s'il n'est pas utilisé pour prendre des décisions à l'égard des personnes concernées ;

3° Elles sont adéquates, pertinentes et non excessives au regard des finalités pour lesquelles elles sont collectées et de leurs traitements ultérieurs ;

4° Elles sont exactes, complètes et, si nécessaire, mises à jour ; les mesures appropriées doivent être prises pour que les données inexactes ou incomplètes au regard des finalités pour lesquelles elles sont collectées ou traitées soient effacées ou rectifiées ;

5° Elles sont conservées sous une forme permettant l'identification des personnes concernées pendant une durée qui n'excède pas la durée nécessaire aux finalités pour lesquelles elles sont collectées et traitées.

Article 7

Un traitement de données à caractère personnel doit avoir reçu le consentement de la personne concernée ou satisfaire à l'une des conditions suivantes :

1° Le respect d'une obligation légale incombant au responsable du traitement ;

2° La sauvegarde de la vie de la personne concernée ;

3° L'exécution d'une mission de service public dont est investi le responsable ou le destinataire du traitement ;

4° L'exécution, soit d'un contrat auquel la personne concernée est partie, soit de mesures précontractuelles prises à la demande de celle-ci ;

5° La réalisation de l'intérêt légitime poursuivi par le responsable du traitement ou par le destinataire, sous réserve de ne pas méconnaître l'intérêt ou les droits et libertés fondamentaux de la personne concernée.

Article 8

I. - Il est interdit de collecter ou de traiter des données à caractère personnel qui font apparaître, directement ou indirectement, les origines raciales ou ethniques, les opinions politiques, philosophiques ou religieuses ou l'appartenance syndicale des personnes, ou qui sont relatives à la santé ou à la vie sexuelle de celles-ci.

II. - Dans la mesure où la finalité du traitement l'exige pour certaines catégories de données, ne sont pas soumis à l'interdiction prévue au I :

1° Les traitements pour lesquels la personne concernée a donné son consentement exprès, sauf dans le cas où la loi prévoit que l'interdiction visée au I ne peut être levée par le consentement de la personne concernée ;

2° Les traitements nécessaires à la sauvegarde de la vie humaine, mais auxquels la personne concernée ne peut donner son consentement par suite d'une incapacité juridique ou d'une impossibilité matérielle;

3° Les traitements mis en oeuvre par une association ou tout autre organisme à but non lucratif et à caractère religieux, philosophique, politique ou syndical :

- pour les seules données mentionnées au I correspondant à l'objet de ladite association ou dudit organisme ;
- sous réserve qu'ils ne concernent que les membres de cette association ou de cet organisme et, le cas échéant, les personnes qui entretiennent avec celui-ci des contacts réguliers dans le cadre de son activité;
- et qu'ils ne portent que sur des données non communiquées à des tiers, à moins que les personnes concernées n'y consentent expressément ;

4° Les traitements portant sur des données à caractère personnel rendues publiques par la personne concernée ;

5° Les traitements nécessaires à la constatation, à l'exercice ou à la défense d'un droit en justice ;

6° Les traitements nécessaires aux fins de la médecine préventive, des diagnostics médicaux, de l'administration de soins ou de traitements, ou de la gestion de services de santé et mis en oeuvre par un membre d'une profession de santé, ou par une autre personne à laquelle s'impose en raison de ses fonctions l'obligation de secret professionnel prévue par l'article 226-13 du code pénal ;

7° Les traitements statistiques réalisés par l'Institut national de la statistique et des études économiques ou l'un des services statistiques ministériels dans le respect de la loi n° 51-711 du 7 juin 1951 sur l'obligation, la coordination et le secret en matière de statistiques, après avis du Conseil national de l'information statistique et dans les conditions prévues à l'article 25 de la présente loi ;

8° Les traitements nécessaires à la recherche, aux études et évaluations dans le domaine de la santé selon les modalités prévues au chapitre IX.

III. - Si les données à caractère personnel visées au I sont appelées à faire l'objet à bref délai d'un procédé d'anonymisation préalablement reconnu conforme aux dispositions de la présente loi par la Commission nationale de l'informatique et des libertés, celle-ci peut autoriser, compte tenu de leur finalité, certaines catégories de traitements selon les modalités prévues à l'article 25. Les dispositions du chapitre IX ne sont pas applicables.

IV. - De même, ne sont pas soumis à l'interdiction prévue au I les traitements, automatisés ou non, justifiés par l'intérêt public et soit autorisés dans les conditions prévues au I de l'article 25 ou au II de l'article 26, soit déclarés dans les conditions prévues au V de l'article 22.

Chapitre III : La Commission nationale de l'informatique et des libertés.

Article 11

La Commission nationale de l'informatique et des libertés est une autorité administrative indépendante. Elle exerce les missions suivantes :

1° Elle informe toutes les personnes concernées et tous les responsables de traitements de leurs droits et obligations ;

2° Elle veille à ce que les traitements de données à caractère personnel soient mis en oeuvre conformément aux dispositions de la présente loi.

A ce titre :

a) Elle autorise les traitements mentionnés à l'article 25, donne un avis sur les traitements mentionnés aux articles 26 et 27 et reçoit les déclarations relatives aux autres traitements ;

b) Elle établit et publie les normes mentionnées au I de l'article 24 et édicte, le cas échéant, des règlements types en vue d'assurer la sécurité des systèmes ;

c) Elle reçoit les réclamations, pétitions et plaintes relatives à la mise en oeuvre des traitements de données à caractère personnel et informe leurs auteurs des suites données à celles-ci ;

d) Elle répond aux demandes d'avis des pouvoirs publics et, le cas échéant, des juridictions, et conseille les personnes et organismes qui mettent en oeuvre ou envisagent de mettre en oeuvre des traitements automatisés de données à caractère personnel ;

e) Elle informe sans délai le procureur de la République, conformément à l'article 40 du code de procédure pénale, des infractions dont elle a connaissance, et peut présenter des observations dans les procédures pénales, dans les conditions prévues à l'article 52 ;

f) Elle peut, par décision particulière, charger un ou plusieurs de ses membres ou le secrétaire général, dans les conditions prévues à l'article 44, de procéder ou de faire procéder par les agents de ses services à des vérifications portant sur tous traitements et, le cas échéant, d'obtenir des copies de tous documents ou supports d'information utiles à ses missions ;

g) Elle peut certifier ou homologuer et publier des référentiels ou des méthodologies générales aux fins de certification de la conformité à la présente loi de processus d'anonymisation des données à caractère personnel, notamment en vue de la réutilisation d'informations publiques mises en ligne dans les conditions prévues au titre II du livre III du code des relations entre le public et l'administration.

Il en est tenu compte, le cas échéant, pour la mise en œuvre des sanctions prévues au chapitre VII de la présente loi.

h) Elle répond aux demandes d'accès concernant les traitements mentionnés aux articles 41 et 42 ;

3° A la demande d'organisations professionnelles ou d'institutions regroupant principalement des responsables de traitements :

a) Elle donne un avis sur la conformité aux dispositions de la présente loi des projets de règles professionnelles et des produits et procédures tendant à la protection des personnes à l'égard du traitement de données à caractère personnel, ou à l'anonymisation de ces données, qui lui sont soumis ;

b) Elle porte une appréciation sur les garanties offertes par des règles professionnelles qu'elle a précédemment reconnues conformes aux dispositions de la présente loi, au regard du respect des droits fondamentaux des personnes ;

c) Elle délivre un label à des produits ou à des procédures tendant à la protection des personnes à l'égard du traitement des données à caractère personnel, après qu'elle les a reconnus conformes aux dispositions de la présente loi dans le cadre de l'instruction préalable à la délivrance du label par la commission ; la commission peut également déterminer, de sa propre initiative, les produits et procédures susceptibles de bénéficier d'un label . Le président peut, lorsque la complexité du produit ou de la procédure le justifie, recourir à toute personne indépendante qualifiée pour procéder à leur évaluation. Le coût de cette évaluation est pris en charge par l'entreprise qui demande le label ; elle retire le label lorsqu'elle constate, par tout moyen, que les conditions qui ont permis sa délivrance ne sont plus satisfaites ;

4° Elle se tient informée de l'évolution des technologies de l'information et rend publique le cas échéant son appréciation des conséquences qui en résultent pour l'exercice des droits et libertés mentionnés à l'article 1er ;

A ce titre :

a) Elle est consultée sur tout projet de loi ou de décret ou toute disposition de projet de loi ou de décret relatifs à la protection des données à caractère personnel ou au traitement de telles données. L'avis de la commission sur un projet de loi est rendu public. Outre les cas prévus aux articles 26 et 27, lorsqu'une loi prévoit qu'un décret ou un arrêté est pris après avis de la commission, cet avis est publié avec le décret ou l'arrêté ;

b) Elle propose au Gouvernement les mesures législatives ou réglementaires d'adaptation de la protection des libertés à l'évolution des procédés et techniques informatiques ;

c) A la demande d'autres autorités administratives indépendantes, elle peut apporter son concours en matière de protection des données ;

d) Elle peut être associée, à la demande du Premier ministre, à la préparation et à la définition de la position française dans les négociations internationales dans le domaine de la protection des données à caractère personnel. Elle peut participer, à la demande du Premier ministre, à la représentation française dans les organisations internationales et communautaires compétentes en ce domaine ;

e) Elle conduit une réflexion sur les problèmes éthiques et les questions de société soulevés par l'évolution des technologies numériques ;

f) Elle promeut, dans le cadre de ses missions, l'utilisation des technologies protectrices de la vie privée, notamment les technologies de chiffrement des données.

Pour l'accomplissement de ses missions, la commission peut procéder par voie de recommandation et prendre des décisions individuelles ou réglementaires dans les cas prévus par la présente loi.

La commission peut saisir pour avis l'Autorité de régulation des communications électroniques et des postes de toute question relevant de la compétence de celle-ci.

La commission présente chaque année au Président de la République, au Premier ministre et au Parlement un rapport public rendant compte de l'exécution de sa mission.

Article 12

La Commission nationale de l'informatique et des libertés dispose des crédits nécessaires à l'accomplissement de ses missions. Les dispositions de la loi du 10 août 1922 relative au contrôle financier ne sont pas applicables à leur gestion. Les comptes de la commission sont présentés au contrôle de la Cour des comptes.

Article 13

I. - La Commission nationale de l'informatique et des libertés est composée de dix-huit membres :

1° Deux députés et deux sénateurs, désignés respectivement par l'Assemblée nationale et par le Sénat de manière à assurer une représentation pluraliste ;

2° Deux membres du Conseil économique, social et environnemental, élus par cette assemblée ;

3° Deux membres ou anciens membres du Conseil d'Etat, d'un grade au moins égal à celui de conseiller, élus par l'assemblée générale du Conseil d'Etat ;

4° Deux membres ou anciens membres de la Cour de cassation, d'un grade au moins égal à celui de conseiller, élus par l'assemblée générale de la Cour de cassation ;

5° Deux membres ou anciens membres de la Cour des comptes, d'un grade au moins égal à celui de conseiller maître, élus par l'assemblée générale de la Cour des comptes ;

6° Trois personnalités qualifiées pour leur connaissance du numérique ou des questions touchant aux libertés individuelles, nommées par décret ;

7° Deux personnalités qualifiées pour leur connaissance du numérique, désignées respectivement par le Président de l'Assemblée nationale et par le Président du Sénat ;

8° Le président de la Commission d'accès aux documents administratifs, ou son représentant.

Elle comprend en outre, avec voix consultative, le Défenseur des droits ou son représentant.

Les deux membres désignés ou élus par une même autorité en application des 1° à 5° sont une femme et un homme. Les trois membres mentionnés au 6° comprennent au moins une femme et un homme.

Les deux membres mentionnés au 7° sont une femme et un homme. Pour l'application de cette règle, le membre succédant à une femme est un homme et celui succédant à un homme, une femme. Toutefois, le nouveau membre désigné est de même sexe que celui qu'il remplace, soit en cas d'application du deuxième alinéa du II, soit en cas de renouvellement du mandat de l'autre membre mentionné au 7°

La commission élit en son sein un président et deux vice-présidents, dont un vice-président délégué. Ils composent le bureau.

La fonction de président de la commission est incompatible avec toute activité professionnelle, tout autre emploi public et toute détention, directe ou indirecte, d'intérêts dans une entreprise du secteur des communications électroniques ou de l'informatique (1).

La durée du mandat de président est de cinq ans (1).

Le président de la commission reçoit un traitement égal à celui afférent à la seconde des deux catégories supérieures des emplois de l'Etat classés hors échelle (1).

La formation restreinte de la commission est composée d'un président et de cinq autres membres élus par la commission en son sein. Les membres du bureau ne sont pas éligibles à la formation restreinte.

En cas de partage égal des voix, celle du président est prépondérante.

II. - Le mandat des membres de la commission est de cinq ans ; il est renouvelable une fois, sous réserve des dixième et onzième alinéas du I.

Le membre de la commission qui cesse d'exercer ses fonctions en cours de mandat est remplacé, dans les mêmes conditions, pour la durée de son mandat restant à courir.

Sauf démission, il ne peut être mis fin aux fonctions d'un membre qu'en cas d'empêchement constaté par la commission dans les conditions qu'elle définit.

La commission établit un règlement intérieur. Ce règlement fixe les règles relatives à l'organisation et au fonctionnement de la commission. Il précise notamment les règles relatives aux délibérations, à l'instruction des dossiers et à leur présentation devant la commission, ainsi que les modalités de mise en œuvre de la procédure de labellisation prévue au c du 3° de l'article 11.

Article 14

I. - La qualité de membre de la commission est incompatible avec celle de membre du Gouvernement.

II. - Aucun membre de la commission ne peut :

- participer à une délibération ou procéder à des vérifications relatives à un organisme au sein duquel il détient un intérêt, direct ou indirect, exerce des fonctions ou détient un mandat ;

- participer à une délibération ou procéder à des vérifications relatives à un organisme au sein duquel il a, au cours des trente-six mois précédant la délibération ou les vérifications, détenu un intérêt direct ou indirect, exercé des fonctions ou détenu un mandat.

III. - Tout membre de la commission doit informer le président des intérêts directs ou indirects qu'il détient ou vient à détenir, des fonctions qu'il exerce ou vient à exercer et de tout mandat qu'il détient ou vient à détenir au sein d'une personne morale. Ces informations, ainsi que celles concernant le président, sont tenues à la disposition des membres de la commission.

Le président de la commission prend les mesures appropriées pour assurer le respect des obligations résultant du présent article.

Article 21

Dans l'exercice de leurs attributions, les membres de la commission ne reçoivent d'instruction d'aucune autorité.

Les ministres, autorités publiques, dirigeants d'entreprises publiques ou privées, responsables de groupements divers et plus généralement les détenteurs ou utilisateurs de traitements ou de fichiers de données à caractère personnel ne peuvent s'opposer à l'action de la commission ou de ses membres et doivent au contraire prendre toutes mesures utiles afin de faciliter sa tâche.

Sauf dans les cas où elles sont astreintes au secret professionnel, les personnes interrogées dans le cadre des vérifications faites par la commission en application du f du 2° de l'article 11 sont tenues de fournir les renseignements demandés par celle-ci pour l'exercice de ses missions..

Chapitre IV : Formalités préalables à la mise en œuvre des traitements.

Article 22

I. - A l'exception de ceux qui relèvent des dispositions prévues aux articles 25, 26 et 27 ou qui sont visés au deuxième alinéa de l'article 36, les traitements automatisés de données à caractère personnel font l'objet d'une déclaration auprès de la Commission nationale de l'informatique et des libertés.

I bis.-Par dérogation au 1° des I et II de l'article 27, font également l'objet d'une déclaration auprès de la Commission nationale de l'informatique et des libertés les traitements qui portent sur des données à caractère personnel parmi lesquelles figure le numéro d'inscription des personnes au répertoire national d'identification des personnes physiques ou qui requièrent une consultation de ce répertoire, lorsque ces traitements ont exclusivement des finalités de statistique publique, sont mis en œuvre par le service statistique public et ne comportent aucune des données mentionnées au I de l'article 8 ou à l'article 9, à la condition que le numéro d'inscription à ce répertoire ait préalablement fait l'objet d'une opération cryptographique lui substituant un code statistique non signifiant, ainsi que les traitements ayant comme finalité exclusive de réaliser cette opération cryptographique. L'utilisation du code statistique non signifiant n'est autorisée qu'au sein du service statistique public. L'opération cryptographique est renouvelée à une fréquence définie par décret en Conseil d'Etat pris après avis motivé et publié de la Commission nationale de l'informatique et des libertés.

II. - Toutefois, ne sont soumis à aucune des formalités préalables prévues au présent chapitre :

1° Les traitements ayant pour seul objet la tenue d'un registre qui, en vertu de dispositions législatives ou réglementaires, est destiné exclusivement à l'information du public et est ouvert à la consultation de celui-ci ou de toute personne justifiant d'un intérêt légitime ;

2° Les traitements mentionnés au 3° du II de l'article 8.

III. - Les traitements pour lesquels le responsable a désigné un correspondant à la protection des données à caractère personnel chargé d'assurer, d'une manière indépendante, le respect des obligations prévues dans la présente loi sont dispensés des formalités prévues aux articles 23 et 24, sauf lorsqu'un transfert de données à caractère personnel à destination d'un Etat non membre de la Communauté européenne est envisagé.

La désignation du correspondant est notifiée à la Commission nationale de l'informatique et des libertés. Elle est portée à la connaissance des instances représentatives du personnel.

Le correspondant est une personne bénéficiant des qualifications requises pour exercer ses missions. Il tient une liste des traitements effectués immédiatement accessible à toute personne en faisant la demande et ne peut faire l'objet d'aucune sanction de la part de l'employeur du fait de l'accomplissement de ses missions. Il peut saisir la Commission nationale de l'informatique et des libertés des difficultés qu'il rencontre dans l'exercice de ses missions.

En cas de non-respect des dispositions de la loi, le responsable du traitement est enjoint par la Commission nationale de l'informatique et des libertés de procéder aux formalités prévues aux articles 23 et 24. En cas de manquement constaté à ses devoirs, le correspondant est déchargé de ses fonctions sur demande, ou après consultation, de la Commission nationale de l'informatique et des libertés.

IV. - Le responsable d'un traitement de données à caractère personnel qui n'est soumis à aucune des formalités prévues au présent chapitre communique à toute personne qui en fait la demande les informations relatives à ce traitement mentionnées aux 2° à 6° du I de l'article 31.

V. - Les traitements de données de santé à caractère personnel mis en œuvre par les organismes ou les services chargés d'une mission de service public figurant sur une liste fixée par arrêté des ministres chargés de la santé et de la sécurité sociale, pris après avis de la Commission nationale de l'informatique et des libertés, afin de répondre, en cas de situation d'urgence, à une alerte sanitaire, au sens de l'article L. 1413-1 du code de la santé publique, sont soumis au régime de la déclaration préalable prévu au présent article. Le responsable de traitement rend compte chaque année à la Commission nationale de l'informatique et des libertés des traitements ainsi mis en œuvre.

Les conditions dans lesquelles ces traitements peuvent utiliser le numéro d'inscription au répertoire national d'identification des personnes physiques sont définies par décret en Conseil d'Etat, pris après avis de la Commission nationale de l'informatique et des libertés.

Article 23

I. - La déclaration comporte l'engagement que le traitement satisfait aux exigences de la loi.

Elle peut être adressée à la Commission nationale de l'informatique et des libertés par voie électronique.

La commission délivre sans délai un récépissé, le cas échéant par voie électronique. Le demandeur peut mettre en oeuvre le traitement dès réception de ce récépissé ; il n'est exonéré d'aucune de ses responsabilités.

II. - Les traitements relevant d'un même organisme et ayant des finalités identiques ou liées entre elles peuvent faire l'objet d'une déclaration unique. Dans ce cas, les informations requises en application de l'article 30 ne sont fournies pour chacun des traitements que dans la mesure où elles lui sont propres.

Article 24

I. - Pour les catégories les plus courantes de traitements de données à caractère personnel, dont la mise en oeuvre n'est pas susceptible de porter atteinte à la vie privée ou aux libertés, la Commission nationale de l'informatique et des libertés établit et publie, après avoir reçu le cas échéant les propositions formulées par les représentants des organismes publics et privés représentatifs, des normes destinées à simplifier l'obligation de déclaration.

Ces normes précisent :

1° Les finalités des traitements faisant l'objet d'une déclaration simplifiée ;

2° Les données à caractère personnel ou catégories de données à caractère personnel traitées ;

3° La ou les catégories de personnes concernées ;

4° Les destinataires ou catégories de destinataires auxquels les données à caractère personnel sont communiquées ;

5° La durée de conservation des données à caractère personnel.

Les traitements qui correspondent à l'une de ces normes font l'objet d'une déclaration simplifiée de conformité envoyée à la commission, le cas échéant par voie électronique.

II. - La commission peut définir, parmi les catégories de traitements mentionnés au I, celles qui, compte tenu de leurs finalités, de leurs destinataires ou catégories de destinataires, des données à caractère personnel traitées, de la durée de conservation de celles-ci et des catégories de personnes concernées, sont dispensées de déclaration.

Dans les mêmes conditions, la commission peut autoriser les responsables de certaines catégories de traitements à procéder à une déclaration unique selon les dispositions du II de l'article 23.

Article 25

I. - Sont mis en oeuvre après autorisation de la Commission nationale de l'informatique et des libertés, à l'exclusion de ceux qui sont mentionnés aux articles 26 et 27 :

1° Les traitements, automatisés ou non, mentionnés au 7° du II, au III et au IV de l'article 8 ;

2° Les traitements automatisés portant sur des données génétiques, à l'exception de ceux d'entre eux qui sont mis en oeuvre par des médecins ou des biologistes et qui sont nécessaires aux fins de la médecine préventive, des diagnostics médicaux ou de l'administration de soins ou de traitements ;

3° Les traitements, automatisés ou non, portant sur des données relatives aux infractions, condamnations ou mesures de sûreté, sauf ceux qui sont mis en œuvre par des auxiliaires de justice pour les besoins de leurs missions de défense des personnes concernées ;

4° Les traitements automatisés susceptibles, du fait de leur nature, de leur portée ou de leurs finalités, d'exclure des personnes du bénéfice d'un droit, d'une prestation ou d'un contrat en l'absence de toute disposition législative ou réglementaire ;

5° Les traitements automatisés ayant pour objet :

- l'interconnexion de fichiers relevant d'une ou de plusieurs personnes morales gérant un service public et dont les finalités correspondent à des intérêts publics différents ;

- l'interconnexion de fichiers relevant d'autres personnes et dont les finalités principales sont différentes ;

6° Les traitements portant sur des données parmi lesquelles figure le numéro d'inscription des personnes au répertoire national d'identification des personnes physiques et ceux qui requièrent une consultation de ce répertoire sans inclure le numéro d'inscription à celui-ci des personnes ;

7° Les traitements automatisés de données comportant des appréciations sur les difficultés sociales des personnes ;

8° Les traitements automatisés comportant des données biométriques nécessaires au contrôle de l'identité des personnes ;

9° Par dérogation au 1° du I et aux 1° et 2° du II de l'article 27, les traitements qui portent sur des données à caractère personnel parmi lesquelles figure le numéro d'inscription des personnes au répertoire national d'identification des personnes physiques ou qui requièrent une consultation de ce répertoire, lorsque ces traitements ont exclusivement des finalités de recherche scientifique ou historique, à la condition que le numéro d'inscription à ce répertoire ait préalablement fait l'objet d'une opération cryptographique lui substituant un code spécifique non signifiant, propre à chaque projet de recherche, ainsi que les traitements ayant comme finalité exclusive de réaliser cette opération cryptographique. L'opération cryptographique et, le cas échéant, l'interconnexion de deux fichiers par l'utilisation du code spécifique non signifiant qui en est issu ne peuvent être assurés par la même personne ni par le responsable de traitement. L'opération cryptographique est renouvelée à une fréquence définie par décret en Conseil d'Etat pris après avis motivé et publié de la Commission nationale de l'informatique et des libertés.

II. - Pour l'application du présent article, les traitements qui répondent à une même finalité, portent sur des catégories de données identiques et ont les mêmes destinataires ou catégories de destinataires peuvent être autorisés par une décision unique de la commission. Dans ce cas, le responsable de chaque traitement adresse à la commission un engagement de conformité de celui-ci à la description figurant dans l'autorisation.

III. - La Commission nationale de l'informatique et des libertés se prononce dans un délai de deux mois à compter de la réception de la demande. Toutefois, ce délai peut être renouvelé une fois sur décision motivée de son président. Lorsque la commission ne s'est pas prononcée dans ces délais, la demande d'autorisation est réputée rejetée.

Article 26

I. - Sont autorisés par arrêté du ou des ministres compétents, pris après avis motivé et publié de la Commission nationale de l'informatique et des libertés, les traitements de données à caractère personnel mis en oeuvre pour le compte de l'Etat et :

1° Qui intéressent la sûreté de l'Etat, la défense ou la sécurité publique ;

2° Ou qui ont pour objet la prévention, la recherche, la constatation ou la poursuite des infractions pénales ou l'exécution des condamnations pénales ou des mesures de sûreté.

L'avis de la commission est publié avec l'arrêté autorisant le traitement.

II. - Ceux de ces traitements qui portent sur des données mentionnées au I de l'article 8 sont autorisés par décret en Conseil d'Etat pris après avis motivé et publié de la commission ; cet avis est publié avec le décret autorisant le traitement.

III. - Certains traitements mentionnés au I et au II peuvent être dispensés, par décret en Conseil d'Etat, de la publication de l'acte réglementaire qui les autorise ; pour ces traitements, est publié, en même temps que le décret autorisant la dispense de publication de l'acte, le sens de l'avis émis par la commission.

IV. - Pour l'application du présent article, les traitements qui répondent à une même finalité, portent sur des catégories de données identiques et ont les mêmes destinataires ou catégories de destinataires peuvent être autorisés par un acte réglementaire unique. Dans ce cas, le responsable de chaque traitement adresse à la commission un engagement de conformité de celui-ci à la description figurant dans l'autorisation.

Article 27

I. - Sont autorisés par décret en Conseil d'Etat, pris après avis motivé et publié de la Commission nationale de l'informatique et des libertés :

1° Sous réserve du I bis de l'article 22 et du 9° du I de l'article 25, les traitements de données à caractère personnel mis en œuvre pour le compte de l'Etat, d'une personne morale de droit public ou d'une personne morale de droit privé gérant un service public, qui portent sur des données parmi lesquelles figure le numéro d'inscription des personnes au répertoire national d'identification des personnes physiques ;

2° Les traitements de données à caractère personnel mis en œuvre pour le compte de l'Etat qui portent sur des données biométriques nécessaires à l'authentification ou au contrôle de l'identité des personnes.

II. - Sont autorisés par arrêté ou, en cas de traitement opéré pour le compte d'un établissement public ou d'une personne morale de droit privé gérant un service public, par décision de l'organe délibérant chargé de leur organisation, pris après avis motivé et publié de la Commission nationale de l'informatique et des libertés :

1° Sous réserve du I bis de l'article 22 et du 9° du I de l'article 25, les traitements mis en œuvre par l'Etat ou les personnes morales mentionnées au I qui requièrent une consultation du répertoire national d'identification des personnes physiques sans inclure le numéro d'inscription à ce répertoire ;

2° Sous réserve du 9° du I de l'article 25, ceux des traitements mentionnés au I :

- qui ne comportent aucune des données mentionnées au I de l'article 8 ou à l'article 9 ;

- qui ne donnent pas lieu à une interconnexion entre des traitements ou fichiers correspondant à des intérêts publics différents ;

- et qui sont mis en œuvre par des services ayant pour mission, soit de déterminer les conditions d'ouverture ou l'étendue d'un droit des administrés, soit d'établir l'assiette, de contrôler ou de recouvrer des impositions ou taxes de toute nature, soit d'établir des statistiques ;

3° Les traitements relatifs au recensement de la population, en métropole et dans les collectivités situées outre-mer ;

4° Les traitements mis en oeuvre par l'Etat ou les personnes morales mentionnées au I aux fins de mettre à la disposition des usagers de l'administration un ou plusieurs téléservices de l'administration électronique définis à l'article 1er de l'ordonnance n° 2005-1516 du 8 décembre 2005 relative aux échanges électroniques entre les usagers et les autorités administratives et entre les autorités administratives, si ces traitements portent sur des données parmi lesquelles figurent le numéro d'inscription des personnes au répertoire national d'identification ou tout autre identifiant des personnes physiques.

III. - Les dispositions du IV de l'article 26 sont applicables aux traitements relevant du présent article.

IV. - Le 1° des I et II du présent article n'est pas applicable :

1° Aux traitements à des fins de recherche, d'étude ou d'évaluation dans le domaine de la santé, qui sont soumis au chapitre IX de la présente loi ;

2° Aux traitements mis en œuvre afin de répondre à une alerte sanitaire en cas de situation d'urgence, qui sont soumis au V de l'article 22.

Article 28

I. - La Commission nationale de l'informatique et des libertés, saisie dans le cadre des articles 26 ou 27, se prononce dans un délai de deux mois à compter de la réception de la demande. Toutefois, ce délai peut être renouvelé une fois sur décision motivée du président.

II. - L'avis demandé à la commission sur un traitement, qui n'est pas rendu à l'expiration du délai prévu au I, est réputé favorable.

Article 29

Les actes autorisant la création d'un traitement en application des articles 25, 26 et 27 précisent :

1° La dénomination et la finalité du traitement ;

2° Le service auprès duquel s'exerce le droit d'accès défini au chapitre VII ;

3° Les catégories de données à caractère personnel enregistrées ;

4° Les destinataires ou catégories de destinataires habilités à recevoir communication de ces données ;

5° Le cas échéant, les dérogations à l'obligation d'information prévues au V de l'article 32.

Article 30

I. - Les déclarations, demandes d'autorisation et demandes d'avis adressées à la Commission nationale de l'informatique et des libertés en vertu des dispositions des sections 1 et 2 précisent :

1° L'identité et l'adresse du responsable du traitement ou, si celui-ci n'est établi ni sur le territoire national ni sur celui d'un autre Etat membre de la Communauté européenne, celle de son représentant et, le cas échéant, celle de la personne qui présente la demande ;

2° La ou les finalités du traitement, ainsi que, pour les traitements relevant des articles 25, 26 et 27, la description générale de ses fonctions ;

3° Le cas échéant, les interconnexions, les rapprochements ou toutes autres formes de mise en relation avec d'autres traitements ;

4° Les données à caractère personnel traitées, leur origine et les catégories de personnes concernées par le traitement ;

5° La durée de conservation des informations traitées ;

6° Le ou les services chargés de mettre en oeuvre le traitement ainsi que, pour les traitements relevant des articles 25, 26 et 27, les catégories de personnes qui, en raison de leurs fonctions ou pour les besoins du service, ont directement accès aux données enregistrées ;

7° Les destinataires ou catégories de destinataires habilités à recevoir communication des données ;

8° La fonction de la personne ou le service auprès duquel s'exerce le droit d'accès prévu à l'article 39, ainsi que les mesures relatives à l'exercice de ce droit ;

9° Les dispositions prises pour assurer la sécurité des traitements et des données et la garantie des secrets protégés par la loi et, le cas échéant, l'indication du recours à un sous-traitant ;

10° Le cas échéant, les transferts de données à caractère personnel envisagés à destination d'un Etat non membre de la Communauté européenne, sous quelque forme que ce soit, à l'exclusion des traitements qui ne sont utilisés qu'à des fins de transit sur le territoire français ou sur celui d'un autre Etat membre de la Communauté européenne au sens des dispositions du 2° du I de l'article 5.

Les demandes d'avis portant sur les traitements intéressant la sûreté de l'Etat, la défense ou la sécurité publique peuvent ne pas comporter tous les éléments d'information énumérés ci-dessus. Un décret en Conseil d'Etat, pris après avis de la Commission nationale de l'informatique et des libertés, fixe la liste de ces traitements et des informations que les demandes d'avis portant sur ces traitements doivent comporter au minimum.

II. - Le responsable d'un traitement déjà déclaré ou autorisé informe sans délai la commission :

- de tout changement affectant les informations mentionnées au I ;
- de toute suppression du traitement.

Chapitre V : Obligations incombant aux responsables de traitements et droits des personnes

Article 32

I.-La personne auprès de laquelle sont recueillies des données à caractère personnel la concernant est informée, sauf si elle l'a été au préalable, par le responsable du traitement ou son représentant :

1° De l'identité du responsable du traitement et, le cas échéant, de celle de son représentant ;

2° De la finalité poursuivie par le traitement auquel les données sont destinées ;

3° Du caractère obligatoire ou facultatif des réponses ;

4° Des conséquences éventuelles, à son égard, d'un défaut de réponse ;

5° Des destinataires ou catégories de destinataires des données ;

6° Des droits qu'elle tient des dispositions de la section 2 du présent chapitre dont celui de définir des directives relatives au sort de ses données à caractère personnel après sa mort ;

7° Le cas échéant, des transferts de données à caractère personnel envisagés à destination d'un Etat non membre de la Communauté européenne ;

8° De la durée de conservation des catégories de données traitées ou, en cas d'impossibilité, des critères utilisés permettant de déterminer cette durée.

Lorsque de telles données sont recueillies par voie de questionnaires, ceux-ci doivent porter mention des prescriptions figurant aux 1°, 2°, 3° et 6°.

II. - Tout abonné ou utilisateur d'un service de communications électroniques doit être informé de manière claire et complète, sauf s'il l'a été au préalable, par le responsable du traitement ou son représentant :

- de la finalité de toute action tendant à accéder, par voie de transmission électronique, à des informations déjà stockées dans son équipement terminal de communications électroniques, ou à inscrire des informations dans cet équipement ;
- des moyens dont il dispose pour s'y opposer.

Ces accès ou inscriptions ne peuvent avoir lieu qu'à condition que l'abonné ou la personne utilisatrice ait exprimé, après avoir reçu cette information, son accord qui peut résulter de paramètres appropriés de son dispositif de connexion ou de tout autre dispositif placé sous son contrôle.

Ces dispositions ne sont pas applicables si l'accès aux informations stockées dans l'équipement terminal de l'utilisateur ou l'inscription d'informations dans l'équipement terminal de l'utilisateur :

- soit a pour finalité exclusive de permettre ou faciliter la communication par voie électronique ;
- soit est strictement nécessaire à la fourniture d'un service de communication en ligne à la demande expresse de l'utilisateur.

III.-Lorsque les données à caractère personnel n'ont pas été recueillies auprès de la personne concernée, le responsable du traitement ou son représentant doit fournir à cette dernière les informations énumérées au I dès l'enregistrement des données ou, si une communication des données à des tiers est envisagée, au plus tard lors de la première communication des données.

Lorsque les données à caractère personnel ont été initialement recueillies pour un autre objet, les dispositions de l'alinéa précédent ne s'appliquent pas aux traitements nécessaires à la conservation de ces données à des fins historiques, statistiques ou scientifiques, dans les conditions prévues au livre II du code du patrimoine ou à la réutilisation de ces données à des fins statistiques dans les conditions de l'article 7 bis de la loi n° 51-711 du 7 juin 1951 sur l'obligation, la coordination et le secret en matière de statistiques. Ces dispositions ne s'appliquent pas non plus lorsque la personne concernée est déjà informée ou quand son information se révèle impossible ou exige des efforts disproportionnés par rapport à l'intérêt de la démarche.

IV.-Si les données à caractère personnel recueillies sont appelées à faire l'objet à bref délai d'un procédé d'anonymisation préalablement reconnu conforme aux dispositions de la présente loi par la Commission nationale de l'informatique et des libertés, les informations délivrées par le responsable du traitement à la personne concernée peuvent se limiter à celles mentionnées au 1° et au 2° du I.

V.-Les dispositions du I ne s'appliquent pas aux données recueillies dans les conditions prévues au III et utilisées lors d'un traitement mis en oeuvre pour le compte de l'Etat et intéressant la sûreté de l'Etat, la défense, la sécurité publique ou ayant pour objet l'exécution de condamnations pénales ou de mesures de sûreté, dans la mesure où une telle limitation est nécessaire au respect des fins poursuivies par le traitement.

VI.-Les dispositions du présent article ne s'appliquent pas aux traitements de données ayant pour objet la prévention, la recherche, la constatation ou la poursuite d'infractions pénales.

Article 33

Sauf consentement exprès de la personne concernée, les données à caractère personnel recueillies par les prestataires de services de certification électronique pour les besoins de la délivrance et de la conservation des certificats liés aux signatures électroniques doivent l'être directement auprès de la personne concernée et ne peuvent être traitées que pour les fins en vue desquelles elles ont été recueillies.

Article 34

Le responsable du traitement est tenu de prendre toutes précautions utiles, au regard de la nature des données et des risques présentés par le traitement, pour préserver la sécurité des données et, notamment, empêcher qu'elles soient déformées, endommagées, ou que des tiers non autorisés y aient accès.

Des décrets, pris après avis de la Commission nationale de l'informatique et des libertés, peuvent fixer les prescriptions techniques auxquelles doivent se conformer les traitements mentionnés au 2° et au 6° du II de l'article 8.

Article 34 bis

I. - Le présent article s'applique au traitement des données à caractère personnel mis en œuvre dans le cadre de la fourniture au public de services de communications électroniques sur les réseaux de communications électroniques ouverts au public, y compris ceux prenant en charge les dispositifs de collecte de données et d'identification.

Pour l'application du présent article, on entend par violation de données à caractère personnel toute violation de la sécurité entraînant accidentellement ou de manière illicite la destruction, la perte, l'altération, la divulgation ou l'accès non autorisé à des données à caractère personnel faisant l'objet d'un traitement dans le cadre de la fourniture au public de services de communications électroniques.

II. - En cas de violation de données à caractère personnel, le fournisseur de services de communications électroniques accessibles au public avertit, sans délai, la Commission nationale de l'informatique et des libertés.

Lorsque cette violation peut porter atteinte aux données à caractère personnel ou à la vie privée d'un abonné ou d'une autre personne physique, le fournisseur avertit également, sans délai, l'intéressé.

La notification d'une violation des données à caractère personnel à l'intéressé n'est toutefois pas nécessaire si la Commission nationale de l'informatique et des libertés a constaté que des mesures de protection appropriées ont été mises en œuvre par le fournisseur afin de rendre les données incompréhensibles à toute personne non autorisée à y avoir accès et ont été appliquées aux données concernées par ladite violation.

A défaut, la Commission nationale de l'informatique et des libertés peut, après avoir examiné la gravité de la violation, mettre en demeure le fournisseur d'informer également les intéressés.

III. - Chaque fournisseur de services de communications électroniques tient à jour un inventaire des violations de données à caractère personnel, notamment de leurs modalités, de leur effet et des mesures prises pour y remédier et le conserve à la disposition de la commission.

Article 35

Les données à caractère personnel ne peuvent faire l'objet d'une opération de traitement de la part d'un sous-traitant, d'une personne agissant sous l'autorité du responsable du traitement ou de celle du sous-traitant, que sur instruction du responsable du traitement.

Toute personne traitant des données à caractère personnel pour le compte du responsable du traitement est considérée comme un sous-traitant au sens de la présente loi.

Le sous-traitant doit présenter des garanties suffisantes pour assurer la mise en oeuvre des mesures de sécurité et de confidentialité mentionnées à l'article 34. Cette exigence ne décharge pas le responsable du traitement de son obligation de veiller au respect de ces mesures.

Le contrat liant le sous-traitant au responsable du traitement comporte l'indication des obligations incombant au sous-traitant en matière de protection de la sécurité et de la confidentialité des données et prévoit que le sous-traitant ne peut agir que sur instruction du responsable du traitement.

Article 39

I.-Toute personne physique justifiant de son identité a le droit d'interroger le responsable d'un traitement de données à caractère personnel en vue d'obtenir :

1° La confirmation que des données à caractère personnel la concernant font ou ne font pas l'objet de ce traitement ;

2° Des informations relatives aux finalités du traitement, aux catégories de données à caractère personnel traitées et aux destinataires ou aux catégories de destinataires auxquels les données sont communiquées;

3° Le cas échéant, des informations relatives aux transferts de données à caractère personnel envisagés à destination d'un Etat non membre de la Communauté européenne ;

4° La communication, sous une forme accessible, des données à caractère personnel qui la concernent ainsi que de toute information disponible quant à l'origine de celles-ci ;

5° Les informations permettant de connaître et de contester la logique qui sous-tend le traitement automatisé en cas de décision prise sur le fondement de celui-ci et produisant des effets juridiques à l'égard de l'intéressé. Toutefois, les informations communiquées à la personne concernée ne doivent pas porter atteinte au droit d'auteur au sens des dispositions du livre Ier et du titre IV du livre III du code de la propriété intellectuelle.

Une copie des données à caractère personnel est délivrée à l'intéressé à sa demande. Le responsable du traitement peut subordonner la délivrance de cette copie au paiement d'une somme qui ne peut excéder le coût de la reproduction.

En cas de risque de dissimulation ou de disparition des données à caractère personnel, le juge compétent peut ordonner, y compris en référé, toutes mesures de nature à éviter cette dissimulation ou cette disparition.

II.-Le responsable du traitement peut s'opposer aux demandes manifestement abusives, notamment par leur nombre, leur caractère répétitif ou systématique. En cas de contestation, la charge de la preuve du caractère manifestement abusif des demandes incombe au responsable auprès duquel elles sont adressées.

Les dispositions du présent article ne s'appliquent pas lorsque les données à caractère personnel sont conservées sous une forme excluant manifestement tout risque d'atteinte à la vie privée des personnes concernées et pendant une durée n'excédant pas celle nécessaire aux seules finalités d'établissement de statistiques ou de recherche scientifique ou historique. Hormis les cas mentionnés au deuxième alinéa de l'article 36, les dérogations envisagées par le responsable du traitement sont mentionnées dans la demande d'autorisation ou dans la déclaration adressée à la Commission nationale de l'informatique et des libertés.

Article 40

I. — Toute personne physique justifiant de son identité peut exiger du responsable d'un traitement que soient, selon les cas, rectifiées, complétées, mises à jour, verrouillées ou effacées les données à caractère personnel la concernant, qui sont inexactes, incomplètes, équivoques, périmées, ou dont la collecte, l'utilisation, la communication ou la conservation est interdite.

Lorsque l'intéressé en fait la demande, le responsable du traitement doit justifier, sans frais pour le demandeur, qu'il a procédé aux opérations exigées en vertu de l'alinéa précédent.

En cas de contestation, la charge de la preuve incombe au responsable auprès duquel est exercé le droit d'accès sauf lorsqu'il est établi que les données contestées ont été communiquées par l'intéressé ou avec son accord.

Lorsqu'il obtient une modification de l'enregistrement, l'intéressé est en droit d'obtenir le remboursement des frais correspondant au coût de la copie mentionnée au I de l'article 39.

Si une donnée a été transmise à un tiers, le responsable du traitement doit accomplir les diligences utiles afin de lui notifier les opérations qu'il a effectuées conformément au premier alinéa.

II. — Sur demande de la personne concernée, le responsable du traitement est tenu d'effacer dans les meilleurs délais les données à caractère personnel qui ont été collectées dans le cadre de l'offre de services de la société de l'information lorsque la personne concernée était mineure au moment de la collecte. Lorsqu'il a transmis les données en cause à un tiers lui-même responsable de traitement, il prend des mesures raisonnables, y compris d'ordre technique, compte tenu des technologies disponibles et des coûts de mise en œuvre, pour informer le tiers qui traite ces données que la personne concernée a demandé l'effacement de tout lien vers celles-ci, ou de toute copie ou de toute reproduction de celles-ci.

En cas de non-exécution de l'effacement des données à caractère personnel ou en cas d'absence de réponse du responsable du traitement dans un délai d'un mois à compter de la demande, la personne concernée peut saisir la Commission nationale de l'informatique et des libertés, qui se prononce sur cette demande dans un délai de trois semaines à compter de la date de réception de la réclamation.

Les deux premiers alinéas du présent II ne s'appliquent pas lorsque le traitement de données à caractère personnel est nécessaire :

1° Pour exercer le droit à la liberté d'expression et d'information ;

2° Pour respecter une obligation légale qui requiert le traitement de ces données ou pour exercer une mission d'intérêt public ou relevant de l'exercice de l'autorité publique dont est investi le responsable du traitement ;

3° Pour des motifs d'intérêt public dans le domaine de la santé publique ;

4° A des fins archivistiques dans l'intérêt public, à des fins de recherche scientifique ou historique ou à des fins statistiques, dans la mesure où le droit mentionné au présent II est susceptible de rendre impossible ou de compromettre gravement la réalisation des objectifs du traitement ;

5° A la constatation, à l'exercice ou à la défense de droits en justice.

Article 40-1

I. - Les droits ouverts à la présente section s'éteignent au décès de leur titulaire. Toutefois, ils peuvent être provisoirement maintenus conformément aux II et III suivants.

II. - Toute personne peut définir des directives relatives à la conservation, à l'effacement et à la communication de ses données à caractère personnel après son décès. Ces directives sont générales ou particulières.

Les directives générales concernent l'ensemble des données à caractère personnel se rapportant à la personne concernée et peuvent être enregistrées auprès d'un tiers de confiance numérique certifié par la Commission nationale de l'informatique et des libertés.

Les références des directives générales et le tiers de confiance auprès duquel elles sont enregistrées sont inscrites dans un registre unique dont les modalités et l'accès sont fixés par décret en Conseil d'Etat, pris après avis motivé et publié de la Commission nationale de l'informatique et des libertés.

Les directives particulières concernent les traitements de données à caractère personnel mentionnées par ces directives. Elles sont enregistrées auprès des responsables de traitement concernés. Elles font l'objet du consentement spécifique de la personne concernée et ne peuvent résulter de la seule approbation par celle-ci des conditions générales d'utilisation.

Les directives générales et particulières définissent la manière dont la personne entend que soient exercés, après son décès, les droits mentionnés à la présente section. Le respect de ces directives est sans préjudice des dispositions applicables aux archives publiques comportant des données à caractère personnel.

Lorsque les directives prévoient la communication de données qui comportent également des données à caractère personnel relatives à des tiers, cette communication s'effectue dans le respect de la présente loi.

La personne peut modifier ou révoquer ses directives à tout moment.

Les directives mentionnées au premier alinéa du présent II peuvent désigner une personne chargée de leur exécution. Celle-ci a alors qualité, lorsque la personne est décédée, pour prendre connaissance des directives et demander leur mise en œuvre aux responsables de traitement concernés. A défaut de désignation ou, sauf directive contraire, en cas de décès de la personne désignée, ses héritiers ont qualité pour prendre connaissance des directives au décès de leur auteur et demander leur mise en œuvre aux responsables de traitement concernés.

Toute clause contractuelle des conditions générales d'utilisation d'un traitement portant sur des données à caractère personnel limitant les prérogatives reconnues à la personne en vertu du présent article est réputée non écrite.

III. - En l'absence de directives ou de mention contraire dans lesdites directives, les héritiers de la personne concernée peuvent exercer après son décès les droits mentionnés à la présente section dans la mesure nécessaire :

- à l'organisation et au règlement de la succession du défunt. A ce titre, les héritiers peuvent accéder aux traitements de données à caractère personnel qui le concernent afin d'identifier et d'obtenir communication des informations utiles à la liquidation et au partage de la succession. Ils peuvent aussi recevoir communication des biens numériques ou des données s'apparentant à des souvenirs de famille, transmissibles aux héritiers ;

- à la prise en compte, par les responsables de traitement, de son décès. A ce titre, les héritiers peuvent faire procéder à la clôture des comptes utilisateurs du défunt, s'opposer à la poursuite des traitements de données à caractère personnel le concernant ou faire procéder à leur mise à jour.

Lorsque les héritiers en font la demande, le responsable du traitement doit justifier, sans frais pour le demandeur, qu'il a procédé aux opérations exigées en application du troisième alinéa du présent III.

Les désaccords entre héritiers sur l'exercice des droits prévus au présent III sont portés devant le tribunal de grande instance compétent.

IV. - Tout prestataire d'un service de communication au public en ligne informe l'utilisateur du sort des données qui le concernent à son décès et lui permet de choisir de communiquer ou non ses données à un tiers qu'il désigne.

Chapitre VII : Sanctions prononcées par la formation restreinte de la Commission nationale de l'informatique et des libertés.

Article 45

I. - Lorsque le responsable d'un traitement ne respecte pas les obligations découlant de la présente loi, le président de la Commission nationale de l'informatique et des libertés peut le mettre en demeure de faire cesser le manquement constaté dans un délai qu'il fixe. En cas d'extrême urgence, ce délai peut être ramené à vingt-quatre heures.

Si le responsable du traitement se conforme à la mise en demeure qui lui est adressée, le président de la commission prononce la clôture de la procédure.

Dans le cas contraire, la formation restreinte de la commission peut prononcer, après une procédure contradictoire, les sanctions suivantes :

1° Un avertissement ;

2° Une sanction pécuniaire, dans les conditions prévues à l'article 47, à l'exception des cas où le traitement est mis en œuvre par l'Etat ;

3° Une injonction de cesser le traitement, lorsque celui-ci relève de l'article 22, ou un retrait de l'autorisation accordée en application de l'article 25.

Lorsque le manquement constaté ne peut faire l'objet d'une mise en conformité dans le cadre d'une mise en demeure, la formation restreinte peut prononcer, sans mise en demeure préalable et après une procédure contradictoire, les sanctions prévues au présent I.

II. - Lorsque la mise en œuvre d'un traitement ou l'exploitation des données traitées entraîne une violation des droits et libertés mentionnés à l'article 1er, la formation restreinte, saisie par le président de la commission, peut, dans le cadre d'une procédure d'urgence définie par décret en Conseil d'Etat, après une procédure contradictoire :

1° Décider l'interruption de la mise en œuvre du traitement, pour une durée maximale de trois mois, si le traitement n'est pas au nombre de ceux qui sont mentionnés aux I et II de l'article 26 ou de ceux mentionnés à l'article 27 mis en œuvre par l'Etat ;

2° Prononcer un avertissement visé au 1° du I ;

3° Décider le verrouillage de certaines des données à caractère personnel traitées, pour une durée maximale de trois mois, si le traitement n'est pas au nombre de ceux qui sont mentionnés aux I et II de l'article 26 ;

4° Informer le Premier ministre pour qu'il prenne, le cas échéant, les mesures permettant de faire cesser la violation constatée, si le traitement en cause est au nombre de ceux qui sont mentionnés aux mêmes I et II de l'article 26 ; le Premier ministre fait alors connaître à la formation restreinte les suites qu'il a données à cette information au plus tard quinze jours après l'avoir reçue.

III. - En cas d'atteinte grave et immédiate aux droits et libertés mentionnés à l'article 1er, le président de la commission peut demander, par la voie du référé, à la juridiction compétente d'ordonner, le cas échéant sous astreinte, toute mesure nécessaire à la sauvegarde de ces droits et libertés.

Article 46

Les sanctions prévues au I et au 1° du II de l'article 45 sont prononcées sur la base d'un rapport établi par l'un des membres de la Commission nationale de l'informatique et des libertés, désigné par le président de celle-ci parmi les membres n'appartenant pas à la formation restreinte. Ce rapport est notifié au responsable du traitement, qui peut déposer des observations et se faire représenter ou assister. Le rapporteur peut présenter des observations orales à la formation restreinte mais ne prend pas part à ses délibérations. La formation restreinte peut entendre toute personne dont l'audition lui paraît susceptible de contribuer utilement à son information, y compris, à la demande du secrétaire général, les agents des services.

La formation restreinte peut rendre publiques les sanctions qu'elle prononce. Elle peut ordonner que les personnes sanctionnées informent individuellement de cette sanction, à leur frais, chacune des personnes concernées. Elle peut également ordonner leur insertion dans des publications, journaux et supports qu'elle désigne aux frais des personnes sanctionnées. Le président de la commission peut demander au bureau de rendre publique la mise en demeure prévue au deuxième alinéa du I de l'article 45. Lorsque le président de la commission prononce la clôture de la procédure dans les conditions définies au troisième alinéa du même I, la clôture fait l'objet de la même mesure de publicité que celle, le cas échéant, de la mise en demeure.

Les décisions prises par la formation restreinte au titre de l'article 45 sont motivées et notifiées au responsable du traitement. Les décisions prononçant une sanction peuvent faire l'objet d'un recours de pleine juridiction devant le Conseil d'Etat.

Article 47

Le montant de la sanction pécuniaire prévue au I de l'article 45 est proportionné à la gravité du manquement commis et aux avantages tirés de ce manquement. La formation restreinte de la Commission nationale de l'informatique et des libertés prend notamment en compte le caractère intentionnel ou de négligence du manquement, les mesures prises par le responsable du traitement pour atténuer les dommages subis par les personnes concernées, le degré de coopération avec la commission afin de remédier au manquement et d'atténuer ses effets négatifs éventuels, les catégories de données à caractère personnel concernées et la manière dont le manquement a été porté à la connaissance de la commission.

Le montant de la sanction ne peut excéder 3 millions d'euros.

Lorsque la formation restreinte a prononcé une sanction pécuniaire devenue définitive avant que le juge pénal ait statué définitivement sur les mêmes faits ou des faits connexes, celui-ci peut ordonner que la sanction pécuniaire s'impute sur l'amende qu'il prononce.

Les sanctions pécuniaires sont recouvrées comme les créances de l'Etat étrangères à l'impôt et au domaine.

Règlement 2016/679 du Parlement Européen et du Conseil du 27 avril 2016 relatif à la protection des personnes physiques à l'égard du traitement des données à caractère personnel et à la libre circulation de ces données, et abrogeant la directive 95/46/CE

Consentement

Article 7

1. Dans les cas où le traitement repose sur le consentement, le responsable du traitement est en mesure de démontrer que la personne concernée a donné son consentement au traitement de données à caractère personnel la concernant.

2. Si le consentement de la personne concernée est donné dans le cadre d'une déclaration écrite qui concerne également d'autres questions, la demande de consentement est présentée sous une forme qui la distingue clairement de ces autres questions, sous une forme compréhensible et aisément accessible, et formulée en des termes clairs et simples. Aucune partie de cette déclaration qui constitue une violation du présent règlement n'est contraignante.

3. La personne concernée a le droit de retirer son consentement à tout moment. Le retrait du consentement ne compromet pas la licéité du traitement fondé sur le consentement effectué avant ce retrait. La personne concernée en est informée avant de donner son consentement. Il est aussi simple de retirer que de donner son consentement.

4. Au moment de déterminer si le consentement est donné librement, il y a lieu de tenir le plus grand compte de la question de savoir, entre autres, si l'exécution d'un contrat, y compris la fourniture d'un service, est subordonnée au consentement au traitement de données à caractère personnel qui n'est pas nécessaire à l'exécution dudit contrat.

Droits de la personne concernée

Article 15

1. La personne concernée a le droit d'obtenir du responsable du traitement la confirmation que des données à caractère personnel la concernant sont ou ne sont pas traitées et, lorsqu'elles le sont, l'accès auxdites données à caractère personnel ainsi que les informations suivantes:

a) les finalités du traitement;

b) les catégories de données à caractère personnel concernées;

c) les destinataires ou catégories de destinataires auxquels les données à caractère personnel ont été ou seront communiquées, en particulier les destinataires qui sont établis dans des pays tiers ou les organisations internationales;

d) lorsque cela est possible, la durée de conservation des données à caractère personnel envisagée ou, lorsque ce n'est pas possible, les critères utilisés pour déterminer cette durée;

e) l'existence du droit de demander au responsable du traitement la rectification ou l'effacement de données à caractère personnel, ou une limitation du traitement des données à caractère personnel relatives à la personne concernée, ou du droit de s'opposer à ce traitement;

f) le droit d'introduire une réclamation auprès d'une autorité de contrôle;

g) lorsque les données à caractère personnel ne sont pas collectées auprès de la personne concernée, toute information disponible quant à leur source;

h) l'existence d'une prise de décision automatisée, y compris un profilage, visée à l'article 22, paragraphes 1 et 4, et, au moins en pareils cas, des informations utiles concernant la logique sous-jacente, ainsi que l'importance et les conséquences prévues de ce traitement pour la personne concernée.

2. Lorsque les données à caractère personnel sont transférées vers un pays tiers ou à une organisation internationale, la personne concernée a le droit d'être informée des garanties appropriées, en vertu de l'article 46, en ce qui concerne ce transfert.

3. Le responsable du traitement fournit une copie des données à caractère personnel faisant l'objet d'un traitement. Le responsable du traitement peut exiger le paiement de frais raisonnables basés sur les coûts administratifs pour toute copie supplémentaire demandée par la personne concernée. Lorsque la personne concernée présente sa demande par voie électronique, les informations sont fournies sous une forme électronique d'usage courant, à moins que la personne concernée ne demande qu'il en soit autrement.

4. Le droit d'obtenir une copie visé au paragraphe 3 ne porte pas atteinte aux droits et libertés d'autrui.

Article 16

La personne concernée a le droit d'obtenir du responsable du traitement, dans les meilleurs délais, la rectification des données à caractère personnel la concernant qui sont inexactes. Compte tenu des finalités du traitement, la personne concernée a le droit d'obtenir que les données à caractère personnel incomplètes soient complétées, y compris en fournissant une déclaration complémentaire.

Article 17

1. La personne concernée a le droit d'obtenir du responsable du traitement l'effacement, dans les meilleurs délais, de données à caractère personnel la concernant et le responsable du traitement a l'obligation d'effacer ces données à caractère personnel dans les meilleurs délais, lorsque l'un des motifs suivants s'applique:

a) les données à caractère personnel ne sont plus nécessaires au regard des finalités pour lesquelles elles ont été collectées ou traitées d'une autre manière;

b) la personne concernée retire le consentement sur lequel est fondé le traitement, conformément à l'article 6, paragraphe 1, point a), ou à l'article 9, paragraphe 2, point a), et il n'existe pas d'autre fondement juridique au traitement;

c) la personne concernée s'oppose au traitement en vertu de l'article 21, paragraphe 1, et il n'existe pas de motif légitime impérieux pour le traitement, ou la personne concernée s'oppose au traitement en vertu de l'article 21, paragraphe 2;

d) les données à caractère personnel ont fait l'objet d'un traitement illicite;

e) les données à caractère personnel doivent être effacées pour respecter une obligation légale qui est prévue par le droit de l'Union ou par le droit de l'État membre auquel le responsable du traitement est soumis;

f) les données à caractère personnel ont été collectées dans le cadre de l'offre de services de la société de l'information visée à l'article 8, paragraphe 1.

2. Lorsqu'il a rendu publiques les données à caractère personnel et qu'il est tenu de les effacer en vertu du paragraphe 1, le responsable du traitement, compte tenu des technologies disponibles et des coûts de mise en œuvre, prend des mesures raisonnables, y compris d'ordre technique, pour informer les responsables du traitement qui traitent ces données à caractère personnel que la personne concernée a

demandé l'effacement par ces responsables du traitement de tout lien vers ces données à caractère personnel, ou de toute copie ou reproduction de celles-ci.

3. Les paragraphes 1 et 2 ne s'appliquent pas dans la mesure où ce traitement est nécessaire:

a) à l'exercice du droit à la liberté d'expression et d'information;

b) pour respecter une obligation légale qui requiert le traitement prévue par le droit de l'Union ou par le droit de l'État membre auquel le responsable du traitement est soumis, ou pour exécuter une mission d'intérêt public ou relevant de l'exercice de l'autorité publique dont est investi le responsable du traitement;

c) pour des motifs d'intérêt public dans le domaine de la santé publique, conformément à l'article 9, paragraphe 2, points h) et i), ainsi qu'à l'article 9, paragraphe 3;

d) à des fins archivistiques dans l'intérêt public, à des fins de recherche scientifique ou historique ou à des fins statistiques conformément à l'article 89, paragraphe 1, dans la mesure où le droit visé au paragraphe 1 est susceptible de rendre impossible ou de compromettre gravement la réalisation des objectifs dudit traitement; ou

e) à la constatation, à l'exercice ou à la défense de droits en justice.

Article 18

1. La personne concernée a le droit d'obtenir du responsable du traitement la limitation du traitement lorsque l'un des éléments suivants s'applique:

a) l'exactitude des données à caractère personnel est contestée par la personne concernée, pendant une durée permettant au responsable du traitement de vérifier l'exactitude des données à caractère personnel;

b) le traitement est illicite et la personne concernée s'oppose à leur effacement et exige à la place la limitation de leur utilisation;

c) le responsable du traitement n'a plus besoin des données à caractère personnel aux fins du traitement mais celles-ci sont encore nécessaires à la personne concernée pour la constatation, l'exercice ou la défense de droits en justice;

d) la personne concernée s'est opposée au traitement en vertu de l'article 21, paragraphe 1, pendant la vérification portant sur le point de savoir si les motifs légitimes poursuivis par le responsable du traitement prévalent sur ceux de la personne concernée.

2. Lorsque le traitement a été limité en vertu du paragraphe 1, ces données à caractère personnel ne peuvent, à l'exception de la conservation, être traitées qu'avec le consentement de la personne concernée, ou pour la constatation, l'exercice ou la défense de droits en justice, ou pour la protection des droits d'une autre personne physique ou morale, ou encore pour des motifs importants d'intérêt public de l'Union ou d'un État membre.

3. Une personne concernée qui a obtenu la limitation du traitement en vertu du paragraphe 1 est informée par le responsable du traitement avant que la limitation du traitement ne soit levée.

Article 20

1. Les personnes concernées ont le droit de recevoir les données à caractère personnel les concernant qu'elles ont fournies à un responsable du traitement, dans un format structuré, couramment utilisé et lisible par machine, et ont le droit de transmettre ces données à un autre responsable du traitement sans que le responsable

du traitement auquel les données à caractère personnel ont été communiquées y fasse obstacle, lorsque:

a) le traitement est fondé sur le consentement en application de l'article 6, paragraphe 1, point a), ou de l'article 9, paragraphe 2, point a), ou sur un contrat en application de l'article 6, paragraphe 1, point b); et

b) le traitement est effectué à l'aide de procédés automatisés.

2. Lorsque la personne concernée exerce son droit à la portabilité des données en application du paragraphe 1, elle a le droit d'obtenir que les données à caractère personnel soient transmises directement d'un responsable du traitement à un autre, lorsque cela est techniquement possible.

3. L'exercice du droit, visé au paragraphe 1 du présent article s'entend sans préjudice de l'article 17. Ce droit ne s'applique pas au traitement nécessaire à l'exécution d'une mission d'intérêt public ou relevant de l'exercice de l'autorité publique dont est investi le responsable du traitement.

4. Le droit visé au paragraphe 1 ne porte pas atteinte aux droits et libertés de tiers.

Article 21

1. La personne concernée a le droit de s'opposer à tout moment, pour des raisons tenant à sa situation particulière, à un traitement des données à caractère personnel la concernant fondé sur l'article 6, paragraphe 1, point e) ou f), y compris un profilage fondé sur ces dispositions. Le responsable du traitement ne traite plus les données à caractère personnel, à moins qu'il ne démontre qu'il existe des motifs légitimes et impérieux pour le traitement qui prévalent sur les intérêts et les droits et libertés de la personne concernée, ou pour la constatation, l'exercice ou la défense de droits en justice.

2. Lorsque les données à caractère personnel sont traitées à des fins de prospection, la personne concernée a le droit de s'opposer à tout moment au traitement des données à caractère personnel la concernant à de telles fins de prospection, y compris au profilage dans la mesure où il est lié à une telle prospection.

3. Lorsque la personne concernée s'oppose au traitement à des fins de prospection, les données à caractère personnel ne sont plus traitées à ces fins.

4. Au plus tard au moment de la première communication avec la personne concernée, le droit visé aux paragraphes 1 et 2 est explicitement porté à l'attention de la personne concernée et est présenté clairement et séparément de toute autre information.

5. Dans le cadre de l'utilisation de services de la société de l'information, et nonobstant la directive 2002/58/CE, la personne concernée peut exercer son droit d'opposition à l'aide de procédés automatisés utilisant des spécifications techniques.

6. Lorsque des données à caractère personnel sont traitées à des fins de recherche scientifique ou historique ou à des fins statistiques en application de l'article 89, paragraphe 1, la personne concernée a le droit de s'opposer, pour des raisons tenant à sa situation particulière, au traitement de données à caractère personnel la concernant, à moins que le traitement ne soit nécessaire à l'exécution d'une mission d'intérêt public.

Obligations du responsable de traitement

Article 25

1. Compte tenu de l'état des connaissances, des coûts de mise en œuvre et de la nature, de la portée, du contexte et des finalités du traitement ainsi que des risques, dont le degré de probabilité et de gravité varie, que présente le traitement pour les droits et libertés des personnes physiques, le responsable du traitement met en œuvre, tant au moment de la détermination des moyens du traitement qu'au moment du traitement lui-même, des mesures techniques et organisationnelles appropriées, telles que la pseudonymisation, qui sont destinées à mettre en œuvre les principes relatifs à la protection des données, par exemple la minimisation des données, de façon effective et à assortir le traitement des garanties nécessaires afin de répondre aux exigences du présent règlement et de protéger les droits de la personne concernée.

2. Le responsable du traitement met en œuvre les mesures techniques et organisationnelles appropriées pour garantir que, par défaut, seules les données à caractère personnel qui sont nécessaires au regard de chaque finalité spécifique du traitement sont traitées. Cela s'applique à la quantité de données à caractère personnel collectées, à l'étendue de leur traitement, à leur durée de conservation et à leur accessibilité. En particulier, ces mesures garantissent que, par défaut, les données à caractère personnel ne sont pas rendues accessibles à un nombre indéterminé de personnes physiques sans l'intervention de la personne physique concernée.

3. Un mécanisme de certification approuvé en vertu de l'article 42 peut servir d'élément pour démontrer le respect des exigences énoncées aux paragraphes 1 et 2 du présent article.

Article 30

1. Chaque responsable du traitement et, le cas échéant, le représentant du responsable du traitement tiennent un registre des activités de traitement effectuées sous leur responsabilité. Ce registre comporte toutes les informations suivantes:

a) le nom et les coordonnées du responsable du traitement et, le cas échéant, du responsable conjoint du traitement, du représentant du responsable du traitement et du délégué à la protection des données;

b) les finalités du traitement;

c) une description des catégories de personnes concernées et des catégories de données à caractère personnel;

d) les catégories de destinataires auxquels les données à caractère personnel ont été ou seront communiquées, y compris les destinataires dans des pays tiers ou des organisations internationales;

e) le cas échéant, les transferts de données à caractère personnel vers un pays tiers ou à une organisation internationale, y compris l'identification de ce pays tiers ou de cette organisation internationale et, dans le cas des transferts visés à l'article 49, paragraphe 1, deuxième alinéa, les documents attestant de l'existence de garanties appropriées;

f) dans la mesure du possible, les délais prévus pour l'effacement des différentes catégories de données;

g) dans la mesure du possible, une description générale des mesures de sécurité techniques et organisationnelles visées à l'article 32, paragraphe 1.

2. Chaque sous-traitant et, le cas échéant, le représentant du sous-traitant tiennent un registre de toutes les catégories d'activités de traitement effectuées pour le compte du responsable du traitement, comprenant:

a) le nom et les coordonnées du ou des sous-traitants et de chaque responsable du traitement pour le compte duquel le sous-traitant agit ainsi que, le cas échéant, les noms et les coordonnées du représentant du responsable du traitement ou du sous-traitant et celles du délégué à la protection des données;

b) les catégories de traitements effectués pour le compte de chaque responsable du traitement;

c) le cas échéant, les transferts de données à caractère personnel vers un pays tiers ou à une organisation internationale, y compris l'identification de ce pays tiers ou de cette organisation internationale et, dans le cas des transferts visés à l'article 49, paragraphe 1, deuxième alinéa, les documents attestant de l'existence de garanties appropriées;

d) dans la mesure du possible, une description générale des mesures de sécurité techniques et organisationnelles visées à l'article 32, paragraphe 1.

3. Les registres visés aux paragraphes 1 et 2 se présentent sous une forme écrite y compris la forme électronique.

4. Le responsable du traitement ou le sous-traitant et, le cas échéant, leur représentant mettent le registre à la disposition de l'autorité de contrôle sur demande.

5. Les obligations visées aux paragraphes 1 et 2 ne s'appliquent pas à une entreprise ou à une organisation comptant moins de 250 employés, sauf si le traitement qu'elles effectuent est susceptible de comporter un risque pour les droits et des libertés des personnes concernées, s'il n'est pas occasionnel ou s'il porte notamment sur les catégories particulières de données visées à l'article 9, paragraphe 1, ou sur des données à caractère personnel relatives à des condamnations pénales et à des infractions visées à l'article 10.

Article 32

1. Compte tenu de l'état des connaissances, des coûts de mise en œuvre et de la nature, de la portée, du contexte et des finalités du traitement ainsi que des risques, dont le degré de probabilité et de gravité varie, pour les droits et libertés des personnes physiques, le responsable du traitement et le sous-traitant mettent en œuvre les mesures techniques et organisationnelles appropriées afin de garantir un niveau de sécurité adapté au risque, y compris entre autres, selon les besoins:

a) la pseudonymisation et le chiffrement des données à caractère personnel;

b) des moyens permettant de garantir la confidentialité, l'intégrité, la disponibilité et la résilience constantes des systèmes et des services de traitement;

c) des moyens permettant de rétablir la disponibilité des données à caractère personnel et l'accès à celles-ci dans des délais appropriés en cas d'incident physique ou technique;

d) une procédure visant à tester, à analyser et à évaluer régulièrement l'efficacité des mesures techniques et organisationnelles pour assurer la sécurité du traitement.

2. Lors de l'évaluation du niveau de sécurité approprié, il est tenu compte en particulier des risques que présente le traitement, résultant notamment de la destruction, de la perte, de l'altération, de la divulgation non autorisée de données à caractère personnel transmises, conservées ou traitées d'une autre manière, ou de l'accès non autorisé à de telles données, de manière accidentelle ou illicite.

3. L'application d'un code de conduite approuvé comme le prévoit l'article 40 ou d'un mécanisme de certification approuvé comme le prévoit l'article 42 peut servir d'élément pour démontrer le respect des exigences prévues au paragraphe 1 du présent article.

4. Le responsable du traitement et le sous-traitant prennent des mesures afin de garantir que toute personne physique agissant sous l'autorité du responsable du traitement ou sous celle du sous-traitant, qui a accès à des données à caractère personnel, ne les traite pas, excepté sur instruction du responsable du traitement, à moins d'y être obligée par le droit de l'Union ou le droit d'un État membre.

Article 33

1. En cas de violation de données à caractère personnel, le responsable du traitement en notifie la violation en question à l'autorité de contrôle compétente conformément à l'article 55, dans les meilleurs délais et, si possible, 72 heures au plus tard après en avoir pris connaissance, à moins que la violation en question ne soit pas susceptible d'engendrer un risque pour les droits et libertés des personnes physiques. Lorsque la notification à l'autorité de contrôle n'a pas lieu dans les 72 heures, elle est accompagnée des motifs du retard.

2. Le sous-traitant notifie au responsable du traitement toute violation de données à caractère personnel dans les meilleurs délais après en avoir pris connaissance.

3. La notification visée au paragraphe 1 doit, à tout le moins:

a) décrire la nature de la violation de données à caractère personnel y compris, si possible, les catégories et le nombre approximatif de personnes concernées par la violation et les catégories et le nombre approximatif d'enregistrements de données à caractère personnel concernés;

b) communiquer le nom et les coordonnées du délégué à la protection des données ou d'un autre point de contact auprès duquel des informations supplémentaires peuvent être obtenues;

c) décrire les conséquences probables de la violation de données à caractère personnel;

d) décrire les mesures prises ou que le responsable du traitement propose de prendre pour remédier à la violation de données à caractère personnel, y compris, le cas échéant, les mesures pour en atténuer les éventuelles conséquences négatives.

4. Si, et dans la mesure où, il n'est pas possible de fournir toutes les informations en même temps, les informations peuvent être communiquées de manière échelonnée sans autre retard indu.

5. Le responsable du traitement documente toute violation de données à caractère personnel, en indiquant les faits concernant la violation des données à caractère personnel, ses effets et les mesures prises pour y remédier. La documentation ainsi constituée permet à l'autorité de contrôle de vérifier le respect du présent article.

Article 34

1. Lorsqu'une violation de données à caractère personnel est susceptible d'engendrer un risque élevé pour les droits et libertés d'une personne physique, le responsable du traitement communique la violation de données à caractère personnel à la personne concernée dans les meilleurs délais.

2. La communication à la personne concernée visée au paragraphe 1 du présent article décrit, en des termes clairs et simples, la nature de la violation de données à caractère personnel et contient au moins les informations et mesures visées à l'article 33, paragraphe 3, points b), c) et d).

3. La communication à la personne concernée visée au paragraphe 1 n'est pas nécessaire si l'une ou l'autre des conditions suivantes est remplie:

a) le responsable du traitement a mis en œuvre les mesures de protection techniques et organisationnelles appropriées et ces mesures ont été appliquées aux données à caractère personnel affectées par ladite violation, en particulier les mesures qui rendent les données à caractère personnel incompréhensibles pour toute personne qui n'est pas autorisée à y avoir accès, telles que le chiffrement;

b) le responsable du traitement a pris des mesures ultérieures qui garantissent que le risque élevé pour les droits et libertés des personnes concernées visé au paragraphe 1 n'est plus susceptible de se matérialiser;

c) elle exigerait des efforts disproportionnés. Dans ce cas, il est plutôt procédé à une communication publique ou à une mesure similaire permettant aux personnes concernées d'être informées de manière tout aussi efficace.

4. Si le responsable du traitement n'a pas déjà communiqué à la personne concernée la violation de données à caractère personnel la concernant, l'autorité de contrôle peut, après avoir examiné si cette violation de données à caractère personnel est susceptible d'engendrer un risque élevé, exiger du responsable du traitement qu'il procède à cette communication ou décider que l'une ou l'autre des conditions visées au paragraphe 3 est remplie.

Article 35

1. Lorsqu'un type de traitement, en particulier par le recours à de nouvelles technologies, et compte tenu de la nature, de la portée, du contexte et des finalités du traitement, est susceptible d'engendrer un risque élevé pour les droits et libertés des personnes physiques, le responsable du traitement effectue, avant le traitement, une analyse de l'impact des opérations de traitement envisagées sur la protection des données à caractère personnel. Une seule et même analyse peut porter sur un ensemble d'opérations de traitement similaires qui présentent des risques élevés similaires.

2. Lorsqu'il effectue une analyse d'impact relative à la protection des données, le responsable du traitement demande conseil au délégué à la protection des données, si un tel délégué a été désigné.

3. L'analyse d'impact relative à la protection des données visée au paragraphe 1 est, en particulier, requise dans les cas suivants:

a) l'évaluation systématique et approfondie d'aspects personnels concernant des personnes physiques, qui est fondée sur un traitement automatisé, y compris le profilage, et sur la base de laquelle sont prises des décisions produisant des effets juridiques à l'égard d'une personne physique ou l'affectant de manière significative de façon similaire;

b) le traitement à grande échelle de catégories particulières de données visées à l'article 9, paragraphe 1, ou de données à caractère personnel relatives à des condamnations pénales et à des infractions visées à l'article 10; ou

c) la surveillance systématique à grande échelle d'une zone accessible au public.

4. L'autorité de contrôle établit et publie une liste des types d'opérations de traitement pour lesquelles une analyse d'impact relative à la protection des données est requise conformément au paragraphe 1. L'autorité de contrôle communique ces listes au comité visé à l'article 68.

5. L'autorité de contrôle peut aussi établir et publier une liste des types d'opérations de traitement pour lesquelles aucune analyse d'impact relative à la

protection des données n'est requise. L'autorité de contrôle communique cette liste au comité.

6. Avant d'adopter les listes visées aux paragraphes 4 et 5, l'autorité de contrôle compétente applique le mécanisme de contrôle de la cohérence visé à l'article 63, lorsque ces listes comprennent des activités de traitement liées à l'offre de biens ou de services à des personnes concernées ou au suivi de leur comportement dans plusieurs États membres, ou peuvent affecter sensiblement la libre circulation des données à caractère personnel au sein de l'Union.

7. L'analyse contient au moins:

a) une description systématique des opérations de traitement envisagées et des finalités du traitement, y compris, le cas échéant, l'intérêt légitime poursuivi par le responsable du traitement;

b) une évaluation de la nécessité et de la proportionnalité des opérations de traitement au regard des finalités;

c) une évaluation des risques pour les droits et libertés des personnes concernées conformément au paragraphe 1; et

d) les mesures envisagées pour faire face aux risques, y compris les garanties, mesures et mécanismes de sécurité visant à assurer la protection des données à caractère personnel et à apporter la preuve du respect du présent règlement, compte tenu des droits et des intérêts légitimes des personnes concernées et des autres personnes affectées.

8. Le respect, par les responsables du traitement ou sous-traitants concernés, de codes de conduite approuvés visés à l'article 40 est dûment pris en compte lors de l'évaluation de l'impact des opérations de traitement effectuées par lesdits responsables du traitement ou sous-traitants, en particulier aux fins d'une analyse d'impact relative à la protection des données.

9. Le cas échéant, le responsable du traitement demande l'avis des personnes concernées ou de leurs représentants au sujet du traitement prévu, sans préjudice de la protection des intérêts généraux ou commerciaux ou de la sécurité des opérations de traitement.

10. Lorsque le traitement effectué en application de l'article 6, paragraphe 1, point c) ou e), a une base juridique dans le droit de l'Union ou dans le droit de l'État membre auquel le responsable du traitement est soumis, que ce droit règlemente l'opération de traitement spécifique ou l'ensemble des opérations de traitement en question et qu'une analyse d'impact relative à la protection des données a déjà été effectuée dans le cadre d'une analyse d'impact générale réalisée dans le cadre de l'adoption de la base juridique en question, les paragraphes 1 à 7 ne s'appliquent pas, à moins que les États membres n'estiment qu'il est nécessaire d'effectuer une telle analyse avant les activités de traitement.

11. Si nécessaire, le responsable du traitement procède à un examen afin d'évaluer si le traitement est effectué conformément à l'analyse d'impact relative à la protection des données, au moins quand il se produit une modification du risque présenté par les opérations de traitement.

Article 36

1. Le responsable du traitement consulte l'autorité de contrôle préalablement au traitement lorsqu'une analyse d'impact relative à la protection des données effectuée au titre de l'article 35 indique que le traitement présenterait un risque élevé si le responsable du traitement ne prenait pas de mesures pour atténuer le risque.

2. Lorsque l'autorité de contrôle est d'avis que le traitement envisagé visé au paragraphe 1, constituerait une violation du présent règlement, en particulier lorsque le responsable du traitement n'a pas suffisamment identifié ou atténué le risque, l'autorité de contrôle fournit par écrit, dans un délai maximum de huit semaines à compter de la réception de la demande de consultation, un avis écrit au responsable du traitement et, le cas échéant, au sous-traitant, et peut faire usage des pouvoirs visés à l'article 58. Ce délai peut être prolongé de six semaines, en fonction de la complexité du traitement envisagé. L'autorité de contrôle informe le responsable du traitement et, le cas échéant, le sous-traitant de la prolongation du délai ainsi que des motifs du retard, dans un délai d'un mois à compter de la réception de la demande de consultation. Ces délais peuvent être suspendus jusqu'à ce que l'autorité de contrôle ait obtenu les informations qu'elle a demandées pour les besoins de la consultation.

3. Lorsque le responsable du traitement consulte l'autorité de contrôle en application du paragraphe 1, il lui communique:

a) le cas échéant, les responsabilités respectives du responsable du traitement, des responsables conjoints et des sous-traitants participant au traitement, en particulier pour le traitement au sein d'un groupe d'entreprises;

b) les finalités et les moyens du traitement envisagé;

c) les mesures et les garanties prévues afin de protéger les droits et libertés des personnes concernées en vertu du présent règlement;

d) le cas échéant, les coordonnées du délégué à la protection des données;

e) l'analyse d'impact relative à la protection des données prévue à l'article 35; et

f) toute autre information que l'autorité de contrôle demande.

4. Les États membres consultent l'autorité de contrôle dans le cadre de l'élaboration d'une proposition de mesure législative devant être adoptée par un parlement national, ou d'une mesure réglementaire fondée sur une telle mesure législative, qui se rapporte au traitement.

5. Nonobstant le paragraphe 1, le droit des États membres peut exiger que les responsables du traitement consultent l'autorité de contrôle et obtiennent son autorisation préalable en ce qui concerne le traitement effectué par un responsable du traitement dans le cadre d'une mission d'intérêt public exercée par celui-ci, y compris le traitement dans le cadre de la protection sociale et de la santé publique.

Délégué à la protection des données

Article 37

1. Le responsable du traitement et le sous-traitant désignent en tout état de cause un délégué à la protection des données lorsque:

a) le traitement est effectué par une autorité publique ou un organisme public, à l'exception des juridictions agissant dans l'exercice de leur fonction juridictionnelle;

b) les activités de base du responsable du traitement ou du sous-traitant consistent en des opérations de traitement qui, du fait de leur nature, de leur portée et/ou de leurs finalités, exigent un suivi régulier et systématique à grande échelle des personnes concernées; ou

c) les activités de base du responsable du traitement ou du sous-traitant consistent en un traitement à grande échelle de catégories particulières de données visées à l'article 9 et de données à caractère personnel relatives à des condamnations pénales et à des infractions visées à l'article 10.

2. Un groupe d'entreprises peut désigner un seul délégué à la protection des données à condition qu'un délégué à la protection des données soit facilement joignable à partir de chaque lieu d'établissement.

3. Lorsque le responsable du traitement ou le sous-traitant est une autorité publique ou un organisme public, un seul délégué à la protection des données peut être désigné pour plusieurs autorités ou organismes de ce type, compte tenu de leur structure organisationnelle et de leur taille.

4. Dans les cas autres que ceux visés au paragraphe 1, le responsable du traitement ou le sous-traitant ou les associations et autres organismes représentant des catégories de responsables du traitement ou de sous-traitants peuvent désigner ou, si le droit de l'Union ou le droit d'un État membre l'exige, sont tenus de désigner un délégué à la protection des données. Le délégué à la protection des données peut agir pour ces associations et autres organismes représentant des responsables du traitement ou des sous-traitants.

5. Le délégué à la protection des données est désigné sur la base de ses qualités professionnelles et, en particulier, de ses connaissances spécialisées du droit et des pratiques en matière de protection des données, et de sa capacité à accomplir les missions visées à l'article 39.

6. Le délégué à la protection des données peut être un membre du personnel du responsable du traitement ou du sous-traitant, ou exercer ses missions sur la base d'un contrat de service.

7. Le responsable du traitement ou le sous-traitant publient les coordonnées du délégué à la protection des données et les communiquent à l'autorité de contrôle.

Article 38

1. Le responsable du traitement et le sous-traitant veillent à ce que le délégué à la protection des données soit associé, d'une manière appropriée et en temps utile, à toutes les questions relatives à la protection des données à caractère personnel.

2. Le responsable du traitement et le sous-traitant aident le délégué à la protection des données à exercer les missions visées à l'article 39 en fournissant les ressources nécessaires pour exercer ces missions, ainsi que l'accès aux données à caractère personnel et aux opérations de traitement, et lui permettant d'entretenir ses connaissances spécialisées.

3. Le responsable du traitement et le sous-traitant veillent à ce que le délégué à la protection des données ne reçoive aucune instruction en ce qui concerne l'exercice des missions. Le délégué à la protection des données ne peut être relevé de ses fonctions ou pénalisé par le responsable du traitement ou le sous-traitant pour l'exercice de ses missions. Le délégué à la protection des données fait directement rapport au niveau le plus élevé de la direction du responsable du traitement ou du sous-traitant.

4. Les personnes concernées peuvent prendre contact avec le délégué à la protection des données au sujet de toutes les questions relatives au traitement de leurs données à caractère personnel et à l'exercice des droits que leur confère le présent règlement.

5. Le délégué à la protection des données est soumis au secret professionnel ou à une obligation de confidentialité en ce qui concerne l'exercice de ses missions, conformément au droit de l'Union ou au droit des États membres.

6. Le délégué à la protection des données peut exécuter d'autres missions et tâches. Le responsable du traitement ou le sous-traitant veillent à ce que ces missions et tâches n'entraînent pas de conflit d'intérêts.

Article 39

1. Les missions du délégué à la protection des données sont au moins les suivantes:

a) informer et conseiller le responsable du traitement ou le sous-traitant ainsi que les employés qui procèdent au traitement sur les obligations qui leur incombent en vertu du présent règlement et d'autres dispositions du droit de l'Union ou du droit des États membres en matière de protection des données;

b) contrôler le respect du présent règlement, d'autres dispositions du droit de l'Union ou du droit des États membres en matière de protection des données et des règles internes du responsable du traitement ou du sous-traitant en matière de protection des données à caractère personnel, y compris en ce qui concerne la répartition des responsabilités, la sensibilisation et la formation du personnel participant aux opérations de traitement, et les audits s'y rapportant;

c) dispenser des conseils, sur demande, en ce qui concerne l'analyse d'impact relative à la protection des données et vérifier l'exécution de celle-ci en vertu de l'article 35;

d) coopérer avec l'autorité de contrôle;

e) faire office de point de contact pour l'autorité de contrôle sur les questions relatives au traitement, y compris la consultation préalable visée à l'article 36, et mener des consultations, le cas échéant, sur tout autre sujet.

2. Le délégué à la protection des données tient dûment compte, dans l'accomplissement de ses missions, du risque associé aux opérations de traitement compte tenu de la nature, de la portée, du contexte et des finalités du traitement.

Transfert de données

Article 44

Un transfert, vers un pays tiers ou à une organisation internationale, de données à caractère personnel qui font ou sont destinées à faire l'objet d'un traitement après ce transfert ne peut avoir lieu que si, sous réserve des autres dispositions du présent règlement, les conditions définies dans le présent chapitre sont respectées par le responsable du traitement et le sous-traitant, y compris pour les transferts ultérieurs de données à caractère personnel au départ du pays tiers ou de l'organisation internationale vers un autre pays tiers ou à une autre organisation internationale. Toutes les dispositions du présent chapitre sont appliquées de manière à ce que le niveau de protection des personnes physiques garanti par le présent règlement ne soit pas compromis.

Article 45

1. Un transfert de données à caractère personnel vers un pays tiers ou à une organisation internationale peut avoir lieu lorsque la Commission a constaté par voie de décision que le pays tiers, un territoire ou un ou plusieurs secteurs déterminés dans ce pays tiers, ou l'organisation internationale en question assure un niveau de protection adéquat. Un tel transfert ne nécessite pas d'autorisation spécifique.

2. Lorsqu'elle évalue le caractère adéquat du niveau de protection, la Commission tient compte, en particulier, des éléments suivants:

a) l'état de droit, le respect des droits de l'homme et des libertés fondamentales, la législation pertinente, tant générale que sectorielle, y compris en ce qui concerne la sécurité publique, la défense, la sécurité nationale et le droit pénal ainsi que l'accès des autorités publiques aux données à caractère personnel, de même que la mise en œuvre de ladite législation, les règles en matière de protection des données, les règles professionnelles et les mesures de sécurité, y compris les règles relatives au transfert ultérieur de données à caractère personnel vers un autre pays tiers ou à une autre organisation internationale qui sont respectées dans le pays tiers ou par l'organisation internationale en question, la jurisprudence, ainsi que les droits effectifs et opposables dont bénéficient les personnes concernées et les recours administratifs et judiciaires que peuvent effectivement introduire les personnes concernées dont les données à caractère personnel sont transférées;

b) l'existence et le fonctionnement effectif d'une ou de plusieurs autorités de contrôle indépendantes dans le pays tiers, ou auxquelles une organisation internationale est soumise, chargées d'assurer le respect des règles en matière de protection des données et de les faire appliquer, y compris par des pouvoirs appropriés d'application desdites règles, d'assister et de conseiller les personnes concernées dans l'exercice de leurs droits et de coopérer avec les autorités de contrôle des États membres; et

c) les engagements internationaux pris par le pays tiers ou l'organisation internationale en question, ou d'autres obligations découlant de conventions ou d'instruments juridiquement contraignants ainsi que de sa participation à des systèmes multilatéraux ou régionaux, en particulier en ce qui concerne la protection des données à caractère personnel.

3. La Commission, après avoir évalué le caractère adéquat du niveau de protection, peut décider, par voie d'actes d'exécution, qu'un pays tiers, un territoire ou un ou plusieurs secteurs déterminés dans un pays tiers, ou une organisation internationale, assure un niveau de protection adéquat au sens du paragraphe 2 du présent article. L'acte d'exécution prévoit un mécanisme d'examen périodique, au moins tous les quatre ans, qui prend en compte toutes les évolutions pertinentes dans le pays tiers ou au sein de l'organisation internationale. L'acte d'exécution précise son champ d'application territorial et sectoriel et, le cas échéant, nomme la ou des autorités de contrôle visées au paragraphe 2, point b), du présent article. L'acte d'exécution est adopté en conformité avec la procédure d'examen visée à l'article 93, paragraphe 2.

4. La Commission suit, de manière permanente, les évolutions dans les pays tiers et au sein des organisations internationales qui pourraient porter atteinte au fonctionnement des décisions adoptées en vertu du paragraphe 3 du présent article et des décisions adoptées sur la base de l'article 25, paragraphe 6, de la directive 95/46/CE.

5. Lorsque les informations disponibles révèlent, en particulier à l'issue de l'examen visé au paragraphe 3 du présent article, qu'un pays tiers, un territoire ou un ou plusieurs secteurs déterminés dans un pays tiers, ou une organisation internationale n'assure plus un niveau de protection adéquat au sens du paragraphe 2 du présent article, la Commission si nécessaire, abroge, modifie ou suspend la décision visée au paragraphe 3 du présent article par voie d'actes d'exécution sans effet rétroactif. Ces actes d'exécution sont adoptés en conformité avec la procédure d'examen visée à l'article 93, paragraphe 2.

Pour des raisons d'urgence impérieuses dûment justifiées, la Commission adopte des actes d'exécution immédiatement applicables en conformité avec la procédure visée à l'article 93, paragraphe 3.

6. La Commission engage des consultations avec le pays tiers ou l'organisation internationale en vue de remédier à la situation donnant lieu à la décision adoptée en vertu du paragraphe 5.

7. Une décision adoptée en vertu du paragraphe 5 du présent article est sans préjudice des transferts de données à caractère personnel vers le pays tiers, un territoire ou un ou plusieurs secteurs déterminés dans ce pays tiers, ou à l'organisation internationale en question, effectués en application des articles 46 à 49.

8. La Commission publie au Journal officiel de l'Union européenne et sur son site internet une liste des pays tiers, des territoires et des secteurs déterminés dans un pays tiers et des organisations internationales pour lesquels elle a constaté par voie de décision qu'un niveau de protection adéquat est ou n'est plus assuré.

9. Les décisions adoptées par la Commission sur la base de l'article 25, paragraphe 6, de la directive 95/46/CE demeurent en vigueur jusqu'à leur modification, leur remplacement ou leur abrogation par une décision de la Commission adoptée conformément au paragraphe 3 ou 5 du présent article.

Article 46

1. En l'absence de décision en vertu de l'article 45, paragraphe 3, le responsable du traitement ou le sous-traitant ne peut transférer des données à caractère personnel vers un pays tiers ou à une organisation internationale que s'il a prévu des garanties appropriées et à la condition que les personnes concernées disposent de droits opposables et de voies de droit effectives.

2. Les garanties appropriées visées au paragraphe 1 peuvent être fournies, sans que cela ne nécessite une autorisation particulière d'une autorité de contrôle, par:

a) un instrument juridiquement contraignant et exécutoire entre les autorités ou organismes publics;

b) des règles d'entreprise contraignantes conformément à l'article 47;

c) des clauses types de protection des données adoptées par la Commission en conformité avec la procédure d'examen visée à l'article 93, paragraphe 2;

d) des clauses types de protection des données adoptées par une autorité de contrôle et approuvées par la Commission en conformité avec la procédure d'examen visée à l'article 93, paragraphe 2;

e) un code de conduite approuvé conformément à l'article 40, assorti de l'engagement contraignant et exécutoire pris par le responsable du traitement ou le sous-traitant dans le pays tiers d'appliquer les garanties appropriées, y compris en ce qui concerne les droits des personnes concernées; ou

f) un mécanisme de certification approuvé conformément à l'article 42, assorti de l'engagement contraignant et exécutoire pris par le responsable du traitement ou le sous-traitant dans le pays tiers d'appliquer les garanties appropriées, y compris en ce qui concerne les droits des personnes concernées.

3. Sous réserve de l'autorisation de l'autorité de contrôle compétente, les garanties appropriées visées au paragraphe 1 peuvent aussi être fournies, notamment, par:

a) des clauses contractuelles entre le responsable du traitement ou le sous-traitant et le responsable du traitement, le sous-traitant ou le destinataire des données à caractère personnel dans le pays tiers ou l'organisation internationale; ou

b) des dispositions à intégrer dans des arrangements administratifs entre les autorités publiques ou les organismes publics qui prévoient des droits opposables et effectifs pour les personnes concernées.

4. L'autorité de contrôle applique le mécanisme de contrôle de la cohérence visé à l'article 63 dans les cas visés au paragraphe 3 du présent article.

5. Les autorisations accordées par un État membre ou une autorité de contrôle sur le fondement de l'article 26, paragraphe 2, de la directive 95/46/CE demeurent valables jusqu'à leur modification, leur remplacement ou leur abrogation, si nécessaire, par ladite autorité de contrôle. Les décisions adoptées par la Commission sur le fondement de l'article 26, paragraphe 4, de la directive 95/46/CE demeurent en vigueur jusqu'à leur modification, leur remplacement ou leur abrogation, si nécessaire, par une décision de la Commission adoptée conformément au paragraphe 2 du présent article.

CNIL / Autorité de contrôle

Article 57

1. Sans préjudice des autres missions prévues au titre du présent règlement, chaque autorité de contrôle, sur son territoire:

a) contrôle l'application du présent règlement et veille au respect de celui-ci;

b) favorise la sensibilisation du public et sa compréhension des risques, des règles, des garanties et des droits relatifs au traitement. Les activités destinées spécifiquement aux enfants font l'objet d'une attention particulière;

c) conseille, conformément au droit de l'État membre, le parlement national, le gouvernement et d'autres institutions et organismes au sujet des mesures législatives et administratives relatives à la protection des droits et libertés des personnes physiques à l'égard du traitement;

d) encourage la sensibilisation des responsables du traitement et des sous-traitants en ce qui concerne les obligations qui leur incombent en vertu du présent règlement;

e) fournit, sur demande, à toute personne concernée des informations sur l'exercice des droits que lui confère le présent règlement et, si nécessaire, coopère, à cette fin, avec les autorités de contrôle d'autres États membres;

f) traite les réclamations introduites par une personne concernée ou par un organisme, une organisation ou une association, conformément à l'article 80, examine l'objet de la réclamation, dans la mesure nécessaire, et informe l'auteur de la réclamation de l'état d'avancement et de l'issue de l'enquête dans un délai raisonnable, notamment si un complément d'enquête ou une coordination avec une autre autorité de contrôle est nécessaire;

g) coopère avec d'autres autorités de contrôle, y compris en partageant des informations, et fournit une assistance mutuelle dans ce cadre en vue d'assurer une application cohérente du présent règlement et des mesures prises pour en assurer le respect;

h) effectue des enquêtes sur l'application du présent règlement, y compris sur la base d'informations reçues d'une autre autorité de contrôle ou d'une autre autorité publique;

i) suit les évolutions pertinentes, dans la mesure où elles ont une incidence sur la protection des données à caractère personnel, notamment dans le domaine des technologies de l'information et de la communication et des pratiques commerciales;

j) adopte les clauses contractuelles types visées à l'article 28, paragraphe 8, et à l'article 46, paragraphe 2, point d);

k) établit et tient à jour une liste en lien avec l'obligation d'effectuer une analyse d'impact relative à la protection des données en application de l'article 35, paragraphe 4;

l) fournit des conseils sur les opérations de traitement visées à l'article 36, paragraphe 2;

m) encourage l'élaboration de codes de conduite en application de l'article 40, paragraphe 1, rend un avis et approuve les codes de conduite qui fournissent des garanties suffisantes, en application de l'article 40, paragraphe 5;

n) encourage la mise en place de mécanismes de certification ainsi que de labels et de marques en matière de protection des données en application de l'article 42, paragraphe 1, et approuve les critères de certification en application de l'article 42, paragraphe 5;

o) procède, le cas échéant, à l'examen périodique des certifications délivrées conformément à l'article 42, paragraphe 7;

p) rédige et publie les critères d'agrément d'un organisme chargé du suivi des codes de conduite en application de l'article 41 et d'un organisme de certification en application de l'article 43;

q) procède à l'agrément d'un organisme chargé du suivi des codes de conduite en application de l'article 41 et d'un organisme de certification en application de l'article 43;

r) autorise les clauses contractuelles et les dispositions visées à l'article 46, paragraphe 3;

s) approuve les règles d'entreprise contraignantes en application de l'article 47;

t) contribue aux activités du comité;

u) tient des registres internes des violations au présent règlement et des mesures prises conformément à l'article 58, paragraphe 2; et

v) s'acquitte de toute autre mission relative à la protection des données à caractère personnel.

2. Chaque autorité de contrôle facilite l'introduction des réclamations visées au paragraphe 1, point f), par des mesures telles que la fourniture d'un formulaire de réclamation qui peut aussi être rempli par voie électronique, sans que d'autres moyens de communication ne soient exclus.

3. L'accomplissement des missions de chaque autorité de contrôle est gratuit pour la personne concernée et, le cas échéant, pour le délégué à la protection des données.

4. Lorsque les demandes sont manifestement infondées ou excessives, en raison, notamment, de leur caractère répétitif, l'autorité de contrôle peut exiger le paiement de frais raisonnables basés sur les coûts administratifs ou refuser de donner suite à la demande. Il incombe à l'autorité de contrôle de démontrer le caractère manifestement infondé ou excessif de la demande.

Article 58

1. Chaque autorité de contrôle dispose de tous les pouvoirs d'enquête suivants:

a) ordonner au responsable du traitement et au sous-traitant, et, le cas échéant, au représentant du responsable du traitement ou du sous-traitant, de lui communiquer toute information dont elle a besoin pour l'accomplissement de ses missions;

b) mener des enquêtes sous la forme d'audits sur la protection des données;

c) procéder à un examen des certifications délivrées en application de l'article 42, paragraphe 7;

d) notifier au responsable du traitement ou au sous-traitant une violation alléguée du présent règlement;

e) obtenir du responsable du traitement et du sous-traitant l'accès à toutes les données à caractère personnel et à toutes les informations nécessaires à l'accomplissement de ses missions;

f) obtenir l'accès à tous les locaux du responsable du traitement et du sous-traitant, notamment à toute installation et à tout moyen de traitement, conformément au droit de l'Union ou au droit procédural des États membres.

2. Chaque autorité de contrôle dispose du pouvoir d'adopter toutes les mesures correctrices suivantes:

a) avertir un responsable du traitement ou un sous-traitant du fait que les opérations de traitement envisagées sont susceptibles de violer les dispositions du présent règlement;

b) rappeler à l'ordre un responsable du traitement ou un sous-traitant lorsque les opérations de traitement ont entraîné une violation des dispositions du présent règlement;

c) ordonner au responsable du traitement ou au sous-traitant de satisfaire aux demandes présentées par la personne concernée en vue d'exercer ses droits en application du présent règlement;

d) ordonner au responsable du traitement ou au sous-traitant de mettre les opérations de traitement en conformité avec les dispositions du présent règlement, le cas échéant, de manière spécifique et dans un délai déterminé;

e) ordonner au responsable du traitement de communiquer à la personne concernée une violation de données à caractère personnel;

f) imposer une limitation temporaire ou définitive, y compris une interdiction, du traitement;

g) ordonner la rectification ou l'effacement de données à caractère personnel ou la limitation du traitement en application des articles 16, 17 et 18 et la notification de ces mesures aux destinataires auxquels les données à caractère personnel ont été divulguées en application de l'article 17, paragraphe 2, et de l'article 19;

h) retirer une certification ou ordonner à l'organisme de certification de retirer une certification délivrée en application des articles 42 et 43, ou ordonner à l'organisme de certification de ne pas délivrer de certification si les exigences applicables à la certification ne sont pas ou plus satisfaites;

i) imposer une amende administrative en application de l'article 83, en complément ou à la place des mesures visées au présent paragraphe, en fonction des caractéristiques propres à chaque cas;

j) ordonner la suspension des flux de données adressés à un destinataire situé dans un pays tiers ou à une organisation internationale.

3. Chaque autorité de contrôle dispose de tous les pouvoirs d'autorisation et de tous les pouvoirs consultatifs suivants:

a) conseiller le responsable du traitement conformément à la procédure de consultation préalable visée à l'article 36;

b) émettre, de sa propre initiative ou sur demande, des avis à l'attention du parlement national, du gouvernement de l'État membre ou, conformément au droit de l'État membre, d'autres institutions et organismes ainsi que du public, sur toute question relative à la protection des données à caractère personnel;

c) autoriser le traitement visé à l'article 36, paragraphe 5, si le droit de l'État membre exige une telle autorisation préalable;

d) rendre un avis sur les projets de codes de conduite et les approuver en application de l'article 40, paragraphe 5;

e) agréer des organismes de certification en application de l'article 43;

f) délivrer des certifications et approuver des critères de certification conformément à l'article 42, paragraphe 5;

g) adopter les clauses types de protection des données visées à l'article 28, paragraphe 8, et à l'article 46, paragraphe 2, point d);

h) autoriser les clauses contractuelles visées à l'article 46, paragraphe 3, point a);

i) autoriser les arrangements administratifs visés à l'article 46, paragraphe 3, point b);

j) approuver les règles d'entreprise contraignantes en application de l'article 47.

4. L'exercice des pouvoirs conférés à l'autorité de contrôle en application du présent article est subordonné à des garanties appropriées, y compris le droit à un recours juridictionnel effectif et à une procédure régulière, prévues par le droit de l'Union et le droit des États membres conformément à la Charte.

5. Chaque État membre prévoit, par la loi, que son autorité de contrôle a le pouvoir de porter toute violation du présent règlement à l'attention des autorités judiciaires et, le cas échéant, d'ester en justice d'une manière ou d'une autre, en vue de faire appliquer les dispositions du présent règlement.

6. Chaque État membre peut prévoir, par la loi, que son autorité de contrôle dispose de pouvoirs additionnels à ceux visés aux paragraphes 1, 2 et 3. L'exercice de ces pouvoirs n'entrave pas le bon fonctionnement du chapitre VII.

Recours

Article 77

1. Sans préjudice de tout autre recours administratif ou juridictionnel, toute personne concernée a le droit d'introduire une réclamation auprès d'une autorité de contrôle, en particulier dans l'État membre dans lequel se trouve sa résidence habituelle, son lieu de travail ou le lieu où la violation aurait été commise, si elle considère que le traitement de données à caractère personnel la concernant constitue une violation du présent règlement.

2. L'autorité de contrôle auprès de laquelle la réclamation a été introduite informe l'auteur de la réclamation de l'état d'avancement et de l'issue de la réclamation, y compris de la possibilité d'un recours juridictionnel en vertu de l'article 78.

Article 78

1. Sans préjudice de tout autre recours administratif ou extrajudiciaire, toute personne physique ou morale a le droit de former un recours juridictionnel effectif contre une décision juridiquement contraignante d'une autorité de contrôle qui la concerne.

2. Sans préjudice de tout autre recours administratif ou extrajudiciaire, toute personne concernée a le droit de former un recours juridictionnel effectif lorsque l'autorité de contrôle qui est compétente en vertu des articles 55 et 56 ne traite pas une réclamation ou n'informe pas la personne concernée, dans un délai de trois mois, de l'état d'avancement ou de l'issue de la réclamation qu'elle a introduite au titre de l'article 77.

3. Toute action contre une autorité de contrôle est intentée devant les juridictions de l'État membre sur le territoire duquel l'autorité de contrôle est établie.

4. Dans le cas d'une action intentée contre une décision d'une autorité de contrôle qui a été précédée d'un avis ou d'une décision du comité dans le cadre du mécanisme de contrôle de la cohérence, l'autorité de contrôle transmet l'avis ou la décision en question à la juridiction concernée.

Article 79

1. Sans préjudice de tout recours administratif ou extrajudiciaire qui lui est ouvert, y compris le droit d'introduire une réclamation auprès d'une autorité de contrôle au titre de l'article 77, chaque personne concernée a droit à un recours juridictionnel effectif si elle considère que les droits que lui confère le présent règlement ont été violés du fait d'un traitement de ses données à caractère personnel effectué en violation du présent règlement.

2. Toute action contre un responsable du traitement ou un sous-traitant est intentée devant les juridictions de l'État membre dans lequel le responsable du traitement ou le sous-traitant dispose d'un établissement. Une telle action peut aussi être intentée devant les juridictions de l'État membre dans lequel la personne concernée a sa résidence habituelle, sauf si le responsable du traitement ou le sous-traitant est une autorité publique d'un État membre agissant dans l'exercice de ses prérogatives de puissance publique.

Article 82

1. Toute personne ayant subi un dommage matériel ou moral du fait d'une violation du présent règlement a le droit d'obtenir du responsable du traitement ou du sous-traitant réparation du préjudice subi.

2. Tout responsable du traitement ayant participé au traitement est responsable du dommage causé par le traitement qui constitue une violation du présent règlement. Un sous-traitant n'est tenu pour responsable du dommage causé par le traitement que s'il n'a pas respecté les obligations prévues par le présent règlement qui incombent spécifiquement aux sous-traitants ou qu'il a agi en-dehors des instructions licites du responsable du traitement ou contrairement à celles-ci.

3. Un responsable du traitement ou un sous-traitant est exonéré de responsabilité, au titre du paragraphe 2, s'il prouve que le fait qui a provoqué le dommage ne lui est nullement imputable.

4. Lorsque plusieurs responsables du traitement ou sous-traitants ou lorsque, à la fois, un responsable du traitement et un sous-traitant participent au même traitement et, lorsque, au titre des paragraphes 2 et 3, ils sont responsables d'un dommage causé par le traitement, chacun des responsables du traitement ou des sous-traitants

est tenu responsable du dommage dans sa totalité afin de garantir à la personne concernée une réparation effective.

5. Lorsqu'un responsable du traitement ou un sous-traitant a, conformément au paragraphe 4, réparé totalement le dommage subi, il est en droit de réclamer auprès des autres responsables du traitement ou sous-traitants ayant participé au même traitement la part de la réparation correspondant à leur part de responsabilité dans le dommage, conformément aux conditions fixées au paragraphe 2.

6. Les actions judiciaires engagées pour exercer le droit à obtenir réparation sont intentées devant les juridictions compétentes en vertu du droit de l'État membre visé à l'article 79, paragraphe 2.

Sanctions

Article 83

1. Chaque autorité de contrôle veille à ce que les amendes administratives imposées en vertu du présent article pour des violations du présent règlement visées aux paragraphes 4, 5 et 6 soient, dans chaque cas, effectives, proportionnées et dissuasives.

2. Selon les caractéristiques propres à chaque cas, les amendes administratives sont imposées en complément ou à la place des mesures visées à l'article 58, paragraphe 2, points a) à h), et j). Pour décider s'il y a lieu d'imposer une amende administrative et pour décider du montant de l'amende administrative, il est dûment tenu compte, dans chaque cas d'espèce, des éléments suivants:

a) la nature, la gravité et la durée de la violation, compte tenu de la nature, de la portée ou de la finalité du traitement concerné, ainsi que du nombre de personnes concernées affectées et le niveau de dommage qu'elles ont subi;

b) le fait que la violation a été commise délibérément ou par négligence;

c) toute mesure prise par le responsable du traitement ou le sous-traitant pour atténuer le dommage subi par les personnes concernées;

d) le degré de responsabilité du responsable du traitement ou du sous-traitant, compte tenu des mesures techniques et organisationnelles qu'ils ont mises en œuvre en vertu des articles 25 et 32;

e) toute violation pertinente commise précédemment par le responsable du traitement ou le sous-traitant;

f) le degré de coopération établi avec l'autorité de contrôle en vue de remédier à la violation et d'en atténuer les éventuels effets négatifs;

g) les catégories de données à caractère personnel concernées par la violation;

h) la manière dont l'autorité de contrôle a eu connaissance de la violation, notamment si, et dans quelle mesure, le responsable du traitement ou le sous-traitant a notifié la violation;

i) lorsque des mesures visées à l'article 58, paragraphe 2, ont été précédemment ordonnées à l'encontre du responsable du traitement ou du sous-traitant concerné pour le même objet, le respect de ces mesures;

j) l'application de codes de conduite approuvés en application de l'article 40 ou de mécanismes de certification approuvés en application de l'article 42; et

k) toute autre circonstance aggravante ou atténuante applicable aux circonstances de l'espèce, telle que les avantages financiers obtenus ou les pertes évitées, directement ou indirectement, du fait de la violation.

3. Si un responsable du traitement ou un sous-traitant viole délibérément ou par négligence plusieurs dispositions du présent règlement, dans le cadre de la même opération de traitement ou d'opérations de traitement liées, le montant total de l'amende administrative ne peut pas excéder le montant fixé pour la violation la plus grave.

4. Les violations des dispositions suivantes font l'objet, conformément au paragraphe 2, d'amendes administratives pouvant s'élever jusqu'à 10 000 000 EUR ou, dans le cas d'une entreprise, jusqu'à 2 % du chiffre d'affaires annuel mondial total de l'exercice précédent, le montant le plus élevé étant retenu:

a) les obligations incombant au responsable du traitement et au sous-traitant en vertu des articles 8, 11, 25 à 39, 42 et 43;

b) les obligations incombant à l'organisme de certification en vertu des articles 42 et 43;

c) les obligations incombant à l'organisme chargé du suivi des codes de conduite en vertu de l'article 41, paragraphe 4.

5. Les violations des dispositions suivantes font l'objet, conformément au paragraphe 2, d'amendes administratives pouvant s'élever jusqu'à 20 000 000 EUR ou, dans le cas d'une entreprise, jusqu'à 4 % du chiffre d'affaires annuel mondial total de l'exercice précédent, le montant le plus élevé étant retenu:

a) les principes de base d'un traitement, y compris les conditions applicables au consentement en vertu des articles 5, 6, 7 et 9;

b) les droits dont bénéficient les personnes concernées en vertu des articles 12 à 22

c) les transferts de données à caractère personnel à un destinataire situé dans un pays tiers ou à une organisation internationale en vertu des articles 44 à 49;

d) toutes les obligations découlant du droit des États membres adoptées en vertu du chapitre IX;

e) le non-respect d'une injonction, d'une limitation temporaire ou définitive du traitement ou de la suspension des flux de données ordonnée par l'autorité de contrôle en vertu de l'article 58, paragraphe 2, ou le fait de ne pas accorder l'accès prévu, en violation de l'article 58, paragraphe 1.

6.Le non-respect d'une injonction émise par l'autorité de contrôle en vertu de l'article 58, paragraphe 2, fait l'objet, conformément au paragraphe 2 du présent article, d'amendes administratives pouvant s'élever jusqu'à 20 000 000 EUR ou, dans le cas d'une entreprise, jusqu'à 4 % du chiffre d'affaires annuel mondial total de l'exercice précédent, le montant le plus élevé étant retenu.

7. Sans préjudice des pouvoirs dont les autorités de contrôle disposent en matière d'adoption de mesures correctrices en vertu de l'article 58, paragraphe 2, chaque État membre peut établir les règles déterminant si et dans quelle mesure des amendes administratives peuvent être imposées à des autorités publiques et à des organismes publics établis sur son territoire.

8. L'exercice, par l'autorité de contrôle, des pouvoirs que lui confère le présent article est soumis à des garanties procédurales appropriées conformément au droit de l'Union et au droit des États membres, y compris un recours juridictionnel effectif et une procédure régulière.

9. Si le système juridique d'un État membre ne prévoit pas d'amendes administratives, le présent article peut être appliqué de telle sorte que l'amende est déterminée par l'autorité de contrôle compétente et imposée par les juridictions

nationales compétentes, tout en veillant à ce que ces voies de droit soit effectives et aient un effet équivalent aux amendes administratives imposées par les autorités de contrôle. En tout état de cause, les amendes imposées sont effectives, proportionnées et dissuasives. Les États membres concernés notifient à la Commission les dispositions légales qu'ils adoptent en vertu du présent paragraphe au plus tard le 25 mai 2018 et, sans tarder, toute disposition légale modificative ultérieure ou toute modification ultérieure les concernant.

ANNEXE 12

Lexique de l'informatique

Source : Jean BOULANGER, informaticien - formateur, www.jeanboulanger.com

- A -

Acrobat reader

Logiciel gratuit de la société Adobe permettant de visualiser des fichiers au format .pdf (Portable Document Format). Ce format garantit une homogénéité de présentation entre l'écran de l'ordinateur et la copie papier que vous sortez à l'imprimante. De plus, il permet de figer les données au sein du document ce qui rend les modifications plus difficiles. Ce format est très courant sur Internet et notamment pour les formulaires administratifs de l'Etat.

ActiveX

Composant logiciel mis au point par Microsoft pour le système Windows. Permet d'ajouter de l'animation et de l'interactivité dans certaines applications. Voir Flash et Java.

Administrateur système

Personne physique ayant tous les droits sur la gestion de l'ordinateur.
L'administrateur peut installer/désinstaller des logiciels, les configurer et déclarer d'autres utilisateurs de la même machine.

Adresse électronique

Aussi appelée adresse de "courriel", "courrier électronique", "mail", "E-mail". Désigne une identité unique sur l'Internet par laquelle son propriétaire peut envoyer et recevoir des messages électroniques. Une adresse électronique ne contient jamais d'espace, pas plus que de majuscule et comprend toujours une arobase "@". Les seules ponctuations admises dans une adresse électronique sont "-", "_" et ".". Exemple : prenom.nom@messagerie.fr

Adresse IP (Internet Protocol)

Identifiant unique attribué à tout ordinateur sur le réseau. Pour les particuliers, elle est fournie par votre fournisseur d'accès (F.A.I.) de manière permanente (IP statique) ou bien plus généralement à la volée (IP dynamique) en fonction des besoins. Exemple d'adresse IP : 192.168.1.1

Adresse URL (Uniform Resource Locator)

Adresse unique attribuée à une page sur Internet. Elle se compose du protocole (Http://, https:// ou ftp://), du nom de domaine (ex: www.jeanboulanger.com) et de la page en elle-même (/lexique/index.html). L'URL se lit dans la barre d'adresse de votre navigateur.

ADSL

Acronyme anglo-saxon d'Asymetric Digital Subscriber Line. Désigne généralement une connexion Internet Haut Débit (> 512 kb/s). C'est une ligne numérique asymétrique dont le débit descendant (download) est plus élevé que le débit montant (upload). Technologie de communication exploitant la largeur de bande non utilisée par les communications vocales sur la ligne téléphonique standard afin de transmettre des données.

Adware

Concaténation anglo-saxonne de Advertising Spyware. C'est un logiciel publicitaire espion qui s'installe à votre insu sur votre ordinateur. Il a pour objectif d'enregistrer vos habitudes et vos centres d'intérêt sur Internet de manière à vous proposer des contenus publicitaires mieux ciblés lors d'une prochaine visite. Il convient de s'en protéger en utilisant un anti-spyware.

Aide

Intitulé généralement situé dans la barre de menus de votre logiciel et qui comme son nom l'indique a pour rôle de vous renseigner sur les diverses fonctionnalités du logiciel. L'aide est également accessible en appuyant sur la touche F1 de votre clavier.

Algorithme

Ensemble fini de règles déterminées servant à résoudre un problème au moyen d'un nombre fini d'opérations.

Alias ou Raccourci

Ce terme a deux sens en informatique, qui ne sont pas si éloignés l'un de l'autre. Sur Mac OS, l'alias, sur Windows, le raccourci désignent une icône, sur le bureau par exemple, pointant sur un fichier, un dossier ou une adresse enfouis dans les méandres du disque dur de manière à y accéder directement.
Dans le domaine du courrier électronique, l'alias ou pseudo désigne le raccourci (Prénom, nom par exemple) qui correspond à une adresse E-mail, dans un carnet d'adresses.

Alphanumérique
Désigne la nomenclature des caractères de votre clavier, chiffres et lettres confondus. Un classement alphanumérique place toujours les chiffres de 0 à 9 devant les lettres de A à Z.

Android
Système d'exploitation conçu en 2007 par une start-up filiale du groupe Google. Ce système est à destination des terminaux mobiles : smartphone, tablettes, assistant personnel.

Annuaire
Sur Internet, désigne des outils permettant de rechercher l'information non pas par mots clés (voir Moteur) mais par thématiques. Ces thématiques sont classées de manière ontologique (principe des encyclopédies) allant du général au particulier.
Si l'interrogation d'un annuaire est automatisée, il n'en reste pas moins que le classement de l'information est effectué par des personnes humaines aussi appelées cyber documentalistes. Voir : http://www.google.fr/dirhp?hl=fr.

Antislash ou Backslash
Terme anglo-saxon désignant la barre oblique inversée "\" par opposition au slash "/". Pour taper un antislash, appuyez simultanément sur la touche Alt Gr (à droite de la barre d'espace) et la touche 8 (en haut de votre clavier alphabétique).

Anti-spam
Terme anglo-saxon désignant tout logiciel qui sert à protéger une boîte aux lettres électronique contre les courriers publicitaires non sollicités. Spamihilator est un très bon anti-spam gratuit et en français.

Anti-spyware
Terme anglo-saxon désignant tout logiciel qui sert à protéger un ordinateur contre les logiciels publicitaires intempestifs (voir Adware) ainsi que les programmes espions. Les trois anti-spywares les plus connus sont Spybot, Ad-aware et Windows Defender (en anglais), tous trois gratuits.

Antivirus
Se dit d'un logiciel qui contrôle tous les fichiers entrants et sortants d'un ordinateur. Il agit comme une sentinelle qui bloque tous les nuisibles identifiés par la société éditrice du logiciel antivirus. Un bon antivirus est donc celui qui met sa liste des nuisibles à jour le plus fréquemment possible. Il existe de nombreux antivirus mais Avast est certainement l'un des meilleurs. Il est gratuit pour les particuliers et en français.

Aperçu ou Aperçu avant impression
L'aperçu avant impression est une fonctionnalité généralement accessible dans le menu Fichier de votre logiciel. Il est le seul garant fidèle de ce qui va sortir sur votre imprimante. Dans un logiciel de traitement de texte, on peut constater des

différences notables entre ce qu'on voit à l'écran et ce qui sort réellement sur l'imprimante. De même, sur Internet, l'aperçu avant impression vous permet de connaître le nombre exact de pages A4 que vous allez imprimer.

Appareil photo numérique ou APN

L'appareil photo numérique utilise les mêmes principes optiques que son homologue argentique (photo analogique, en référence aux cristaux d'argent). Il diffère en ce que l'image est captée par un senseur CCD, traitée numériquement par un processeur et stockée sur une carte mémoire. Les photos qui en résultent peuvent bien sûr être développées sur papier mais leur utilisation est avant tout informatique ce qui présuppose la possession d'un logiciel de traitement d'images.

Applet ou Applet Java

Petit programme écrit en langage Java qui est transféré depuis le serveur que l'internaute consulte jusqu'à son ordinateur. L'applet s'exécute par une machine virtuelle Java. Le serveur de déclaration en ligne de votre impôt sur le revenu nécessite l'exécution d'une applet java par exemple. Le logiciel Java est gratuit et se télécharge depuis le site http://www.java.com/fr/.

Application

Aussi appelée Programme ou Logiciel. Désigne une entité informatique du domaine du software (pas d'existence solide) exécutée à la demande de l'utilisateur par le système d'exploitation dans un but précis. Ainsi parle-t-on d'application de traitement de texte, de traitement d'images etc.

Arborescence

Désigne la structure hiérarchique des dossiers et fichiers sur un ordinateur. Sous Windows, on peut voir l'arborescence de son disque dur dans l'Explorateur du même nom ou dans le Poste de travail. Vos dossiers et fichiers sont généralement stockés dans le dossier Mes Documents de votre disque dur.

Arobase ou at

Le nom arobase vient de l'arabe (ar-rub ?) « le quart », un quart de quintal, ou 25 livres. Le nom français arobase proviendrait de la contraction du terme typographique « a rond bas » (bas pour bas de casse, caractère de votre clavier utilisé dans les adresses de courrier électronique "@". L'arobase se tape en appuyant simultanément sur la touche Alt Gr (à droite de la barre d'espace) et la touche "à" de votre clavier alphabétique. Il sépare le nom d'utilisateur du serveur hébergeant le courrier électronique de cet abonné.

ARPANET

Premier réseau de communication informatique créé par l'armée américaine en 1969. Aujourd'hui démantelé, ce réseau fut certainement le précurseur de l'Internet.

Ascenseur ou Scroll

Aussi appelé barre de défilement. Rectangle vertical fin placé sur le côté droit de votre écran servant à faire défiler les pages de haut en bas. Aux extrémités de l'ascenseur sont placées des flèches pointant respectivement vers le haut et vers le bas. Un clic sur l'une de ces flèches permet d'avancer de manière séquentielle dans le sens de la flèche.

Authentification

Identification matérielle, électronique ou autre d'un message qui permet à qui le reçoit de s'assurer que le message a effectivement l'origine indiquée.

.avi ou Audio Video Interleave

Format de fichier vidéo développé par Microsoft. Encapsule des données audio et vidéo. De par leur taille les fichiers .avi ne sont pas adaptés à une diffusion par Internet.

- B -

Backspace

Touche du clavier située au-dessus de la touche Entrée. Elle représente une flèche pointant vers la gauche. Elle sert à supprimer des caractères situés à gauche du curseur.

Backup ou Sauvegarde

Mot anglais désignant à la fois l'action et le résultat de la copie de fichiers de son disque dur sur un support externe (disquette, CD, DVD, clé USB, disque dur externe...) en vue d'en conserver une archive réutilisable.

Bande passante

Désigne le débit auquel des données sont transférées à travers un réseau. La bande passante se mesure généralement en Kilo bits/seconde (kbits/s) ou Mega bits/seconde (Mbits/s).

Barre d'adresse

Barre située dans votre navigateur Internet ou dans l'Explorateur Windows, vous indiquant l'adresse unique de l'endroit où vous vous trouvez. Sur Internet, elle contient l'adresse URL. Dans l'Explorateur Windows ou le Poste de travail, elle indique le chemin complet qui mène à un fichier, ex : "E:\Jean_Pro\CSCVersailles\Support de cours".

Barre d'état

Barre située dans la partie inférieure d'un logiciel (au-dessus du menu démarrer). Elle renseigne sur l'état du logiciel utilisé.

Barre d'outils ou barre d'icônes

Un logiciel en comporte souvent plusieurs. Elles sont placées le plus souvent sous la barre des menus dans la fenêtre. Comme leur nom l'indique, elles sont composées des outils (fonctionnalités matérialisées par des icônes) les plus communément utilisés. Dans les logiciels Microsoft, les deux barres d'outils les plus utiles sont Standard et Mise en forme. Si, suite à une mauvaise manoeuvre, une barre d'outil venait à disparaître, rendez-vous sur le menu "Affichage > Barre d'outils" et cliquez sur la barre d'outil en question.

Barre des menus

Comme au restaurant, un logiciel vous propose un menu répertoriant toutes les fonctionnalités disponibles. Cette barre se tient immédiatement en dessous de la barre des titres dans la fenêtre. Parmi les menus les plus courants : Fichier, Edition, Affichage, Outils, Fenêtre, Aide...

Barre des titres

C'est la barre bleue située dans la partie supérieure de la fenêtre. Elle vous renseigne à gauche sur le document en cours, le logiciel sur lequel vous travaillez.
Elle contient à droite les trois boutons de gestion de la fenêtre : réduire, agrandir/restaurer, fermer. Il suffit de faire un glisser-déposer sur la barre des titres d'une fenêtre qui n'occupe pas tout l'écran pour déplacer cette fenêtre.

Barre des tâches

Barre affichée en permanence par le système. Elle comprend le menu "Démarrer" à gauche et s'étend jusqu'à l'horloge dans son extrémité droite. Permet notamment de voir en temps réel toutes les fenêtres ouvertes ainsi que les logiciels opérant en tâche de fond.

Barrette de mémoire ou RAM

C'est une carte connectée à la carte mère qui gère la mémoire vive de l'ordinateur. La capacité de mémoire vive ou RAM (Random Access Memory) se mesure aujourd'hui en Mo ou Go. Tout travail exécuté sur l'ordinateur a lieu dans la mémoire vive qui se vide automatiquement de son contenu à la fermeture du logiciel ou à l'arrêt de la machine. Elle est donc complémentaire de l'unité de stockage qu'est le disque dur.

Base de données ou Database

C'est une façon organisée de stocker une information de manière à pouvoir l'utiliser et la modifier simplement. L'information est dissociée de sa mise en forme, elle est compilée à l'état brut.

Base de registres

C'est une base de données spécifique, propre au système Windows, qui contient des informations sur l'exploitation et la configuration du système et des logiciels installés.

Berners-Lee, Tim

Concepteur, inventeur d'Internet (world wide web) en 1989 ainsi que du premier navigateur.

Binaire

Est dit binaire tout élément qui n'existe qu'en deux états : 1 ou 0, vrai ou faux. On parle de langage binaire ou de fichier binaire.

Bit ou Binary digit

C'est la plus petite unité de mesure de la quantité d'information numérique. 8 bits = 1 octet.

Bitmap ou .bmp

Littéralement, carte des bits. Se dit d'un format d'image dont la structuration représente individuellement chacun des pixels qui la composent. La famille bitmap recouvre essentiellement les formats .bmp, .jpeg, .gif.

Blog ou Web Blog ou Blogue

Contraction anglo-saxonne de web (toile) et blog (journal de bord). En français, le blogue désigne une famille de sites Internet dont la conception et la mise à jour sont facilitées permettant à tout un chacun de s'exprimer sur le réseau des réseaux. Ce terme désigne un phénomène à la mode où les journaux personnels sont venus remplacer les sites personnels qui existaient depuis les débuts de l'Internet.

Blu-ray Disc ou BD

Technologie basée sur un rayon laser bleu - d'où son nom - offrant des capacités de stockage de 25 à 50 Go soit 5 à 10 fois plus qu'un DVD.

Bluetooth

Norme technique de communication sans fil par ondes hertziennes surtout destinée à relier un téléphone mobile ou un PDA à un ordinateur.

Boîte de dialogue

Petite fenêtre de couleur grise qui comporte toujours une barre des titres (voir ce terme) et, en haut à droite, une croix en forme de "x" pour la fermer. Elle apparaît suite à une action particulière dans un logiciel ou bien est déclenchée automatiquement par le système notamment. Son rôle est soit d'avertir l'utilisateur suite à une action, soit au contraire d'attendre une action ou une information de votre part.

Boucle locale

Ensemble de la ligne téléphonique entre le central téléphonique dont vous dépendez et votre domicile. Le dégroupage total de votre ligne signifie que vous avez confié la gestion de cette partie du réseau à une autre société que France Telecom.

Bug ou bogue

Erreur de programmation conduisant à un mauvais fonctionnement d'un logiciel. L'utilisateur ne peut rien faire pour corriger un bogue sauf à télécharger et installer un éventuel patch correctif proposé par la société éditrice du logiciel.

Bureau

Désigne l'écran avec les icônes et l'arrière-plan qui apparaît au démarrage de l'ordinateur.

Bureautique

Néologisme des années 70 désignant l'ensemble des activités informatiques en rapport avec le secteur tertiaire. La bureautique regroupe trois types de logiciels : traitement de texte, tableur et base de données.

Byte

Traduction anglo-saxonne d'octet. 1 byte = 1 octet = 8 bits.

- C -

Cancel

Terme utilisé dans certains logiciels en anglais. Cancel signifie annuler.

Canular ou Hoax

Le canular est un type de spam. Il circule donc par courrier électronique et joue fortement sur les émotions (joie, peur, pitié etc.) pour vous inciter à propager une fausse nouvelle. Vous y êtes d'autant plus sensible que le message vous a été envoyé par un ami. L'objectif du canular est de faire une mauvaise blague et de saturer les serveurs de courrier. A votre tour, avant de vous faire le relais d'un message suspect, vérifiez sa véracité sur un site comme http://www.hoaxbuster.com.

CapsLock

Contraction en anglais de Capitals (majuscules) et Lock (verrouillage). Touche du clavier située au-dessous des tabulations et qui sert à verrouiller les majuscules.
Une impulsion sur cette touche allume le témoin de verrouillage des majuscules.
Voir Shift.

Capture d'écran

Il s'agit d'une photographie de l'écran à un moment donné. La capture d'écran se réalise en appuyant sur la touche Impr écr (en anglais, Prt scr) généralement située en haut à droite du clavier numérique. Il suffit ensuite de coller la page ainsi capturée dans votre logiciel de traitement de texte (Edition > coller).

Carte graphique ou carte vidéo

Dispositif d'extension connecté à la carte mère de l'ordinateur et dont le rôle est d'assurer l'affichage des informations sur un écran.

Carte mère

Partie centrale de l'ordinateur qui assure le bon échange de l'information entre le processeur, les cartes graphique et son, la mémoire vive et le disque dur.

Carte réseau ou Ethernet

Dispositif relié à la carte mère permettant la connexion de l'ordinateur à un réseau d'entreprise ou à Internet.

Casse

En typographie, désigne la différence entre les majuscules (haut de casse) et les minuscules (bas de casse). On parle de serveur sensible à la casse (case sensitive). Sur le système Linux, "ORDI" est différent d'"ordi", par exemple.

Cc ou Copie Conforme

Dans le cadre de l'utilisation de votre messagerie électronique, le champ "cc" désigne les destinataires secondaires d'un message. Le destinataire principal étant "A" et les destinataires invisibles "Cci".

CCD

Acronyme anglo-saxon de Charged-Coupled Device, désigne le capteur qui équipe votre appareil photo numérique, scanner ou caméscope numérique. Il s'agit d'un senseur qui convertit la lumière en charges électriques.

Cci ou Copie Conforme Invisible

Dans votre courriel, correspond au(x) destinataire(s) invisible(s) de votre message.
Quels que soient les destinataires principaux et secondaires visibles (A et Cc) de votre message, ceux-ci ignoreront que les destinataires placés en Cci ont reçu le même message.

CD-R ou Compact Disk Recordable

Galette circulaire et plate destinée au stockage de données informatiques. Le CD-R est enregistrable mais non réinscriptible. On ne peut pas effacer les fichiers une fois gravés. Cependant, on peut graver des fichiers en plusieurs fois (multisession) jusqu'à concurrence de la capacité maximale du support. Les CD-R permettent de stocker entre 650 et 800 Mo de données.

CD-ROM ou Compact Disk Read Only Memory

Comme leur nom l'indique en anglais, on ne peut que lire les fichiers d'un CD-ROM mais en aucun cas en graver dessus. Ce sont des CD commerciaux contenant des logiciels, jeux ou autres applications informatiques.

CD-RW ou compact Disk ReWritable

Apparenté au CD-R, le CD-RW est réinscriptible. On peut effacer les fichiers après la gravure. Cependant, les CD-RW ne sont pas compatibles avec toutes les plateformes.

Cellule

Dans votre tableur, désigne l'intersection d'une ligne avec une colonne, i.e. une case.

Champ

Ce terme est notamment utilisé sur Internet. Il désigne une zone réservée à la saisie d'une information ou d'une requête dans un formulaire. Par exemple, le champ "Téléphone" signifie la zone où vous taperez votre numéro de téléphone dans un formulaire de renseignements. On parle de champ de recherche notamment dans un moteur.

Chat ou Tchatte

De l'anglais to chat = bavarder. Désigne le logiciel et l'activité par lesquels vous êtes amené à échanger en direct avec un ou plusieurs correspondant(s) par Internet. Aussi appelée messagerie instantanée, cette application permet de s'écrire, de se parler, de se voir et de transférer des fichiers de taille limitée. Le logiciel de messagerie instantanée le plus répandu est certainement Skype.

Cheval de Troie ou Trojan

Sorte de virus installé sur la machine à l'insu de son propriétaire et dont l'objectif est soit la récupération soit la détérioration de données.

Clavier

Périphérique d'entrée de votre ordinateur, permettant par le biais de touches d'envoyer des informations à l'unité centrale. On parle aussi de clavier alphanumérique (lettres et chiffres). A l'exception de certains ordinateurs portables, le clavier comprend une partie numérique distincte située à droite du pavé alphabétique.

Clé USB

Petit dispositif électronique, tenant dans le creux d'une main, qui se connecte à l'ordinateur par le biais d'un port USB (Universal Serial Bus). Cette mémoire flash permet de stocker tout fichier informatique (image, texte, son ou vidéo). La capacité des clés commercialisées varie de 256 Mo à 4 Go.

Clé WEP (Wired Equivalent Privacy)

Ensemble de 26 caractères numériques servant à crypter les communications d'un réseau WiFi (voir ce terme). Tout ordinateur non équipé de ladite clé ne pourra accéder au réseau.

Clic

Bruit émis suite à la pression du doigt sur un bouton de votre souris. On parle de simple clic, double clic (toujours sur la touche gauche de votre souris) et de clic droit.

Client

Fait référence au rôle joué par un ordinateur ou un logiciel dans une communication réseau. Par opposition au serveur, le client est l'ordinateur qui demande la consultation d'une page, le serveur est la machine qui envoie la page demandée. On parle de relation client/serveur.

Cliquer-Glisser ou Glisser-Déposer

Opération par laquelle on déplace un dossier ou un fichier d'un endroit à un autre. Il convient d'abord de sélectionner l'entité à déplacer, de faire rouler la souris, bouton gauche enfoncé, jusqu'à la destination où vous pourrez lâcher le bouton et ainsi déplacer l'item. Cette opération exigeant une certaine dextérité peut, dans bien des cas, être remplacée par un copier-coller.

CMOS

Acronyme anglo-saxon de Complementary Metal Oxyde Semi-conductor désignant une technologie de capteurs numériques plus récents et plus évolués que les CCD.

Codec

Néologisme pour Compression/Décompression. Petit programme permettant la lecture et l'écriture de fichiers son et vidéo.

Commerce électronique

« *Le commerce électronique est l'activité économique par laquelle une personne propose ou assure à distance et par voie électronique la fourniture de biens ou de services. Entrent également dans le champ du commerce électronique les services tels que ceux consistant à fournir des informations en ligne, des communications commerciales et des outils de recherche, d'accès et de récupération de données, d'accès à un réseau de communication ou d'hébergement d'informations, y compris lorsqu'ils ne sont pas rémunérés par ceux qui les reçoivent.* » Loi n° 2004-575 du 21 juin 2004.

Compresser

Action, par le biais d'un logiciel idoine, de compacter la taille d'un fichier ou d'un dossier avec peu ou pas d'incidence sur la qualité de l'information. Les formats de fichiers compressés les plus connus sont .zip ou .rar.

Configuration

Désigne l'action ou le résultat du paramétrage (réglage) des options et/ou préférences d'un système ou d'un logiciel.

Consommables

Généralement utilisé au pluriel, ce terme désigne les composants qu'il faut régulièrement renouveler : cartouches d'encre et papier pour une imprimante, par exemple.

Contrôle parental

Type de logiciel que votre Fournisseur d'Accès Internet (FAI) a l'obligation de vous proposer. Le contrôle parental a pour but de protéger vos enfants lors de leur navigation sur Internet. Ils peuvent notamment empêcher l'accès à l'ordinateur en dehors de certaines heures prédéfinies, interdire l'accès à certains sites ou la transmission de certaines informations personnelles sur le réseau.

Cookies

Terme anglo-saxon faisant référence au type de fichiers écrits par un serveur Internet lors de la navigation sur un site web. Certains sites utilisent les cookies pour suivre votre itinéraire au sein des pages du site de manière à vous proposer un contenu ciblé lors d'une prochaine visite. Les cookies sont des fichiers inoffensifs qui, en aucun cas, ne contiennent d'informations personnelles. Si toutefois il vous prenait l'envie de les supprimer vous trouverez une fonction adéquate dans le menu "Outils > Options Internet" de votre navigateur.

Copier-coller

Opération par laquelle on fait transiter de l'information par le presse-papier pour la recopier dans un autre endroit. Le copier-coller peut s'exécuter de plusieurs manières. Voici la plus simple :

1. sélectionnez l'élément à copier (caractère, mot, ligne, phrase, paragraphe, page, texte, image, son, vidéo, fichier, dossier)
2. dans la barre des menus, cliquez sur "Edition > Copier " (peut être remplacé par Ctrl + C)
3. cliquez à l'endroit où vous souhaitez recopier l'élément
4. dans la barre des menus, cliquez sur "Edition > Coller " (peut être remplacé par Ctrl + V)

Corbeille

Zone du disque dur réservé au stockage de fichiers ou dossiers destinés à être supprimés de l'ordinateur. Tant que la corbeille n'est pas vidée, son contenu est récupérable (on parle de restauration) à tout moment.

Couper-coller

Opération par laquelle on fait transiter de l'information par le presse-papier pour la déplacer dans un autre endroit. A la fin de l'opération, l'information a disparu de son endroit initial (différent du copier-coller). Le couper-coller peut s'exécuter de plusieurs manières. Voici la plus simple :

1. sélectionnez l'élément à couper (caractère, mot, ligne, phrase, paragraphe, page, texte, image, son, vidéo, fichier, dossier)
2. dans la barre des menus, cliquez sur "Edition > Couper " (peut être remplacé par Ctrl + X)
3. cliquez à l'endroit où vous souhaitez déplacer l'élément
4. dans la barre des menus, cliquez sur "Edition > Coller " (peut être remplacé par Ctrl + V)

Courriel

Aussi appelé courrier électronique, mail, E-mail, ce terme générique désigne à la fois l'adresse électronique, le logiciel et l'action par lesquels un internaute envoie des messages à ses correspondants sur Internet.

CPL ou Courant Porteur en Ligne

Technique selon laquelle l'information peut transiter par le réseau électrique d'une entreprise ou de votre domicile en utilisant des fréquences non occupées par l'électricité. Avec le CPL, la bande passante peut atteindre jusqu'à 200 Mbits/s.

CPU ou central Process Unit

C'est le coeur de l'ordinateur, l'unité de calcul, aussi appelé processeur. On mesure sa vitesse (fréquence d'horloge) en MHz ou GHz. On sait aujourd'hui réaliser des processeurs à plusieurs coeurs démultipliant ainsi ses performances.

Ctrl

Touche "Control" située en bas à gauche de votre clavier. Elle intervient dans de nombreuses combinaisons de touches aussi appelées raccourcis clavier. Parmi les plus connus :
- Ctrl + A = tout sélectionner
- Ctrl + Z = annuler la dernière opération
- Ctrl + O = ouvrir un fichier
- Ctrl + P = imprimer
- Ctrl + S = enregistrer
- Ctrl + F = chercher dans un fichier ou une page
- Ctrl + X = couper
- Ctrl + C = copier
- Ctrl + V = Coller
- Ctrl + D = marquer une page dans vos Favoris (marque-pages) Internet
- Ctrl + T = ouvrir un nouvel onglet dans votre navigateur Internet
- Ctrl + Clic = sélection de plusieurs fichiers ou dossiers non contigus
- Ctrl + Alt + Suppr (Del) = ouvrir le gestionnaire des tâches.

Curseur

C'est la matérialisation du pointage de votre souris sur l'écran. L'apparence du curseur varie d'un logiciel à l'autre, et même au sein d'un même logiciel selon l'endroit où il se situe. Généralement représenté sous la forme d'une flèche blanche, le curseur peut aussi être un trait vertical clignotant (dans le cas de la saisie d'un texte), une croix blanche (dans un tableur), un sablier (lorsque l'ordinateur travaille), une main avec l'index pointant vers l'avant (lorsque vous vous apprêtez à cliquer sur un lien hypertexte).

- D -

Débit ou bande passante

Terme désignant la vitesse de transmission de l'information à travers un réseau. Le débit d'une connexion Internet se mesure en Kilo bits par seconde (Kbits/s) ou Mega bits par seconde (Mbits/s).

Défragmentation

Action qui consiste à réorganiser la structure des fichiers sur le disque dur afin de réduire leur fragmentation le plus possible. Les fichiers défragmentés sont ainsi replacés de manière contiguë sur le support réduisant les temps d'accès et améliorant les performances de la machine. Il est recommandé de défragmenter un ordinateur tous les six mois. Pour accéder au défragmenteur de disque, cliquez sur "Démarrer > Tous les programmes > Accessoires > Outils système >
Défragmenteur de disque".

Dégroupage

Opération technique par laquelle la boucle locale (partie de la ligne téléphonique entre le central dont vous dépendez et les prises téléphoniques de votre logement) peut devenir la propriété d'un autre opérateur que France Telecom (FT). Le dégroupage est soit partiel (l'abonné a choisi un FAI distinct de FT mais continue de payer un abonnement téléphonique à l'opérateur historique), soit total (le FAI assure tous les services et notamment l'accès Internet et la téléphonie, l'abonné ne paye plus rien à FT). Attention, les offres de dégroupage total ne sont pas toujours au point techniquement. Il est conseillé de passer au préalable par une période d'essai en dégroupage partiel avant de quitter totalement FT.

Disque dur

Voir HDD.

DivX

Format de compression/décompression vidéo basé sur la norme MPEG-4. La compression d'un film en DivX permet de graver le contenu du DVD (4,7 Go) sur un CD (700 Mo).

.dll ou dynamically linked library

En français, bibliothèque de liens dynamiques. Les fichiers .dll sont nécessaires au fonctionnement du système Windows et de certains logiciels. Un fichier .dll manquant ou endommagé peut causer un mauvais fonctionnement du système et/ou d'un ou plusieurs logiciels.

DNS ou Domaine Name System

Serveur web spécialisé dont la fonction est d'établir la correspondance entre une adresse URL et une adresse IP.

.doc

C'est l'extension par défaut des fichiers créés par le logiciel de traitement de texte Microsoft Word. Si vous êtes amenés à échanger un tel fichier avec des personnes travaillant sur d'autres plateformes ou sur d'autres logiciels que Word, il est préférable d'enregistrer le fichier en .rtf (format universel).

Document

Apparenté au fichier, le document se distingue de ce dernier en ce qu'il n'a pas encore d'existence sur le disque dur. Il est stocké dans cette mémoire fugace qu'est la RAM (voir Barrette de mémoire) et disparaîtra entièrement de l'ordinateur une fois le logiciel fermé si l'on refuse l'enregistrement.

Dongle

Petit adaptateur venant se brancher sur un port USB de votre ordinateur permettant à ce dernier de communiquer avec un modem ou une borne WiFi ou Bluetooth.

Données ou Data

Généralement employé au pluriel, désigne tout type d'information stockée sur un support informatique. Un fichier et une base de données ne contiennent que cela.

Double-clic

Action de faire deux impulsions successives sur le bouton gauche de la souris. Il n'y a pas de double-clic avec le bouton droit. L'intervalle de temps entre les deux impulsions doit être assez court. Toutefois, la vitesse de votre double-clic peut se paramétrer dans Démarrer > Panneau de configuration > Souris.

Dossier ou Répertoire

Le dossier est au fichier ce que le classeur est à la feuille. Contrairement au fichier (contenu), le dossier est un réceptacle dont le seul rôle est de contenir un ou plusieurs fichiers rassemblés sous une même étiquette. Il ne sert qu'à organiser et ranger les fichiers dans l'ordinateur pour mieux s'y retrouver. L'icône par défaut associée à un dossier est un rectangle jaune (jusqu'à Windows XP, tout au moins).
Un dossier se compose généralement de fichiers mais il peut également contenir un ou plusieurs dossier(s). On parle alors de dossier parent et dossier enfant ou plus communément de dossier et sous-dossier. Ce ne sont là que des considérations hiérarchiques dans la mesure où dossier et sous-dossier ont les mêmes propriétés et la même apparence graphique.
Pour créer un nouveau dossier, ouvrez "Mes Documents" (ou tout autre endroit de l'ordinateur par le biais du Poste de travail). Dans la partie blanche (pas sur une icône) de votre explorateur, faites un clic droit. Apparaît alors un menu contextuel où vous choisissez "Nouveau" puis "Dossier". Une icône de dossier s'affiche avec pour intitulé "Nouveau Dossier", sur fond bleu. Le fait que ce soit sur fond bleu signifie que l'ordinateur attend de vous que vous donniez un nom plus explicite que simplement "Nouveau Dossier". A cet instant, vous n'avez plus besoin de la souris mais vous tapez le nom choisi sur votre clavier et vous validez enfin par une impulsion sur la touche "Entrée". Votre dossier est alors prêt.

Driver ou pilote

Terme désignant un petit programme qui permet au système de l'ordinateur de dialoguer avec un périphérique interne ou externe à l'ordinateur. On parle par exemple de driver d'une clé USB.

DVD

En anglais, Digital Versatile Disc. Désigne une galette plate et circulaire du même format qu'un CD. Le DVD peut quant à lui contenir 4,7 Go de données et même le double quand c'est un DVD double-couche (DVD DL). Les DVD informatiques se répartissent en deux familles, les + et les - à choisir en fonction de la compatibilité avec votre lecteur/graveur de DVD. A noter que les graveurs acceptant les deux formats + et - sont assez répandus aujourd'hui.

DVD R ou Recordable

C'est un DVD enregistrable mais non réinscriptible. On ne peut pas effacer les fichiers une fois gravés. Cependant, on peut graver des fichiers en plusieurs fois (multisession) jusqu'à concurrence de la capacité maximale du support (4,7 ou 8,4 Go).

DVD RW ou ReWritable

Apparenté au DVD R, le DVD RW est réinscriptible. On peut effacer les fichiers après la gravure. Cependant, les DVD-RW ne sont pas compatibles avec toutes les plateformes.

- E -

Echap ou Esc (Escape)

Touche située en haut à gauche du clavier. Elle sert notamment à sortir des diaporamas PowerPoint à tout moment.

E-commerce (E = Electronique)

Terme désignant toute transaction commerciale réalisée par Internet. La vente par Internet est assimilée à une vente par correspondance et à ce titre le commerçant - aussi appelé cybermarchand - doit vous proposer un délai de rétractation de 7 jours à partir de la réception de la marchandise. Durant ce délai, vous avez tout loisir de lui retourner le produit sans aucune justification et de vous faire rembourser.
Par ailleurs, une transaction par Internet suppose souvent mais pas exclusivement un paiement en ligne par carte bancaire. Dans ce cadre, la connexion avec le cybermarchand ou à défaut sa banque doit être sécurisée le temps de la transaction bancaire. Le protocole http:// devient alors https:// et vous verrez apparaître un petit cadenas dans la barre d'état de votre navigateur. En tout état de cause, il est recommandé de lire les Conditions Générales de Vente (CGV) du cybermarchand avant d'acheter.

E-mail ou Electronic mail

Voir Courriel.

Encodage des caractères

Le texte que vous saisissez dans un logiciel est conformé par rapport à une table d'encodage. Les deux types d'encodage les plus utilisés en France sous Windows sont "Europe Occidentale" et "Unicode (UTF-8)". Des caractères étranges peuvent apparaître notamment dans un courriel reçu le rendant quasi-illisible. Ce problème vient souvent du fait que l'expéditeur du message travaille sur un autre système (notamment Macintosh) dont l'encodage par défaut n'est pas nécessairement le même que le vôtre. Dans ce cas, demandez à votre correspondant de vous renvoyer le message en modifiant l'encodage de son logiciel de courrier électronique ou bien de mettre le contenu de son message dans une pièce jointe au format texte (.txt).

Ethernet

On parle de prise ou de port Ethernet, aussi appelé RJ45. Désigne une carte avec une prise à l'arrière de l'ordinateur servant dans le cadre de communication en réseau (réseau domestique, en entreprise et Internet). Un port Ethernet supporte généralement des débits de 10 à 100 Mbits/s.

Extension

Voir Format et Nom de domaine.

Extranet

Méthode de communication interentreprises ou entreprise/client utilisant le réseau Internet. Un extranet est généralement sécurisé soit par une ligne dédiée, soit par l'accès ouvert aux seuls détenteurs d'un identifiant et d'un mot de passe.

- F -

Facebook, twitter, viadeo....

Ces sites sont aujourd'hui connus de tous. Ils sont des enfants directs du Web 2.0, c'est-à-dire le web interactif et transactionnel. Facebook est un réseau social permettant à tout inscrit de rencontrer ou de rester en contact avec des amis, de la famille ou des gens partageant les mêmes centres d'intérêts. Le risque sur ce genre de site est de trop s'exposer en en disant trop sur soi, il faut donc veiller au réglage des paramètres de confidentialité.
Viadeo est lui aussi un réseau social mais à vocation plus professionnelle. Quant à Twitter, c'est un site de microblogage (messages courts) permettant à tout inscrit de donner son avis sur un sujet ou une actualité. Nous savons tous le rôle de propagation qu'il a eu dans les événements de 2011 en Tunisie et en Egypte.

FAI ou Fournisseur d'Accès Internet

Opérateur qui, moyennant un abonnement, vous ouvre un accès à Internet. Il existe principalement deux types d'accès à Internet : par la prise téléphonique de votre logement ou bien par une connexion spécifique au câble (nécessite une intervention dans votre logement). Avec le temps, les fournisseurs d'accès ont enrichi leurs offres et vous proposent aujourd'hui des services multiplay (Internet haut débit, téléphonie illimitée et télévision). Une connexion ADSL (voir ce terme) présuppose l'acquisition ou la location d'un modem haut débit proposé lors de l'abonnement.

Les offres multiplay nécessitent la mise en place de modems spécifiques appelés aussi Box.

FAQ ou Frequently Asked Questions ou Foire Aux Questions

C'est une aide de premier niveau que vous propose l'éditeur d'un site en publiant un ensemble de réponses aux questions qui lui sont le plus fréquemment posées par les utilisateurs de ses services.

Favoris

On trouve aussi Signets, Bookmarks ou Marque-pages. Ces termes désignent une fonctionnalité de votre navigateur Internet qui consiste à garder en mémoire les adresses URL des sites que vous jugez intéressants et sur lesquels vous serez probablement amenés à retourner.

Feuille

Dans un tableur, désigne les subdivisions d'un classeur. Un classeur peut se composer de plusieurs feuilles matérialisées par des onglets en bas du logiciel juste au-dessus de la barre d'état.

Fichier

Un fichier est un ensemble autonome de données que vous voulez conserver. C'est un document qui a une existence réelle sur le disque dur, c'est à dire qu'il a été enregistré en lui spécifiant un "nom de fichier", un "type" (voir Format) et un "emplacement de stockage" sur le disque dur. Le type ou format est ce qui permet d'associer le fichier avec le logiciel depuis lequel il a été créé ; il est spécifié automatiquement par le logiciel au moment de l'enregistrement. On parlera de fichier texte, de fichier son, de fichier image ou vidéo etc. Tant que vous ne le supprimez pas, un fichier demeure sur votre disque dur. Il peut à tout moment être modifié, corrigé ou enrichi sous réserve d'enregistrer les modifications ainsi opérées.

Firefox

Concurrent direct d'Internet Explorer, Firefox est le navigateur bien connu de Mozilla. Rapide, sûr et gratuit, il permet, moyennant l'extension Adblock Plus, de s'affranchir de la publicité.

Firewall

Voir Pare-feu.

Firewire

Connu sous le nom technique de IEEE 1394 ou encore de iLink, le firewire est une norme technique de branchement assez proche de l'USB (plug-and-play). Ce type de port est couramment développé sous Macintosh. Son débit peut atteindre 3 200 Mbits/s dans la version Firewire 2. Il sert notamment à relier un caméscope à un ordinateur.

Flash

Langage propriétaire développé par Macromedia (Groupe Adobe). La technologie Flash peut se révéler indispensable pour consulter certaines animations sur Internet. Les points forts des animations Flash sont graphisme, interaction, animation. Vous pouvez télécharger sans danger le plug-in Flash lorsque vous y êtes invité par votre navigateur.

Flux de données

Transfert de données entre constantes, variables ou fichiers, résultant de l'exécution d'instructions, de procédures, de modules de programmes ou de programmes.

Fond d'écran

C'est l'image d'arrière-plan qui s'affiche sur le bureau de votre ordinateur. Sous Windows, on peut modifier cette image en faisant un clic droit sur une zone vierge du bureau. Un menu contextuel s'ouvre, cliquez sur le menu "Propriétés" qui vous ouvre la fenêtre "Propriétés de Affichage". Dans cette fenêtre rendez-vous sur l'onglet "Bureau" ou vous trouvez les fonctions nécessaires pour changer votre fond d'écran.

Format

Le format d'un fichier, c'est la nature intrinsèque qui permet de différencier par exemple un fichier de traitement de texte d'un fichier image. A chaque format de fichier est associée une extension ; c'est le petit suffixe de trois ou quatre caractères précédé d'un point, à la fin du nom du fichier. Par exemple, "toto.rtf" ou "titi.jpeg" ou encore "tutu.zip". Si vous renommez un fichier, il ne faut en aucun cas modifier son extension sans quoi votre fichier risque de devenir inexploitable.
Pour pallier ce problème, le système Windows désactive par défaut l'affichage des extensions.

Forum de discussion

Module spécifique sur un site Internet où les membres (inscription préalable, en général) échangent sur un thème donné. Les forums sont souvent suivis par une personne experte (on l'appelle "modérateur") dans le domaine traité et qui veille à la qualité des échanges ainsi qu'au respect des règles de savoir-vivre et le cas échéant participe activement à l'animation du forum.

Fournisseur d'accès

Organisme offrant à des clients d'accéder à l'internet, ou, plus généralement, à tout réseau de communication.

Freeware ou Gratuiciel

Concaténation anglo-saxonne de "free" (gratuit, libre de droit) et "software" (logiciel). Désigne donc un logiciel dont l'acquisition est gratuite par opposition au "Shareware" qu'il faut généralement acheté après une période d'essai gratuite de 30 jours.

FTP ou File Transfer Protocol

Protocole (langage) d'échange de fichiers entre un client et un serveur sur Internet. Cet échange passe nécessairement par un logiciel spécifique dit client FTP.

- G -

.gif ou Graphics Interchange Format

Format d'image très répandu sur Internet. Il permet de gérer la transparence, l'animation et les grandes zones de couleurs. Pour des photos (couleurs et contraste plus nuancés) on lui préférera le format .jpeg.

Giga

Exprime une quantité d'un milliard. On parle de Giga octets (Go) soit un milliard d'octets pour la taille d'un fichier ou la capacité d'un disque dur mais également de Giga hertz (GHz) pour la fréquence d'horloge d'un processeur.

Google Chrome

Navigateur de la firme de Moutain View (Californie) apparu en 2008. Ne pas confondre avec Google (moteur de recherche) et Google Chrome qui est un navigateur (voir ce terme), même si c'est bien le géant de l'Internet qui se cache derrière le concurrent sérieux de Firefox et Internet Explorer.

Graisse

On parle notamment de la graisse d'une police. C'est l'état normal ou gras des caractères saisis au clavier.

Graver

Action d'enregistrer des fichiers ou des dossiers sur un support optique tel qu'un CD ou un DVD.

- H -

Hacker

To hack signifie faire effraction dans ... Le hacker est un pirate informatique qui cherche à s'introduire dans un système dans le but de nuire ou de bénéficier de la reconnaissance de ses pairs.

Hardware

Avec le software, il compose un ordinateur. C'est la partie matérielle dont l'essentiel se trouve dans l'unité centrale (cartes, CPU, HDD, RAM...) et les périphériques (souris, clavier, écran...). On oppose généralement hardware (matériel) à software (logiciel).

Haut débit

Désigne une connexion à Internet dont la bande passante (voir ce terme) dépasse 512 Kbits/s. Les deux types de connexion haut débit les plus répandus sont l'ADSL (par la ligne téléphonique) et le câble.

HDD ou Hard Disk Drive

C'est le disque dur de votre ordinateur dont la capacité s'exprime en Giga octets.
C'est l'unité de stockage des fichiers et dossiers (enregistrement) intégrée à votre ordinateur. Cependant, il existe des disques durs externes généralement branchés en USB.
Les fichiers sur lesquels vous travaillez sont stockés dans une mémoire fugace. Si vous voulez les conserver sur la machine, il faudra les placer sur le disque dur.
Pour ce faire, cliquez sur le menu "Fichier > Enregistrer" du logiciel et renseignez l'emplacement de stockage ainsi que le nom attribués au fichier. Vous pourrez ainsi le retrouver facilement. Il est nécessaire d'enregistrer son travail à chaque modification d'un fichier.

Hertz

C'est l'unité de mesure de la capacité de calcul (fréquence d'horloge) de votre processeur. Un processeur (CPU) d'1 GHz est capable de traiter 1 milliard de cycles à la seconde.

Hoax

Voir Canular.

Homothétique

Travailler en homothétie signifie que l'on agrandit ou réduit un fichier en respectant ses proportions (rapport largeur/hauteur). Terme généralement utilisé dans le traitement de l'image.

Hot line

Assistance technique par téléphone. A de rares exceptions près, ce service vous est généralement facturé 0,34€/min, hors temps d'attente de la mise en relation.

HTML ou HyperText Markup Language

C'est le langage premier d'Internet où information et mise en forme sont imbriquées. Une page HTML est structurée par le biais de balises de description parmi lesquelles on trouve des balises hypertextes permettant, moyennant un clic sur le lien correspondant, de naviguer de page en page.

HTTP ou HyperText Transfer Protocol

C'est le protocole qui permet de consulter des pages web (HTML) par le biais de votre navigateur Internet. Il précède nécessairement toute URL dans la barre d'adresse de votre navigateur et se matérialise ainsi : http://. Ce protocole se transforme en protocole sécurisé (https://) lorsque vous consultez un serveur sécurisé, par exemple votre compte bancaire en ligne ou lorsque vous procédez au règlement en ligne d'un achat réalisé sur Internet.

Hub

Au sens propre en anglais c'est un moyeu. En informatique, désigne un dispositif qui permet une interconnexion dans un réseau. On parle notamment de hub USB qui permet, à partir d'1 port en entrée/sortie, d'en ouvrir plusieurs de même nature en entrée/sortie.

Hypertexte

Voir Lien.

- I -

Icône

Symbole graphique de petite taille explicitant ce qu'il représente. On parle de l'icône d'un fichier, d'un dossier ou d'un logiciel. Un clic ou un double-clic de la souris sur une icône permet d'activer ce à quoi elle correspond. On trouve notamment des icônes sur le bureau de l'ordinateur.

IDE ou Integrated Drive Electronics

Interface permettant d'interconnecter le disque dur et le lecteur optique (CD ou DVD) à la carte mère.

Identifiant ou Login

Ensemble de caractères composé de lettre(s) et/ou de chiffre(s) servant à vous identifier au moment de la consultation d'une page à accès réservé. Il vous est alors demandé de saisir l'identifiant et le mot de passe dans les champs correspondants. La possession du couple identifiant/mot de passe présuppose l'inscription au préalable auprès du service que vous souhaitez consulter. Voir
Session.

IEEE 802.11

Voir WIFI.

Image numérique

Image constituée de millions ou milliards de points appelés pixels, chaque pixel indiquant sa couleur.

Imprimante

C'est un périphérique de sortie permettant de récupérer le contenu d'un fichier sur une feuille de papier. L'imprimante contient notamment des cartouches d'encre (consommables) qui se changent régulièrement. Les imprimantes chez les particuliers sont généralement à jet d'encre. Elles nécessitent donc un entretien plus soutenu que les imprimantes laser. Il convient de ne pas laisser l'encre séchée dans les buses et pour se faire il ne faut pas laisser l'imprimante inactive pendant de

longues périodes. Par ailleurs, il est judicieux de faire deux à trois fois par an un nettoyage des buses et un alignement des têtes d'impression. Au moment de choisir votre imprimante, prenez un modèle à cartouches couleur désolidarisées (4 cartouches dont le noir) et dont vous pouvez changer les têtes d'impression facilement.
Il arrive que l'on veuille annuler l'impression qu'on vient de lancer. Commencez par enlever le papier du bac d'alimentation, ce qui aura pour effet de mettre l'imprimante en pause. Pour autant, l'impression n'est pas annulée, l'imprimante gardant dans sa mémoire tampon (buffer) une trace du ou des document(s) à imprimer. Il convient alors de cliquer sur Démarrer > Panneau de configuration > Imprimantes et Télécopieurs et de double-cliquer sur l'imprimante pour ouvrir la fenêtre du gestionnaire d'impression (un raccourci peut-être placé sur le bureau). Dans cette fenêtre, s'affiche la liste des documents à imprimer. Sélectionner un document puis cliquer dans le menu sur Document > Annuler.

Incrémentation

Notion utilisée notamment dans un tableur. Action de faire croître régulièrement un chiffre d'une valeur donnée (incrément). Comptez à partir de 1 avec un incrément de 5 donnera 1, 6, 11, 16, 21, 26, 31, 36 ...

Infobulle

Petite légende qui apparaît au survol de la souris sur un élément (en général une icône) et qui décrit la fonction ou le contenu de ce dernier. La légende est écrite en noir sur un fond rectangulaire de couleur jaune pâle.

Infographie

Activité consistant à la création et au traitement de l'image sur un support informatique. On parle de logiciels de traitement d'image ou d'infographie.

Inser

Touche généralement (sauf sur les portables) située au-dessus de "Suppr" entre les claviers alphabétique et numérique. Peu utilisée, elle peut néanmoins vous causer des soucis si elle est activée par inadvertance dans un logiciel de traitement de texte. Dans Microsoft Word, par exemple, vous saurez si elle est active de par l'affichage des caractères RFP (mode refrappe) dans la barre d'état du logiciel. En effet, après son activation, tout ce que vous saisirez viendra grignoter inexorablement le texte précédemment tapé. Il suffit d'appuyer à nouveau sur cette touche pour désactiver cette fonction.

Interface

C'est l'aspect graphique visible d'un logiciel. C'est grâce à l'interface que vous pouvez interagir, par le biais du clavier et de la souris, sur les différentes fonctionnalités du programme.

Interligne

Terme utilisé notamment dans les logiciels de traitement de texte. Désigne l'intervalle entre deux lignes de texte. Celui-ci se mesure en points.

Internet ou web ou encore net

Concaténation d'International network (réseau international). Aussi appelé net ou web ou encore toile, désigne le plus grand réseau de communication par ordinateurs au monde. Internet recouvre quatre types de besoins : la recherche/consultation de sites par le biais de votre navigateur (HTTP), la messagerie électronique (POP et SMTP), la messagerie instantanée (Chat) et l'échange de fichiers (FTP).

Intranet

Réseau utilisant la même technologie et les mêmes protocoles qu'Internet mais dont la diffusion est privée, généralement limitée à une entreprise.

IP ou Internet Protocol

Protocole utilisé par Internet pour établir l'interconnexion des ordinateurs sur le réseau. Voir adresse IP.

- J -

Jack

Prise constituée de deux ou trois connecteurs coaxiaux. Prise son de votre ordinateur dédiée au branchement d'un micro, d'un casque audio ou d'enceintes.

Java ou applet Java

Langage conçu et développé par la société Sun Microsystems. Proche du C++ dans sa structure ce langage est indépendant de toute plateforme matérielle. Comme le Flash, il permet plus d'animation et une plus grande interaction. Vous pouvez télécharger Java (Sun Microsystems) sans danger pour votre ordinateur. Vous en aurez notamment besoin si vous souhaitez faire votre déclaration d'impôts en ligne.

.jpeg ou Joint Photographic Experts Group ou encore .jpg

Format d'images certainement le plus répandu. C'est le format privilégié de la majorité des appareils photo numérique et des images sur Internet parce qu'il gère jusqu'à 16 millions de couleurs. Issu de la famille Bitmap, c'est un format compressé avec plus ou moins de perte de qualité selon le taux de compression.

Justifié

Se dit d'un texte aligné à la fois à droite et à gauche. Les espaces entre les mots sont plus ou moins étirés de manière à ce que le texte soit à chaque ligne contre la marge des deux côtés de la page.

- K -

Kilo

Unité de mesure qui équivaut à mille. 1 Kilo octets (Ko) = 1 024 octets.

- L -

LCD ou Liquid Crystal Display

Se dit d'un écran plat dont l'image est produite par des cristaux liquides stimulés par un courant électrique. Des études ont montré qu'un écran LCD fatiguait trois fois moins les yeux que son homologue cathodique (balayage d'électrons à grande vitesse).

Lecteur optique

Nom générique donné au(x) lecteur(s)/graveur(s) de CD ou DVD de votre ordinateur.

Lien ou lien hypertexte

Objet (texte, image ...) d'une page web destiné à vous renvoyer sur un autre contenu (procédé hypertexte). Le lien est souvent mis en valeur de façon explicite de manière à éviter toute ambiguïté. Il est souvent souligné et à son survol, la flèche de la souris se transforme en main repliée avec l'index pointant vers l'avant.
Un clic gauche de la souris vous emmène sur une autre page ou bien ouvre une nouvelle fenêtre.

Linux

Apparenté aux systèmes Unix, Linux est un système d'exploitation libre (GPL GNU) concurrent de Microsoft Windows et de Macintosh Mac OS.

Logiciel ou Software

Voir Application.

Login

De l'anglais "to log in" : entrer. Voir Identifiant.

Logo ou logotype

Symbole graphique représentant une société, une association, une organisation.
Sur une page web, un clic sur le logo est souvent synonyme de retour à l'accueil du site (home page).

LPT1 ou Light Printing Terminal

Désigne généralement le port parallèle situé à l'arrière de votre ordinateur et destiné au branchement de votre imprimante. A noter que les imprimantes dernière génération disposent d'un branchement USB permettant un transfert de l'information plus rapide.

- M -

Mac OS ou MacIntosh Operating System

Système d'exploitation, concurrent de Windows et Unix, développé par la firme américaine Apple.
Mailer Daemon ou Mail Delivery System
Suite à l'envoi d'un courriel, vous pouvez recevoir un message du Mailer Daemon (serveur de courrier) vous indiquant, en anglais, que le message n'a pu être remis à son destinataire.
Vous trouverez trois types d'erreurs, généralement :
- "user unknown" ; vous avez fait une erreur dans l'adresse de courrier électronique de votre correspondant
- "mailbox over quota" ; la boîte aux lettres de votre correspondant est pleine, aucun message ne pourra lui être remis tant qu'il ne l'aura pas vidée
- "delivery temporarily suspended" ; le serveur de messagerie étant surchargé, il place le courrier dans une file d'attente pendant 6 à 8 heures.

Mega

Unité de mesure qui équivaut au million. 1 Mega octets (Mo) = 1 000 Kilo octets (Ko) = 1 000 000 octets.

Mémoire Flash

Type de mémoire d'origine électronique qui constitue la technologie d'enregistrement des clés USB et cartes mémoire d'appareils photo numérique.

Mémoire vive ou mémoire RAM

En anglais, Random Access Memory. Voir Barrette de mémoire.

Menu contextuel

Menu qui apparaît au clic sur le bouton droit de la souris. On le dit contextuel parce que le contenu du menu dépend de ce sur quoi on clique. Ouvrir un menu contextuel c'est d'ailleurs là le seul rôle du bouton droit de la souris. A ce titre, il n'existe pas de double-clic droit.

Messagerie électronique

Document saisi, consulté ou transmis au moyen du courrier électronique.

Mise à jour ou update

Tout logiciel et tout système évolue avec le temps notamment pour vous proposer une sécurité maximale ou de nouvelles fonctionnalités. Windows XP SP 2 est équipé d'un programme de mises à jour automatique (Windows Update) qu'il est conseillé d'activer si vous voulez profiter au mieux de votre système et de ses évolutions.

Modem

Concaténation de MOdulateur/DEModulateur. Petit boîtier ou carte intégrée à votre ordinateur indispensable pour établir une connexion Internet. Il permet de convertir le signal arrivant de votre ligne téléphonique ou de votre prise du câble en un flux numérique (et inversement) exploitable par votre ordinateur. Tous les ordinateurs récents disposent généralement d'un modem bas débit intégré à l'ordinateur. Toutefois, dans le cas d'une connexion haut débit (ADSL), il vous sera nécessaire d'en acquérir ou d'en louer un. Certains modems sont appelés box parce qu'ils sont à la fois modem et routeur. Sur ces derniers, on peut brancher un téléphone IP et éventuellement un décodeur TV.

Modérateur

Personne dont le rôle est de veiller à la bonne tenue et au respect des règles au sein d'un forum de discussion sur Internet. Le modérateur peut aller jusqu'à supprimer des messages du forum et à bannir des utilisateurs. Le modérateur peut aussi contribuer à l'animation du forum en publiant des messages s'il a les connaissances en rapport avec le sujet traité.

Mot de passe

C'est avec l'identifiant, le deuxième ensemble de caractères que l'on vous demande de saisir pour accéder à une page dont l'accès est réservé. Un bon mot de passe doit contenir un minimum de 6 caractères (lettres et chiffres). Lorsque vous saisissez votre mot de passe dans le champ adéquat celui-ci est remplacé par une suite de points pour éviter qu'un tiers puisse le lire par-dessus votre épaule. Ce dernier doit rester, bien entendu, secret et personne n'est en droit d'exiger que vous le lui donniez. Voir Identifiant.

Mot-clé ou Keyword

Ce sont des mots lexicaux (riches de sens) et non grammaticaux (articles, conjonctions etc.) que vous saisissez dans un moteur de recherche pour trouver une information. Plus les mots-clés que vous choisirez seront précis et moins ils seront équivoques, plus la requête sera discriminante, meilleurs seront les résultats. Il est conseillé de taper au moins deux mots pour commencer à dégrossir la recherche.

Moteur de recherche

C'est un outil qui s'est bien démocratisé avec Internet. En quelque sorte, c'est votre porte d'entrée sur Internet, passage presque obligé pour trouver l'information. Contrairement à un annuaire (voir Annuaire) un moteur de recherche est une machine (un ensemble de machines) qui établit des résultats suite à une requête (interrogation saisie dans le champ approprié). Les résultats sont classés par ordre de pertinence selon des critères plus ou moins secrets mis au point par ses concepteurs. Un moteur est une machine incapable de comprendre le sens de votre requête (du moins jusqu'à aujourd'hui) ni de résoudre les ambiguïtés, le cas échéant. C'est donc à vous de vous mettre à son niveau en utilisant les fonctionnalités de la recherche avancée, les opérateurs booléens, la ponctuation.

Un moteur se veut exhaustif. Toutefois, il existe toute une partie de l'Internet (le web invisible, soit 45% des sites Internet) qui n'est pas référencée dans les moteurs. Le plus connu des moteurs est sans doute Google. On citera aussi Yahoo! (à l'origine, un annuaire), Voila, Live, Free ...

Motherboard ou carte mère

Voir Carte mère.

.mov ou Movie file

Extension de fichiers vidéo lisibles avec le logiciel Quicktime.

Mozilla

C'est le nom de l'éditeur notamment de deux logiciels libres très connus : le navigateur Internet Firefox et le client de courrier électronique Thunderbird.

.mp3 ou MPEG1/2 Audio Layer 3

Format populaire de compression audio très utilisé pour véhiculer de la musique par Internet ou pour la stocker sur des mémoires flash (baladeurs, clés USB...). En effet, un fichier .mp3 pèse (poids en Ko ou Mo) entre 8 et 12 fois moins qu'un fichier .wav pour une perte de qualité généralement acceptable.

.mpeg, MPEG 2 et MPEG 4 - Moving Pictures Experts Group

Formats de compression audio et vidéo successifs utilisés pour la diffusion en streaming (voir ce terme) de programmes par Internet (TV ou ordinateur) et pour l'encodage de DVD vidéo.

Multisession

Qualifie la possibilité que vous avez de rajouter (graver) des fichiers en plusieurs fois (sessions) sur un CD ou DVD jusqu'à concurrence de la taille maximale du support.

Multiplay

Désigne une offre de votre FAI (voir FAI) qui vous permet de bénéficier de plusieurs services par le biais de votre connexion Internet. Dans le cas d'une offre tripleplay (ADSL, TV et téléphonie illimitée) il faut bénéficier d'un débit minimum de 5 Mbits/s pour pouvoir profiter confortablement des trois services en simultané.

- N -

NAS

En anglais, Network Attached Storage, le NAS est un disque rattaché au réseau dont la principale fonction est de stocker et/ou sauvegarder des fichiers. Il est généralement raccordé au modem/routeur en Ethernet ou en WiFi.

Navigateur

Dans la métaphore empruntée au domaine marin, le navigateur est comme un qui évolue dans l'océan de l'information. C'est le logiciel qui vous sert à afficher les pages web que vous visitez. Parmi les navigateurs connus, on citera Microsoft Internet Explorer, Mozilla Firefox, Konqueror, Opera, Safari...

Net

Abréviation d'Internet.

Newsletter ou Lettre d'information

C'est une fonctionnalité d'un site web à laquelle vous pouvez souscrire afin d'être informé, par le biais de votre messagerie électronique, de l'actualité d'un domaine ou de l'évolution du site sur lequel vous vous êtes inscrit.

Nom de domaine

C'est l'identifiant unique attribué à toute entité souhaitant communiquer sur Internet. Le nom de domaine se retrouve dans l'adresse URL. Il se compose de www. (Voir ce mot), du nom canonique (par exemple : sncf, laredoute, google, linternaute) puis d'une extension composée d'un point et de trois lettres (par exemple : .net, .org, .com, .fr, .es...). Les extensions sont :
- soit de type professionnel, sans distinction de langue. Le .net qualifie en général un site d'information. Le .org est attribué aux organisations non gouvernementales, cf. le site des Nations Unies. Le .com, certainement les plus courant et le plus facile à acquérir, héberge en général des sites à caractère commercial.
- soit des extensions géographiques : .fr pour la France, .es pour l'Espagne, .de pour l'Allemagne etc.
Il n'y a jamais d'espace dans un nom de domaine, très rarement des accents (bien que ceux-ci soient tolérés), pas de majuscules et les seules ponctuations admises sont "-", "_", "."

Nom d'utilisateur

Ce terme équivaut à Identifiant ou encore Login.

NTIC

Acronyme désignant les Nouvelles Technologies de l'Information et de la Communication dont l'Internet fait partie.

Numériser ou Digitaliser

Opération qui consiste à convertir de l'analogique au numérique pour que l'entité soit exploitable par un ordinateur. L'appareil le plus fréquemment utilisé pour numériser est le scanner ou scanneur.

NumLock ou Verrnum

C'est la touche de votre clavier numérique qui sert à activer/désactiver la saisie des chiffres. La touche se trouve en haut à gauche du pavé pour les ordinateurs équipés d'un clavier numérique.

- O -

OCR ou Optical Character Recognition

En français, la reconnaissance optique de caractères est une fonctionnalité généralement proposée avec un scanner. A partir d'une image numérique réalisée par un scanner, le logiciel OCR va tenter de reconnaître les caractères qui la composent pour en faire un texte. Le résultat sera d'autant plus cohérent et intelligible que le support original est de bonne qualité et que les lignes sont bien horizontales. C'est beaucoup plus difficile pour un OCR de retranscrire le texte d'un support manuscrit que d'une image composée de caractères d'imprimerie.

Octet

Unité de mesure de la taille d'un fichier informatique. 1 octet = 8 bits. On compte en Kilo octets, Mega octets, Giga octets et Tera octets.

ODP ou Open Directory Project

Aussi appelé Dmoz, c'est sans doute le plus grand annuaire de sites Internet qui existe sur le web. Cet annuaire, utilisé par Google, est entièrement tenu par des bénévoles.

OEM ou Original Equipment Manufacturer

Les matériels ou logiciels ainsi commercialisés ont bénéficié du même soin que leurs homologues non-OEM mais ils sont généralement moins chers parce que commercialisés sans notice et sans boîte.

Onglet

Petit rectangle qui apparaît dans une fenêtre pour des raisons ergonomiques. En effet, les onglets permettent d'afficher un grand nombre de fonctionnalités dans un espace restreint. Les onglets se situent en général dans la partie supérieure d'une fenêtre ou d'une boîte de dialogue.
La navigation par onglets a été popularisée par le navigateur Mozilla Firefox puis reprise par Internet Explorer dans sa version 7. Très pratiques, les onglets permettent d'ouvrir plusieurs pages dans une même fenêtre (une page par onglet) et de faire l'aller-retour entre les différentes pages sans les fermer.

Open source software

Littéralement, logiciel au code ouvert. Le code source peut être modifié et en tout état de cause, le logiciel est distribué gratuitement.

Open Office

Distribution libre (gratuite) d'une suite bureautique par Sun Microsystems. La suite comprend un traitement de texte, un tableur, une base de données, un logiciel de dessin, un logiciel de diaporama et un logiciel de calcul.

Opérateur booléen

Désigne un certain nombre d'opérateurs qui servent à préciser une requête dans le cadre d'une recherche sur Internet. L'utilisation de booléens présuppose une recherche avancée. Parmi les booléens les plus courants, on compte NON, ET, OU, +, -.

Ordinateur

On parle d'ordinateur de bureau ou d'ordinateur portable. L'ordinateur de bureau se compose d'une Unité Centrale ou UC (boîtier avec la carte mère, le processeur, les cartes graphique et son, les barrettes de mémoire, le(s) disque(s) dur(s), le(s) lecteur(s) optique(s)...) et de périphériques (clavier, souris, écran). Dans un ordinateur portable, UC et périphériques ne font qu'un d'où un gain de place et une plus grande mobilité.

OS ou Operating System

C'est le premier logiciel de votre ordinateur, celui sans lequel la machine ne peut rien faire. En français, on parle de système d'exploitation. Parmi les plus connus, Windows, Mac OS, Unix.

- P -

Page

Le terme est souvent employé en informatique mais il ne désigne pas toujours la même chose. Dans un logiciel de traitement de texte, une page est au format A4.
La page peut être en format portrait (21*29,7 cm) ou paysage (29,7*21 cm), selon l'orientation définie dans le menu "Fichier > mise en page".
Dans un tableur, on parle plus volontiers de feuille, celle-ci pouvant dépasser largement le format A4. Au moment de l'impression, il convient de sélectionner la zone à imprimer puis de choisir la fonctionnalité "Fichier > zone d'impression > définir". Enfin, il faudra choisir un aperçu avant impression pour avoir l'exact reflet de la manière dont le document sera imprimé avec les éventuels sauts de page.
Il en va de même sur Internet avec ce qu'on appelle improprement une page web car cette dernière une fois imprimée peut atteindre plusieurs pages A4. Il convient là aussi d'utiliser l'aperçu avant impression de votre navigateur avant d'imprimer : "Fichier > aperçu avant impression".

Paiement sécurisé

Mode de paiement généralement proposé par le cyber-marchand lors d'une transaction sur Internet. Bâti sur le protocole Secure Socket Layer (SSL), la transaction est alors sécurisée garantissant la confidentialité des données échangées. Pour en savoir plus, voir E-commerce.

Panneau de configuration

Dans le système Windows, cette fonctionnalité est accessible depuis le menu "Démarrer > Panneau de configuration" ou "Démarrer > Paramètres > Panneau de configuration". On y trouve l'ensemble des fonctionnalités de paramétrage de l'ordinateur. On peut y régler notamment la sécurité (antivirus, mises à jour automatiques, pare-feu), les options de son imprimante, l'affichage de son écran, la suppression de logiciel(s), le fonctionnement de la souris, du clavier et de la carte son ...

Par défaut

On parle de paramétrage par défaut. C'est à dire le paramétrage initial de la machine ou du logiciel avant son éventuelle modification.

Paramétrer ou Configurer

Action qui consiste à personnaliser les réglages d'un logiciel. Le paramétrage s'opère généralement depuis les sous-menus "Options" ou "Préférences" d'un logiciel ou depuis le Panneau de configuration pour les réglages de l'ordinateur.

Pare-feu ou Firewall

Matériel ou logiciel servant à protéger un ordinateur des intrusions éventuelles au sein d'un réseau. Le Service Pack 2 de Windows XP vous propose un pare-feu pour vous protéger lors de votre connexion à Internet. Si vous désirez un outil plus complet, Zone Alarm est un pare-feu très complet. Pour l'installer, il vous faudra, au préalable, désactiver le pare-feu du SP 2 de Windows.

Partitionner

Action, par le biais d'un logiciel, de diviser un disque dur physique en plusieurs disques durs logiques. Dans ce cas, les partitions créées sont hermétiques. En cas d'infection d'une partition par un virus les autres partitions demeurent indemnes.
On peut partitionner un disque de grande taille pour créer autant de partitions qu'il y a d'utilisateurs de la machine ou encore pour réserver une partition à la sauvegarde.

Password

C'est l'équivalent anglais de Mot de passe.

Pavé numérique

Partie du clavier, équipant les ordinateurs de bureau et certains portables, dédiée à la saisie des chiffres. Le pavé numérique se compose de la touche Verr num (voir NumLock), les chiffres de 0 à 9, la virgule ".", les quatre opérateurs "/" (division), "*" (multiplication), "-" (soustraction), "+" (addition) et Entrée (opérateur = dans les opérations). Le pavé numérique se situe à droite du pavé alphabétique.
Utilisateurs de portables, rassurez-vous, toutes les touches du pavé numérique ont leur équivalent sur le pavé alphabétique à saisir directement ou en combinaison avec la touche Shift (à gauche juste au-dessus de Ctrl).

Paysage

Résultat de la mise en page ("Fichier > mise en page") d'un document présenté "à l'italienne", i.e. le côté le plus large (29,7 cm) à l'horizontale. Dans un traitement de texte, le format par défaut est le portrait.

.pdf ou Portable Document Format

Voir Acrobat Reader.

Périphérique

Désigne tout matériel branché sur l'unité centrale de l'ordinateur. On parle de périphériques d'entrée (souris, clavier, scanner, appareil photo numérique) ou de périphériques de sortie (écran, imprimante, enceintes).

Phishing ou hameçonnage

Néologisme anglo-saxon construit à partir de l'expression "Password Harvesting fISHING", pêche au mot de passe. La technique consiste notamment par courrier électronique à usurper l'identité d'un de vos correspondants officiels (votre banque) pour vous soutirer vos identifiant et mot de passe. Les versions récentes des navigateurs Firefox 2.0 et Internet Explorer 7 intègrent un filtre anti-hameçonnage.
Toutefois, la meilleure parade reste de ne pas cliquer sur les liens dans des mails suspects, toujours aller sur le site de votre banque en saisissant vous-même l'URL (voir Adresse URL) dans votre navigateur.

Photo numérique

La photo argentique fixait des cristaux d'argent sur la pellicule. La photo numérique, popularisée par les appareils photo du même nom, consiste à convertir la lumière captée en un ensemble de données digitales.

Picolitre

C'est l'unité de mesure de la consommation des cartouches de votre imprimante à jet d'encre. Plus ce chiffre est élevé plus votre imprimante consomme d'encre. 1 picolitre = 1 millième de milliardième d'un litre.

Pièce jointe

Tout fichier informatique, sans aucune exception, peut être envoyé en pièce jointe à un message électronique. Par convention, les pièces jointes sont souvent symbolisées par un trombone.
Il convient de ne pas dépasser 10 Mo de pièce(s) jointe(s) par message. Dans le cas contraire, il faudra répartir les pièces jointes en plusieurs envois.
Assurez-vous, au préalable, que votre correspondant dispose bien du logiciel pour ouvrir la pièce jointe. Sinon, indiquez-lui l'adresse URL où il peut télécharger le programme (de préférence gratuit) pour lire votre fichier joint.
Enfin, n'oubliez pas que les pièces jointes peuvent contenir des virus - et non pas les messages en eux-mêmes - et que votre antivirus les filtrera dès leur arrivée sur votre machine. N'ouvrez pas des pièces jointes douteuses émanant d'expéditeurs inconnus.

Pilote

Voir Driver.

Pixel ou px

Contraction, en anglais, de PICture ELement, élément d'une image. C'est le plus petit composant d'une image. C'est un minuscule carré d'une couleur donnée. La plupart des écrans, aujourd'hui, comprennent 1 024 px en largeur pour 768 en hauteur (1 024*768 px). On parle de pixellisation quand on voit les pixels composant une image suite à un agrandissement excessif notamment.

Plug-and-Play

Se dit d'un périphérique qui, lorsqu'il est connecté à un ordinateur (généralement à un port USB), est automatiquement reconnu et installé par le système d'exploitation. Il n'est donc pas nécessaire d'installer un driver (voir ce terme).

Plug-in

Vient de l'anglais "to plug in", brancher. C'est une extension logicielle que l'on ajoute à une application principale pour lui donner des fonctionnalités supplémentaires. Les deux plug-ins les plus fréquemment requis par votre navigateur Internet sont Flash et Java. Vous pouvez installer ces deux logiciels en toute sécurité en vous rendant sur les sites de leurs éditeurs respectifs : Adobe et Sun Micosystem.

Police ou Police de caractères ou Font

C'est la représentation esthétique d'une écriture sur votre ordinateur. Les polices les plus couramment utilisées sont Arial, Courrier, Helvetica, Times New Roman, Verdana. N'utilisez pas de police trop marginale dans le cas de transmission du fichier vers une autre machine, un ordinateur non équipé ne pourra pas l'afficher avec l'effet souhaité mais optera pour une police standard. Sous Windows, le répertoire contenant vos polices se situe dans "C:\WINDOWS\Fonts".

POP ou Post Office Protocol

Protocole de votre logiciel de courrier électronique servant à recevoir depuis le serveur les messages qui vous sont adressés. Pour en savoir plus, voir SMTP.

Pop-up

Littéralement : surgir, en anglais. Sur Internet, désigne une fenêtre de navigateur qui s'ouvre toute seule lors de la consultation d'un site web. Les pop-ups sont généralement publicitaires. Les dernières versions des navigateur Internet Explorer et Firefox permettent de bloquer les pop-ups avant leur ouverture.

.pps ou .ppt

Extension de fichiers créés par le logiciel de présentation Microsoft PowerPoint.

Portrait

Affichage par défaut d'une page côté le plus large (29,7 cm) dans le sens vertical. Voir Paysage.

Processeur

Voir CPU.

Programme

Elément constitutif d'un logiciel. Voir Application.

Proxy ou Serveur proxy

C'est un ordinateur intermédiaire entre le vôtre et le réseau Internet. Les serveurs proxy sont très utilisés en entreprise mais également par les FAI (voir ce terme).
Ils ont pour rôle avant tout de sécuriser un réseau local en garantissant l'anonymat des ordinateurs placés en amont et en filtrant l'ensemble des flux de données qui passent par son intermédiaire.

Publipostage ou Mailing

Opération qui consiste à fusionner un fichier squelette (mise en forme) avec un fichier de données pour générer un grand nombre de documents partageant des caractères communs dans le but d'un envoi massif par courrier. C'est le type notamment des courriers envoyés à des milliers d'exemplaires par une société pour proposer une offre promotionnelle ou un nouveau service à ses abonnés.

- Q -

Quicktime

Logiciel et format de fichier vidéo utilisé, avant tout, sur Macintosh. L'extension attachée à ce format est ".mov" mais Quicktime supporte un grand nombre de formats dont le streaming (voir ce terme).

- R -

Raccourci

Voir Alias.

RAM ou Random Access Memory

Voir Barrette de mémoire.

RAW

En anglais, cet adjectif signifie brut. Employé dans le monde de la photo numérique pour qualifier une image n'ayant subi aucun traitement (couleur, contraste, luminosité, compression ...). Certains appareils photo numérique vous proposent d'enregistrer des images RAW et sont fournis avec un logiciel propriétaire pour pouvoir lire/retravailler les fichiers qui en résultent.

Rebooter ou redémarrer

Anglicisme du verbe "to boot", amorcer. Action qui consiste à redémarrer un ordinateur à l'issue de la mise à jour du système, d'un logiciel ou après un plantage.

Real player

Logiciel pour écouter/voir un flux en streaming (diffusion par Internet). Les fichiers Real audio sont au format ".ram", ".rm" ou ".rpm".

Registre ou base de registre

Zone dédiée de l'ordinateur où sont stockés les paramétrages du système, des logiciels ainsi que de la machine. Avec le temps et les nombreuses installations/désinstallations de logiciels, la base des registres devient encombrée. Il devient alors nécessaire de la nettoyer avec un logiciel adapté. Une base des registres surchargée ou défectueuse peut entraîner des dysfonctionnements de l'ordinateur.

Résolution

Dans le domaine du traitement de l'image numérique, la résolution indique le nombre de pixels/pouce ou ppp (ou encore dpi, en anglais). Une résolution de 72 ppp signifie qu'il y a 72 points dans une zone de 2,54 cm de l'image. Par conséquent, plus la résolution est élevée, plus l'image est fine et de bonne qualité.
En contrepartie, une haute résolution implique un poids élevé (Ko ou Mo) du fichier correspondant. Il importe donc de choisir sa résolution en fonction de la destination du fichier. Clairement, pour envoyer un fichier image par courrier électronique donc destiné à un affichage écran, une résolution de 100 ppp suffit d'autant que la résolution d'un écran d'ordinateur ne dépasse pas 96 ppp. Cependant, pour imprimer une image sur du papier photo, une résolution maximale de 300 ppp paraît adaptée car l'œil humain ne voit pas la différence de qualité au-delà de 300 ppp.
On parle aussi de la résolution d'un écran informatique, c'est à dire le rapport largeur/hauteur en pixels. Les résolutions d'écran les plus connues sont 800*600 px, 1 024*768 px, 1 280* 1024 px. Plus ces chiffres sont élevés, plus les icônes et les textes seront petits et donc difficiles à lire pour les personnes souffrant de déficiences visuelles.

RJ11

Petite prise de forme rectangulaire équipant les ordinateurs. Une prise RJ11 relie généralement un modem bas débit (< 56Kbits/s) à une prise téléphonique de votre logement.

RJ45

C'est la grande sœur de la prise RJ11. Voir Ethernet.

ROM ou Read Only Memory

Voir CD-ROM.

Routeur

Appareil destiné à sérier et aiguiller les données vers les ordinateurs ou périphériques au sein d'un réseau local (domestique ou en entreprise).
Contrairement au hub qui dirige l'information vers tous les équipements connectés, le routeur n'achemine les données que vers le matériel concerné. La plupart des modems un peu évolués assurent également la fonction de routeur.

.rtf ou Rich Text Format

Format de texte enrichi, il garantit une meilleure compatibilité trans-plateformes que son cousin le .doc.

- S -

Scanner ou scanneur

Périphérique d'entrée permettant de numériser un document papier. Le document qui en résulte est une image numérique quel que soit le type de l'original (texte ou image). Pour cette raison, on emploiera un OCR pour reconnaître les caractères si l'on souhaite retravailler sur ordinateur un document primitivement en texte.

Sélectionner

Action de mettre en inversion vidéo (mettre en noir, généralement) un élément pour le choisir. Cette opération s'exécute à la souris soit en cliquant sur l'élément en question soit en balayant la souris, bouton gauche enfoncé, sur les éléments à retenir. On peut sélectionner un caractère, un mot, une ligne, un paragraphe, un texte, un fichier entier (que ce soit un fichier texte, image, son ou vidéo) et un dossier. Sélectionner n'est pas une fin en soi, c'est toujours un préalable à une opération qui va porter sur ce qui est sélectionné.
Pour sélectionner des fichiers ou dossiers qui se suivent, cliquez sur le premier puis tout en appuyant sur la touche Shift (voir ce terme) cliquez sur le dernier.
Pour sélectionner des fichiers ou dossiers non contigus, cliquez sur le premier puis, tout en maintenant la touche Ctrl (voir ce terme) enfoncée, cliquez sur chacun des autres.

Serveur

Dans la relation client/serveur, c'est un ordinateur au sein du réseau dont la fonction est d'être à l'écoute des requêtes provenant du réseau et de les honorer.
Cet ordinateur est équipé d'un logiciel spécifique pour répondre à ces requêtes. Par abus de langage, désigne également le site Internet que cet ordinateur héberge (ex: le serveur de la SNCF).

Service Pack 2 ou SP2

Mise à jour majeure comprenant un ensemble de correctifs aux failles de sécurité du système Windows. Le SP2 était soit préinstallé sur votre machine ou bien il vous a été proposé en une série de plusieurs téléchargements via les mises à jour automatiques (Windows Update) de Windows XP. Le SP2 offre notamment une plus grande sécurité.

Session

Dans une famille ou au sein d'une entreprise, il arrive que plusieurs personnes partagent un même ordinateur. La possibilité est offerte de créer autant de comptes qu'il y a d'utilisateurs ; de manière à personnaliser l'espace de travail de chacun. Ouvrir une session consiste à accéder à son compte utilisateur, que celui-ci soit protégé par mot de passe ou non.

Au moment de vous connecter à un espace privé sur Internet, un identifiant (login) et un mot de passe vous sont demandés. La validation de ces informations ouvre automatiquement une session sur le serveur. L'URL (voir ce terme) se complète alors généralement d'un "id" ou "session_id" qui contient une suite de caractères incompréhensibles. Vous trouverez un identifiant de session sur la zone "membres" d'un site, sur un webmail, sur l'espace de consultation de vos comptes bancaires...
Une session se clôture automatiquement au bout de 30 minutes d'inactivité généralement. Toutefois, lorsque vous êtes dans un lieu de public, il est recommandé de cliquer sur le bouton de déconnexion avant de quitter l'ordinateur.
De même, dans ce cas, refusez que le navigateur mémorise vos identifiant et mot de passe afin de ne laisser aucune information personnelle sur un ordinateur qui n'est pas le vôtre.

Setup

De l'anglais "to set up", installer. Désigne le fichier d'installation d'un logiciel. En double-cliquant sur ce fichier généralement affublé d'une extension .exe, vous procéderez, au travers des diverses étapes, à l'installation d'un programme sur votre système. Une fois le logiciel installé, il n'est pas utile de conserver le setup sur votre machine.

Shareware ou Partagiciel

En anglais, contraction de "share" (contribuer, partager) et "software" (logiciel).
Logiciel gratuit pendant une période d'essai définie par son auteur. A l'issue, il convient de payer la licence pour en profiter pleinement ou bien de le désinstaller.

Shift

Touche de votre clavier matérialisée par une flèche pointant vers le haut. Comme la touche Ctrl qu'elle surmonte, elle est doublée sur le clavier. Elle sert à activer la majuscule ponctuellement et à opérer des sélections multiples.

Slash

Signe de ponctuation en forme de barre oblique, tête en avant : "/". Il se tape au clavier en appuyant simultanément sur la touche Shift et les ":". Ce signe est très utilisé dans le protocole des URL (http://).

SMTP ou Simple Mail Transfer Protocol

Protocole servant à envoyer des courriers électroniques depuis vote logiciel de messagerie. Pour en savoir plus, voir POP.

Software

Voir Application.

Spam ou pourriels

Le terme "spam" viendrait d'une marque américaine de jambon en boîte peu digeste. En informatique, désigne le fait de recevoir des courriers électroniques non sollicités, et envoyés en masse, à visée essentiellement publicitaire. On qualifie également de spam les canulars (hoax) circulant sur Internet et qui surchargent et nos ordinateurs et les serveurs par lesquels ils transitent. En cas d'infection, il convient de s'en prémunir en utilisant un logiciel anti-spam.

Spyware ou espiogiciel

Contraction de spy (espion) et software (logiciel) désigne des logiciels intrusifs qui s'installent, par le biais d'Internet, à votre insu sur votre ordinateur. Une fois en place, ils recueillent des informations plus ou moins personnelles, des saisies au clavier et envoient l'ensemble à des pirates informatiques ou des sociétés qui n'en feront pas toujours bon usage. Pour leur faire barrage, il faut installer un antispyware.

SSD

En anglais, Solid State Drive. C'est un disque dur électronique, un peu comme une grosse clé électronique dont il partage la technologie « flash ». Les SSD sont généralement plus rapides (temps d'accès en lecture et écriture), plus silencieux que leurs prédécesseurs HDD. Ils sont aussi plus économes et moins fragiles que leurs homologues mécaniques.

SSID

Acronyme anglo-saxon de Service Set IDentifier. Désigne le nom donné à un réseau WiFi (voir ce terme). Ce dernier vous est généralement fourni par votre FAI (voir ce terme) mais vous pouvez le personnaliser ou le rendre invisible aux autres utilisateurs depuis l'interface de configuration de votre routeur. Généralement, vous avez accès aux options de paramétrage en tapant 192.168.1.1 dans la barre d'adresse de votre navigateur.

SSL ou Secure Socket Layer

Voir Paiement sécurisé.

Streaming

Sur Internet, désigne un procédé de transfert de données audio et/ou vidéo qui permet de commencer à visionner en continu une émission alors même que son contenu n'est pas intégralement téléchargé sur l'ordinateur. Une mémoire spécifique, appelée mémoire tampon, permet de stocker le fichier à mesure qu'il se charge vous garantissant une diffusion continue et fluide malgré les aléas du réseau. Les journaux télévisés de TF1 et France 2 sont diffusés en streaming sur Internet.

Suppr ou Del ou Delete

Touche de votre clavier servant à supprimer. Pour mettre un fichier ou un dossier à la corbeille, sélectionnez-le (un clic sur l'élément) et appuyez sur Suppr. Pour éviter toute erreur de manipulation, une confirmation vous est demandée. Dans un traitement de texte ou sur Internet, la touche Suppr permet d'effacer le(s) caractère(s) situé(s) à droite du curseur.

Système d'exploitation ou Operating System ou OS

C'est le chef d'orchestre de votre ordinateur, celui sans lequel la machine ne peut fonctionner. Il permet à la couche logicielle (software) d'interagir avec le matériel (hardware). Les trois systèmes d'exploitation les plus répandus sont Microsoft Windows, Mac OS et Unix ainsi que ses dérivés (Linux, BSD).
Lorsque vous achetez un ordinateur avec le système pré-installé, exigez que l'on vous remette une copie originale du système (sur CD ou DVD) ou à défaut le logiciel de récupération (System Recovery). Ils vous seront indispensables pour réinstaller le système en cas de gros pépin sur votre machine.

- T -

Tableur

C'est un logiciel permettant de créer des tableaux. Avec le temps, les tableurs se sont enrichis de fonctions de calcul avancées, création de graphiques, et ils talonnent les bases de données. On citera Microsoft Excel, Gnumeric et Open Office (tous les deux libres) et plus récemment le nouveau service gratuit de Google qui propose un tableur et un traitement de texte en ligne : http://docs.google.com/.
Voir Traitement de texte.

Tabulation ou Tab

Touche matérialisée par deux flèches superposées en sens contraire. Elle se situe juste au-dessus de CapsLock (voir ce terme).
Elle sert notamment, en traitement de texte, à faire des alignements personnalisés au sein d'une page ou bien à passer de cellule en cellule au sein d'un tableau.
En combinaison avec la touche "Alt" (Alt + Tab), permet de passer en revue les logiciels ouverts (il en faut au moins deux) à un moment donné et de sélectionner celui sur lequel vous souhaitez travailler.

Taille

Ce mot est employé à toutes les sauces en informatique. Il est :
- improprement utilisé pour définir le poids d'un fichier qu'on exprime en octets (Ko, Mo, Go et To),
- en usage de définir la diagonale d'un écran en pouces (ex: taille d'un écran =17"),
- utilisé aussi pour le rapport largeur/hauteur en pixels d'un fichier image (ex : 2592*1 728 px).

TCP/IP

Acronyme anglo-saxon de Transmission Control Protocol/Internet Protocol. Deux protocoles essentiels au bon acheminement des données sur Internet.

Télécharger

C'est l'action, au sein d'un réseau, de rapatrier un fichier ou logiciel stocké sur un ordinateur distant pour en faire une copie sur sa machine.
Vous pouvez télécharger un fichier, un dossier ou même le setup (voir ce terme) d'un logiciel. Télécharger un setup n'est donc pas suffisant, il faut ensuite double-cliquer sur le fichier téléchargé pour commencer l'installation. Il sera même

nécessaire dans certains cas de redémarrer l'ordinateur, après l'installation, afin que le système prenne en compte les modifications apportées.

Téléphonie IP ou VoIP

Dans une offre multiplay, la téléphonie IP vous propose la possibilité de communiquer de manière illimitée avec un certain nombre de destinations. Dans ce cas, le poste téléphonique n'est plus branché directement sur la prise téléphonique de votre logement mais il est relié à votre modem Internet. La voix est alors numérisée et acheminée via le protocole TCP/IP par paquets jusqu'à votre correspondant. Du fait même de cette technologie, les communications peuvent parfois être hachées ou de qualité moyenne même si la qualité tend à s'améliorer avec le temps. Attention aux offres alléchantes de communication illimitée. Les communications sont en général illimitées vers des téléphones fixes hors numéro spéciaux (0 800 ...) et vers un certain nombre de destinations internationales.
Renseignez-vous avant de souscrire...

Télévision IP ou IPTV

Comme la téléphonie du même nom, la télévision par IP fait partie d'une offre multiplay de votre fournisseur d'accès (FAI). Le signal télévisuel n'arrive plus par votre antenne hertzienne mais par votre ligne téléphonique jusqu'au modem. Ce type d'offre suppose de posséder ou de louer un décodeur spécifique assurant l'interface entre votre modem et le téléviseur. Du modem au décodeur, la transmission se fait par un câble Ethernet et du décodeur vers la télé, un câble Péritel est nécessaire. Attention toutefois, il est illusoire de s'abonner à l'IPTV avec une bande passante réelle inférieure à 5 Mbits/s.

Tera

Exprime une quantité de 1 000 milliards. On parle de Tera octets (To) soit 1 000 milliards d'octets pour la capacité d'un disque dur notamment. 1 To = 1 000 Go = 1 000 000 Ko = 1 000 000 000 octets.

Thunderbird

Client de messagerie électronique édité par Mozilla. Le logiciel est fourni avec un filtre anti-spam intégré.

Trait d'union

Le trait d'union se saisit en tapant sur la touche 6 de votre clavier alphabétique. A ne pas confondre avec l'underscore (voir ce terme).

Traitement de texte ou word processor

Logiciel destiné à écrire et mettre en forme des documents textuels. Les programmes de traitement de texte les plus connus sont Microsoft Word, et les deux logiciels open source Open Office et NeoOffice (Mac OS). Voir Tableur.

Traitement d'image ou infographie

Logiciel ou activité dont la visée première est de créer et/ou de retravailler des images numériques. Parmi les nombreux programmes d'infographie, on citera l'incontournable Adobe Photoshop, Corel Paint Shop Pro, son concurrent direct, et les deux logiciels gratuits Photofiltre et Picasa.

3G

Ce terme désigne une technologie de téléphonie mobile de troisième génération qui permet d'accéder à Internet depuis un ordinateur équipé ou depuis un smartphone (téléphone mobile intelligent). Les avantages de la 3G sont mobilité et liberté. Attention, la couverture 3G du territoire national n'est pas complète. Les ingénieurs travaillent déjà sur la 4G.

.txt

Extension des fichiers en texte brut (sans mise ne forme). Les fichiers .txt sont lisibles par tous les traitements de texte, Notepad, Wordpad et UltraEdit.

- U -

Underscore ou Trait bas

Le trait bas se saisit en tapant sur la touche 8 de votre clavier alphabétique. Ce qui donne "_". A ne pas confondre avec le trait d'union "-".

Unité Centrale ou UC

C'est un grand boîtier qui contient tous les organes vitaux de votre ordinateur (carte mère, processeur, barrette(s) de mémoire, cartes son et graphique,
lecteur(s) optique(s)...). On la nomme centrale par rapport aux autres matériels (écran, clavier, souris, scanner, imprimante) qui sont périphériques.

URL ou Uniform Resource Locator

Voir Adresse URL.

USB ou Universal Serial Bus

C'est un type de branchement standardisé qui permet de connecter un périphérique du même nom à l'ordinateur à tout moment (plug-and-play, le redémarrage de l'ordinateur n'est pas nécessaire). Le port USB est de forme rectangulaire ; il véhicule l'information mais aussi le courant électrique pour alimenter les petits périphériques (clé USB, dongle WIFI...). La norme USB 2.0 permet de transférer les données à la vitesse théorique de 480 Mbits/s.

- V -

Ver ou Worm

Programme qui s'installe sur votre machine à votre insu avec l'intention de nuire.
Le ver est autonome, il se déplace par le réseau et ne cause pas à proprement parler de dégâts à l'ordinateur. Il peut cependant ouvrir la voie à des invasions de spyware,

spam et autres chevaux de Troie. Protégez-vous des vers en mettant en place un pare-feu.

Verrnum

Voir NumLock.

VoD ou Video on demand

En français, la vidéo à la demande est un service de location ou d'achat de vidéos numériques (films ou émissions de télé) diffusées par Internet.

Virus

Programme nuisible se propageant par le réseau et notamment Internet. Un virus peut provoquer des dégâts plus ou moins graves sur la machine infectée. Il peut aller jusqu'à détruire des fichiers. Il convient de s'en prémunir en installant un antivirus.

- W -

.wab ou Windows Address Book

C'est le carnet d'adresses disponible dans MS Outlook Express. Si vous l'utilisez et de manière à ne pas perdre les précieuses informations qu'il contient, ouvrez Outlook Express. Dans la barre d'outils, cliquez sur l'icône "Adresses", une fenêtre s'ouvre. Cliquez sur Fichier > Exporter > Carnet d'adresses (WAB) ... Donnez-lui un nom (si possible avec une date) et placez-le dans "Mes Documents". Vous pourrez ensuite le mettre sur un CD ou une clé USB et l'emmener avec vous et le réimporter en cas de changement de machine.

.wav ou Wave

Format audio mis au point par Microsoft. C'est un format non compressé, d'où la taille importante (octets) des fichiers .wav.

Web ou Toile

Au sens propre en anglais, c'est la toile. Désigne le réseau Internet dont le maillage reprend celui d'une toile d'araignée. On le retrouve dans le "www" d'une URL.

Webmail

Possibilité de consulter sa messagerie électronique, généralement gratuite, depuis n'importe quel ordinateur au monde connecté à Internet. La consultation se fait via un navigateur Internet et moyennant un accès réservé (saisie de l'identifiant et de mot de passe). Le webmail se différencie du logiciel de messagerie qui est installé sur votre machine (Outlook, Outlook Express, Thunderbird, Mail) en ce que l'ordinateur ne garde aucune trace des messages après la consultation d'un webmail. D'autre part, les possibilités de personnalisation du logiciel et de mise en forme des messages sont moindres dans un webmail.

Webmaster ou Webmestre

Personne responsable de la technologie et du contenu éditorial d'un site web.

WiFi ou Wireless Fidelity

Technologie de communication, sans fil (ondes radio), en réseau réservée aux courtes distances (plus ou moins 50 m en intérieur). Aussi désignée sous la norme IEEE 802.11 b/g, le WIFI tend à se répandre dans les zones denses des grandes agglomérations. Cette technologie vous est généralement proposée en standard ou en option par votre FAI pour relier un modem ADSL à un ordinateur équipé d'une carte ou d'un dongle WiFi.

Windows ou OS Windows

Système d'exploitation développé par la société Microsoft. Selon les versions 95, 98, Me, 2 000, XP ou Vista, le système est plus ou moins évolué. Avec Windows XP sont apparues les mises à jour automatiques (Windows Update) du système, vous permettant de bénéficier des évolutions notamment en termes de sécurité.
C'est également une touche de votre clavier qui est symbolisée par le logo Windows. Elle se situe en bas de votre clavier de chaque côté de la barre d'espace (sauf sur certains portables). A gauche, elle est entre "Ctrl" et "Alt". En combinaison avec d'autres touches, elle active des fonctions ou des logiciels.

Wizard ou Assistant

Le sens premier du mot en anglais est magicien, sorcier. En informatique, désigne une partie du logiciel destinée à vous assister pendant l'installation ou l'utilisation de ce dernier.

.wma ou Windows Media Audio

Format audio compressé développé par Microsoft permettant d'obtenir des fichiers moins lourds que les .mp3 à qualité égale. Cependant, le .wma est moins répandu que le .mp3.

.wmv ou Windows Media Video

Comme son cousin le .wma, le .wmv est un format compressé. Il permet de réduire la taille des vidéos de façon importante.

www ou WorldWide Web ou w3

Mot à mot en anglais, la toile mondiale. C'est le préfixe de tout nom de domaine dans une adresse URL lorsque vous naviguez sur Internet.

- X -

.xls

Extension privilégiée des fichiers créés par le tableur Microsoft Excel.

- Z -

.zip

C’est certainement, avec le .rar, le plus utilisé des formats de compression de fichiers et dossiers.

BIBLIOGRAPHIE

Ouvrages

Par ordre antéchronologique

Droit du numérique, M. Vivant, C. Le Stanc, L. Rapp, M. Guibal et J-L. Bilon, Lamy, éd. 2016 ;

Réforme du droit des contrats, du régime général et de la preuve des obligations par Nicolas Dissaux et Christophe Jamin, Edition Dalloz, 2016

Droit des médias et de la communication, L. Costes, Lamy, ed 2015

Le droit de l'internet : loi, contrats et usages, V. Fauchoux, P. Deprez et J.-M. Bruguière, LexisNexis, 2ème éd. 2013 ;

Droit d'auteur et droits voisins, CH. Caron, LexisNexis, 3ème éd. 2013 ;

Contrats informatiques et électroniques, Ph. Le Tourneau, Dalloz référence, 7ème éd. 2012 ;

Saisie-contrefaçon, P. Véron, Dalloz référence, éd. 2012 ;

Droit de l'internet : Droit français et Droit européen, C. Castets-Renard, LMD Montchréstien Lextenso, 2ème éd. 2012 ;

Informatique, Télécom, Internet, A. Bensoussan, Mémento Lefebvre, 5ème éd. 2012 ;

Traité de la propriété littéraire et artistique, A. et H.-J. Lucas et A. Lucas-Schloetter, Litec, 4ème éd. 2012 ;

Propriété littéraire et artistique, P.-Y. Gauthier, PUF, 8ème éd. 2012 ;

Cyberdroit, le droit à l'épreuve d'internet, C. Féral-Schuhl, Dalloz 6ème éd., 2011-2012 ;

Droit de l'informatique et des réseaux, M. Vivant, Lamy, éd. 2010 ;

Droit de l'internet, J. Jarrieu, Ellipses, 2ème éd. 2010 ;

Lutte contre le téléchargement illégal, E. Durieux et A. Granchet, Lamy Axe Droit, éd. 2010 ;

Droit de la propriété industrielle : Tome 1, Marques et autres signes distinctifs, Dessins et modèles, J. Passa, L.G.D.J., 2ème éd. 2009 ;

Droit de la propriété industrielle, J. Schmidt-Szalewski, Dalloz-Sirey, 7ème éd. 2009 ;

Droit d'auteur, M. Vivant, Dalloz-Sirey, éd. 2009 ;

Les droits des internautes à l'ère de l'économie numérique, O. d'Auzon, éd. Puits Fleuri, 2009

Droit de la propriété intellectuelle dans un monde globalisé, V. de Beaufort, IERSE/Essec/Vuibert, éd. 2009 ;

Le contrat d'achat informatique, V. Sédallian et J. Dupré, Vuibert, éd. 2005 ;

Le droit du commerce électronique, X. Linant de Bellefonds, PUF – Que sais-je, éd. 2005 ;
Le droit de l'internet dans l'entreprise, P.-A. Gourian et M. Ruano-Philippeau, LGDJ, éd. 2003 ;
Libertés et droits fondamentaux à l'épreuve d'internet, A. Lepage, Droit@Litec, éd. 2002 ;
Le droit d'auteur et l'internet, G. De Broglie, rapport du groupe de travail de l'Académie des sciences morales et politiques, PUF, éd. 2001 ;
Sociétés de service d'ingénierie informatique, Pansier et Guellaty, Droit@Litec, éd. 2001 ;
Le droit de l'informatique au tournant du millénaire, Actes de l'IFCLA, sous la direction de X. Linant de Bellefonds, Publibook, éd. 2000 ;
L'internet et le droit, compte rendu du Colloque Paris I du 25 et 26 septembre 2000, Légipresse ;
Le commerce électronique, aspects juridiques, A. Bensoussan, Hermès, éd. 1998.

Doctrine juridique :

Revue Lamy Droit de l'Immatériel
Synthèse du futur Règlement européen sur les données personnelles (1e partie) : principes généraux et obligations du responsable de traitement, par Fabrice Mattatia, RLDI 126 mai 2016
Synthèse du futur Règlement européen sur les données personnelles (2nd partie) : exportation de données et rôle des autorités de contrôle, par Fabrice Mattatia, RLDI 127 juin 2016
Le consentement à l'exploitation des données à caractère personnel : une douce illusion ? par Maryline Boizard, Communication Commerce électronique 3 mars 2016
Données personnelles, les huit nouveautés du projet de loi Lemaire, par Martine Ricouart Maillet et Edouard Verbecq, Expertises 416 septembre 2016
La cybercriminalité à la fois côté obscur et face cachée du Big Data, par Gérard Haas, Dalloz IP/IT 2016 p21
RGPD : entre incertitudes et occasions manquées, par Guillaume Desgens-Pasanau, Dalloz IP/IT 2016 p335
Le devoir général d'information : un impact majeur dans la formation des contrats informatiques, par Stéphane Lemarchant, Dalloz IP/IT 2016 p233
Décryptage de la loi pour une République Numérique, Dalloz IP/IT 2016 p514
Les données personnelles confrontées aux objets connectés, par Noémie Weinbaum, Communication Commerce électronique 12 décembre 2014.
Google Spain : Droit à l'oubli ou oubli du droit ?, A. Debet, Comm. Com. Electr. n° 7-8, Juillet 2014, étude 13 ;
L'absence d'information sur la sécurité d'un équipement constitue un manquement à l'obligation de conseil du prestataire, E. A. Caprioli, Comm. Com. Electr. n° 6, Juin 2014, comm. 59 ;
Après les liens commerciaux, voici les liens retours !, C. Caron, Com. Electr. n°6, Juin 2014, repère 6 ;
Quelle responsabilité de Google pour le fonctionnement du système Adwords ?, G. Loiseau, Comm. Com. Electr. n°6, Juin 2014, comm. 54 ;

Loi Hamon et produits de consommation : les évolutions et incidences majeures pour l'entreprise, S. PUGNET et C. ZOLESI, Contrats Concurrence Consommation n° 6, Juin 2014, alerte 33 ;

La loi n° 2014-315 du 11 mars 2014 renforçant la lutte contre la contrefaçon, Y. Basire, Propriété industrielle n° 4, Avril 2014, alerte 23 ;

L'open data, une mine d'or pour les juristes, L. Marino, La Semaine Juridique Ed. Générale n° 14, 7 Avril 2014, 438 ;

Signature électronique d'un avenant électronique d'un contrat de crédit à la consommation, E. A. Caprioli, Comm. Com. Electr. n°2, Février 2014, comm. 22 ;

Loi du 6 janvier 1978 Informatique et Libertés et décret n° 2011-219 du 25 février 2011 sur les données de connexion, A. Lepage, Comm. Com. Electr n° 1, Janvier 2014, comm. 9 ;

La loi du 29 juillet 1881 sur la liberté de la presse à l'épreuve de Google Suggest, E. A. Caprioli, Comm. Com. Electr. n° 9, Septembre 2013, comm. 96 ;

Le disque dur « D :/données personnelles » ne peut conférer un caractère personnel à l'ensemble des données qu'il contient, E. A. Caprioli, Comm. Com. Electr. n° 1, Janvier 2013, comm. 10 ;

Un an de droit pénal des nouvelles technologies (Octobre 2011 à Octobre 2012), A. Lepage, Droit pénal n° 12, Décembre 2012, chron. 10 ;

Liens commerciaux : la jurisprudence française applique les critères de la CJUE, C. Caron, Comm. Com. Electr. n° 12, Décembre 2012, comm. 130 ;

Présomption du caractère professionnel du dossier « Mes documents » (de Windows), E. A. Caprioli, Comm. Com. Electr. n° 9, Septembre 2012, comm. 102 ;

Responsabilité des hébergeurs : requiem pour le « take down, stay down », C. CARON, Comm. Com. Electr. n° 9, Septembre 2012, comm. 91 ;

L'hébergeur d'un blog est un responsable de traitement au sens de la loi Informatique et Libertés, A. Debet, Comm. Com. Electr. n° 4, Avril 2012, comm. 41 ;

Les propos tenus par une salariée sur Facebook peuvent justifier son licenciement, E. A. Caprioli, Comm. Com. Electr. n° 4, Avril 2012, comm. 44 ;

Google Suggest et la loi du 29 juillet 1881, A. Lepage, Comm. Com. Electr. n° 4, Avril 2012, comm. 42 ;

Regards sur la violation de données à caractère personnel, C. Chassigneux, Comm. Com. Electr. Décembre 2011, n° 12, étude 23 ;

Un an de droit des noms de domaine, N. Dreyfus, Comm. Com. Electr. n° 12, Décembre 2011, chron. 11 ;

Nouvelle loi sur les noms de domaine du territoire français : évolution ou révolution ?, N. Dreyfus, Comm. Com. Electr. n° 6, Juin 2011, étude 13 ;

L'identité numérique, E. A. Caprioli, F. Mattatia et S. Vulliet-Tavernier, Cahiers de droit de l'entreprise n° 3, Mai 2011, entretien 3 ;

Copyright et droit des marques à l'ère numérique, O. Bomsel, Propr. Indus. Déc. 2010 Et. n°16 p.6 ;

Pratique contentieuse, les constats internet, J. Legrain, Comm. Com. Electr. 2010 n°10 p.43 ;

Informatique et libertés : de la mémoire numérique au droit à l'oubli numérique, A. Fiévée, Expert. Syst. Inf., 2010 n° 349, p.267 ;

Preuve informatique, valeur juridique du document numérique, Expert. Syst. Inf., 2010 n°348 p. 215 ;
Protection des bases de données, une géométrie complexe, M. Vivant, N. Mallet-Poujol, J.-M. Bruguière, JCP E 2010 n°27 p.18 ;
Hadopi et données personnelles : les internautes négligents ne seront plus aux « abonnés absents », L. Tellier-Loniewski et A. Platon, Gaz. Pal. Ven 23 et sam. 24 avril 2010, p.17 ;
Les métamorphoses de l'œuvre. Des Mythologies aux mythes informatiques, M. Vivant, D.2010 n°13 p.776 ;
Données personnelles, les métamorphoses, E. Cauvin, Lamy Immatériel 2010 n°59 p.85 ;
L'ouverture à la concurrence des jeux d'argent et de hasard en ligne, « première étape ou simple palier » d'une régulation?, J.-B. Bila, AJDA 2010 p.1366 ;
Le CIL, quel bilan ?, Ch. Féral-Schuhl et M. Griguer, Cah. Droit entrep. 2010 n°2 p.39 ;
Etendue des obligations du fournisseur d'accès, S. Hocquet-Berg, Comm. Com. Electr. 2010 n°1 p.26 ;
Google suggest : une nouvelle fonctionnalité de Google examinée par les juges français, A. Debet, Comm. Com. Electr., 2010 n°1 p.30 ;
Le courriel d'un fonctionnaire sur sa messagerie professionnelle n'a pas a priori un caractère privé, La Lettre Omnidroit, 2010 n°83 p.17 ;
La question prioritaire de constitutionnalité : une nouvelle voie de droit. A propos de la loi organique du 10 décembre 2009 et de la décision du Conseil constitutionnel n° 2009-595 DC, B. Matthieu, JCP G 2009 n°52 p.54 ;
La compétence internationale des juridictions françaises en matière de contrefaçon sur internet (à propos de l'arrêt de la cour d'appel de Paris du 2 décembre 2009, F. Ngoumtsa Anou, PI, juil.-août 2010 n°13 ;
La lettre des technologies de l'information, Contrats informatiques – Bilan 2009-2010, Cabinet Féral-Schuhl Sainte-Marie, sur www.feral-avocats.com
Le droit des contrats informatiques forgé par la jurisprudence, H. Bitan, Lamy Immatériel, 2009 n°54, p.57 ;
La pénalisation de la contrefaçon, C. le Goffic et M. Wagner, Dt Pén. 2009 n°12 p.14 ;
Les limites de la qualification distributive du jeu vidéo, E. Treppoz, 2009 n°42, p.16 ;
Projet de loi jeux et paris en ligne : une ouverture mesurée à la concurrence partiellement conforme au droit communautaire, L. Grynbaum, Lamy droit de l'Immatériel, mai 2009, n°49, p.65 ;
Responsabilité civile de Dailymotion retenue en sa qualité d'hébergeur, L.C., Lamy droit de l'Immatériel, mai 2009, n°49, p. 60 ;
L'identification des « pirates du web » à partir de leurs adresses IP, F. Chafiol-Chaumont et A. Bonnier, Lamy Droit de l'immatériel, mai 2009, n°49 p.84 ;
Mesures techniques de protection et exception de copie privée, M. Trézéguet, Lamy Immatériel, 2009 n°45 p.20 ;
Financement de la création sur Internet : Contraindre à la gestion collective ou encourager l'exploitation individuelle ?, D. Lefranc, Gaz. Pal. 2009 n°324, p.6
Affaire « Mulholland drive », épilogue définitif !, CH. Caron, Comm. Com. Electr. 2008 n°9 p.38 ;

L'harmonisation manquée de la procédure de saisie-contrefaçon, A. Le Carré, Exper. Syst. Inf., 2008 n°330 p.382 ;
Monnaie électronique, monnaie fiduciaire et monnaie scripturale. Quelles substitutions ? Quelles stratégies ?, H. Sitruk, Rev. Econ. Financ. 2008 n°91 p.37 ;
Les nouvelles incriminations... retour sur cinquante ans de droit pénal d'auteur E. Dreyer, LPA 2007 n°44 p.52 ;
Créations d'auteurs salariés : à qui appartiennent les droits de propriété intellectuelle?, I. Zafrani, Gaz. Pal. 2006 n°354 p.30 ;
Logiciel et vices cachés, M. Bourgeois, Gaz. Pal., 20 oct. 2005, n° 239, p.32 ;
Une nouvelle garantie pour l'acheteur : la garantie de conformité, J Calais-Auloy, RTD Civ. 2005 p.701 ;
Commentaire de TGI Paris, 13 févr. 2001, Propr. Intell., oct. 2001, p.66, obs. Sirinelli ;
Musique en ligne et droit d'auteur, A.-M. de Matos, Légipresse 2001 n° 179 p.21k.

Sites internet :

www.legifrance.gouv.fr
www.inpi.fr
www.cnil.fr
www.curia.eu
www.conseil-constitutionnel.fr
www.senat.fr
www.assemblée-nationale.fr
www.interieur.gouv.fr
hub.coe.int
www.dalloz.fr
www.juriscom.net
www.legalis.net
www.legalbiznext.com
www.lamyline-reflex.fr
www.maitre-eolas.fr
www.village-justice.com
www.legavox.fr

ABRÉVIATIONS

A.J.D.A. Actualité juridique de Droit administratif

Al. Alinéa

Ann. Propr. Indus. Annales de la propriété industrielle

Arg. Argument

ARJEL Autorité de régulation des jeux en ligne

Arr. Arrêté

Art. Article

Ass. Assemblée

Ass. Plén Assemblée plénière.

Bull. Civ. Bulletin des chambres civiles de la Cour de Cassation

CA Cour d'Appel

CCiv Code civil

C.E. Conseil d'Etat

Cf. confer (se reporter à)

Ch. Chambre

Chron. Chronique

C.I.L. Correspondant Informatique et Libertés

Circ. Circulaire

CJCE Cour de Justice des Communautés Européennes (jusqu'au 31 décembre 2009)

CJUE Cour de Justice de l'Union Européenne (depuis le 1er janvier 2010)

C.N.I.L. Commission Nationale de l'Informatique et des Libertés

C.O.J. Code de l'organisation judiciaire

Concl. Conclusions

CPC Code de procédure civile

CPD Commission pour la protection des droits

CPI Code de la propriété industrielle

D. recueil Dalloz

Gaz. Pal. Gazette du Palais

HADOPI Haute autorité pour la diffusion des œuvres et la protection des droits sur internet

In. Dans

Infra. Ci-dessous

I.N.P.I. Institut National de la Propriété industrielle

J. jurisprudence

JCP E JurisClasseur périodique (La semaine Juridique) édition entreprise

JCP G JurisClasseur périodique (La semaine Juridique) édition générale

L. Loi

Mod. Modifié par

NTIC Nouvelles technologies de l'information et de la communication

Obs. Observations

O.E.B. Office européen des brevets

OMPI Organisation Mondiale de la Propriété Industrielle

Préc. Précité

Réf. Référé

s. et suivants

Supra. Ci-dessus

T.G.I. Tribunal de Grande Instance

INDEX

L'index se réfère aux numéros de pages

E

M

N

O

P

Q

R

W

TABLE DES MATIÈRES

Questions juridiques
aux éditions L'Harmattan

Dernières parutions

LES OBJECTIFS DE LA RÉGULATION ÉCONOMIQUE ET FINANCIÈRE
Sous la direction de Gabriel Eckert et Jean-Philippe Kovar
Les buts de la régulation économique et financière impriment profondément le droit de la régulation mais semblent avoir considérablement évolué depuis une trentaine d'années. Ainsi l'objectif traditionnel de la construction de marchés concurrentiels, dans des secteurs anciennement sous monopole ou très fortement réglementés, est complété par de nouveaux objectifs extraconcurrentiels. La diversité des buts assignés aux régulateurs oblige les autorités de régulation à opérer une conciliation des objectifs au risque de dénaturer leur office.
(Coll. Logiques Juridiques, 28.50 euros, 276 p.)
ISBN : 978-2-343-11504-7, ISBN EBOOK : 978-2-14-003398-8

LA RESPONSABILITÉ CIVILE DES ENSEIGNANTS EN CAS D'ACCIDENT SCOLAIRE
Brusorio Aillaud Marjorie
Le régime de responsabilité civile des enseignants en cas d'accident scolaire fut envisagé dans le Code civil dès 1804 puis modifié en 1899 et 1937. La loi est actuellement inadaptée et critiquée à la fois par les victimes et les enseignants, mais les tentatives de la jurisprudence pour la réformer se révèlent insuffisantes. Il faut rechercher un autre fondement pour engager la responsabilité civile de l'enseignant ou un autre débiteur que ce dernier, afin que les victimes d'accidents scolaires obtiennent facilement réparation.
(Coll. Logiques Juridiques, 55.00 euros, 750 p.)
ISBN : 978-2-343-11346-3, ISBN EBOOK : 978-2-14-003367-4

SPORT ET DROIT EUROPÉEN
Miège Colin
Le droit européen a eu une influence déterminante sur le sport, à mesure que celui-ci devenait une activité économique à part entière. Lorsque le sport a été intégré dans les compétences de l'Union par le traité de Lisbonne en 2007, les organisations sportives avaient déjà subi de plein fouet l'impact du droit européen avec notamment l'arrêt Bosman de 1995. Voici un panorama complet des règlements ou décisions de justice qui ont eu un impact sur le sport depuis les débuts de la construction européenne.
(Coll. Le Droit aujourd'hui, 34.00 euros, 328 p.)
ISBN : 978-2-343-11822-2, ISBN EBOOK : 978-2-14-003468-8

LES INNOVATIONS CRIMINOLOGIQUES
Sous la direction de Erwan Dieu
Ce livre s'attelle à circonscrire la théorie et la pratique des modèles d'évaluation et d'accompagnement des auteurs et victimes d'infractions via des présentations d'outils d'exercices et de programmes. Les populations visées sont variées : problèmes d'addiction, de violence,

d'infraction sexuelle ou conjugale, etc. Au sein des différents chapitres, des présentations de méthodes concrètes explicitent les modèles qui aujourd'hui démontrent des effets pertinents.
(Coll. Logiques des pénalités contemporaines, 39 euros, 406 p.)
ISBN : 978-2-343-11337-1, ISBN EBOOK : 978-2-14-003517-3

70 ANS DE JUSTICE PÉNALE DES MINEURS
Entre spécialisation et despécialisation
Beddiar Nadia
L'année 2015 marque la célébration des 70 ans de l'ordonnance du 2 février 1945 relative à l'enfance délinquante. Par ce texte, la France a institué, après bien d'autres pays, une justice et un traitement pénal des mineurs véritablement spécifiques. Cet anniversaire offre l'occasion de revenir sur le passé, d'aborder le présent et de se projeter dans l'avenir de cette justice qui se veut singulière. Cet ouvrage permettra au lecteur d'apprécier la richesse des débats et les enjeux fondamentaux de ce sujet pour notre société.
(Coll. Colloques et rencontres, 20.50 euros, 196 p.)
ISBN : 978-2-343-11815-4, ISBN EBOOK : 978-2-14-003530-2

LA JURISPRUDENCE ET LA DOCTRINE
Barraud Boris
La jurisprudence est l'un des phénomènes juridiques les plus problématiques, comme source du droit réel mais non officielle. Ce livre retrace son parcours dans l'histoire de la pensée juridique, longtemps dominée par le légicentrisme. Il s'intéresse également à la difficile identification doctrinale des jugements, arrêts et décisions à portée jurisprudentielle. Il s'attache enfin à la jurisprudentialisation du droit, qui constitue l'une des données les plus remarquables du droit contemporain, ainsi qu'aux critiques que la doctrine adresse à un droit trop abandonné au « gouvernement des juges ».
(Coll. Le Droit aujourd'hui, 29.00 euros, 290 p.)
ISBN : 978-2-343-11552-8, ISBN EBOOK : 978-2-14-003187-8

MESURER LE PLURALISME JURIDIQUE
Une expérience
Barraud Boris
Cet ouvrage propose une approche et une analyse scientifiques et statistiques du pluralisme juridique. Défini en tant que coexistence de sources étatiques et non étatiques de règles de droit, le pluralisme juridique appelle à la fois une réponse théorique et empirique. Ce livre procède à une enquête de terrain et pose les jalons de ce travail scientifique visant à évaluer l'effectivité du pluralisme juridique en n'ayant d'égards que pour les seuls faits normatifs.
(Coll. Le Droit aujourd'hui, 32.00 euros, 308 p.)
ISBN : 978-2-343-11264-0, ISBN EBOOK : 978-2-14-003156-4

ANNALES DE LA FACULTÉ DE DROIT ET SCIENCE POLITIQUE DE NICE
Année 2016
Strickler Yves
Comme les éditions précédentes, ces annales de l'année 2016 parcourent des domaines très variés passant par l'histoire (affaire Calas), l'actualité (laïcité, statut du Ministère public, relations amoureuses au travail, lanceur d'alertes etc.) sans négliger les questions de principe (la liberté académique).
(Coll. Droit privé et sciences criminelles, 36.00 euros, 354 p.)
ISBN : 978-2-343-11519-1, ISBN EBOOK : 978-2-14-003271-4

L'EXPERTISE SOUS LE REGARD DE LA PSYCHANALYSE
« Faux-Pas » ou la question des mères
Villa-Portenseigne Arlette
C'est toujours un enrichissement personnel et professionnel pour un-e psychologue que d'être nommé-e par la justice pour éclaircir les zones d'ombre qui obscurcissent la vérité. De pratique hospitalière en expertises judiciaires, la psychanalyse a fait voyager l'auteure de cet ouvrage

dans tout ce qu'il y a d'intime dans l'être humain. Au-delà des crimes dont la chronique se fait régulièrement l'écho, ce livre émerge d'une réflexion sur la pratique. Croisant les démarches des juges, des soignants et des travailleurs sociaux, il témoigne des ressources de la clinique face aux itinéraires complexes des individus confrontés à la loi.
(Coll. Psycho-Logiques, 17.50 euros, 164 p.)
ISBN : 978-2-343-11083-7, ISBN EBOOK : 978-2-14-003119-9

LE DROIT DU BIEN-ÊTRE ANIMAL DANS LE MONDE
Évolution et universalisation
Brels Sabine
En ce début de XXIe siècle, les consciences s'éveillent de plus en plus à la protection des animaux. La société reconnaît aujourd'hui la sensibilité de ces êtres vivants et le droit à la protection de leur bien-être contre les souffrances évitables qui leur sont infligées. Un tournant s'opère et modifie profondément notre rapport aux animaux dans la société comme dans le droit. Cet ouvrage fait état de la protection juridique du bien-être animal à l'échelle mondiale et de la possibilité d'établir une protection universelle à l'ONU.
(Coll. Le Droit aujourd'hui, 42.00 euros, 500 p.)
ISBN : 978-2-343-10666-3, ISBN EBOOK : 978-2-14-003201-1

MÉLANGES EN L'HONNEUR DU DOYEN ROGER BERNARDINI
Parcours pénal
Les « mélanges » sont un recueil d'articles rédigés par ses amis en hommage à un maître. Le doyen Roger Bernardini a été un grand serviteur de l'Université et fait partie de ces professeurs qui marquent les esprits. Ses amis ont choisi, pour intitulé de ses mélanges « Parcours pénal », champ qu'il n'a jamais cessé d'arpenter, d'explorer, d'approfondir et de rénover.
(Coll. Droit privé et sciences criminelles, 32.50 euros, 315 p.)
ISBN : 978-2-343-10962-6, ISBN EBOOK : 978-2-14-002983-7

OHADA
Traité de fiscalité des entreprises (première édition)
Amboulou Hygin Didace
La politique fiscale est souvent reconnue comme le domaine par excellence où chaque État exerce sa souveraineté économique en fonction de ses réalités, ses objectifs et ses potentialités. Mais pour réussir l'intégration économique de l'espace OHADA, encourager les investissements, assainir l'environnement des affaires et atténuer la pression fiscale sur les entreprises, les États doivent harmoniser, unifier ou coordonner leurs politiques fiscales. C'est l'objet de ce traité.
(Coll. Études africaines, 29.00 euros, 278 p.)
ISBN : 978-2-343-10523-9, ISBN EBOOK : 978-2-14-003211-0

OHADA
Code des investissements et des activités économiques (première édition)
Amboulou Hygin Didace
Pour mieux accompagner les opérateurs économiques de toutes origines et promouvoir ainsi les investissements, les États membres de l'OHADA disposent chacun d'une législation et d'une réglementation qui régissent l'ensemble des activités économiques, celles des petites et moyennes entreprises et celles des petites et moyennes industries. En attendant l'harmonisation de ces différentes législations, les voici présentées pour chaque État concerné.
(Coll. Études africaines, 42.00 euros, 464 p.)
ISBN : 978-2-343-10520-8, ISBN EBOOK : 978-2-14-003208-0

OHADA
Traité de droit des transports de marchandises par route et des opérations de dédouanement (première édition)
Amboulou Hygin Didace
Pour mieux comprendre la place qu'occupe le droit des transports dans la politique d'intégration économique des États membres de l'OHADA, ce livre analyse en profondeur les dispositions

de l'Acte uniforme du 22 mars 2003 et celles de la Convention de Genève dite «CMR» du 19 mai 1956 encore applicable, ces deux législations étant complémentaires et relatives au contrat de transport de marchandises par route. Grâce à une actualité juridique récente et sélectionnée, ce livre s'impose comme un outil de travail de référence, avec un apport remarquable sur la procédure de dédouanement.
(Coll. Études africaines, 31.00 euros, 306 p.)
ISBN : 978-2-343-10524-6, ISBN EBOOK : 978-2-14-003213-4

OHADA
La construction du marché commun africain et la problématique de l'harmonisation des traités régionaux
Amboulou Hygin Didace
Comment vaincre les résistances et les réticences des États et construire un marché commun en Afrique ? Comment supprimer les barrières douanières et fondre en une seule toutes les unions économiques sectorielles ? Comment harmoniser les traités régionaux (UEMOA, CEEAC, CEMAC, CEDEAO) ? La construction du marché commun africain exige une politique de solidarité entre les États membres et leurs ressortissants, en suscitant une forte adhésion aux valeurs d'intégration, de démocratie et de citoyenneté. Ce livre traite les questions qui peuvent accélérer l'assimilation du droit OHADA et faciliter la construction de l'Union africaine.
(Coll. Études africaines, 23.50 euros, 222 p.)
ISBN : 978-2-343-10521-5, ISBN EBOOK : 978-2-14-003207-3

OHADA
La problématique du conflit de normes et de compétences dans la situation de coexistence des juridictions communautaires
Amboulou Hygin Didace
Depuis l'entrée en vigueur du traité en 1993, l'OHADA dispose d'une Cour commune de justice et d'arbitrage. Toutefois, dans ce même espace économique, se juxtaposent, entres autres, la Cour de justice de la CEMAC, la Cour de justice de l'UEMOA et la Cour de justice de la CEDEAO, celle de la CEAAC n'étant pas encore fonctionnelle. Comment gérer leur cohabitation et quelle solution apporter à la question du conflit de normes et de compétences ? C'est l'objet de ce livre.
(Coll. Études africaines, 28.00 euros, 272 p.)
ISBN : 978-2-343-10522-2, ISBN EBOOK : 978-2-14-003210-3

LE JURIDIQUE
Cahiers de l'IREA n°9 - 2017
Au sommaire de ce numéro : Situation du travail domestique au Cameroun : indicateurs de vulnérabilité et violations des droits (Alain Roger Boulla Meva'a, Adonis Toukoo et Célestin Pierre Mboua) ; Migrations, à la fois problème et solution pour l'Europe - quelles mesures prendre en Afrique pour mettre fin aux migrations massives ? (Claude Garrier) ; Les transformations du principe d'équilibre budgétaire : la problématique (Pierre Belebenie) ; De la suspension de l'exercice des droits politiques pour la consolidation des droits de l'homme : respect ou violation de la charte africaine de la démocratie, des élections et de la gouvernance - l'expérience du Burkina-Faso est-elle extrapolable en RD Congo ? (Dieudonné Kalindye Byanjira)...
(Coll. Cahiers de l'IREA, 22.50 euros, 224 p.)
ISBN : 978-2-343-11607-5, ISBN EBOOK : 978-2-14-003247-9

DÉLINQUANCE SÉRIELLE ET POLICE JUDICIAIRE
Impini Jean-François
Sérialité de la délinquance, information judiciaire, analyse criminelle sérielle désignent des notions familières mais peu étudiées par les sciences criminelles. Postulant l'idée assez commune d'une délinquance largement réitérante, l'ouvrage tente de dérouler le fil logique que pourrait suivre l'investigation policière pour exploiter de façon systématique ce caractère sériel des infractions.
(Coll. Sécurité et société, 37.50 euros, 372 p.)
ISBN : 978-2-343-11147-6, ISBN EBOOK : 978-2-14-002864-9

L'HARMATTAN ITALIA
Via Degli Artisti 15; 10124 Torino
harmattan.italia@gmail.com

L'HARMATTAN HONGRIE
Könyvesbolt ; Kossuth L. u. 14-16
1053 Budapest

L'HARMATTAN KINSHASA
185, avenue Nyangwe
Commune de Lingwala
Kinshasa, R.D. Congo
(00243) 998697603 ou (00243) 999229662

L'HARMATTAN CONGO
67, av. E. P. Lumumba
Bât. – Congo Pharmacie (Bib. Nat.)
BP2874 Brazzaville
harmattan.congo@yahoo.fr

L'HARMATTAN GUINÉE
Almamya Rue KA 028, en face
du restaurant Le Cèdre
OKB agency BP 3470 Conakry
(00224) 657 20 85 08 / 664 28 91 96
harmattanguinee@yahoo.fr

L'HARMATTAN MALI
Rue 73, Porte 536, Niamakoro,
Cité Unicef, Bamako
Tél. 00 (223) 20205724 / +(223) 76378082
poudiougopaul@yahoo.fr
pp.harmattan@gmail.com

L'HARMATTAN CAMEROUN
TSINGA/FECAFOOT
BP 11486 Yaoundé
699198028/675441949
harmattancam@yahoo.com

L'HARMATTAN CÔTE D'IVOIRE
Résidence Karl / cité des arts
Abidjan-Cocody 03 BP 1588 Abidjan 03
(00225) 05 77 87 31
etien_nda@yahoo.fr

L'HARMATTAN BURKINA
Penou Achille Some
Ouagadougou
(+226) 70 26 88 27

L'HARMATTAN SÉNÉGAL
10 VDN en face Mermoz, après le pont de Fann
BP 45034 Dakar Fann
33 825 98 58 / 33 860 9858
senharmattan@gmail.com / senlibraire@gmail.com
www.harmattansenegal.com

www.ingramcontent.com/pod-product-compliance
Lightning Source LLC
LaVergne TN
LVHW021151061026
849535LV00002B/425
* 9 7 8 2 3 4 3 1 1 5 2 7 6 *